Röcke / Neumann (Hrsg.) · Komische Gegenwelten

Werner Röcke / Helga Neumann (Hrsg.)

Komische Gegenwelten

Lachen und Literatur in Mittelalter
und Früher Neuzeit

1999

Ferdinand Schöningh
Paderborn · München · Wien · Zürich

Die Deutsche Bibliothek – CIP-Einheitsaufnahme

Komische Gegenwelten: Lachen und Literatur in Mittelalter und
früher Neuzeit / Werner Röcke/Helga Neumann (Hrsg.). – Paderborn;
München; Wien; Zürich: Schöningh, 1999
ISBN 3-506-77269-4

Umschlaggestaltung: INNOVA GmbH, D-33178 Borchen

Gedruckt auf umweltfreundlichem, chlorfrei gebleichtem
und alterungsbeständigem Papier ∞ ISO 9706

© 1999 Ferdinand Schöningh, Paderborn
(Verlag Ferdinand Schöningh GmbH, Jühenplatz 1, D-33098 Paderborn)

Alle Rechte vorbehalten. Dieses Werk sowie einzelne Teile desselben sind urheberrechtlich geschützt. Jede Verwertung in anderen als den gesetzlich zugelassenen Fällen ist ohne vorherige schriftliche Zustimmung des Verlages nicht zulässig.

Printed in Germany. Herstellung: Ferdinand Schöningh, Paderborn

ISBN 3-506-77269-4

Inhalt

Vorwort   7

Tomas Tomasek:
Komik im Minnesang.
Möglichkeiten einer Bestandsaufnahme   13

Karina Kellermann:
Verkehrte Rituale.
Subversion, Irritation und Lachen im höfischen Kontext   29

Haiko Wandhoff:
Strickers 'Daniel von dem Blühenden Tal':
ein komischer Artusroman im frühen 13. Jahrhundert?   47

Ralph Breyer:
Die Herrschaft zum Lachen bringen.
Zur Funktion der Komik in Philipp Frankfurters
'Pfarrer vom Kalenberg'   63

Werner Röcke:
Lizenzen des Witzes:
Institutionen und Funktionsweisen der Fazetie im Spätmittelalter   79

Hans-Jürgen Bachorski:
Ersticktes Lachen.
Johann Sommers Fazetiensammlung 'Emplastrum Cornelianum'   103

Jürgen Schlaeger:
Chaucer läßt lachen   123

Wolfgang Maaz:
Das Lachen der Frauen vor des Teufels Küche.
Ridicula bei Hrotsvit von Gandersheim   133

Gerhard Wolf:
O, du fröhliche!
Zur Komik im Hessischen Weihnachtsspiel — 155

Hans-Jürgen Diller:
Lachen im geistlichen Schauspiel
des englischen Mittelalters — 175

Knut Kiesant:
Inszeniertes Lachen in der Barock-Komödie -
Andreas Gryphius' 'Peter Squentz' und
Christian Weises 'Der niederländische Bauer' — 199

Manfred Pfister:
Inszenierungen des Lachens im Theater
der Frühen und Späten Neuzeit — 215

Bernhard Teuber:
Vom mittelalterlichen zum frühneuzeitlichen Lachen?
Das Fabliau des französischen Mittelalters und
Rabelais' komischer Roman — 237

Ursula Link-Heer:
Physiologie und Affektenlehre des Lachens im Zeitalter Rabelais'.
Der medico-philosophische 'Traité du Ris' (1579) von Laurent Joubert — 251

Thomas Cramer:
Von einem, der auszog, die Welt kaputtzulachen:
Der 'Finckenritter' — 289

Register:
  1. Autoren und Werke — 300
  2. Autoren und Anonyma zur Komik- und Lachtheorie — 303

Vorwort

> *...oh, es war die Verlockung einer ungeheuren Ur-Lust, es war eine ungeheure Kitzel-Lust, der Kitzel zur Allzersprengung, zur Weltzersprengung und zur Ich-Zersprengung, durchschüttelt von der Lust eines noch größeren... Wissens..., daß die Zersprengung der Schönheit einfach das nackte Lachen ist und das Lachen die vorherbestimmte Aufsprengung der Weltenschönheit, daß das Lachen von Anbeginn an der Schönheit beigegeben ist und ihr für immerdar innewohnt... das Lachen, verzweifelter Ersatz für die verlorene Erkenntniszuversicht,... die Weltenumstülpung schlechthin...*
>
> Hermann Broch

Das Lachen unterscheidet - so Aristoteles - den Menschen von allen anderen Lebewesen, und er vermag die unterschiedlichsten Gefühlslagen darin auszudrücken: fröhliches Vergnügen und sarkastische Destruktivität; ausgelassene Heiterkeit und maßlose Aggression, satirischen Spott und die Freude an der Übertretung von Normen und Regeln aller Art. Im Lachen werden Grenzen jedoch auch gezogen: Gemeinsames Lachen verbindet; wer die anderen zum Lachen bringt, gehört dazu - oder spielt den Narren; im gemeinsamen Auslachen konstituieren sich die geschlossene Gruppe und der einsame Außenseiter. Lachen steckt an, und Lachende verlieren leicht die Kontrolle über sich selbst; Gelächter verselbständigt sich, hinterläßt erschöpfte Körper, Atemnot und tränende Augen. Der Körperzwang des Lachens wird nicht zuletzt auch in sprichwörtlichen Redewendungen deutlich: den 'Bauch hält man sich vor Lachen', findet einen Witz 'an den Haaren herbeigezogen' oder jemandes Humor 'schlagfertig', und manchmal könnte man sich beinahe 'totlachen'. Offensichtlich ist in diesen und ähnlichen Ausdrücken eine Erinnerung daran aufbewahrt, daß das Gelächter keineswegs auf Stimme und Gesichtszüge des Menschen beschränkt bleibt, sondern seinen ganzen Körper vereinnahmt und darüber hinaus auch eine Tendenz zu Aggression und körperlicher Gewalt zu erkennen gibt.

Zwar sind Lachen und Gelächter nicht durchweg gewaltförmig zu denken; wir kennen auch das befreiende Lachen beim Bruch eines Tabus, das verschmitzte Lächeln dessen, der bislang verborgene Zusammenhänge erkennt, oder das ironische Gelächter über die Dummheit anderer. In all diesen Fällen aber drückt das Lachen eine tatsächlich gegebene Überlegenheit aus oder zumindest den Wunsch danach, auch wenn diese Überlegenheit sich nicht unbedingt in Ausbrüchen konkreter Gewalt artikulieren muß. Die Disposition zur

Gewalt bleibt jedoch immer vorausgesetzt. So ist es wohl zu erklären, daß dem Lachen des Menschen schon früh ein Gewaltpotential zugemessen worden ist, das es geraten scheinen ließ, die Körperlichkeit und Bedrohlichkeit dieses Lachens zu mildern. Zwar ist man seit jeher davon überzeugt, daß das Lachen als proprium des Menschen anzusehen ist, das ihn von den Tieren, vielleicht auch von Gott, unterscheidet.[1] Gleichwohl ist die Überzeugung, daß gerade das Gelächter den Wunsch des Menschen nach Überlegenheit über andere, eventuell sogar über Gott selbst, zum Ausdruck bringt und deshalb deutlicher als andere Gefühlsäußerungen seine Sündhaftigkeit unter Beweis stellt, im europäischen Mittelalter - und darüber hinaus - weit verbreitet. Es liegt deshalb nahe, daß der Teufel seine Verworfenheit und Maßlosigkeit nicht zuletzt in höllisch-sardonischem Gelächter kundtut, daß aber auch im Gegenzug immer wieder versucht worden ist, diese Bedrohlichkeit des Lachens zu mildern und zu zivilisieren, um auf diese Weise die Angst vor dem Gelächter, seiner ansteckenden Gewalt und Entgrenzung zu bannen. Dies geschah und geschieht durch Regeln und Gebote unterschiedlichster Art, die z.B. untersagen, Mitmenschen wegen körperlicher Gebrechen auszulachen oder anderweitig zu verspotten. Es geschah und geschieht aber vor allem mit den Mitteln der Kunst, die uns dazu befähigen, Lachen und Gelächter - am liebsten über andere - als anthropologische Grunddispositionen des Menschen zwar anzuerkennen, ihr Aggressionspotential aber zugleich sublimieren zu können. Auch in diesem Falle gilt, daß die Verschiebung des Lächerlichen zum Komischen in alltäglichen Redewendungen noch durchaus herausgehört werden kann.

Wenn wir davon überzeugt sind, daß man sich zwar durchaus 'lächerlich', nicht aber 'komisch' machen kann, oder wenn wir - umgekehrt - bestimmten Menschen zwar einen 'Sinn fürs Komische', nicht aber fürs 'Lächerliche' attestieren,[2] so verweist dieser Sprachgebrauch auf eine prinzipielle Unterscheidung von Komik und Gelächter, die auch schon den ersten theoretischen Reflexionen über das Komische in der antiken Poetik und Rhetorik zugrunde liegt und die offensichtlich bis in den modernen Sprachgebrauch gültig geblieben ist. Während z.B. für Cicero - im Anschluß an Aristoteles - das Lachen „seinen Sitz in etwas Ungestaltem und Häßlichem" hat,[3] das verletzen und Schmerzen verursachen kann und deshalb als außerordentlich bedrohlich angesehen wird, führt das Wort „komisch" (comicus) auf die Kunstform der Komödie zurück, welche

---

1 Vgl. Joachim Suchomski: 'Delectatio' und 'Utilitas'. Ein Beitrag zum Verständnis mittelalterlicher komischer Literatur. Bern/München 1975; dagegen jedoch Teodor Baconsky: Le Rire des Pères. Essai sur le rire dans la patristique grecque. Paris 1996.
2 Vgl. Hans Robert Jauß: Zum Problem der Grenzziehung zwischen dem Lächerlichen und dem Komischen. In: Das Komische, hg. von Wolfgang Preisendanz/Rainer Warning. München 1976 (Poetik und Hermeneutik VII), 361-371, hier 364.
3 Cicero, De oratore 2, 58, 236 im Anschluß an Aristoteles.

die Verfehlungen der Menschen zwar nicht verbirgt, wohl aber im komischen Spiel abmildert und auf diese Weise heitere Gelassenheit ermöglicht. Andere Lizenzen des Lachens betreffen z.B. den satirischen Hohn über die Gebrechen der Welt und die Sünden der Menschen, wie er in Predigt, Tierepos und Schwankdichtung je neu variiert worden ist; die Inszenierung von Triebverfallenheit und Freude am Bösen, die in das geistliche Spiel - etwa in den Krämerszenen vieler Osterspiele - und damit in die szenische Vergegenwärtigung der Heilsgeschichte integriert wird, um auf diese Weise das tatsächliche Nebeneinander von menschlicher Sünde und Heilsversprechen plausibel zu machen; die Beschreibung des „mundus perversus" in seinen aberwitzigsten Deformationen, um auf diese Weise vor ihm warnen zu können. Dieses Programm des „Ernsthaft-Lächerlichen" ist bereits in der Antike, so etwa in den Satiren des Horaz, ausgebildet und im Mittelalter zu der wichtigsten Möglichkeit geworden, das „Komische mit dem Ernsthaften zu vermischen" (ioca seriis miscere) und auf diese Weise „lachend die Wahrheit zu sagen" (ridendo dicere verum).[4]

Daneben allerdings hat es gerade im europäischen Mittelalter eine Fülle unterschiedlichster Komikformen gegeben, in denen von einer Verschiebung des Gelächters in die gelassene Heiterkeit der „vis comica" oder in die moralische Legitimation des Satirischen (noch) nicht die Rede sein kann. Das betrifft die zahlreichen Formen einer aggressiven Freude am Verhöhnen und Verletzen anderer ebenso wie die Lust an der 'Weltenumstülpung', d.h. das - und sei es auch zeitlich begrenzte - Verlachen aller nur möglichen Ordnungen des Denkens, Glaubens und der Überzeugungen. Dazu gehört auch eine ausgeprägte Lust am Bruch der sozialen Tabus, die erst in der Neuzeit den 'Nicht-mehr-schönen-Künsten' zugewiesen und aus dem Kanon des ästhetisch Akzeptablen und Gebotenen ausgegrenzt worden ist: Lust an der Pervertierung der hierarchischen Ordnung der Geschlechter und der Lebensalter des Menschen ebenso, wie eine ungewöhnliche Faszination sämtlicher Leibesöffnungen und Funktionen des Lebens, seien es Sexualität, Geburt und Tod, Essen, Trinken, Verdauung etc. Es ist das Verdienst Michail M. Bachtins, daß er als einer der ersten die Relevanz gerade dieser Formen und Zwecke des Lachens für die Literatur- und Mentalitätsgeschichte des europäischen Mittelalters gesehen, unter schwierigsten Arbeitsbedingungen mit ihrer Erforschung begonnen und damit überhaupt erst die widersprüchliche Logik einer mittelalterlichen „Lachkultur" sichtbar gemacht hat. Denn - das zeigen Bachtins Arbeiten zur lachenden Infragestellung aller nur denkbaren Formen des herrschenden und eindeutigen Worts und der bislang selbstverständlichen Überzeugungen in wünschenswerter Klarheit - die verletzende Schärfe des Gelächters über andere und die geläuterte Heiterkeit des

---

4 Ernst Robert Curtius: Europäische Literatur und lateinisches Mittelalter. 11. Aufl., Tübingen/Basel 1993, 419ff.

Komischen in der Kunst sind nicht voneinander zu trennen, sondern unabdingbar aufeinander bezogen.

Demgegenüber hat sich die Literaturwissenschaft lange und nahezu ausschließlich auf die Analyse des Komischen in der Kunst beschränkt, wohingegen die unterschiedlichen Gebrauchsformen und Funktionszusammenhänge des Lachens vernachlässigt blieben.[5] Das ist vor allem im Hinblick auf die Literatur und Kultur des Mittelalters problematisch, da gerade die mittelalterliche sehr viel stärker als neuere Literatur an einen bestimmten Gebrauchszusammenhang und dementsprechenden Erwartungs- und Verstehenshorizont gebunden bleibt. Die komische Literatur des Mittelalters gibt also noch die Furcht vor dem Lachen und dem Lächerlichen zu erkennen, die sie zu bannen sucht; aus diesem Grund sind gerade die Formen der Inszenierung des Lachens besonders aufschlußreich, die bestimmten Räumen oder Zeiten fest zugehören und ganz unterschiedliche Möglichkeiten der Körpersprache und Gestik, der Aufführungspraxis und Dramaturgie des Gelächters entwickeln.

Für den vorliegenden Band ist daher nicht, wie so oft in der älteren Komikforschung, die ontologische Frage nach dem „Wesen des Komischen" von zentraler Bedeutung, sondern der Versuch, die sehr unterschiedlichen Formen des Lachens und der komischen Literatur im Kontext ihrer Gebrauchssituationen zu verstehen.[6] So z.B. stehen die mittelalterlichen Weihnachtsspiele in einem ganz anderen Rezeptionszusammenhang und rufen deshalb auch eine ganz andere Form des Gelächters hervor als der intellektuelle Witz gebildeter Kleriker, der etwa in Poggio Bracciolinis Fazetien in aller Schärfe zelebriert wird. Ähnliches gilt für Inszenierungen des Lachens bei Hofe, welche in erster Linie dem Vergnügen der Herrschaft dienen, aber auch schon Möglichkeiten eines subversiven Auslachens feudaler Gewalten eröffnen, die damit ihrer bislang selbstverständlichen Geltung verlustig gehen. In allen diesen - und ähnlichen - Fällen ist der Zusammenhang von Raum und Zeit, Körpersprache und Gestik, Dramaturgie und Aufführungspraxis für die besondere Form des Gelächters kennzeichnend, nicht allein die Komik des literarischen Texts. Insofern ist das Wechselverhältnis von Text und kulturellem Kontext für das historische Verständnis des Lachens und des Komischen gerade in der Literatur und Kultur des Mittelalters und der Frühen Neuzeit von besonderem Interesse.

---

5   Vgl. dazu Otto Rommel: Die wissenschaftlichen Bemühungen um die Analyse des Komischen. In: DVjs 21 (1943) 161-195. In der Kritik an Bachtin hat sich das noch fortgesetzt (vgl. z.B. die Arbeiten von Dietz-Rüdiger Moser).
6   Mit ähnlichem Ansatz z.B. auch folgende Aufsatzsammlungen: Lachen, Gelächter, Lächeln, hg. von Dietmar Kamper und Christoph Wulf. Frankfurt 1986; Vom Lachen, hg. von Tilmann Vogel. Tübingen 1992; Semiotik, Rhetorik und Soziologie des Lachens, hg. von Lothar Fietz/Joerg O. Fichte/Hans-Werner Ludwig. Tübingen 1996.

VORWORT

Der Band ist interdisziplinär angelegt und enthält Arbeiten, die beim zweiten Mediävistischen Colloquium an der Humboldt-Universität zu Berlin im Oktober 1997 vorgetragen und diskutiert wurden. Er versammelt Beiträge zur englischen, französischen, lateinischen und deutschen Literatur und Kunst des Hoch- und Spätmittelalters sowie der Frühen Neuzeit und bietet auf diese Weise ein Spektrum unterschiedlichster Gebrauchsformen des Lachens:
- Funktionsweisen parodistischer Gegenbildlichkeit in der höfischen Lyrik und Epik des 13. Jahrhunderts (Tomasek, Kellermann, Wandhoff);
- Spiel- und Inszenierungsmöglichkeiten des Lachens in verschiedenen Formen des geistlichen und weltlichen Spiels in Mittelalter und Barockzeit - mit einem Ausblick in die Gegenwart (Maaz, Wolf, Diller, Kiesant, Pfister);
- die durchaus kontroversen Perspektiven einer lachenden Infragestellung versteinerter Denkmuster und Herrschaftsformen in Fazetie, Witz, Schwank und Schwankroman (Breyer, Röcke, Bachorski, Schlaeger);
- Überlegungen zu einer Theorie des Lachens im 16. Jahrhundert sowie zum Komischen als Indikator des Epochenwandels (Link-Heer, Teuber, Cramer).

Wir danken allen Kolleginnen und Kollegen, die mit ihrer Bereitschaft zur intensiven Diskussion maßgeblich zum Erfolg des Colloquiums beigetragen haben. Vor allem aber danken wir dem Daimler-Benz-Fonds im Stifterverband für die Deutsche Wissenschaft e.V., der mit einem großzügigen Zuschuß die Durchführung der Tagung überhaupt ermöglicht hat. Und wir danken den Mitarbeiterinnen des Adam-von-Trott-Hauses (Berlin-Wannsee), die freundlich und umsichtig die besten Voraussetzungen für fruchtbare Gespräche geschaffen haben; sowie Susann Barchmann, Olaf Bruhn und Heike Sievert für ihre geduldige Hilfe bei der Erstellung des vorliegenden Buches.

Berlin, Dezember 1998

Helga Neumann
Werner Röcke

Tomas Tomasek

Komik im Minnesang
Möglichkeiten einer Bestandsaufnahme

Die Beschäftigung mit komischen Texten gehört ins Feld der Textpragmatik, deshalb geht es auch bei der Analyse literarischer Komik niemals nur um werkinterne Bezüge, sondern um das Verhältnis zwischen Dichtungen und ihrem Publikum.[1] Die pragmatische Verankerung des Komik-Phänomens macht indes seine Erforschung schwierig, denn bekanntlich können komische Dispositionen von Situation zu Situation, von Individuum zu Individuum, von einer sozialen Gruppe zur anderen und von Epoche zu Epoche differieren.

Deshalb wäre etwa der Wunsch, eine Liste aller komischen Passagen des Minnesangs zu erhalten, problematisch, da sich die Komik der Literatur eben nicht durch Textstellen, sondern durch Reaktionen auf Textstellen konstituiert und beim Publikum - natürlich auch beim mittelalterlichen - die erwähnten Verhaltensbandbreiten in Rechnung zu stellen sind. Angesichts der pragmatischen Dimension der Komik ist es ferner nötig, sich zu vergegenwärtigen, daß die (vermutlich mimisch und musikalisch unterstützten) komischen Effekte im Minnesang ihren Platz im Rahmen von Aufführungssituationen hatten, über die kaum etwas bekannt ist. So viel allerdings steht fest: Minnesangrezeption ist in hochhöfischer Zeit ein Gruppenerlebnis am Adelshof gewesen.[2]

Als weiteres methodisches Problem kommt hinzu, daß der moderne Rezipient aufgrund seiner kulturellen Distanz zum mittelalterlichen Text Gefahr läuft, komisch gemeinte Passagen zu übersehen oder den Texten nachträglich komische Intentionen zuzuschreiben.[3] Trotz all dieser Hindernisse stellt die Komik in mittelalterlicher Lyrik kein unzugängliches Terrain dar: Da das Komische Anlaß des Lachens ist,[4] kann erwartet werden, daß sich in Texten, die dazu bestimmt waren, bei ihrer Aufführung Lachen zu erzeugen, Spuren dieser Intention als Strukturmerkmale niedergeschlagen haben. Sie gilt es zu identifizieren.

---

1   „Es gibt nichts objektiv Komisches, sondern das Komische [...] wird erst komisch durch den Betrachter, der etwas komisch findet"; Petzold (1984) 26.
2   Über Fragen der Aufführungsform des Minnesang vgl. Kleinschmidt (1985); Hahn (1992).
3   Vgl. dazu Fromm (1962) 324.
4   „Komisch ist etwas nur, wenn jemand darüber lacht; Lachen setzt komische Konstellationen voraus, auf die es antwortet und damit zu erkennen gibt, daß das Komische als solches 'verstanden' worden ist"; Schmidt (1976) 173.

Wenn zahlreiche Minnelieder in der Forschung als spielerisch, ironisch, parodistisch o.ä. eingestuft wurden,[5] ist dies allerdings noch kein hinreichendes Indiz dafür, daß durch die genannten Werke die zeitgenössischen Rezipienten auch zum Lachen animiert werden sollten. Am folgenden Beispiel werden deshalb zunächst einige der sich ergebenden methodischen Fragen eingehender erörtert.

I.

Im Morungen-Œuvre der Handschriften A und C finden sich zwei benachbarte einstrophige Lieder, die durch ihren metrisch gleichen Aufgesang sowie durch Responsionen eng miteinander verbunden sind und die sich auch inhaltlich nahestehen:

XIX

Vrowe, wilt du mich genern,
  sô sich mich ein vil lützel an.
ich enmac mich langer niht erwern,
  den lîp muoz ich verlorn hân.
    Ich bin siech, mîn herze ist wunt.
  vrowe, daz hânt mir getân
    mîn ougen und dîn rôter munt.
    (MF 137,10ff.)

XX

Vrowe, mîne swaere sich,
  ê ich verliese mînen lîp.
ein wort du spraeche wider mich:
  verkêre daz, du saelic wîp!
    Du sprichest iemer neinâ neinâ nein,
    neinâ neinâ nein.
    daz brichet mir mîn herze enzwein.
    maht dû doch eteswenne sprechen jâ,
    jâ jâ jâ jâ jâ jâ?
    daz lît mir an dem herzen nâ.
    (MF 137,17ff.)

In beiden Liedern wird dem Publikum eine kleine Szene vorgespielt,[6] in der sich der Sänger, ganz im Sinne der sog. Hohen Minne, klagend an seine *vrowe* wen-

---

[5] Vgl. Walthers 'Under der linden', das Krohn (1989) als „sarkastische Parodie" (55) bezeichnet, während etwa Schweikle (1982) von „feinere[n] Spielarten des Humors" spricht (70).

[6] Vgl. Mohr (1954) 100: „Morungen spielt [...] eine Szene vor, an der die Hörer gerade deshalb so stark beteiligt sind, weil der Sänger so tut, als ob er sie über der Gegenwärtigkeit der Fraue völlig vergessen habe."

det, doch kommt es im Abgesang des zweiten Liedes zu einer überraschenden emotionalen Entladung. Vielleicht hat die Dame angesichts der Beharrlichkeit ihres Minnedieners die Geduld verloren, da sie ihr Nein gleich sechsmal bekräftigt. Oder es erscheint ihr Neinwort dem Ich als sechsfach schwer, so daß es der zermürbte Sänger ist, der hier die Contenance verliert und ein siebenmaliges Ja entgegenruft.

Während in der Forschung über die Frage der Liedeinheit von Nr. XIX und XX keine Einigung erzielt werden konnte,[7] ist das Verhältnis der Strophen unter dem Gesichtspunkt der Komik gut zu erklären: Sie lassen sich als Varianten betrachten, welche die beiden Seiten eines komischen Kontrastes ausmachen. Das erste Lied führt dem Publikum gemäß den Normen der Hohen Minne jenes *schoene trûren* vor, bei dem es dem Mann gelingt, sein Liebesleid in kunstvollem Ausdruck zu zähmen (vgl. 137,15ff.) - nach Hugo Kuhn eröffnet gerade der Minnesang als „Vollzugsform"[8] des Nicht-Vollzugs von Liebe Perspektiven für das adelige Selbstverständnis.

Im zweiten Lied spielt Morungen dem Publikum die gleiche Szene vor, aber es kommt zu einer (für den Minnesang ungewöhnlichen) sprachlichen Eruption, die in der - erweiterten - Kanzonenform aufgefangen wird. Geht man von der naheliegenden Annahme aus, daß wie in der ersten, so auch in der zweiten Strophe vierhebige melodische Strukturen dem musikalischen Vortrag zugrunde lagen, so ergeben sich aber Unregelmäßigkeiten vor allem im Bereich der *neinâ*-Häufungen. Diese metrischen Friktionen konnte der Vortragende effektvoll ausspielen, indem er z.B. die *jâ*- und *neinâ*-Rufe, anstatt zu singen, emphatisch sprach.[9]

Die Akteure der erweiterten Kanzone bleiben zwar ihren höfischen Rollen treu, doch haben sie unter dem Druck der Minne plötzlich einen Teil ihrer Souveränität eingebüßt. Auf diese Weise entsteht ein komischer Kontrast, wie er nach der Theorie Helmuth Plessners „überall da hervorbrechen [kann], wo eine Norm durch [eine] Erscheinung, die ihr gleichwohl offensichtlich gehorcht, verletzt wird".[10] Plessner spricht von „Gegensinnigkeit, die gleichwohl als Einheit sich vorstellt und hingenommen werden will".[11]

Die Aufdeckung eines Kontrastes ist bekanntlich ein wichtiger Schritt der Komikanalyse. Man mag im obigen Fall auch einen Antagonismus zwischen den

---

7 Vgl. dazu zusammenfassend H. Tervooren in: Heinrich von Morungen (1978) 171.
8 Kuhn (1961) bes. 171ff.
9 Vgl. V. 5/8: *Du sprichest iemer neinâ neinâ nein / maht dû doch eteswenne sprechen jâ.* - Die Varianten der Handschrift C, in der in V. 5 ein *neinâ* sowie der 6. Vers ganz fehlen, dürften den Versuch darstellen, den Text der Vierhebigkeit der Vorgängerstrophe anzunähern.
10 Plessner (1982) 297.
11 Ebd. 294.

(verständlichen) menschlichen Regungen der Figuren auf der einen und der trotzig-steifen Form ihrer Emotionsausbrüche auf der anderen Seite verspüren und die Komik der Strophe nach der Theorie Bergsons interpretieren.[12] Auch Freuds Erklärung des komischen Kontrastes im Sinne eines ersparten Vorstellungsaufwandes ließe sich anwenden, wenn man im gesteigerten Pathos der Partner übermäßige und zugleich zwecklose Gebärden erkennt.[13]

Komik ist, mit Rainer Warning gesprochen, ein Phänomen von „eingeschränkter Regelhaftigkeit", das sich aber nicht grundsätzlich der Theorie entzieht.[14] Zwar vermag keines der existierenden Komik-Modelle mit ihren je eigenen Blickwinkeln das Wesen des Komischen vollständig zu erfassen - wenn aber, wie im vorliegenden Fall, ein Minnelied über eine markante Auffälligkeit verfügt, die (1.) auch den modernen Rezipienten bei entsprechendem Vortrag zum Lachen bewegen könnte und sich (2.) mit Hilfe mehrerer Komiktheorien als „komischer Kontrast" objektivieren läßt, dann muß einer solchen Textstelle ein komisches Potential zugestanden werden.

Auf solcher Grundlage kann sodann die Frage nach der Funktion der komischen Passage aufgeworfen werden. Offenbar wollte Morungen, wenn er die Lieder XIX und XX gemeinsam in sein Vortragsprogramm aufnahm, einen heiteren Akzent setzen, der das minnesängerische *trûren* als inszenierte Pose transparent werden ließ. Die auf den „Vollzug" (Kuhn) von Minnesang eingestellte adelige Rezipientengruppe nahm hier lachend den Spielcharakter der Gattung wahr, den Morungen aber auch mit anderen distanzschaffenden Verfahren, wie Ironie oder Autoreflexion, zum Ausdruck brachte. Diese intellektuell vergnüglichen Gedankenspiele (wie z.B. das Motiv der Dichterrache in verschiedenen Spielarten) zielten aber weniger darauf ab, beim Publikum die (körperliche) Reaktion des Lachens[15] zu bewirken. Im Falle von Lied XX, das dem Vortragenden alle Möglichkeiten bietet, die Pointe auch mimisch auszuspielen, ist diese elementare Reaktion indes gut vorstellbar. Dafür spricht nicht zuletzt das eindringliche rhetorische Mittel der nicht enden wollenden emphatischen Ausrufe, das sonst in den Liedern Morungens nicht zu beobachten ist.[16]

---

12 „Das Starre, Stereotype, Mechanische im Gegensatz zum Geschmeidigen, immerfort Wechselnden, Lebendigen, [...], kurz der Automatismus im Gegensatz zur bewußten Aktivität, das ist es schließlich, was durch das Lachen unterstrichen und womöglich korrigiert wird"; Bergson (1914) 88.
13 Vgl. dazu Freud (1971) 154.
14 Vgl. Warning (1996) 897.
15 „Indem er lacht, überläßt [der Mensch] seinen Körper sich selbst, verzichtet somit auf die Einheit mit ihm, die Herrschaft über ihn"; Plessner (1982) 363f.
16 Anders Heinen (1994), der zwischen Hyperbolik und Komik bei Morungen einen engen Zusammenhang herstellt.

II.

Als ein weiteres Beispiel kann die folgende Strophe gelten, die sich am Ende eines unter den Namen Heinrichs von Rugge und Reinmars überlieferten, recht konventionellen Minneliedes (MF 99,29) findet, den vorgegebenen *dôn* jedoch leicht variiert:

> *Minne minnet staeten man.*
>   *ob er ûf minne minnen wil,*
>   *sô sol im minnen lôn geschehen.*
> *ich minne minne, als ich began,*
>   *die minne ich gerne minne vil,*
>   *der minne minne ich hân verjehen.*
>   *Die minne erzeige ich mit der minne,*
>   *daz ich ûf minne minne minne.*
>   *die minne meine ich an ein wîp.*
>   *ich minne, wan ich minnen sol*
>   *dur minne ir minneclîchen lîp.*
> (MF 100,34ff.)

Der Verfasser dieser mit den vorhergehenden in lockerem Zusammenhang stehenden Strophe unternimmt nicht etwa den Versuch, durch Klangvirtuosität à la Neifen die Erhabenheit des Minnephänomens zu steigern, sondern benutzt den höfischen Zentralbegriff *minne* bewußt inflationär: Minne ist hier, wie Gottfried von Straßburg bemängeln würde, „nur noch ein Wort" ('Tristan' V. 12282). Die zum Lachen reizende Wirkung der Strophe, die sich u.a. mit der Theorie Bergsons beschreiben ließe, entsteht sowohl durch die aufdringlich-mechanische Wiederholung desselben Ausdrucks als auch dadurch, daß am Ende des Liedes ein mangelndes Problembewußtsein des fiktiven Rollen-Ichs offenbar wird: Indem es sich dem Kultwort der Epoche verschreibt und nur noch *minne, minne* von sich gibt, entwertet es den Begriff und erzeugt jene „Gegensinnigkeit", aus der nach Plessner komische Effekte resultieren. Daß der *dôn* dieses Liedes sich auch im Œuvre Walthers von der Vogelweide findet (Corm. 48; L. 71,35), könnte ihn für den Verfasser der komischen Strophe noch besonders attraktiv gemacht haben.

Das folgende, unter dem Namen des Kürenbergers überlieferte Beispiel nimmt deutlicher Bezug auf die in der Handschrift vorangehende Strophe, die Frauenrede des sog. 'Zinnen-Wechsels':[17]

---

[17] *'Ich stuont mir nehtint spâte   an einer zinne,*
    dô hôrt ich einen rîter   vil wol singen
      in Kürenberges wîse   al ûz der menigîn.
      er muoz mir diu lant rûmen   alder ich geniete mich sîn.' (MF 8,1ff.)

> *Jô stuont ich nehtint spâte   vor dînem bette,*
> *dô getorste ich dich, vrouwe,   niwet wecken.*
> *'des gehazze got den dînen lîp!*
> *jô enwas ich nicht ein eber wilde',   sô sprach daz wîp.*
> (MF 8,9ff.)

Diese schwankhafte Szene erzählt von einem Mann, der sich eines Nachts zum Bett seiner *frouwe* gewagt hat, den zuletzt aber doch Skrupel überkommen, so daß er wieder von dannen schleicht. Als er der Dame davon berichtet, lobt sie seine Zurückhaltung keineswegs, sondern verflucht den Liebhaber (*des gehazze got den dînen lîp*) und antwortet sinngemäß, daß sie ihn wahrlich nicht gebissen hätte. Hier entsteht komische „Gegensinnigkeit" durch die unerwartete, provozierende Reaktion der Frau, die den sittsamen Triebverzicht des Mannes als Feigheit erscheinen läßt. Daß die den Zinnenwechsel parodierende Strophe mit dem Charakter eines Witzes Lachen erregen sollte, steht außer Frage.

Man hat diese Strophe dem Kürenberger u.a. wegen einiger metrischer Besonderheiten abgesprochen[18] - metrische Abweichungen weisen aber auffälligerweise alle drei bisher behandelten Beispiele auf. Es braucht sich hier also nicht um Fehlleistungen zu handeln, sondern es könnten bewußte Abänderungen der metrischen Schemata vorliegen, mit deren Hilfe der Status der Strophen als komische Beigaben unterstrichen werden soll.

Ob es sich hierbei nun um spätere Zusätze handelt oder ob sie, was für das Morungen-Beispiel wahrscheinlich ist, bereits auf die Erstautoren zurückgehen - die drei voneinander unabhängigen Belege zeigen auffallende Gemeinsamkeiten, die kaum zufällig sein können: Sie finden sich jeweils im Nachgang zu anderen Strophen, variieren das vorgegebene metrische Schema und sollen durch 'Gegensinnigkeit' zum Lachen reizen. Es scheint sich hier eine Gewohnheit der Minnesänger bzw. der Vortragenden abzuzeichnen, ihre Repertoires mit komischen Einzelstrophen zu garnieren, um zur Belustigung einer am Adelshof versammelten Runde beizutragen. Da anzunehmen ist, daß solche zugesetzten Strophen seltener aufgezeichnet wurden als das eigentliche Vortragsprogramm der Sänger, mag diese Gewohnheit weiter verbreitet gewesen sein, als die genannten Belege ahnen lassen.

III.

Während die bisherigen Beispiele, wie schon ihr schmaler Umfang zeigt, als Zugaben anzusehen sind, die im Rahmen eines Vortragszyklus ihre Wirkungen entfalten, lassen sich auch ganze Minnelieder mit strophenübergreifender Komik finden - allerdings bezeichnenderweise kaum vor der Zeit Walthers von der Vogelweide.

---

[18] Vgl. Kraus (1939/1981) 22f.

Als ein Beispiel sei Walthers berühmtes 'Vokalspiel' (Corm. 52; L. 75,25) genannt, dessen Reimstruktur von vornherein den spielerischen Charakter des Liedes anzeigt. Sein durchgängig larmoyanter Ton eröffnet eine dem Katzenjammer-Topos[19] verwandte, komikfördernde Perspektive: Dem Farbenfrohen, Melodischen, Vitalen, Freudigen und Erotischen stehen die Kategorien 'trist', 'unmusikalisch', 'frostig' und 'unkultiviert' kontrastiv gegenüber (z.B. die seltsame Nebelkrähe in Str. 1). Die zweite Strophe spielt mit der Metapher des '*schapel*-Brechens' sowie mit der knappen Schilderung eines locus amoenus auf ein vergangenes Liebesglück an, dem am Ende des Liedes die ironische Ankündigung des Sängers, Mönch zu werden, entgegengestellt wird.

Diese Kontraste werden in den letzten Strophen intensiviert von sich steigernden skurrilen Bildern, welche die Notlage des Ichs verdeutlichen sollen: Bevor der gegenwärtige Zustand anhielte, würde der Sänger lieber einen Krebs verschlucken (Str. 4). Die eigenartige Vorstellung des vom Winter auf das Strohlager gejagten Herzens führt in die letzte Strophe hinüber, in der das Ich mit verfilztem Haar vom winterlichen Lager nicht mehr herunterkommt (*Ich bin verlegen als ein sû...*). Die eigentliche Pointe des Liedes aber liegt in seiner Schlußzeile: „Ehe dieser Elendszustand andauert, werde ich lieber Mönch *ze Toberlû*", ruft der Sänger aus und läßt die Reihe der *û*-Reime überraschend mit einem realen Ortsnamen enden (gemeint ist das Zisterzienserkloster Dobrilugk bei Meißen, dem eine strenge Zucht nachgesagt wurde). Walther in der Zisterzienserkutte - mit diesem absonderlichen Schlußeffekt wird der Dichter sein bereits durch die vorangehenden Strophen auf Komik eingestimmtes Publikum (am Meißener Hof?) gewiß zum Lachen animiert haben.[20]

Beim Vergleich mit anderen mittelalterlichen Vokalspielen[21] fällt an Walthers Text auf, daß darin mit der Ich-Rolle besonders wirkungsvoll gespielt wird. Dieses Rollen-Ich ist alles andere als eine höfische Figur: Es macht dem Minnelyriker offenbar wenig aus, sich als Krebsschlucker, als ein *sû* auf dem Strohlager und zuletzt als potentiellen Mönch zu stilisieren, sofern sich mit diesen Posen effektvolle Wirkungen erzielen lassen. Schon Cicero lehrte, Lachen sei u.a. dadurch zu erzeugen, daß man den eigenen Charakter von einer lächerli-

---

[19] Über die Komik des Katzenjammers Curtius (1973) 429ff. - Daß Walthers Komik wohl auch lateinischen Vorbildern verpflichtet ist, bemerkt Fromm (1962) 337.
[20] Vgl. Schiendorfer (1983) 121: „Im Unterschied zu manchen anderen Liedern ging es Walther diesmal nicht darum, seine Hörer zu provozieren, sondern sie zum Lachen zu bringen."
[21] Das Material ist gesammelt bei Roderich Schmidt (1972), der allerdings Walthers Vokalspiel als einen elegischen Text deutet.

chen Seite zeigt, sich verstellt oder ungereimte Äußerungen macht[22] - Verfahren, die auch im Minnesang genutzt wurden.

Verglichen mit seiner Spruchdichtung, in der sich ebenfalls zahlreiche komische Strophen finden, fällt auf, wieviel ungezwungener Walther im Minnelied mit der Sängerrolle umgeht. Während - und dies gilt auch über Walther hinaus - die Rolle des Spruchdichter-Ichs durch den Habitus dessen, der Wichtiges über die Beschaffenheit der Welt zu sagen hat, eingeengt wird, steht dem Minnesänger die Ich-Rolle zu komischen Zwecken frei zur Verfügung.

Witzig kann bei Walther auch das souverän auftretende Ich wirken, wenn etwa der Sänger in dem Dienstaufsage-Lied (Corm. 33; L. 57,23) der Minne ironisch den Sonntag als Tag seines Dienstes anbietet (Str. 4), doch dienen diese Lieder, zu denen auch das *sumerlatten*-Lied (Corm. 49; L. 72,31) zu rechnen wäre, eher einem intellektuellen Vergnügen. Auf die Lachmuskeln zielt Walther vor allem dann, wenn er unerwartete oder eigenwillige Posen annimmt, die dem „Performanz-Ich"[23] des Vortragenden spezifische gestische Möglichkeiten eröffnen - etwa wenn er am Ende eines Liedes (Corm. 38; L. 62,6), einen Topos variierend, den Kaiser auffordert, in den Preis der Dame einzustimmen, aber ihn zuletzt doch lieber fortschickt: *dâ, keiser, spil! nein, hêrre keiser, anderswâ!* Die spielbare revocatio schafft hier einen wirkungsvollen komischen Kontrast.

Mimische Möglichkeiten eröffnet auch Walthers Lied vom Halm-Messen (Corm. 42; L. 65,33):

> *I. In einem zwîvellîchen wân*
> *was ich gesezzen und gedâhte,*
> *ich wolte von ir dienste gân,*
> *wan daz ein trôst mich wider brâhte.*
> *Trôst enmac ez niht geheizen, ôwê des!*
> *ez ist vil kûme ein kleinez troestelîn,*
> *sô kleine, swenne ichz iu gesage, ir spottent mîn.*
> *doch fröwet sich lützel ieman, er enwizze wes.*
>
> *II. Mich hât ein haln gemachet vrô:*
> *er giht, ich süle gnâde vinden.*
> *ich maz daz selbe kleine strô,*
> *als ich hie vor gesach [ ] bî kinden.*
> *Hœret unde merket, ob siz denne tuo:*
> *'si tuot, sin tuot, si tuot, sin tuot, <si tuot>.'*
> *swie dicke ich alsô maz, sô was ie daz ende guot,*
> *daz trœstet mich - dâ hœret ouch geloube zuo.*

---

[22] *Expectationibus enim decipiendis et naturis aliorum inridendis, ipsorum ridicule indicandis et similitudine turpioris et dissimulatione et subabsurda dicendo et stulta reprehendendo risus moventur* (De Oratore § 289).

[23] Vgl. hierzu Mertens (1995) 78f.

Die ersten vier Zeilen dieses Textes bieten einen Eingang, wie er in jedem konventionellen Minnelied stehen könnte, dann aber nutzt Walther das Verfahren der revocatio zum komischen Effekt: Der angekündigte Trost, der im Minnesang als eine erhabene Geste von der Dame erwartet wird, schrumpft zunächst zum *troestelîn* und entpuppt sich am Ende gar als abergläubisches Orakel.[24]

Wie hier der *wân*, die minnesängerische Hoffnungsgeste, durch eine kindlich-abergläubische Gestaltung der Ich-Rolle unterlaufen wird, so ironisiert ein anderes bekanntes Lied Walthers (Corm. 64; L. 94,11) den visionären Charakter mittelhochdeutscher Lyrik durch komische Kontraste, bei denen das behaglich träumende Ich zuerst mit der Realität (Str. 4) und dann mit der Belanglosigkeit seines Traums konfrontiert wird (Str. 5).

Kein Minnesänger hat vor Walther, der damit für die lyrischen Gattungen eine ähnliche komikgeschichtliche Bedeutung besitzt wie Wolfram für die epische Dichtung, das komische Mittel mit vergleichbarer Intensität verwendet.[25] Die Stilisierung des Sänger-Ichs als Propagandist der höfischen (Liebes-)Kultur, der gegenüber dem eigenen Anspruch komisch wirkt, stellt bei ihm die wichtigste Lachen erzeugende Technik dar. Sie fand sich aber bereits in den Texten Morungens, Rugges oder des Kürenbergers.

Walthers Zeitgenosse Reinmar erweist sich in seiner berühmten Kußraubphantasie als ein Meister der naiven (bzw. sich naiv stellenden) Ich-Rolle:

> *Unde ist, daz mirs mîn saelde gan,*
>   *daz ich abe ir wol redendem munde ein küssen mac versteln,*
> *gît got, daz ich ez bringe dan,*
>   *sô wil ich ez tougenlîchen tragen und iemer heln.*
>   *Und ist, daz sîz vür grôze swaere hât*
>   *und vêhet mich durch mîne missetât,*
> *waz tuon ich danne, unsaelic man?*
> *dâ nim eht ichz und trage ez hin wider, dâ ichz dâ nan,*
> *als ich wol kan.*
> (MF 159,37ff.)

Wohl nicht zuletzt wegen des an dieser Stelle zu erwartenden Gelächters dürfte die Strophe mit ihrer schwankhaften Pointe, die in Handschrift C als Zentralstrophe steht, in A und E ans Ende des fünfstrophigen Reinmar-Liedes MF 159,1 gerückt worden sein.

Mit guten Gründen hat Rüdiger Krohn darauf aufmerksam gemacht, daß ein in der 'Würzburger Liederhandschrift' (e) Reinmar zugeschriebenes Lied ('Herre,

---

[24] Es ist sicher kein Zufall, daß das in drei Codices überlieferte Lied in zwei Handschriften (F, O) mit dieser Pointe endet.
[25] Es fehlt eine modernen Ansprüchen genügende Untersuchung zur Komik bei Walther. Hamann (1889) liefert allenfalls eine (nach Stilmitteln geordnete) Belegstellensammlung.

wer hât si begozzen', MF LXVII) die Kußraubpantasie und andere Motive aus MF 159,1 weiterführt.[26] Dabei handelt es sich hier um ein Sprecher-Ich, das prahlend und gradlinig den sexuellen Erfolg bei einem kratzbürstigen, aber nicht abgeneigten Mädchen sucht. Diese Verteilung zweier komischer Rollen entspricht eher Neidharts bayerischen Liedern und ist deshalb für den um 1210 verstorbenen Reinmar kaum zu reklamieren.

Auch in nachklassischer Zeit stellt die komische Relativierung der Ich-Rolle des Sängers ein Grundmuster der Minnesangkomik dar. Aus der Fülle des Materials sei lediglich eine der sog. Minneparodien des Tannhäusers, das dreistrophige Lied IX, herausgegriffen:

Mit der Eingangssentenz *Staeter dienest der ist guot, / den man schoenen frouwen tuot* begründet das Sänger-Ich darin seine Hingabe an den Minnedienst und dankt (V. 11) der Dame für ihre Aufträge: Er soll ihr die Rhône nach Nürnberg umleiten (VV. 6ff.) und die Donau über den Rhein (V. 9); einen Berg aus Galiläa hätte sie gerne (VV. 34ff.) sowie einen Baum aus Indien (VV. 41ff.); doch sind ihre Wünsche noch steigerbar, denn weder den Gral noch den Schutzmantel Mariens würde sie verschmähen (VV. 45ff.), und möchte - wenn ihr Minnediener einmal dabei ist - zuletzt noch die Arche Noahs zum Geschenk. Komische „Gegensinnigkeit" beruht hier nicht zuletzt darauf, daß das Sänger-Ich zwar bemerkt, daß etwas aus den Fugen geraten ist (z.B. VV. 16; 51), sich aber aus seiner Lage nicht befreien kann, da es sich ganz der Dienstideologie verschrieben hat. Komisch wirkt auch, wie die hyperbolischen Gesten des Minnesangs und des Minnedienstes in sinnlose *adynata* umschlagen.

In der Tannhäuser-Forschung ist ein bis heute ungelöster Streit darüber entstanden, ob in diesem Lied das Minnewesen parodiert oder aber ein didaktisch gemeintes Negativexempel geboten wird.[27] Insgesamt liegen in diesem Fall genügend Anzeichen vor, die es erlauben, von Parodie zu sprechen, doch ist zu bedenken, daß im Mittelalter, das den Begriff der Parodie nicht kannte, komische und lehrhafte Funktionen oft zusammengehen.[28] So scheint auch hier neben der Komik Didaxe eine Rolle zu spielen. Dafür sprechen einige Textstellen (z.B. V. 16: *sist ze lange gewesen uz miner huote*) und vor allem die raffinierte Gesamtstruktur des Liedes: Sowohl in der Quantität (3+3+5) als auch in der Qualität werden die Minnedienste über drei Strophen so verteilt, daß sie sich in

---

[26] Krohn (1989).
[27] Vgl. de Boor (1979) 352: „Die Herrin des klassischen Minnesangs ist für den Tannhäuser nur noch Gegenstand der Parodie. In den drei Liedern VIII-X variiert er den witzigen Einfall, daß die Dame von dem Dichter die Lösung unmöglicher Aufgaben verlangt ..." - Dagegen Lang (1936) 103: „Eher als auf eine Parodie könnte man auf einen Versuch schließen, die vermeintlichen Mängel des Minnedienstes aufzuzeigen, um so die Minne in einer neuen Gestalt zu retten."
[28] Dazu allgemein Suchomski (1975).

der letzten komisch-effektvoll ballen. Sie bleiben zuerst auf den europäischen Raum beschränkt (Str. I), greifen dann weiter in den Orient aus (Str. II, III), bis sie sich zuletzt im Imaginären der Suche nach dem Gral und der Arche Noahs verlieren. Nicht zufällig beläuft sich ihre Summe auf die Zahl elf, die in der mittelalterlichen Zahlenallegorese für die *transgressio legis* steht und somit als ein didaktisches Warnsignal gedeutet werden kann.[29]

Dieser Befund läßt sich jedoch nicht ohne weiteres verallgemeinern: Zwar können, wie das Beispiel zeigt, bei einer komisch besetzten Ich-Rolle auch lehrhafte Anteile im Spiel sein, doch treten sie im Minnesang in der Regel zurück. Die Kußraubphantasie Reinmars oder das Halmorakel Walthers machen nicht den Eindruck, als verlangten sie eine moralische Wertung, und das naive Rollen-Ich in diesen Liedern, das durch den vor der Rezipientengemeinschaft agierenden Sänger verkörpert wird, soll offenbar nicht im Akt des Lachens ausgegrenzt werden. Dieses Ich darf komisch sein, weil es der höfischen Gesellschaft angehört und weil es den Stoff bietet, über den zu lachen der kultivierten Welt ansteht. Der komischen Ich-Rolle kommt somit eine gruppendynamisch integrative Funktion zu, und der Minnesang wird als aristokratische Gesellschaftskunst hierdurch nicht in Frage gestellt, sondern untermauert. So ist es auch zu erklären, daß Autoren, die für ihre komisch-parodistischen Lieder bekannt sind, wie etwa Steinmar, in ihrem Repertoire stets auch eine Fülle konventioneller Minnelyrik führen.

IV.

Auf eine andere Form von Komik stößt man in den Liedern Neidharts, dessen Komikverwendung quantitativ diejenige Walthers noch übertrifft. Obwohl Neidharts Pointen in vielen Liedern subtil und manchmal auch nachdenklich stimmend sind (z.B. in Sommerlied 22), gehört die Erwartung, daß es etwas zum Lachen geben wird, zum Typus des Neidhartschen Liedes.[30] Auch die komisch-integrative Ich-Rolle kennt Neidhart durchaus, etwa wenn sich der von einer Bauernmagd verprügelte Sänger in Winterlied 8 ratsuchend an seine *vriunde* wendet. Das Lachen über das Mißgeschick des Reuentalers, dem in Sommerlied 17 beim Stelldichein von einem frechen Mädchen die Stiefel gestohlen werden, hat ebenfalls keine ausgrenzende Funktion, und derartige Beispiele wären leicht zu vermehren.[31]

---

[29] Vgl. Meyer/Suntrup (1987) 615ff.
[30] Hier sei nur verwiesen auf die knappen Ausführungen bei Schweikle (1990) 118f., 122, 133.
[31] Über die Doppelstellung des Reuentalers zwischen höfischer und bäuerlicher Welt vgl. Müller (1986).

Daneben aber werden bei Neidhart aus der Perspektive der Reuentaler-Figur die *dörper* als Gegenspieler und die Dorfmädchen als Opfer[32] einem Lachen preisgegeben, das auf der Annahme körperlicher und sittlicher Minderwertigkeit dieses Personenkreises basiert. Bereits Cicero unterschied zwischen einer Komik, die daraus resultiert, daß man sich selbst von der lächerlichen Seite zeigt, und solcher, die auf der Verspottung der Charaktere anderer beruht.[33] „Die Anlässe zum Lachen" so heißt es bei Quintilian über diese zweite Form der Komik, „kommen also entweder vom Körper des Gegners oder von seinem Inneren, das sich aus Dingen, die er getan oder gesagt hat, erschließen läßt."[34]

Solche Stoßrichtung zeigt ein Großteil der Komik in Neidharts Liedern, wenn etwa im Winterlied 18 ein mit dem Sänger konkurrierender Bauer der Geliebten beim Tanz einen Fingerring stehlen will und dies so ungeschickt anstellt, daß er ihr dabei die ganze Hand ausrenkt (Str. 4), oder wenn sich den *gebûren*, die vornehme Hauben auf ihren Köpfen tragen, am Ende die angeborenen struppigen Nackenhaare sträuben (Str. 6).

In Neidharts Liedern hat die Minnesangkomik deshalb eine neue Qualität gewonnen, wenn mit komischen Mitteln berichtet wird, wie sich eine bäuerliche Welt, die aus der Sicht des Sängers und des Publikums zu echtem höfischem Verhalten nicht befähigt ist, höfisch zu gerieren versucht. Zur Rolle des Ichs gehören nun unhöfische Komplementärrollen. Indem die aus aristokratischer Perspektive zum Scheitern verurteilte Ambition der *gebûren* vom Publikum verlacht wird, artikuliert sich ein ausschließendes Lachen,[35] welches das Wir-Gefühl der Gemeinschaft durch Ausgrenzung stärkt. Durch die große Gruppe der (Pseudo-)Neidharte, aber auch durch die zunehmende Zahl pastourellenartiger und sog. 'obszöner' Lieder findet die am Minnesang interessierte literarische Gesellschaft im Spätmittelalter reichlich Gelegenheit, sich im Akt des Lachens gegen die Unterschicht abzugrenzen.

V.

Ziel der voranstehenden Ausführungen ist es gewesen - anders als bei Günther Schweikle, der in seinem Aufsatz über 'Humor und Ironie im Minnesang'[36] verschiedenste scherzhafte Ausdrucksformen berücksichtigt hat -, ein auf Komik im engeren, terminologischen Sinne basierendes Beispielcorpus aus dem Bereich des Minnesangs zu präsentieren. Dabei hat sich das Ergebnis Schweikles, daß

---

32 Vgl. etwa die Pointen von WL 5 II oder WL 10, VI usw.
33 De Oratore § 289 (s. o. Anm. 22).
34 *Risus igitur oriuntur aut ex corpore eius, in quem dicimus, aut ex animo, qui factis ab eo dictisque colligitur* (Quintilian, Inst. Or. VI 3,37).
35 Grundlegend für die Unterscheidung von inklusivem und exklusivem Lachen ist Dupréel (1928).
36 Schweikle (1982).

Komik von Anfang an einen nicht zu unterschätzenden Aspekt des Minnesangs ausmacht, durchaus bestätigt.

Die Beschränkung des Textcorpus läßt einige komiktypische Strukturen klarer hervortreten, so z.B. die komische Ich-Rolle, aus der während der gesamten Geschichte des Minnesangs eine gruppendynamisch integrative Form der Komik gezogen wurde. Das ausschließende Lachen dagegen erhält erst in nachklassischer Zeit große Bedeutung. Ein methodisch streng ausgewähltes Textcorpus ermöglicht auch genauere komikgeschichtliche Zuordnungen. So zeigt sich, daß für die Zeit Walthers nicht nur ein Sprung von der Einzelstrophenkomik zur Komik des ganzen Liedes, sondern auch eine erhebliche quantitative Zunahme von Komik im Minnesang zu verzeichnen ist. Dies läßt sich am besten damit begründen, daß der komische Umgang mit dem Minnephänomen beim Publikum zunächst ein Vertraut-Werden mit der Gattung voraussetzte. Hiermit wäre auch die auffällige Tatsache zu vereinbaren, daß ausgerechnet am Beginn des Minnesangs, beim Kürenberger, eine Häufung komischer Strophen zu verzeichnen ist. Im Unterschied zu seinen Nachfolgern hat dieser Autor offenbar weniger die Durchsetzung der höfischen Ethik, mit der er subtil zu spielen wußte,[37] zu seinem Programm gemacht, sondern die Geselligkeitsfunktion des Minnesangs im Vordergrund gesehen. Wohl nicht zufällig ist die Komik des Kürenbergers an einigen Stellen so markant,[38] daß sie auch ohne höfisches Hintergrundwissen belacht werden konnte.

Erst als die Normen des „klassischen" Minnesangs etabliert waren, bot sich ein innovativer Zugriff im großen Stile mit Hilfe der Komik an. In dieser Entwicklung scheint Heinrich von Veldeke einen Sonderfall darzustellen, da in seinem Œuvre, wie Helmut Tervooren unlängst gezeigt hat,[39] bereits früh ein spielerischer und auch komischer Umgang mit dem Minnephänomen zu bemerken ist. So findet sich bei ihm z.B. eine Strophe, die als Vorgänger des unter dem Namen Rugges bzw. Reinmars überlieferten Spiels mit dem Wort minne gelten kann (MF 61,33). Tervooren erklärt diesen besonderen Charakter der Lyrik Veldekes überzeugend mit der Tatsache, daß der Autor im Rhein-Maas-Raum für ein versiertes, an französischer Lyrik geschultes Publikum dichtete.

Heinrich von Veldeke soll abschließend mit einer Strophe[40] zu Wort kommen, welche die mehrfach betonte konsensstiftende Funktion der komischen Ich-Rolle im Minnesang auf eine besondere Weise illustriert:

---

37 Vgl. dazu Krohn (1983).
38 Vgl. den in der Forschung gern als 'Herrenwitz' bezeichneten Spruch des Kürenbergers über *wîp unde vederspil* (MF 10,17ff.).
39 Tervooren (1997).
40 Zu dieser Strophe vgl. ebd. 6ff. Sie folgt in den Handschriften (B, C) auf ein zweistrophiges Lied (Nr. XVI: MF 63,28) mit anderer, aber verwandter metrischer Struktur, welches selbst bereits als ein komischer Text aufzufassen ist. Zwischen beiden

XVII
Gerner het ich mit ir gemeine
tûsent marke, swâ ich wolte,
unde einen schrîn von golde,
danne von ir wesen solde
verre siech und arme und eine.
des sol si sîn von mir gewis,
daz daz diu wârheit an mir is.
(MF 64,10ff.)

„Lieber eine Geliebte und reich als keine Frau, arm, einsam und krank" - über diese Maxime des Veldekeschen Sänger-Ichs ist im gemeinsamen Lachen leicht ein Konsens zu finden.[41]

Bibliographie

Quellen

Marcus Tullius Cicero: De Oratore. Über den Redner. Lateinisch und deutsch. Übers., komm. u. mit einer Einl. hg. von Harald Merklin. Stuttgart 1976.

Des Minnesangs Frühling. Bearb. von Hugo Moser und Helmut Tervooren. Bd. I. Texte. 36., neugest. u. erw. Aufl. Stuttgart 1977.

Heinrich von Morungen: Lieder. Mittelhochdeutsch und Neuhochdeutsch. Text, Übersetzung, Kommentar von Helmut Tervooren. Stuttgart 1978.

Die Lieder Neidharts. Hg. von Edmund Wießner, fortgeführt von Hanns Fischer. Vierte Aufl. rev. von Paul Sappler. Tübingen 1984 (ATB 44).

Marcus Fabius Quintilianus: Ausbildung des Redners. Zwölf Bücher. Hg. u. Übers. von Helmut Rahn. 1. Teil. Buch I-VI. Darmstadt 1972 (TzF 2).

Der Dichter Tannhäuser. Leben - Gedichte - Sage, hg. v. Johannes Siebert. Halle/S. 1934.

Gottfried von Straßburg: Tristan und Isold. Hg. von Friedrich Ranke. Dublin/Zürich [14]1969.

Walther von der Vogelweide: Leich - Lieder - Sangsprüche. 14., völlig neu bearbeitete Aufl. der Ausg. Karl Lachmanns, hg. von Christoph Cormeau. Berlin/New York 1996.

Liedern läßt sich nach dem oben beschriebenen Muster ein Zusammenhang herstellen, wenn Nr. XVII als komiksteigernder Nachtrag zu MF 63,28 präsentiert wurde.

[41] Vgl. ebd.

Untersuchungen

Bergson, Henri: Das Lachen. Jena 1914.
de Boor, Helmut: Die höfische Literatur. Vorbereitung, Blüte, Ausklang. 1170-1250 (Geschichte der deutschen Literatur von den Anfängen bis zur Gegenwart, begr. von H. de Boor und R. Newald, 2). München ^{10}1979.
Curtius, Ernst Robert: Europäische Literatur und lateinisches Mittelalter. Bern, München ^{8}1973.
Dupréel, Eugène: Le Problème sociologique du Rire. In: Revue Philosophique 106 (1928) 213-260.
Freud, Sigmund: Der Witz und seine Beziehung zum Unbewußten. Frankfurt/M. 1971.
Fromm, Hans: Komik und Humor in der Dichtung des deutschen Mittelalters. In: DVjs 36 (1962) 321-339.
Hahn, Gerhard: *dâ, keiser, spil*. Zur Aufführung höfischer Literatur am Beispiel des Minnesangs. In: Grundlagen des Verstehens mittelalterlicher Literatur. Literarische Texte und ihr historischer Erkenntniswert, hg. von Gerhard Hahn/Hedda Ragotzky. Stuttgart 1992, 86-107.
Hamann, Ernst: Der Humor Walthers von der Vogelweide. Diss. phil. Rostock 1889.
Heinen, Hubert: „Gibt's da nichts zu lachen?" Hyperbolik als Intensivierung oder Ironiesignal bei Heinrich von Morungen und Ulrich von Liechtenstein. In: Sprachspiel und Lachkultur. Fs. für Rolf Bräuer, hg. von Angela Bader u.a. Stuttgart 1994 (SAG 300), 194-214.
Kleinschmidt, Erich: Minnesang als höfisches Zeremonialhandeln. In: Der deutsche Minnesang. Aufsätze zu seiner Erforschung, hg. von Hans Fromm. Bd. 2. Darmstadt 1985 (WdF 608), 134-159.
Kraus, Carl von: Des Minnesangs Frühling. Untersuchungen. Leipzig 1939. Hg. von Helmut Tervooren u. Hugo Moser. Stuttgart 1981.
Krohn, Rüdiger: Begehren und Aufbegehren im Wechsel. Zum Verfahren von Parodie und Protest bei einigen Liedern des Kürenbergers. In: Liebe als Literatur. Aufsätze zur erotischen Dichtung in Deutschland, hg. von R.K. München 1983, 117-142.
Krohn, Rüdiger: Ergänzung im Gegensang. Anmerkungen zu Reinmars (?) Lied 'Herre, wer hât sie begozzen'. In: *Ist zwîvel herzen nâchgebûr*. Fs. für Günther Schweikle, hg. von Rüdiger Krüger u.a. Stuttgart 1989 (Helfant Studien 5), 43-62.
Kuhn, Hugo: Zur inneren Form des Minnesangs. In: Der deutsche Minnesang. Aufsätze zu seiner Erforschung, hg. von Hans Fromm. Bd. 1. Darmstadt 1961 (WdF 15), 167-179.
Lang, Margarete: Tannhäuser. Leipzig 1936 (Von deutscher Poeterey 17).

Mertens, Volker: Der Hof, die Liebe, die Dame und ihr Sänger. Überlegungen zur Thematik und Pragmatik des Minnesangs am Beispiel von Liedern Walthers von der Vogelweide. In: Walther von der Vogelweide. Actes du Colloque du Centre d'Etudes Médiévales de l'Université du Picardie Jules Verne 15 et 16 Janvier 1995. Greifswald 1995, 75-93.

Meyer, Heinz/Suntrup, Rudolf: Lexikon der mittelalterlichen Zahlenbedeutungen. München 1987 (Münstersche Mittelalter-Schriften 56).

Mohr, Wolfgang: Minnesang als Gesellschaftskunst. In: Der Deutschunterricht 6 (1954) H.5, 83-107.

Müller, Jan-Dirk: Strukturen gegenhöfischer Welt: Höfisches und nicht-höfisches Sprechen bei Neidhart. In: Höfische Literatur - Hofgesellschaft - Höfische Lebensformen um 1200. Kolloquium am Zentrum für Interdisziplinäre Forschung der Univ. Bielefeld, 3.-5. 11. 1983, hg. von G. Kaiser u. J.-D. M. Düsseldorf 1986 (Studia humaniora 6), 409-453.

Petzold, Leander: Komik der Lebenswelt und 'volkstümliche' Komik vom ausgehenden Mittelalter bis zur Reformation. In: Der Deutschunterricht 36 (1984) H.1, 22-32.

Plessner, Helmuth: Lachen und Weinen. Eine Untersuchung nach den Grenzen menschlichen Verhaltens. In: H.P.: Gesammelte Schriften VII. Ausdruck und menschliche Natur. Frankfurt/M. 1982, 201-387.

Schiendorfer; Max: Ulrich von Singenberg, Walther und Wolfram. Zur Parodie in der höfischen Literatur. Bonn 1983 (Studien zur Germanistik, Anglistik und Komparatistik 112).

Schmidt, Roderich: a e i o u. Die mittelalterlichen 'Vokalspiele' und das Salomon-Zitat des Reinbot von Durne. In: Fs. für Fritz Tschirch, hg. von Karl-Heinz Schirmer u. Bernhard Sowinski. Köln/Wien 1972, 113-133.

Schmidt, Siegfried J.: Komik im Beschreibungsmodell kommunikativer Handlungsspiele. In: Das Komische, hg. von Wolfgang Preisendanz/Rainer Warning. München 1976 (Poetik und Hermeneutik VII), 165-189.

Schweikle, Günther: Humor und Ironie im Minnesang. In: Wolfram-Studien 7 (1982) 55-74.

Schweikle, Günther: Neidhart. Stuttgart 1990 (Sammlung Metzler 253).

Suchomski, Joachim: 'Delectatio' und 'Utilitas'. Ein Beitrag zum Verständnis mittelalterlicher komischer Literatur. Bern 1975 (Bibliotheca Germanica 18).

Tervooren, Helmut: *Wan si suochen birn ûf den buochen*. Zur Lyrik Heinrichs von Veldeke und zu seiner Stellung im deutschen Minnesang. In: Queeste 4 (1997) 1-15.

Warning, Rainer: Komik/Komödie. In: Fischer Lexikon Literatur, hg. von Ulfert Ricklefs. Bd. 2. Frankfurt/M. 1996, 897-936.

Karina Kellermann

Verkehrte Rituale.
Subversion, Irritation und Lachen im
höfischen Kontext

In der mittelalterlichen Adelsgesellschaft kommt den rituellen Sprechakten und Handlungen zentrale Bedeutung zu: Feudale Herrschaft manifestiert sich im Verfügen über Land und Leute und in der öffentlichen Darstellung dieser Herrschaft in zustimmungsfähigen Formen symbolischen Handelns.[1] Repräsentatives Herrschaftshandeln ist Voraussetzung von öffentlichem Ansehen und verlangt die sinnlich erfahrbare Darstellung von sozialem Rang, von hierarchischen Ordnungen, von tatsächlichen oder angemaßten Rechtspositionen, die sich in der öffentlichen Demonstration als wahr erweisen müssen. In den ritualisierten Formen der höfischen Repräsentation wird die Abstufung von Herrschaft dargestellt in einer ästhetisierenden Überhöhung des Alltäglichen. Die höfischen Lebensformen sind ein „verbindender und ausgrenzender Code, der anzuzeigen in der Lage ist, wer 'wer' oder 'was' ist oder zu sein beansprucht. Dieser Anspruch setzt sich nicht nur in der sozialen Konditionierung, in der Haltung und der Ausstattung des adligen Körpers durch und nicht nur in den eigentlichen Herrschaftszeichen, sondern auch in der Semantik der Architektur, in Tanzformen und Turnierveranstaltungen, in Bildern und Texten."[2]

Konstitutiv für Repräsentation und Herrschaft ist das Ritual, das ich mit Wolfgang Braungart definiere als ästhetisch besonders ausgezeichnete, geregelte Wiederholungshandlung, die in allen ihren Teilen intentional ist. Die Teilnehmer des Rituals, Akteure sowie Zuschauer, sind sich der Bedeutsamkeit des Rituals bewußt und vollziehen es als ästhetisch ausgestalteten, expressiven und symbolischen Akt.[3] Gerade weil das Ritual ästhetisch elaboriert ist, öffnet es sich in besonderer Weise für eine Funktionalisierung als Herrschaftsmittel. Im erfolgreichen Ritual treten rituelle Formel, rituelle Sprachgebärde und tatsächliche, körperliche Gebärde zusammen. Die Bedeutung verkörpert sich.[4] Rituale sind nicht inhaltsleer oder unecht, sondern haben eine „affektdistanzierende, struktu-

---

1 Schreiner (1990) 129: „Kirche, Königtum und Adel des Mittelalters verfügten über einen ungewöhnlich reichen Vorrat an symbolischen Handlungsformen, die für Zwecke religiöser und politisch-sozialer Integration öffentliche Verwendung fanden."
2 Wenzel (1988) 108.
3 W. Braungart (1996) 41ff.
4 W. Braungart (1996) 116f.

rierende und ordnende Funktion".⁵ Daß das Ritual seine Basis in den religiösen Handlungen hat, ist unbestritten, was einige Forscher zur Begrenzung des Ritualbegriffs auf diesen Bereich bewogen hat.⁶ Da kultische Erneuerung durch Memoria, Gemeinschaftsstiftung und Regulierung menschlichen Verhaltens im Mittelalter aber nicht auf die Kirche beschränkt bleibt, sondern auch und gerade Politik und Herrschaft gestaltet, ist von einem breiter angelegten Ritualbegriff auszugehen, der auch die zeremoniellen Handlungen einschließt.

Von den vielen höfischen Ritualen, welche sich die Epiker des 12. und 13. Jahrhunderts literarisch anverwandeln, ist das der Begrüßung wohl das beliebteste.⁷ Es ist durch fixe Sprachformeln und Gebärden zu einem literarischen Muster geworden, das nahezu unverändert repetiert wird. Mit einem solchen, aber komisch verkehrten, Begrüßungsritual möchte ich meine Synopse der Textbelege beginnen. Der Kontext ist folgender: Ein Bote kommt zum reisenden Artushof und überbringt König Artus einen Willkommensgruß von seinem Fürsten, dem Landesherren:

> *„er ist iu holt gar ane wanc,*
> *er treit iu dienesthaften muot,*
> *(sin) wille ist iu ze dienen guot.*
>
> [...]
> *ez ist gar sines herzen rat,*
> *daz er ze tavelrunde stat*
> *erwerbe und iwer gesinde si:*
> *der wille ist minem herren bi."*
> (Frauendienst Str. 1457, 6-8; 1458, 5-8)

Formvollendet antwortet König Artus:

> [...] *„nu sage dem herren din:*
> *und wil er min gesinde sin,*
> *swes er mit gabe von mir gert,*
> *des wirt er allez wol gewert;*
> *ich lihe, ich gibe im swaz er wil,*
> *ez si lutzel oder vil,*

---

5 Soeffner (1986) 20.
6 G. Braungart (1995).
7 Das Begrüßungsritual hat auch in der soziologischen Forschung zur modernen Gesellschaft immer besondere Aufmerksamkeit auf sich gezogen, da es als ein Alltagsritual soziales Verhalten regelt und keineswegs zur bloßen Form erstarrt ist. So rechnet Goffman (1971) 73f. es zu der „functionally defined class of supportive rituals" und nennt neben anderen einen Aspekt, der schon im Mittelalter eine zentrale Funktion des Grußes war: „when greetings are performed between strangers, there is an element of guarantee for safe passage."

> *burge, liute und dar zuo lant,*
> *daz sol im lihen gar min hant.*
>
> *Ich wil im lihen und geben*
> *al die wile in got lat leben,*
> *ich wil im nimmer niht versagen*
> *für war bi allen minen tagen.*
> *ich han ze geben also vil,*
> *(bescheidenlich ich sprechen wil)*
> *swaz er von miner hant enpfaht,*
> *min lip niht deste miner hat."*
>
> *Der rede wart vil (gelachet) da.*
>   (Frauendienst Str. 1459, 1 - 1461, 1)

Wieso wird hier gelacht? Was ich zitiert habe, entspricht dem aus dem Artusroman bekannten usuellen Begrüßungsritual. Der König wird bei der Ankunft in einem fremden Land bewillkommnet und revanchiert sich für die ehrenvolle Aufnahme mit einer umfassenden Freigebigkeitsgeste. Haben wir es also nicht eher mit einem erfüllten Ritual, mit gelingender Kommunikation zu tun? Ja und nein. Das Zitat ist dem komischen Minneroman 'Frauendienst' des Ulrich von Liechtenstein entnommen und zwar der Szene, als der Minneritter Ulrich in der Rolle des König Artus nach Wienerneustadt kommt. Die komische Diskrepanz, die verlacht wird, resultiert aus der Spannung von fingierter Artuswelt und fingierter Realität. Der Dichter Ulrich hat seinen Roman biographisch referentialisiert und hält diese Ebene durch historische Namen, Ereignisse und eine geschlossene Topographie präsent. Die Komik entsteht, weil Ulrich und der Herzog von Österreich Rollen spielen, die in ein reziprokes Verhältnis zu ihren realen Gesellschaftsrollen treten: Landesministeriale und Landesherr stehen sich im literarischen Gesellschaftsspiel als König Artus und potentieller Artusritter gegenüber. Das Ritual gelingt, weil an dieser Stelle beide, der Herzog und Ulrich, die spielerische Ebene wahren. Als verkehrtes Ritual erweist es sich beim Wechsel der Perspektive, also aus der Sicht der fingierten lachenden Zuschauer, die hinter den Figuren Artus und begrüßender Fürst den Landesministerialen Ulrich von Liechtenstein und dessen Herren, Herzog Friedrich von Österreich, sehen.

Die komische Brechung literarisierter Rituale durch die biographische Referentialisierung ist ein Sonderfall des 'Frauendienst' aus der Mitte des 13. Jahrhunderts, der erst möglich wird auf der Basis der literarischen Tradition, speziell des höfischen Romans. Die Dichter, die diese Tradition geschaffen haben, vor allem Hartmann, Wolfram und Gottfried, haben von Anfang an ein großes Interesse an ritualisierten Handlungen und Sprechakten genommen. Sie haben eine fiktive Adelsgesellschaft entworfen, die ähnlich wie ihr historisches Pendant von

Ritualen geformt und stabilisiert wird.⁸ Die beiden Grundkonstanten des Rituals, Verhalten zu kodieren und es symbolisch vermittelt zur Anschauung zu bringen, mußten die Dichter in besonderer Weise herausfordern. Zum einen eignete sich der durch Ähnlichkeit, Metaphorik und Symbolik gekennzeichnete analoge Kommunikationsmodus des Rituals trefflich für die selbstgesteckten Ziele: eine elaborierte, rhetorisch geprägte Literatur für ein illiterates, an face-to-face-Kommunikation und orale Rezeption gewöhntes Publikum zu schaffen. Zum anderen konnten sie die eingeführten historischen Rituale der Feudalgesellschaft aufnehmen und gezielt abwandeln, um mit diesen variierten und literarisierten Ritualen einen Verhaltenskodex für eine ideale Adelsgesellschaft zu etablieren. Die Epiker entwerfen diesen höfischen Code, um ihn im selben Atemzug zu unterminieren. Darin unterscheiden sie sich fundamental von den Didaktikern. Die Dichter der hochhöfischen Zeit, die damit beginnen, die Rituale des Hofes literarisch zu etablieren, haben ihnen von Anfang an auch das Scheitern eingeschrieben. Den literarisierten Ritualen, die verfehlt, verweigert, mißachtet, eben verkehrt werden, gilt meine Aufmerksamkeit.⁹

Der junge Parzival lebt abseits der höfischen Gesellschaft und bar jeder höfischen Erziehung mit seiner Mutter in der Einöde von Soltane, als in diese Hofferne vier gottgleiche Lichtgestalten eindringen. Nachdem der eine von ihnen, Karnahkarnanz, dem ehrfürchtig staunenden Knaben erklärt hat, daß sie keineswegs Gottheiten, sondern Ritter seien, gibt es für Parzival kein Halten mehr. Er will Ritter werden. Nach der Auskunft Karnahkarnanz' ist König Artus derjenige, der Ritterschaft verleiht:

> *„daz tuot der künec Artûs.*
> *junchêrre, komt ir in des hûs,*
> *der bringet iuch an ritters namen,*
> *daz irs iuch nimmer durfet schamen."*
> (Parzival VV. 123, 7-10)

Gemäß den rudimentären Informationen steuert Parzival nun schnurstracks den Artushof an; angesichts des ritterlichen Treibens auf dem Schloßhof taucht das erste Problem auf:

> *„ich sihe hie mangen Artûs:*
> *wer sol mich ritter machen?"*
> (Parzival VV. 147, 22f.),

---

8 Soeffner (1986) 20f.: „Rituelles Handeln durchzieht, strukturiert und rahmt nahezu alle Bereiche menschlicher Interaktion, von der religiös vorgegebenen über die institutionell ausgearbeitete bis hin zur alltäglichen."
9 Eine große Zahl von verkehrten Ritualen, dazu Zeremonielle, die scheitern, hat Brandt (1990) schon aufgezählt. Leider hat er aber das Thema weder methodisch überzeugend situiert (vgl. 304) noch das reiche Belegmaterial interpretiert.

fragt der unbedarfte Knabe den höfischen Knappen Iwanet, der über Parzivals Unkenntnis lachen muß: *Iwânet begunde lachen* (Parzival V. 147, 24). Obwohl der von Parzivals Schönheit und Kühnheit beeindruckte Artus sogleich zusagt, den Jungen am folgenden Tag zum Ritter zu machen, kann Parzival sein Temperament nicht zügeln:

> *„der wîle dunket mich ein jâr,*
> *daz ich niht ritter wesen sol"*
> (Parzival VV. 149, 12f.),

meint er und tritt vor Ungeduld von einem Fuß auf den anderen

> [...] *gagernde als ein trappe.*
> *er sprach „ichn wil hie nihtes biten.*
> *mir kom ein ritter widerriten:*
> *mac mir des harnasch werden niht,*
> *ichne ruoch wer küneges gâbe giht."*
> (Parzival VV. 149, 26-30)

Der Ritter, auf den Parzival hier hinweist, ist Ither von Gaheviez, den er alsbald unritterlich mit dem Gabilot töten wird. Die Gründe für dieses nicht rittergemäße Verhalten treten klar zutage: Parzival weiß zu diesem Zeitpunkt noch nichts vom Ritterethos und bindet das Rittertum einseitig an seine visuelle Wahrnehmung, die zu korrigieren bzw. zu ergänzen zunächst keiner unternimmt. Bisher hängt Parzival einer rein äußerlichen Rittervorstellung an, die Rüstung und Pferd als partes pro toto für den Ritter setzt. Er durchschaut auch noch nicht den Zusammenhang von Kampf und Ritterschaft, wie sich im folgenden zeigt: Er tritt Ither nicht als Kämpfer des Artushofes entgegen, sondern erwartet von diesem die kampflose Herausgabe von Roß und Rüstung, da Artus sie ihm geschenkt habe. Grausig-komisch wirkt Parzivals Obsession nach der Tötung Ithers, wenn er den Leichnam ungeduldig hin- und herwälzt, um ihn aus dem Kettenpanzer zu pellen, ihm den Helm abzubinden und die Beinschienen zu lösen, was ihm ohne fremde Hilfe nicht gelingen will. *„wie bringe ichz abe im unde an mich?"* (Parzival V. 156, 17), lautet Parzivals Frage an Iwanet, der ihm nun behilflich ist, außerdem beim Anlegen der Rüstung assistiert und die wichtigsten Funktionen der Waffen nennt. In voller Rüstung springt Parzival auf Ithers Pferd und ist am Ziel seiner Wünsche: *„ich hân hie erworben des ich bat."* (Parzival V. 158, 19)

Parzivals nächste Station ist Gurnemanz, der ihn höfisches Benehmen und ritterliche Waffenführung lehren wird. Bisher kann Parzival trotz der Ither genommenen perfekten Attribute nicht einmal die äußere Erscheinung eines Ritters fehlerlos präsentieren. Sich selbst und das Pferd in permanentem Galopp völlig verausgabend, kommt er erschöpft bei Gurnemanz an, in wenig stattlicher Haltung, wie dieser moniert:

> *„wie kômet ir zuo mir geriten!*
> *ich hân beschouwet manege want*
> *dâ ich den schilt baz hangen vant*
> *denn er iu ze halse taete."*
> (Parzival VV. 173, 14-17)

Den nächsten Fauxpas begeht er, als er den ehrwürdigen Gurnemanz vom Sattel aus begrüßt und sich trotz des freundlichen Empfangs noch lange bitten läßt, bevor er vom Pferd steigt. Warum?

> *„mich hiez ein künec ritter sîn:*
> *swaz halt drûffe mir geschiht,*
> *ichne kum von diesem orse niht"*
> (Parzival VV. 163, 22-24),

erklärt Parzival der verblüfften Hofgesellschaft.

Alle geschilderten Szenen, die sich noch um einige wie etwa die erste Begegnung mit Jeschute[10] vermehren ließen, haben auf das zeitgenössische Publikum befremdlich gewirkt, viele oder alle Gelächter ausgelöst, was Wolfram manches Mal textuell markiert. Die Konstellation ist klar: Die höfischen Rituale, die von Parzival verfehlt werden, beruhen auf einem Code, den man erstens kennen und zweitens beherrschen muß. Dieser Code ist auf einer figurativen, metaphorischen oder symbolischen Ebene anzusiedeln, ihn zu entschlüsseln bedarf es eines gewissen Reflexionsniveaus. Dies ist keine Frage der Intellektualität, sondern eine der Sozialisation. Da Parzival bis dato nicht höfisch sozialisiert ist, kann er ungeachtet seiner angeborenen Vortrefflichkeit vor der Einweisung ins höfisch-ritterliche Ritual keine diesbezügliche Kompetenz gewinnen. Die erreicht er erst durch die Lehre des ritterlichen Lehrmeisters Gurnemanz.[11] Folglich enden auch seine Verstöße gegen das höfische Ritual schlagartig mit der Gurnemanzlehre. Schon am zweiten Abend im Hause seines ritterlichen Lehrers gewinnt er die Erkenntnis, daß er die Verhaltensregeln seiner Mutter falsch umgesetzt hat. Als Gurnemanz Parzival unter Anspielung auf Jeschute spöttisch bittet, seine Tochter Liaze zwar zu küssen, ihr aber Ring und Brosche - die sie allerdings gar nicht trage - zu lassen, schämt dieser sich.[12] Scham aber

---

[10] In dieser Episode setzt Parzival die Lebensregeln Herzeloydes eins zu eins um, wenn er der Herzogin einen Kuß raubt, sie stürmisch umfängt und ihr den Ring entreißt (Parzival VV. 130, 26 - 131, 16 mit Referenz zu Parzival VV. 127, 25 - 128,2).

[11] Daß Parzival sogleich mit und aufgrund der erfahrenen höfischen Erziehung an der Erlösungsaufgabe in Munsalvaesche scheitert, soll hier wenigstens erwähnt werden. Unterstreicht dieses Versagen an zentraler Stelle des Romans doch die grundsätzliche Skepsis Wolframs gegenüber dem höfischen Code.

[12] Gurnemanz sagt: *„ouch solte an iuch gedinget sîn / daz ir der meide ir vingerlîn / liezet, ob siz möhte hân. / nune hât dis niht, noch vürspan"* (Parzival VV. 175, 29 - 176, 2). Daraufhin heißt es über Parzival: *der gast begunde sich des schemen* (Parzival V. 176, 8).

ist eine Regung, die aus dem Bewußtsein eines Fehlverhaltens entspringt. Von nun an weiß Parzival, wie er sich Damen gegenüber zu verhalten hat. Die Lehre seiner Mutter -

> „swâ du guotes wîbes vingerlîn
> mügest erwerben unt ir gruoz,
> daz nim: ez tuot dir kumbers buoz."
> (Parzival VV. 127, 26-28)

- war nicht falsch, Parzival hat nur ihre notwendige Einbettung in den Frauendienst versäumt, er hat ihre Worte direkt umgesetzt, ohne die metaphorische Ebene des höfischen Diskurses zu kennen. Im höfischen Kontext heißt *erwerben* eben nicht 'an sich reißen', sondern 'die Minne einer Dame - respektive ihre sichtbaren Zeichen - durch Kampf verdienen'.

In der Erzählung von Parzivals Jugend manifestiert sich der höfische Code als Sozialisationsprogramm. Aus dem Prolog weiß man über Parzival, daß *er küene, traecliche wîs* (Parzival V. 4, 18) ist. Er ist zunächst der Outsider, über den die Insider lachen. Dieses Lachen ist zwar ein Lachen der Überlegenheit, aber nie Vehikel der Demontage. Das Lachen über ihn ist gemeinschaftsstiftend und schließt ihn als künftiges Mitglied der höfischen Gesellschaft nur temporär aus. Indem der Erzähler immer wieder auf die nur partielle und zeitweilige Unkenntnis seines Helden hinweist und die Aura seiner Person allgegenwärtig hält, schützt er ihn. Ähnlich ergeht es dem Ritter, der an Reichtum, Macht und Courtoisie Parzival zeitweise überbietet und gegen Schluß des Romans die Aufmerksamkeit des Erzählers immer mehr auf sich zieht: Feirefiz. Auch er wird Objekt der Verwunderung und des Lachens, weil er bei all seiner Perfektibilität ein Defizit hat: Er ist Heide. Deshalb kann er zur Verblüffung der Gralsgesellschaft den Gral nicht sehen, ist also aus dem Gemeinschaftshandeln um den Gral ausgegrenzt und kennt außerdem das Taufritual nicht: *holt man den touf mit strîte* (Parzival V. 814, 25) mutmaßt er, worüber Parzival und Anfortas unbändig lachen müssen:

> *Der wirt des lachte sêre,*
> *und Anfortas noch mêre.*
> (Parzival VV. 815, 1f.)

Feirefiz' Idealität ficht das nicht an, weil der Mangel seines Heidentums sofort in der anschließenden Taufe behoben wird. Der superiore höfische Ritter Feirefiz ist nun auch in die christliche Glaubensgemeinschaft integriert.

Als erstes habe ich den einfachsten Fall der verkehrten Rituale vorgestellt, der aus Unkenntnis resultiert und den momentanen Außenseiter über die Belehrung alsbald in das höfische Regelsystem einweist und somit komplett in die Gesellschaft integriert. Alle folgenden Beispiele haben die Kenntnis der Rituale zur

Grundlage. Diese aber werden von der handelnden Person bewußt nicht erfüllt. Mein erster Textbeleg ist dem 'Lanzelet' Ulrichs von Zatzikhoven entnommen. Walwein (d.i. eine andere Namensform für Gawein) ist ausgeritten, um Lanzelet zu suchen und an den Artushof zu laden. Er erblickt einen fremden Ritter, der in Begleitung einer jungen Dame reitet, und hält ihn mit Recht für Lanzelet. Formvollendet legt er Lanze, Schild und Helm ab, um seine friedlichen Absichten optisch zu verdeutlichen. In Lanzelets Augen ist dieses Verhalten schändlich, dennoch grüßt er ihn:

> *doch bôt er im guoten tac,*
> *als in sîn zuht stiurte.*
> (Lanzelet VV. 2398f.)

Walwein spricht ihn an, rühmt seine Rittertaten und bittet Lanzelet, ihn zum Artushof zu begleiten. Dieser wendet ein, wenn er auf diese Weise mit ihm käme, würde man ihn für Walweins Gefangenen halten. Er bereut, daß er durch den Gruß in die friedliche Interaktion eingetreten ist:

> *„dêst wâr ir ensoltent*
> *wider mich die rede niht hân getân.*
> *daz ich iuch hiut gegrüezet hân,*
> *daz ist immer mîner leide ein."*
> (Lanzelet VV. 2440-43)

Während Walwein weiterhin freundlich und zuvorkommend mit ihm spricht, versucht Lanzelet, die verbale Kommunikation zu beenden,

> *„wan mich nie nihtes sô verdrôz*
> *sô guoter rede âne werc"*
> (Lanzelet VV. 2452f.),

und er fügt hinzu, das viele Reden werde seiner Begleiterin allmählich lang. Die Dame aber, die so etwas wie eine objektive höfische Instanz darstellt, ergreift die Partei Walweins, der ihrer Meinung nach zu Recht sein Anliegen vorgetragen habe. Damit hat sie sich Walweins Dank und Lanzelets Ärger zugezogen, der sich anschickt, den Artusritter stehenzulassen und seines Weges zu reiten. In einer von Walwein erbetenen Fortsetzung des Gesprächs gibt dieser sich als Artus' Neffe zu erkennen, während Lanzelet immer noch nicht seine Identität preisgegeben hat. Hocherfreut, einen so berühmten Artusritter vor sich zu haben, legt es Lanzelet nun gänzlich auf einen ritterlichen Zweikampf an.

> *er sprach „lieber her Wâlwein,*
> *ich wil iu sagen mînen sin.*
> *ir endurfent ruochen wer ich bin.*
> *ir hânt mich lihte unrehte ersehen."*
> (Lanzelet VV. 2516-2519)

Walwein solle seinen Helm wieder aufsetzen, denn kein Ritter von Ehre könne jetzt dem Kampf ausweichen. Es beginnt eine fürchterliche Tjost, die von einem Knappen unterbrochen wird, der die beiden im Namen der Königin auffordert, den Kampf an anderer Stelle fortzusetzen.

Mein zweites Beispiel dieser Gruppe stammt aus der 3. Aventiure des 'Nibelungenlied' und betrifft die Ankunft Siegfrieds in Worms. Siegfried ist von Xanten mit der erklärten Absicht aufgebrochen, um die Hand der burgundischen Königstochter Kriemhild anzuhalten. In vollendeter höfischer Manier begrüßen König Gunther und seine Brüder und Mannen den berühmten Helden:

> *Der wirt und sîne recken empfiengen sô den gast*
> *daz in an ir zühten vil wênec iht gebrast.*
> (Nibelungenlied Str. 105, 1f.)

Siegfried nimmt die Begrüßung zwar freundlich auf, antwortet auf Gunthers höflich gesprächseröffnende Frage nach dem Anlaß des Besuchs jedoch nicht mit seiner Werbungsabsicht. Stattdessen will er prüfen, ob die Fama von den tapferen Rittern am Wormser Hof auch stimme, und kündigt an:

> *„Nu ir sît sô küene, als mir ist geseit,*
> *sone ruoche ich, ist daz iemen liep oder leit;*
> *ich wil an iu ertwingen swaz ir muget hân:*
> *lant unde bürge, daz sol mir werden undertân."*
> (Nibelungenlied Str. 110)

Die Burgunden sind aufs höchste irritiert:

> *Den künec hete wunder und sîne man alsam*
> *umbe disiu maere diu er hie vernam,*
> *daz er des hete willen, er naeme im sîniu lant.*
> (Nibelungenlied Str. 111, 1-3)

Über elf Strophen hin entspinnt sich ein aggressiver Dialog zwischen Siegfried und den erzürnten und kampfeswütigen Burgunden, bei dem sich besonders die Gefolgsleute Hagen von Tronege und Ortwin von Metz hervortun, die nach den Waffen schreien. Die höfische Begrüßung droht in den bewaffneten Kampf umzuschlagen, als es dem Königsbruder Gernot gelingt, das Ruder herumzureißen.

> *„Daz sol ich eine wenden", sprach aber Gêrnôt.*
> *allen sînen degenen reden er verbôt*
> *iht mit übermüete des im waere leit.*
> (Nibelungenlied Str. 123, 1-3)

Gernot setzt ein Redeverbot bei seinen Leuten durch, das sie zähneknirschend auch nach einer neuerlichen Provokation durch Siegfried einhalten, und macht sich an die Lösung des Konflikts. Wodurch? Durch höfische Rede.

> „*Ir sult wesen willekomen*", *sô sprach daz Uoten kint,*
> „*mit iuwern hergesellen, die mit iu komen sint!*
> *wir sulen iu gerne dienen, ich und die mâge mîn.*"
> *dô hiez man den gesten schenken den Guntheres wîn.*
>
> *Dô sprach der wirt des landes:* „*allez daz wir hân,*
> *geruochet irs nâch êren, daz sî iu undertân,*
> *und sî mit iu geteilet lîp unde guot.*"
> *dô wart der herre Sîvrit ein lützel sanfter gemuot.*
> (Nibelungenlied Str. 126-127)

Gernot gibt die neue Sprachebene vor, die der höfischen Kommunikation, und überführt das Rederitual in die angemessene rituelle Handlung, den Begrüßungstrunk. Der König seinerseits nimmt den Ball auf und formuliert die dem Herrscher vorbehaltene umfassende Offerte, mit dem Gast Land, Besitz und Herrschaft zu teilen. Siegfrieds Provokation verpufft, indem man ihm jedes seiner Worte im Munde herumdreht. Die Reizwörter seiner verbalen Aggression waren *undertân* und *dienen*, die Gernot und Gunther nun explizit aufnehmen und neu situieren: auf der Metaebene des höfischen Sprechens. Siegfried macht den Wechsel der Sprachebene widerspruchslos mit, weil er sich - wie uns der Erzähler wissen läßt - zwischenzeitlich wieder seiner Werbungsabsicht erinnert hat.[13]

Die Szenen aus dem 'Lanzelet' und dem 'Nibelungenlied' wurden hier gemeinsam vorgestellt, um schon im Vorfeld den denkbaren Einwand zu entkräften, Siegfrieds Verhalten sei über die typischen Brüche der höfisierten Heldensage zu erklären, sei also spezifisch für das 'Nibelungenlied'; der ungestüme Recke pralle hier auf eine hochzivilisierte Adelsgesellschaft. Daß Siegfried sehr wohl die höfischen Umgangsformen beherrscht, zeigt sich mehrfach auch im Text, sogar zu Beginn der Begrüßungsszene,[14] besonders aber in der 5. Aventiure, als er in einer ausgeklügelten Inszenierung zum ersten Mal die Königstochter Kriemhild sehen darf.[15]

Beide hier referierten Szenen führen Ritter vor, die das höfische Begrüßungsritual zu umgehen suchen. Dem einen, Lanzelet, gelingt es, der andere, Siegfried, scheitert. Beide kennen und beherrschen es, beiden aber ist es in der betreffenden Situation lästig, ein Hindernis. Beider Fluchtversuche aus den Fesseln des höfischen Rituals zielen in dessen Herz: Die Affektdistanzierung, die Zügelung der Gewalt, die Zivilisierung von Kopf, Herz und Körper. Die Kampfeswut der Helden bricht sich an der höfischen Fassade. Alle Beteiligten wissen,

---

[13] *dô gedâchte ouch Sîvrit an die hêrlîchen meit* (Nibelungenlied Str. 123, 4).

[14] Zunächst beantwortet Siegfried nämlich das burgundische Empfangsritual mit einer entsprechenden Gebärde: *des begunde in nîgen der waetlîche man, / daz si im heten grüezen sô rehte schône getân* (Nibelungenlied Str. 105, 3f.).

[15] Hier übernimmt Kriemhild den führenden Part, und Siegfried füllt die ihm zugedachte Rolle im Rahmen höfischer Etikette perfekt aus (Nibelungenlied Str. 288-305).

daß das höfische Ritual zur Deeskalation taugt, daß es aber auch nur im Konsens aller erfolgreiche Anwendung findet. Welches Interesse haben die Protagonisten, das Ritual auszusetzen, ein Ritual, dessen sie mächtig sind und das sie andernorts durchaus zelebrieren? Gerade in seiner aggressionsdämpfenden Qualität ist das höfische Ritual ein retardierendes Moment im Kräftemessen, ein Umweg. Lanzelet, der in der erklärten Absicht aufgebrochen ist, ritterliche Tjoste zu bestehen, empfindet das zivilisatorische Gehabe als reine Zeitverschwendung und zwingt Walwein dazu, ihm als Kämpfer gegenüberzutreten. Das aber gelingt ihm nur über die Leugnung seiner Identität. Weil er Walwein glauben machen kann, er habe sich in der Person geirrt und nicht den gesuchten Lanzelet mit der friedlichen Einladung an den Artushof geehrt, greift dieser schließlich zu den Waffen, um seinen vermeintlichen Fehler zu korrigieren.[16] Das friedliche Begrüßungsritual ist nur für eine Ingroup bestimmt, hier allein für Lanzelet. Indem Lanzelet sich zum Outsider stilisiert, schafft er die Disproportion von Erwartung und Erfüllung, die das Ritual scheitern läßt.

Ich komme nun zur dritten Sektion meiner Fallstudien: der gezielten Verkehrung von höfischen Ritualen in destruierender Absicht. Gemeint sind die Täuschungsmanöver, die mit der Doppeldeutigkeit der höfischen Rituale spielen, aus der Diskrepanz von eigentlichem und uneigentlichem Sprechen und Handeln Gewinn ziehen. Diese Aktionen sind im höchsten Grade subversiv, lassen die begrenzte Wirkungsmacht höfischer Rituale in aller Deutlichkeit erkennen. Paradebeispiel für diesen Typus ist die Entehrung des Königshofes durch die Entführung der Königin, wie sie in mehreren höfischen Romanen vorkommt. Schon im 'Iwein' wird erzählt, daß ein fremder Ritter Königin Ginover entführt, indem er das königliche Gratisversprechen mißbraucht.[17] Prononcierter, elaborierter und raffinierter gestaltet Gottfried das Motiv[18] in der Gandin-Episode im 'Tristan'. Gandin ist ein schöner, mächtiger irischer Baron, berühmt für seine Rittertaten, langjähriger Verehrer der schönen Isolde, der ihretwegen, die nun Markes Frau und Königin von England ist, nach Cornwall kommt. Ohne Waffen erscheint er an Markes Hof, mit einer Rotte auf dem Rücken, was die Hofgesellschaft befremdet:

---

16 Lanzelet VV. 2494-2502.
17 Iwein VV. 4530-4610.
18 Daß dieses Motiv schon im keltischen Sagenstoff verankert ist, sei kurz erwähnt. Eine Übernahme in den volkssprachigen höfischen Roman war damit aber nicht zwangsläufig, wie man am 'Tristan' gut beobachten kann: Die 'Saga' und 'Sir Tristrem' auf der einen und Gottfried sowie vermutlich Thomas auf der anderen Seite haben die Szene, Eilhart verzichtet auf sie. Vgl. Tristan III (1980) 131f. und zum Motiv der entführten Königin in der historiographischen und literarischen Tradition: Schoepperle Loomis II (1913) 528-545.

> *und nam si's alle wunder.*
> *samet unde sunder*
> *bemarcten sî es starke.*
> (Tristan VV. 13143-45)

Die Irritation steigert sich noch und schlägt schließlich in Spott um, als er auch bei Tisch die Rotte nicht ablegen will:

> *sô dûhte ez aber genuoge*
> *unhöfscheit unde unvuoge.*
> *ouch engieng ez sô niht hin,*
> *sine begunden's under in*
> *vil lachen unde spotten.*
> (Tristan VV. 13167-71)

Marke und Isolde aber gehen diskret über das unhöfische Verhalten hinweg.[19] Als der König nach dem Essen im Rahmen der höfischen Unterhaltung Gandin um eine Kostprobe seiner Kunst bittet, lehnt dieser zunächst ab:

> *der gast sprach: „hêrre, ine wil,*
> *ine wizze danne umbe waz."*
> (Tristan VV. 13190f.)

Marke repliziert:

> *„hêrre, wie meinet ir daz?*
> *welt ir iht, des ich hân,*
> *daz ist allez getân.*
> *lât uns vernemen iuwern list,*
> *ich gib iu, swaz iu liep ist."*
> (Tristan VV. 13192-96)

Gandin spielt nun einen Leich, und als ihn der König um einen weiteren bittet, heißt es:

> *der trügenaere erlachete*
> *vil innecliche wider sich;*
> *„diu miete" sprach er „lêret mich,*
> *daz ich iu rotte, swaz ich sol."*
> (Tristan VV. 13202-05)

Hier kündigt der Erzähler erstmals die betrügerische Absicht des höfischen Ritters an, die sich dann in seiner Lohnforderung manifestiert: *„Isolde" sprach er „gebet mir!"* (Tristan V. 13214). Als Marke ihm jede Bitte außer dieser einen gewähren will, zeiht Gandin ihn des Rechtsbruchs:

> *„hêrre, sô enwelt ir niht*
> *behalten iuwer wârheit?*
> *werdet ir des überseit,*

---

[19] *künic unde künigîn / die liezen ez mit guote sîn* (Tristan VV. 13165f.).

> *daz ir urwaere sît,*
> *so ensult ir nâch der selben zît*
> *dekeines landes künic wesen.*
> *heizet küneges reht lesen."*
> (Tristan VV. 13222-28)

Darüber hinaus will er nicht mit der Königin fliehen, sondern stellt sich zum Zweikampf.[20] Da jedoch Gandins Tapferkeit und Kampfkraft gefürchtet sind, wagt niemand - Marke eingeschlossen - den Kampf. Tristan aber ist nicht da. So führt Gandin die weinende Isolde ungehindert vom Hof fort.

Der höfische Held Gandin kennt und durchschaut die höfischen Rituale so gut, daß er sich ihre Doppelcodierung zunutze macht und die Königin erringt, ohne sich auf der verbalen Ebene als Lügner zu desavouieren. Zugleich vermeidet er die unverhüllte Aggression, indem er Isolde nicht einfach gewaltsam entführt. Er nutzt den höfischen Code, um den Schein des Rechts zu wahren, und untermauert seine Forderung erst nachträglich mit der erklärten Kampfbereitschaft, so daß er auf der Ebene der Sprache und des ritterlichen Mutes untadelig ist. Gandins Bezugspunkt ist das Rechtsinstitut des Königswortes, der unter Zeugen gegebenen Zusage. Mit dem Adverb *offenlîche* (Tristan V. 13186) unterstreicht Gottfried die Öffentlichkeit des königlichen Wortes, das einem eidlichen Versprechen gleichkommt. Dies wiegt so schwer, daß Markes Gegenmittel nur noch außerhalb der sprachlichen Ebene zu suchen sind, im Gerichtskampf. Festzuhalten ist: Marke als der Repräsentant höfischen Sprechens setzt seine Worte im metaphorischen Sinn und rechnet mit demselben Verständnis bei seinem höfischen Gegenüber. Gandin jedoch meint ganz wörtlich, was er sagt, ist aber kein Einfaltspinsel, der den höfischen Code nicht beherrscht, sondern rechnet bei seinem Kontrahenten Marke mit dessen Einhaltung, während er von Beginn an vorhat, ihn zu durchbrechen. Darin - nicht auf der sprachlichen Ebene - liegt sein Betrug. Weil er weiß, daß Markes Hof das Zentrum der Courtoisie ist und der König sogar eine Störung der höfischen Etikette souverän ignorieren wird, inszeniert er seinen unhöfischen, spielmännischen Auftritt mit der Rotte auf dem Rücken. Durch das gezielt Unhöfische provoziert er die Bitte des Königs um musikalische Unterhaltung und versichert sich seines Präjudiziums: Marke behält die Contenance. Die nächste Irritation resultiert aus der unverstellten Frage des 'Spielmanns' Gandin nach seiner Entlohnung, die von Marke erwartungsgemäß mit der allumfassenden höfischen *milte*-Formel beantwortet wird. Wenn Gandin dann schließlich seine Lohnforderung vorbringt, legt er die Spielmannsrolle ab -

---

20 „*mîn lîp der ist geveilet / mit kampfe und mit vehte, / ine kome ze mînem rehte. / swer sô ir wellet oder ir, / der rîte in einen rinc mit mir*" (Tristan VV. 13236-13240).

> *„ine wil grôz noch cleine*
> *niwan Isôte al eine"*
> (Tristan VV. 13219f.)

– und pocht als mächtiger Baron auf geltendes Adelsrecht. Konsequent verweigert er die höfische Konvention.

Wenn Tristan wenig später in der Rolle eines Harfners die Königin zurückgewinnt, benutzt er zwar dieselbe Spielmannsrolle wie Gandin, füllt sie aber anders aus. Während Gandin weiterhin einem direkten Sprachverständnis verhaftet bleibt, führt Tristan einen Metadiskurs. Gandin offeriert Tristan als dem vermeintlich sozial inferioren Spielmann die adäquate Belohnung: *„ich gibe dir die aller besten wât, / die disiu pavilûne hât."* (Tristan VV. 13311f.) Da Tristan es bei seinem Schauspiel von Anfang an auf die Rück-Entführung Isoldes abgesehen hat, konnotiert er das beste Gewand metaphorisch, es ist Bezeichnung für die beste Frau, Isolde. Folglich nimmt er sich als Lohn die Königin im königlichen Kleid, um anschließend Gandin hämisch zu danken:

> *„vriunt, ir gebt rîlîche wât.*
> *ich hân daz beste gewant,*
> *daz ich in dem gezelte vant!"*
> (Tristan VV. 13420-22)

Tristan bleibt im Bild, wenn er das Kleid und seinen kostbaren Inhalt an sich preßt und mit ihm auf e i n e m Pferd davonsprengt.

Zuletzt sei daran erinnert, daß auch Tristan Herzog Gilan später zu einem Blanco-Versprechen[21] verleitet, um ihm das Hündchen Petitcreiu abspenstig zu machen, eine Episode, die nach dem Willen Gottfrieds in Parallele zur Gandin-Geschichte zu setzen ist.[22] *„waz welt ir mir ze lône geben?"* (Tristan V. 15944) fragt Tristan Herzog Gilan vor dem Kampf mit dem Riesen Urgan. Dieser antwortet mit der allumfassenden Freigebigkeitsformel: *„entriuwen hêrre"*, sprach

---

[21] Gerade das herrscherliche Freigebigkeitsritual hat die Dichter immer wieder gereizt. Im 'Willehalm' bietet es den Anlaß zu einer hochbrisanten Szene, die im Verwandtenmord zu enden droht. Der französische König Lois bietet Willehalm in der höfischen Begrüßung all sein Land und seine Besitztümer an (Willehalm VV. 147, 2-5), was Willehalms Schwester, die Königin, veranlaßt, dieses Ritual als Rechtsakt ernst zu nehmen und dessen Konsequenzen antizipatorisch zu beklagen: *sîn swester sprach, diu künegin, / „ouwê wie wênc uns denne belibe! / sô waere ich d'êrste dier vertribe. / mir ist lieber daz er warte her, / dan daz ich sînre genâde ger"* (Willehalm VV. 147, 6-10). Die unmittelbare Folge dieser Worte ist die Eskalation von Gewalt: Willehalm stürzt sich mit dem Schwert auf seine Schwester, die nur knapp dem Tode entrinnt.

[22] Der Riese Urgan zitiert in seiner Replik auf Tristans Kampfansage die Gandin-Szene (Tristan VV. 16003-16008), und auch das Beharren Tristans auf seiner Forderung nach dem Hündchen und die zentrale Stellung der Worte *triuwe* und *entriuwen* alludieren diese Szene (Tristan VV. 16232-16239 mit Referenz zu Tristan VV. 13218-13221).

Gilân / *„ich gibe iu gerne, swaz ich hân"* (Tristan VV. 15945f.). Und auch die Lohnforderung Tristans nach vollbrachter Tat erinnert an die Gandin-Szene.[23] Ich erwähne dies nur, um etwaigen Überlegungen die Spitze zu nehmen, die Verkehrung des höfischen Sprechaktes in seine unhöfische Lesart sei ausschließlich an Negativfiguren gebunden.

Zum Schluß will ich die Linien weiter ausziehen und Bedeutung und Funktion der verkehrten Rituale fokussieren. Die Störung symbolischer Handlungen, die Mißinterpretation sinnträchtiger Zeichen offenbart weit mehr als mißlingende Kommunikation.

1. Das höfische Ritual wird immer dann außer Kraft gesetzt, wenn sich die ursprünglichen Triebe des Machthungers oder des Begehrens Bahn brechen. Selbst der höfische Held, der seine Integration in die Gesellschaft mannigfach bewiesen hat, läßt das höfische Ritual dann ins Leere laufen, bzw. funktioniert es um, wenn er ein existentielles Bedürfnis befriedigen will. Genau an der Stelle, an der das Ritual seine affektdämpfende und dissonanzreduzierende Qualität beweisen soll, versagt es.

2. Daß Rituale so anfällig für einen Mißbrauch sind, ist ihr ureigener substantieller Fehler. Ihre symbolische Kodierung wird, negativ gesprochen, zur Doppelzüngigkeit. D.h. Rituale sind prinzipiell anfällig für Heuchelei und Betrug. Die Konsequenz: Das höfische Ritual ist zwingend angewiesen auf den rechten Repräsentanten, der falsche Repräsentant wird es zur Täuschung mißbrauchen. D.h. aber auch: Verkehrte Rituale decken eine Inkongruenz von innen und außen auf. Der König bedarf zur Repräsentation seines Status äußerer Zeichen und ritueller Handlungen. Vollzieht er ein Königsritual, ohne es gegebenenfalls durch seine Person bestätigen und durchsetzen zu können, ist er bloßgestellt: Der König ist nackt.

3. Das Ritual ist sinnvolle Form, die potentiell ausgehöhlt werden kann. Anders gesagt: Das Ritual steht permanent in der Gefahr, eine Scheinwelt zu schaffen, in Gegensatz zur Wahrheit zu geraten. Im 'Willehalm' formuliert Gyburc einmal ihre intime Kenntnis der höfischen Rituale, indem sie abhebt auf die Disjunktion zwischen Form und Inhalt, Schein und Sein. Vor dem Fest auf Gloriete fordert sie ihre Damen auf, zu Ehren der Gäste schöne Kleidung anzulegen, sich zu schminken und zu frisieren und im Gespräch mit den Gästen ihre wahren Empfindungen der Trauer und des Kummers zu verschweigen. Diese Inszenierung soll dazu dienen, die Ritter zum Minnedienst und damit als Kämpfer für Oransche zu gewinnen.[24]

---

23 Tristan erinnert den Herzog zunächst an seine rechtsverbindliche Zusage, Gilan bestätigt sie, und dann erst erhebt Tristan die Forderung nach Petitcreiu (Tristan VV. 16218-16226).
24 Willehalm VV. 247, 1 - 248, 8.

4. Mein letzter Punkt gilt der Komik und dem Lachen:[25] Rituale sind als sinnbefrachtete Formen symbolischer Kommunikation von feierlichem Ernst. Eine Störung der bedeutungsschweren Handlung provoziert Lachen, zumindest Irritation. Soweit die Beschreibung. Schwieriger ist zu beantworten, welche Funktion der Lacheffekt hat, was oder wen er treffen soll und mit welchem Ziel. Das Verlachen ritueller Handlungen und Sprechakte, so meine ich, richtet sich nicht gegen spezifische Inhalte, sondern gegen das Ritual in seiner strukturellen Schwäche: die inhärente Doppeldeutigkeit, die Behäbigkeit der Form, die Anfälligkeit für Betrug. Dies sei kurz im Rückgriff auf die oben zitierte Taufe Feirefiz' erläutert. Seine heidnische Unkenntnis von Form und Inhalt des Taufrituals provoziert ein Lachen, das die christliche Gemeinschaft stärkt und Feirefiz so lange ausgrenzt, bis er selbst ein Mitglied dieser Gemeinschaft geworden ist. Es ist also ein integratives Lachen. Die Komik hat aber zugleich eine subversive Funktion. Das überhebliche Lachen der Christen macht sie blind für die Aushöhlung des religiösen Rituals: Feirefiz entkleidet die Taufe ihres ursprünglichen Sinnes und funktioniert sie für sich um zu einer Station im Minnedienst.[26] Diesen Kausalzusammenhang formuliert Wolfram explizit aus bis hin-

---

[25] Ich habe mich bei meiner Diskussion verkehrter Rituale nicht auf die Fälle beschränkt, die durch textuell markiertes Gelächter ausgezeichnet sind. Scheiternde Rituale provozieren Reaktionen der Irritation, die von Belustigung über Unbehagen bis zu Angst reichen. Hierbei kann es auch zum Lachen kommen, wenn die durch Normverletzung entstandene Spannung 'abgelacht' wird. Der Zusammenhang von Ritualverkehrung, Normverletzung und Irritation schien mir zu wichtig, als daß ich ihn zugunsten des Rahmenthemas 'Lachen' aufgeben wollte. Weiterhin ist zu bedenken, daß textuell markiertes Gelächter noch kein Rezeptionsbeleg ist, sondern allenfalls etwas über die Autorintention verrät. In der Umkehrung: Warum sollten die mutwillig verweigerten Begrüßungsrituale im 'Lanzelet' und im 'Nibelungenlied' vom höfischen Publikum nicht ebenso verlacht worden sein wie Parzivals Suche nach dem einen Artus in der Menge der herrlichen Ritter? Schließlich, das wurde auch in den Diskussionen auf der Tagung immer wieder deutlich, potenzieren sich die Probleme einer Literaturgeschichte des Lachens, die über eine phänomenologische Beschreibung hinausgelangen und zu einer historischen Ästhetik vordringen möchte, im Zeitraum Hochmittelalter. Aus ästhetischen und gattungspoetologischen wie auch aus kulturanthropologischen Gründen, die wiederum Einfluß auf die Quellenlage haben, sind kaum mehr als punktuelle Informationen zur hochmittelalterlichen Lachkultur zu gewinnen.

[26] Die Begegnung Feirefiz' mit dem Gral und der Gralsgesellschaft steht von Anfang an unter dem Zeichen der Übertragung: Er kann den Gral nicht sehen, wohl aber das von ihm ausgehende Speisewunder, die Zeremonie und die daran beteiligten Personen, vor allem die schöne Repanse de schoye, deren Minne er unbedingt erringen will. Feirefiz setzt an die Stelle der Gralsprozession den Reigen schöner Frauen, der gekrönt wird durch die Erscheinung der Gralsträgerin. Er funktioniert für sich den religiösen Ritus in den weltlichen des Minnedienstes um. Während die christlichen Ritter sich gar nicht genug darüber wundern können, daß ihr Gast den Gral nicht

ein in die Taufformel, in der Feirefiz den christlichen Glauben an den Liebeslohn bindet und Gott nur als den Gott seiner Minnedame begreift:

> *Feirefiz zem priester sprach*
> *„ist ez mir guot vür ungemach,*
> *ich gloube swes ir gebietet.*
> *ob mich ir minne mietet,*
> *sô leiste ich gerne sîn gebot.*
> *bruoder, hât dîn muome got,*
> *an den geloube ich unt an sie"*
> (Parzival VV. 818, 4-7).

Wolfram geht es nicht um die Herabsetzung religiöser Inhalte, es handelt sich um keine Blasphemie. Hier wie andernorts werden Rituale problematisiert, weil sie die Kongruenz von außen und innen nicht garantieren können, weil höfisches Benehmen und Wahrheit permanent auseinanderzufallen drohen. Diese Disjunktion entfalten die Dichter an rituellen Handlungen oder Sprechakten, wobei sie als Sprachkünstler besonders gern die wörtliche mit der figurativen Bedeutungsebene kontrastieren.[27]

Bibliographie

Quellen

Gottfried von Straßburg: Tristan. Nach dem Text von Friedrich Ranke neu hg., übers., mit Stellenkommentar u. Nachw. von Rüdiger Krohn. 3 Bde. Stuttgart 1980.

Hartmann von Aue: Iwein. Text der siebenten Ausg. von G.F. Benecke, K. Lachmann und L. Wolff. Übersetzung und Anmerkungen von Thomas Cramer. 3., durchges. u. erg. Aufl. Berlin/New York 1981.

Das Nibelungenlied. Mhd. Text u. Übertragung von Helmut Brackert. 2 Bde. Frankfurt/M. 1970/71.

---

sehen kann, unbedingt in Erfahrung bringen wollen, woran das liegt und nicht eher ruhen, als bis dem - durch die Taufe - abgeholfen wird, ist Feirefiz' Aufmerksamkeit von Anfang an durch das für ihn Sichtbare, an der Spitze Repanse, gefesselt (Parzival 808, 25 - 818, 23). Wolfram baut die Feirefiz-Gral-Handlung ganz auf diesem Kontrast von religiösem Eifer der Christen und visuell-sensualistisch gesteuertem Minnewerben des Ritters Feirefiz auf.

27 Hier kommt zum Tragen, was W. Braungart (1996) das Verbindende zwischen Ritual und Literatur genannt hat: Beide haben eine besondere ästhetische Form und Struktur, beider Rede erscheint als eine besondere, sinnhafte Rede.

Ulrich von Liechtenstein: Frauendienst, hg. von Franz Viktor Spechtler. Göppingen 1987 (GAG 485).
Ulrich von Zatzikhoven: Lanzelet. Eine Erzählung, hg. v. K.A. Hahn. Frankfurt/M. 1845. Nachdruck 1965.
Wolfram von Eschenbach: Parzival. Mhd. Text nach der Ausg. von Karl Lachmann. Übers. u. Nachw. von Wolfgang Spiewok. 3 Bde. Stuttgart 1981.
Wolfram von Eschenbach: Willehalm. Text der 6. Ausg. von Karl Lachmann. Übers. u. Anmerkungen von Dieter Kartschoke. Berlin 1968.

Untersuchungen

Brandt, Rüdiger: *das ain groß gelächter ward.* Wenn Repräsentation scheitert. Mit einem Exkurs zum Stellenwert literarischer Repräsentation. In: Höfische Repräsentation. Das Zeremoniell und die Zeichen, hg. von Hedda Ragotzky/Horst Wenzel. Tübingen 1990, 303-331.
Braungart, Georg: Die höfische Rede im zeremoniellen Ablauf: Fremdkörper oder Kern? In: Zeremoniell als höfische Ästhetik in Spätmittelalter und Früher Neuzeit, hg. v. Jörg Jochen Berns/Thomas Rahn. Tübingen 1995 (Frühe Neuzeit 25), 198-208.
Braungart, Wolfgang: Ritual und Literatur. Tübingen 1996.
Goffman, Erving: Relations in Public. Microstudies of the Public Order. New York 1971.
Schoepperle Loomis, Gertrude: Tristan and Isolt. A Study of the Sources of the Romance. Vol. 1-2. New York 1913.
Schreiner, Klaus: „Er küsse mich mit dem Kuß seines Mundes" (*Osculetur me osculo oris sui*, Cant 1,1). Metaphorik, kommunikative und herrschaftliche Funktionen einer symbolischen Handlung. In: Höfische Repräsentation. Das Zeremoniell und die Zeichen, hg. von Hedda Ragotzky/Horst Wenzel. Tübingen 1990, 89-132.
Soeffner, Hans-Georg: Emblematische und symbolische Formen der Orientierung. In: Sozialstruktur und soziale Typik, hg. v. H.-G. Soeffner. Frankfurt/M., N.Y. 1986 (Campus Forschung 465), 1-30.
Wenzel, Horst: Höfische Repräsentation. Zu den Anfängen der Höflichkeit im Mittelalter. In: Kultur und Alltag, hg. v. Hans-Georg Soeffner, redakt. Mitarbeit Jo Reichertz. Göttingen 1988 (Soziale Welt. Sb. 6), 105-119.

Haiko Wandhoff

Strickers 'Daniel von dem Blühenden Tal': ein komischer Artusroman im frühen 13. Jahrhundert?

I.

Die Frage, der ich im folgenden nachgehen werde, ob nämlich Strickers 'Daniel' ein dezidiert komischer Text sei, in dem die Artusrunde in parodistischer Absicht der Lächerlichkeit preisgegeben werde,[1] beschäftigt die Forschung erst seit kürzerer Zeit. Lange ist der Text - wie die anderen 'nachklassischen' Artusromane auch - weitgehend unbeachtet geblieben, und wenn man sich ihm zugewandt hat, dann ist er eher belächelt worden. „Grossen poetischen Wert kann man ihm nicht andichten", urteilt Gustav Rosenhagen im Jahr 1890:

> Doch kann er einem flüchtigen Leser ein gewisses Behagen erwecken. Grade das Unritterliche und Unhöfische in dem Gedichte, und die Schlichtheit der Erzählung [...] geben dem Ganzen etwas Einfältiges, Kindliches, Unreifes. So muss man es lesen wie ein Märchen für kleine Kinder. Dann wird man nicht umhin können, über die eingebildeten Gefahren, die Schrecknisse und die rührenden Klagen der armen Damen leise zu lächeln. Man wird niemals von dem Schrecklichen überzeugt; und je mehr und je ungeschickter sich der Dichter anstrengt, grosse Fährnisse und übermenschliche Leistungen uns vorzuführen, mit um so grösserem Behagen sieht man ihm zu.[2]

Wenn uns heute Rosenhagens Äußerung ihrerseits dazu verleitet, „leise zu lächeln", dann deshalb, weil sie schlaglichtartig die Historizität ästhetischer Bewertungskriterien erhellt. Trotzdem kommt man nicht umhin, Strickers 'Daniel', der wohl um 1220 entstanden ist, zumindest als ungewöhnlichen Artusroman einzustufen. Die Tafelrunde muß sich hier einer Herausforderung durch den Großkönig Matur von Cluse erwehren, welcher Artus durch einen riesenhaften Boten auffordert, sich ihm zu unterwerfen und sein Land fortan nur noch als

---

[1] Wenn hier von 'komischer', 'kritischer' oder 'satirischer' Parodie die Rede ist, dann zielt dies auf einen engen Parodie-Begriff ab, wie er im wesentlichen auch dem heutigen Sprachgebrauch zugrunde liegt: Parodie als literarische Form, welche „kritisch oder satirisch die Vorlage dementiert und der Lächerlichkeit preisgibt", Wehrli (1984) 271. Dem steht ein weiter Parodie-Begriff gegenüber, der ursprünglich alle Arten von „Paralleldichtungen", „Gegengesang" (Wehrli [1984] 271) und „'zitierender' Literaturbehandlung" (Rädle [1993] 171, Anm. 2) meint und nicht notwendig auf die Erzeugung von Komik bzw. Lachen abzielt. Vgl. dazu - außer den bereits genannten Arbeiten - Lehmann (1963), Freund (1981) sowie dazu die Rezension von Henkel (1985).

[2] Rosenhagen (1890) 120f.

Lehen zu besitzen. Artus geht zum Schein auf diese Forderung ein und folgt dem Riesen nach Cluse, um dort jedoch Matur an der Spitze eines Heeres entgegenzutreten. Daß dieses Unternehmen nach einer ganzen Reihe von Massenschlachten am Ende erfolgreich ausgeht, ist einem Ritter zu verdanken, der erst kurz zuvor neu in die Artusrunde aufgenommen worden war: Daniel von dem Blühenden Tal. In einer Reihe von Einzelaventiuren befreit dieser bedrängte Gräfinnen und andere adlige Damen mit Hilfe von List und Klugheit aus den Händen monströser Gestalten mit übermenschlichen Kräften. Und selbst der Musterkönig Artus ist ein ums andere Mal auf Daniels Eingreifen angewiesen, um vor dem sicheren Tod bewahrt zu werden. Sein Gegner Matur gebietet nämlich nicht nur über ein von höfischem Luxus überquellendes Land, das aufgrund seiner gebirgigen Lage überdies schwer einzunehmen ist, sondern auch über schier unerschöpfliche Armeen, die Schar um Schar gegen das Artusheer anreiten. Selbst als Matur längst durch Artus' Hand gefallen ist, dauert es noch einige Zeit, bis das Artusheer - einmal mehr durch eine List Daniels - auch seine Vasallen zu unterwerfen in der Lage ist. Genau so wichtig wie den Krieg nimmt der Text dann den Friedensschluß: Artus wird als wahrer Friedensfürst in Szene gesetzt, der alle Interessen harmonisch miteinander zu vereinen versteht: Maturs Vasallen werden neu belehnt, Daniel bekommt die Königin Danise zur Frau und wird zum neuen Herrn über Cluse eingesetzt, aber auch die zahlreichen anderen Damen, die der Krieg zu Witwen gemacht hat, werden in einer großen Massenhochzeit mit neuen Männern aus dem Artusgefolge versorgt.

Daß dieser Roman, der die Gegner des Artushofes so sehr ins Übermenschlich-Monströse steigert, daß ihnen nur mit List und Tücke beizukommen ist, einzelne Konstellationen enthält, die man komisch oder grotesk nennen mag, wird in der Forschung kaum bestritten. Punktuell komische Situationen sind selbst dem 'klassischen' Artusroman nicht fremd - man denke nur an die Rolle Keies -, und auch sonst ist in der mittelalterlichen Literatur immer wieder zu beobachten, daß 'Komik' und 'Ernst' sehr nahe beieinander liegen können, daß ihre Vermischung jedenfalls „nicht als problematische Kontamination angesehen" werden darf.[3] Vielmehr scheint das Erfassen und Ausnutzen komischer Situationen einen guten Erzähler sogar auszuzeichnen, wie Matthias Meyer bemerkt, denn „ein lachendes Publikum ist ein aufmerksames Publikum".[4] Die weitergehende Frage jedoch, ob sich aus der Verkettung solcher Situationskomik im 'Daniel' etwa ein kritisch-parodistischer Grundzug der gesamten Erzählung ableiten lasse, wird äußerst kontrovers beantwortet. Hier stehen sich zwei Fraktionen gegenüber, von denen die eine im 'Daniel' eine affirmative Weiterentwicklung

---

[3] Fromm (1962) 331. Vgl. Zimmermann (1994) 315. Warning (1979) 588 attestiert bereits den Artusromanen Chrétiens de Troyes einen „ironischen Metakommentar".
[4] Meyer (1994) 63.

der Gattung Artusroman sieht, die andere hingegen eine satirische Entlarvung der Artuswelt mit ihren überkommenen Regeln und Geboten. So wird auch die Einführung eines neuen Helden, der zwar in Kampf und höfischem Gebaren sowie von seiner hohen Abstammung her einem Gawein, Iwein oder Parzival ebenbürtig ist, der seine Aventiuren jedoch allesamt mit Hilfe äußerst kluger und oft sogar (hinter)listiger Verhaltensweisen besteht, kontrovers beurteilt: Der einen Seite gilt dies als Erweiterung des herkömmlichen Artusromans Hartmannscher Prägung, die der Gattung einen stärkeren Wirklichkeitsbezug und damit eine neue Lebensfähigkeit verleihe.[5] Die andere Seite sieht in dem Motiv des listig-klugen Helden, der den hilflosen Musterkönig Artus ein ums andere Mal aus grotesk-bedrohlichen Situationen retten muß, einen Hebel, um das überkommene Artusmodell endgültig dem Gelächter preiszugegeben: „Ein durch *list* gerettetes und weiterhin auf *list* angewiesenes Artusreich", so etwa Werner Schröder, „ist kein ideales mehr".[6]

So zeichnet sich eine Forschungskontroverse ab, die insgesamt jedoch recht unbefriedigend ist. Denn es fehlt ihr der fruchtbare Austausch von Argumenten ebenso wie eine systematische, nicht nur postulierende Annäherung an das vermeintlich Komische oder Parodistische in Strickers Artusroman.[7] Vor allem aber findet eine Reflexion des hochinteressanten Sachverhalts, daß ein und derselbe Text zu so unterschiedlichen Deutungen Anlaß geben kann, bisher kaum statt.[8] Dazu möchte ich im folgenden einige Überlegungen vorstellen.

---

5   So - mit je unterschiedlichen Schwerpunkten - z.B. Kern (1974), Brall (1976), Ragotzky (1981), Müller (1981), Müller-Ukena (1984), Schilling (1991), Birkhan (1994), Pingel (1994), Schneider (1994).
6   Schröder (1985) 828. Vgl. Haug (1980), (1988), Buschinger (1989), Mertens (1990), Haug (1992), Wailes (1993).
7   Feistner (1993) 253 weist zurecht darauf hin, daß gerade die Frage nach dem parodistischen oder ironischen Potential eines Textes oft zu „polarisierenden Kontroversen" führt. In ihrem Aufsatz, der Ulrichs von Zatzikhoven 'Lanzelet' als „ironische Replik auf den Problemhelden des klassischen Artusromans" (241) zu entlarven versucht und dabei einen Ausblick auf „andere ironieverdächtige Texte des Hochmittelalters" (243) gibt, erwähnt sie allerdings Strickers 'Daniel' mit keinem Wort. Auch in dem bemerkenswerten Versuch von Hartmann (1990), das Lachen in Stricker-Texten systematisch zu untersuchen, kommt der 'Daniel' nicht vor. Das Ergebnis der Studie ist gleichwohl interessant: Danach gibt es in den Kleindichtungen des Stricker sowie im 'Pfaffen Amis' weit weniger zu lachen, als man es etwa von den afrz. *fabliaux* her erwarten könnte (123f.). Hartmann diagnostiziert gar eine „Lachabstinenz so mancher Strickerschwänke" (124).
8   Ansätze dazu jetzt bei Meyer (1994), der im folgenden ausführlich zu Wort kommen wird.

II.

Strickers 'Daniel' gilt als erster 'Originalroman' der höfischen Literatur in Deutschland, der nicht auf der Übersetzung einer französischen oder lateinischen Vorlage beruht, sondern von seinem Verfasser gleichsam 'erfunden' worden ist. Daß man sich diesen Akt jedoch nicht als eine 'freie Geistesschöpfung' vorstellen darf, hat unlängst noch einmal Matthias Meyer sehr deutlich gemacht.[9] Er zeigt, daß der Stricker im 'Daniel' geradezu „enzyklopädisch" (27) vorgeht und seinen Text aus einer Fülle von literarischen Versatzstücken verschiedenster Gattungen zusammensetzt. Anders als die ältere Forschung sieht Meyer in diesem Bemühen um eine narrative *summa* der zeitgenössischen Romantraditionen allerdings kein epigonales Anzitieren der großen Vorbilder; für ihn ist der 'Daniel' vielmehr als „poetologischer Schlüsselroman" (20) lesbar, „in dem die Verfügbarkeit der Literatur (und damit die 'nachklassische' Situation) exemplarisch und - in einer poetologischen Sichtweise der Aventiuren - quasi theoretisch abgehandelt wird" (63). Indem er herausarbeitet, wie der Stricker im 'Daniel' „die Erneuerung des Artusromans unter dem Gesichtspunkt des literarischen Spiels" (64) betreibt, stützt er, so scheint es auf den ersten Blick, die These, wonach der 'Daniel' als eine Artusroman-Parodie zu lesen sei. Denn die „literarische Wiederaufbereitung" überlieferter Texte und Formen kann allgemein als „der primäre Akt jeder parodierenden Operation" gelten, wie Fidel Rädle formuliert: „das Zitieren ist ihr klassischer Fall."[10] Und so wird gerade das raffinierte „literarische Spiel",[11] das der Stricker im 'Daniel' treibt, immer wieder als ein Hauptkriterium für den komisch-parodistischen Charakter dieses Textes ins Feld geführt. Walter Haug etwa diagnostiziert einen „spielerischen Umgang mit der arthurischen Tradition", der sich nicht zuletzt an der „ins Leere laufende[n] Hyperbolik"[12] des 'Daniel' zeige: Vertraute Motive, Figuren und Handlungskonstellationen, die längst zu schematisierten Versatzstücken der Sinn-Inszenierung herabgesunken seien, würden hier als „leere Form" entlarvt, indem der Stricker sie in eine gattungsfremde Sphäre versetze.[13] Das Ergebnis dieses Rahmenwechsels und der damit verbundenen Irritation von Erwartungshaltungen ist für Haug eine „Aventüren-Groteske",[14] eine „Persiflage", die „das

---

9 Meyer (1994).
10 Rädle (1993) 175.
11 Haug (1992) 270, grundsätzlich bereits Haug (1980).
12 Haug (1992) 285.
13 Haug (1988) 244.
14 Haug (1988) 244.

klassische arthurische Modell insgesamt aus den Angeln" hebe[15] und den 'Daniel' gar als einen Vorläufer des 'Don Quixote' erscheinen lasse.[16]

Bei näherem Hinsehen erweist sich diese enge Kopplung von literarischem Spiel und parodistischem Verlachen jedoch als problematisch.[17] Sie beruht auf einer Betrachtungsweise, die einseitig am Text orientiert ist und darüber die Bedingungen und vor allem die Beschränkungen der zeitgenössischen Rezeption vernachlässigt. Man fragt sich etwa bei der Lektüre von Meyers bewundernswerter Auflistung der Literaturzitate im 'Daniel', was einem zeitgenössischen Publikum davon überhaupt zugänglich gewesen sein konnte. Ein Beispiel mag das erläutern: Wenn der Stricker sich zu Beginn des 'Daniel' auf eine französische Vorlage beruft, die ihm Meister Albrich von Besançon zugänglich gemacht habe,[18] dann hat die Forschung darin schon früh eine „freche Entlehnung aus Lamprechts 'Alexander'"[19] gesehen und die entsprechenden Schlüsse gezogen: Da bereits die Quellenberufung offenkundig fingiert, also Lüge sei, so Volker Mertens, solle auch der gesamte darauf basierende Roman „programmatisch Lüge sein, und das heißt: Fiktion."[20] Und Meyer geht noch weiter: „Wenn genau diese Formulierung [die Quellenberufung] Zitat ist, so kann das als Hinweis gelesen werden, daß das als Quelle fehlende Werk durch Zitate aus der Literatur ersetzt wird"[21] - es gehe dem Stricker also um „das 'Zitieren als Programm'".[22] Eine solch spitzfindige Lesart der Stelle suggeriert nun aber, daß das Publikum des Strickers über ein geradezu philologisch zu nennendes Vorwissen verfügt, welches in die Rezeption des 'Daniel' mit eingebracht werden muß, um derartig subtile Sprachspiele nachzuvollziehen. Schließlich setzt das Gelingen jeder Form von parodistisch-zitierender Rede „die allgemein gesicherte Kenntnis dessen, was parodiert wird", voraus - „je auswendiger gewußt, desto geeigneter für Parodie."[23]

---

[15] Haug (1992) 270.
[16] Haug (1988) 244. Vgl. zu den Bedingungen parodistischer Literatur im Mittelalter Rädle (1993).
[17] Gelockert wird diese Kopplung bei Meyer (1994) 62f., der hinter dem Spiel des Strickers mit literarischen Traditionen nicht automatisch eine primär kritisch-parodistische Gesamtabsicht sieht, sondern das letztendlich ernstzunehmende Bemühen um eine Fortschreibung der Gattung Artusroman. Ähnlich bereits Mertens (1990) 95.
[18] VV. 7-14: *Von Bisenze meister Albrich, / der brâhte ein rede an mich / ûz wälscher zungen. / die hân ich des betwungen, / daz man si in tiutschen vernimet, / swenne kurzwîle gezimet. / nieman der enschelte mich: / louc er mir, so liuge ouch ich.*
[19] Mertens (1990) 93. Schon Rosenhagen (1890) 48 hatte darauf hingewiesen.
[20] Mertens (1990) 93.
[21] Meyer (1994) 22.
[22] Meyer (1994) 22, Anm. 22.
[23] Rädle (1993) 176.

Kann man aber tatsächlich davon ausgehen, daß einem höfischen Publikum in der ersten Hälfte des 13. Jahrhunderts ein derartiges Spezialwissen allgemein zur Verfügung stand? Wenngleich über den konkreten Bildungsstand des Literaturpublikums kaum verläßliche Daten vorliegen, so ist angesichts der kommunikativ-medialen Rahmenbedingungen, denen die Epenrezeption dieser Zeit unterliegt, wohl Skepsis angeraten. Dennis Green hat in seiner großen Studie über 'Medieval Listening and Reading' unlängst noch einmal sehr deutlich gemacht, daß infolge der sozialen und intellektuellen Heterogenität der Hofgemeinschaften grundsätzlich von einer „twofold reception" der gesamten höfischen Literatur auszugehen ist, d.h. von der Möglichkeit, daß die Texte sowohl im Vortrag gehört als auch individuell gelesen werden konnten.[24] Für unser Beispiel, das Lamprecht-Zitat, ergibt sich daraus - vereinfachend - folgendes Bild: Wird der 'Daniel' im Vortrag gehört, so müssen die Rezipienten in ihrem Gedächtnis gespeichert haben, daß sich bereits der Verfasser des über 50 Jahre älteren Alexanderepos, das um 1220 nicht gerade weit verbreitet ist, mit fast denselben Worten auf eben diesen Albrich berufen hatte - nur dann ist es ihnen möglich, die Quellenberufung als Zitat und die Textpassage als parodistisches Spiel mit entleerten Formen der Sinnkonstitution wahrzunehmen. Wird der Text dagegen von einem mit dem Modus der individuellen Lektüre vertrauten Benutzer gelesen - hier ist vor allem an Hofgeistliche und adlige Damen zu denken -, so besteht eventuell die Möglichkeit, über das individuelle Gedächtnis hinaus auch schriftliche Speicher zu befragen, um das Zitat als solches zu verifizieren. Aber selbst wenn dieser ideale Leser Zugang zu einer Abschrift des Alexanderliedes hätte, könnte er nicht völlig ausschließen, daß der Meister Albrich von Besançon mehrere Werke verfaßt hat, von denen eines der Pfaffe Lamprecht und eines der Stricker bearbeitet haben.

An diesem Szenario wird deutlich, daß die Decodierung der selbstreflexiven Sinnebene der Quellenberufung, welche zu einer Irritation von Erwartungshaltungen führt und so die Wahrnehmung von Parodiesignalen überhaupt erst ermöglicht, unter den zeitgenössischen Rezeptionsbedingungen nicht sonderlich wahrscheinlich war. Es ist nämlich davon auszugehen, daß das Publikum der höfischen Dichtung in Deutschland noch bis weit ins 13. Jahrhundert hinein mehrheitlich aus *illitterati* bestand,[25] von denen eine solch präzise Gedächtnisleistung kaum zu erwarten war. Und insbesondere das genaue Zitieren von Textteilen im Sinne ihrer exakten wörtlichen Reproduktion muß vor dem Hintergrund der 'mouvance' mittelalterlich-volkssprachiger Textualität eher als ungewöhnlich gelten.[26] Gleichwohl scheint eine buchstabengetreue Lesart prinzipiell möglich gewesen zu sein, und allein der Sachverhalt, d a ß der Stricker offen-

---

[24] Green (1994).
[25] Bumke (1986) 595ff., Green (1994) 270ff.
[26] Vgl. Bumke (1996) 58ff.

kundig mit Zitaten und Versatzstücken der literarischen Tradition spielt, läßt ja darauf schließen, daß er wenigstens von einem Teil seines Publikums auch die Decodierung der Zitate und Anspielungen erwartet hat. Ist einem literarisch wenig vorgebildeten Textbenutzer der Nachvollzug dieses parodistischen Spiels jedoch nicht möglich, so funktioniert der Text trotzdem - oder: um so besser. Denn wenn man die Berufung auf Albrich nicht als wörtliches Zitat wahrnimmt, faßt man sie automatisch als das auf, was sie ja zuallererst ist: eine typische Quellenberufung, mit der sich der Dichter - wie in unzähligen anderen Texten auch - gegen den Vorwurf wappnet, die Unwahrheit zu berichten.[27] Die Frage also, ob das vermeintliche Lamprecht-Zitat als eine 'volle' oder eine 'entleerte' Form wahrgenommen wird, ob es ein sicher erwartbares topisches Motiv darstellt oder im Gegenteil eine Irritation von Erwartungsnormen auslöst, die ein zum Lachen reizendes Spiel mit Versatzstücken der Tradition in Gang setzt, hängt entscheidend von der Disposition der jeweiligen Textbenutzer ab: von ihren Bildungsverhältnissen, ihrem medialen Zugang zum 'Daniel' sowie ihren Zugriffsmöglichkeiten auf andere schriftliche Texte. Hier wird sehr konkret faßbar, was im allgemeinen wohl unumstritten sein dürfte, daß nämlich Komik ganz wesentlich ein Rezeptionsphänomen ist, daß es neben komischen Situationen immer auch eines Beobachters bedarf, der diese überhaupt erst als komisch wahrnimmt und mit seinem Lachen beantwortet.

Versucht man nun, den potentiellen Rezipientenkreis für einen höfischen Roman wie den 'Daniel' näher zu bestimmen, so muß man mit Green von einer „stratification within the audience at court"[28] ausgehen, in der schriftgeschulte Kleriker, rudimentär literalisierte Hofdamen und die weitgehend analphabetische männliche Hofgesellschaft zu unterscheiden sind. Zu dieser Schichtung tritt eine bemerkenswerte personelle Fluktuation hinzu: „Es gibt nur eine relativ kleine Anzahl von Menschen, die sich über einen längeren Zeitraum hinweg an einem Hof aufgehalten haben, und eine viel größere Anzahl von Personen mit kürzerer Anwesenheit."[29] Lediglich den dauerhaft am Hof Anwesenden, der *familia minor*, scheint sich überhaupt die Möglichkeit einer eingehenden Lektüre literarischer Texte zu bieten, nur ihnen steht eventuell der Zugriff auf schriftliche Archive sowie die Ressource Zeit zur Verfügung, die nötig ist, um die vielschichtigen Informationen eines umfangreichen Epos auszuschöpfen und

---

27 Insofern ist Rädle (1993) 176 zu widersprechen, der meint, das Nichtverstehen seiner parodistischen Absicht lasse einen Text notwendig nur noch als „ein trauriges Plagiat" erscheinen.
28 Green (1994) 298. Vgl. zum folgenden auch Wandhoff (1996) 358ff. Zur Verortung des Strickers am Wiener Hof vgl. Schilling (1991).
29 Bumke (1992) 448, vgl. auch 435ff., 446ff.

gegebenenfalls mit anderen Manuskripten abzugleichen.[30] Den nur von Zeit zu Zeit anwesenden Gästen oder Mitgliedern der *familia maior* bleiben demgegenüber wohl lediglich punktuelle Textzugriffe in der Performanz, sie können sich die Epik nur hörend aneignen und bleiben somit auf einen Rezeptionsmodus angewiesen, der die narrative Kohärenz fördert, 'philologische' Detailwahrnehmungen dagegen erheblich erschwert.

Vor diesem Hintergrund möchte ich vorschlagen, die starren Fronten für oder gegen eine kritische Artusroman-Parodie im 'Daniel' dadurch aufzulösen, daß man dem Roman eine doppelte Lesbarkeit zugesteht. Meine These ist - zugespitzt -, daß der Text für ein hörendes, kaum literalisiertes Publikum, das angewiesen ist auf die flüchtige Kohärenz des Vortrags, in dem Literaturzitate kaum als solche zu erkennen sind, bei aller Komik im Detail durchaus einen ernstzunehmenden handlungsorientierten Artusroman darstellen kann, während ein Lesepublikum, das vertraut ist mit dem intertextuellen Verweissystem literarischer Werke und das vielleicht sogar eine besondere Kennerschaft der höfischen Literatur entwickelt hat, in demselben Text eine zusätzliche Sinnebene decodieren kann, die den gesamten Roman als ein parodistisches und damit potentiell komisches Spiel mit sinnentleerten Formen überkommener Traditionen ausweist.[31] Damit wären aber nur die äußersten Pole einer zeitgenössischen 'Daniel'-Rezeption erfaßt. Zwischen ihnen dürfte eine Vielzahl abgestufter Grade des Verstehens zu finden sein, die abhängig sind von dem Vorwissen und den Zugangsvoraussetzungen der jeweiligen Textbenutzer. Dabei ist auch die Entschlüsselung der Zitate und Sprachspiele nicht zwingend an den Modus des Lesens gebunden. Einem Literaturkenner dürften sie prinzipiell auch im Vortrag zugänglich sein, aber als *litteratus* hat er eben doch den Vorteil, den Text vielleicht selbst einmal zur Hand zu nehmen, vor- und zurückzublättern, sich also außerhalb des Vortrags seiner Mehrsinnigkeit zu vergewissern.[32]

Ich halte es überdies für wahrscheinlich, daß der Stricker sehr genau um diese doppelte Lesbarkeit seines Romans wußte, ihn vielleicht sogar gezielt daraufhin konzipiert hat. Andere Beispiele aus dieser Zeit belegen ja, daß eine derartige Mehrfachadressierung epischer Texte nicht unüblich war, man denke nur an die Unterscheidung zwischen *edelen herzen* und allgemeinem Publikum im 'Tristan' Gottfrieds von Straßburg oder an den 'Parzival' Wolframs von Eschen-

---

[30] Nur diese relativ kleine Gruppe „had the chance of hearing the complete work and appreciating its overall structure", Green (1994) 294.

[31] Eine vergleichbare Situation ist heute bei Kinofilmen zu beobachten, die nicht selten zum distanzlosen Nachvollzug der Handlung durch ein Massenpublikum ebenso einladen wie zum hochreflektierten Aufspüren von Zitaten durch cineastisch vorgebildete Zuschauer.

[32] Vgl. Wandhoff (1996) 363ff.

bach, in dem die Rezipienten in *wîse* und *tumbe* gruppiert werden.[33] Gerade diese Unterscheidungen bei Gottfried und Wolfram weisen darauf hin, daß die höfischen Dichter neben dem allgemeinen Publikum mit einem Kreis von 'Eingeweihten', von *connaisseurs*, rechnen konnten, die sich einer besonderen „Kunst der Interpretation" hingegeben haben und die aufgrund ihrer Textkenntnisse wohl in der Lage waren, selbst versteckte Anspielungen und Zitate zu entschlüsseln. Diese Gruppe war wohl imstande, „das Instrument des Textes mit einer solchen Geschicklichkeit zu spielen, daß neben dem vorhandenen Sinnbezug auch Entfernteres und nicht unmittelbar damit im Zusammenhang Stehendes in seiner Sinnhaftigkeit zum Mittönen erweckt werden"[34] konnte.

Es scheint demnach, als habe auch der Stricker seinen 'Daniel' auf eine „twofold reception" abgestellt und gewissermaßen zwei Romane in einem geliefert: einen handlungsreichen, spektakulär aktualisierten Artusroman für das Gros des Publikums und ein ebenso hochartifizielles wie vergnügliches Spiel mit Versatzstücken verschiedener Gattungen für die Literaturkenner.[35] Um diese These zu untermauern, möchte ich abschließend eine der Schlüsselepisoden des Romans auf ihre doppelte Lesbarkeit hin befragen.

III.

Als die Handlung des 'Daniel' bereits abgeschlossen zu sein scheint und nurmehr das obligatorische Abschlußfest zu schildern wäre, geschieht etwas Ungewöhnliches. Der mit Zauberkräften ausgestattete Vater der getöteten Riesen, ein weiterer Vasall Maturs, taucht am Hof auf und entführt Artus. Den König unter dem Arm, läuft er mit einer solchen Geschwindigkeit davon, daß niemand ihm folgen kann. Er verschleppt ihn auf einen unerreichbaren Berg, wo er ihn aus Rache für den Tod seiner Söhne verhungern lassen will. Als der geschwinde Alte darüber hinaus den besten aller Artusritter zum Kampf auffordert, tritt ein längeres Schweigen ein, denn niemand will gegen die höfische *zuht* verstoßen, wonach man sich nicht selbst rühmen darf. Als sich endlich Parzival meldet, um gegen den Herausforderer anzutreten, wird auch er überwältigt und neben Artus auf den Berg gesetzt. Erst als es Daniel gelingt, den Alten mit Hilfe eines

---

33 Vgl. Wandhoff (1996) 367ff. Mit Blick auf das Bildungsgefälle am Hof formuliert Green (1994) 298: „not merely could the court author appeal to the literate noblewoman over the heads of their illiterate menfolk, he could also address court clerics over the heads of noblewomen."

34 So Spitz (1972) 225, freilich in anderem Zusammenhang. Es spricht einiges dafür, daß das Modell des mehrfachen Schriftsinns für dieses Experimentieren mit hermeneutischen Tiefenstrukturen und konstitutiver Mehrsinnigkeit der volkssprachlich-weltlichen Dichtungen Pate gestanden haben dürfte. Vgl. dazu Wehrli (1984) 266-270.

35 Die These von Meyer (1994) 21, wonach „die Divergenz der Interpretationsmodelle auf eine strukturelle Eigenart des Romans" verweist, fände so eine Konkretisierung.

unsichtbaren Netzes zu fangen, wenden sich die Dinge zum Besseren. Allerdings ist Artus noch immer in großer Gefahr, denn nur der Kidnapper selbst ist in der Lage, ihn von dem Fels herunterzuholen. So ist es äußerst wichtig, dem Riesenvater nichts anzutun, sondern ihn auf verbalem Wege von der *superbia* Maturs sowie von der Rechtmäßigkeit des arthurischen 'Verteidigungskrieges' zu überzeugen - und ihn damit zur Einsicht in die Unrechtmäßigkeit seines eigenen Handelns zu führen. Nachdem Daniel auch dies vollbracht hat, holt der Alte König Artus aus freien Stücken vom Berg und unterwirft sich ihm. Der König zeigt sich dankbar, wandelt das Lehen seines Retters in Eigen um und feiert ein noch größeres Fest als zuvor, zu dem nun auch Ginover aus dem fernen *Britanîe* herbeigeholt wird.

Zweifellos weist diese Episode am Ende des Romans eine Reihe potentiell komischer Momente auf, und so fungiert sie nicht selten als Hauptbeleg für die These, es handele sich beim 'Daniel' um einen „Anti-Artusroman".[36] Daß die Episode wegen ihrer auffälligen Positionierung - mitten im Schlußfest - einen besonderen Verweischarakter besitzt, wird jedoch auch von denen eingeräumt, die den 'Daniel' nicht in erster Linie für eine Parodie halten. Nimmt man die Argumente beider Seiten zusammen, dann zeigt sich, daß die Riesenvaterepisode sogar **dreifach lesbar** ist - und daß diese Lesarten sich nicht etwa ausschließen, sondern geradezu akkumulieren: Auf einer ersten Ebene stellt die Episode ein weiteres Beispiel dafür dar, daß nur Daniel mit seinem klugen und bisweilen listigen Verhalten in der Lage ist, Artus und sein Gefolge vor dem Zugriff der übermächtigen Wesen von Cluse zu schützen sowie Recht und Ordnung wiederherzustellen. Darüber hinaus fungiert die Textpassage auf einer zweiten Ebene, wie Helmut Brall gezeigt hat, als eine retrospektive Bündelung, in der die wichtigsten Konstellationen der Haupthandlung noch einmal - szenisch verdichtet - zusammengefaßt werden:[37]

- Handlungsauslösend ist in der Haupthandlung wie in der Schlußepisode ein Fremder, der ein Artusfest stört und einen Besitzanspruch gegenüber dem König anmeldet;[38]
- die Verschleppung des Königs in ein unzugängliches Bergland entspricht seiner initialen 'Entführung'[39] in das Bergreich von Cluse durch einen Sohn(!) des jetzigen Kidnappers;

---

36 Buschinger (1989) 21.
37 So Brall (1976) 241, der auf das Vorbild der *Joie de la court*-Episode im 'Erec' Hartmanns von Aue verweist.
38 Brall (1976) 241, Anm. 97 hat gezeigt, daß die Formulierung: [er] *zuckte in* [Artus] *ûf als einen schoup* (V. 6951) auf eine Rechtsgebärde anspielt, mit der ein Besitzanspruch angemeldet wird.
39 Artus selbst stellt die erste Ausfahrt als Entführung dar, er betont, *daz er* [der Riesenbote] *mich har fuorte gevangen* (V. 5851), *daz ich gevangen her reit* (V. 5863).

- Parzivals Versuch, Artus zu befreien, wiederholt das Scheitern der traditionellen Mittel der Artusritter, die schon in der Haupthandlung den wundersamen Fähigkeiten der Macht von Cluse nicht gewachsen waren. Daß sie nun sogar dem Schöpfer dieser magischen Welt gegenüberstehen, unterstreicht deutlich die intratextuelle Verweisstruktur der Szene;[40]
- eine Überwindung und Pazifizierung des Aggressors ist auch hier allein durch Daniels Klugheit möglich. Von entscheidender Bedeutung ist dabei wie in der Haupthandlung die Verfügung über magische Instrumente, die Daniel zuvor aufgrund sozialer Hilfeleistungen erworben hat;[41]
- der bedeutende Sachverhalt schließlich, daß Daniel in der Riesenvaterepisode zwar den Aggressor überwinden, aber Artus nicht vor dem Verhungern retten kann, solange der Angreifer nicht von der Unrechtmäßigkeit seines eigenen Handelns überzeugt ist, verweist auf die besondere Bedeutung zurück, die in der Haupthandlung Maturs Vasallen zukam: Auch sie hatte Daniel durch eine List zunächst nur paralysiert; zu einer dauerhaften Wiederherstellung des Friedens mußten sie darüber hinaus noch von der Unrechtmäßigkeit ihres Krieges im Dienste Maturs überzeugt und zur freiwilligen Unterwerfung überredet werden.[42]

So gelesen, faßt die Riesenvaterepisode am Ende des Textes „alle wesentlichen Motive und Strukturen des bisherigen Romangeschehens noch einmal in nuce"[43] zusammen. Dazu paßt, daß hier in einem langen Exkurs auch der besondere Nutzen der Klugheit (mhd. *list*) abschließend hervorgehoben wird. Möglicherweise dient diese wiederholende Unterstreichung der wichtigsten Handlungsfäden am Ende des Textes als eine Art Erinnerungshilfe für ein hörendes Publikum, dem am Ende eines Epenvortrages noch einmal der Sinn des Ganzen szenisch verdichtet vor Augen gestellt wird. Die komisch-parodistische Verletzung von Erwartungsnormen spielt in dieser Lesart höchstens eine untergeordnete Rolle, weil die Episode im wesentlichen Motive und Strukturen wiederholt, die längst bekannt sind. In der Schlußepisode kann die Hilflosigkeit der Artusrunde vor den Mächten von Cluse nicht mehr eigentlich überraschen, allenfalls ihre konkrete Ausgestaltung.[44] Im Mittelpunkt scheint hier eher eine 'inhaltliche' Botschaft zu

---

40 Wenn der Riesenvater am Schluß das unsichtbare Netz, mit dem Daniel ihn zuvor gefangen hat, als Geschenk bekommt und er damit in sein abgelegenes Bergland zurückgeschickt wird - das nun als Eigen aus dem Cluse-Reich ausgegliedert ist -, dann werden damit auch die bedrohlichen Wunderdinge 'entsorgt', die nicht in eine arthurische Friedensordnung passen.
41 So weist das unsichtbare Netz auf das Zauberschwert in der Haupthandlung zurück.
42 Wenn Artus nun das Lehen des Riesenvaters in Eigen umwandelt, so läßt sich das - gleichsam spiegelverkehrt - auf den initialen Anspruch Maturs beziehen, Artus' Land von Eigen in Lehen umzuwandeln. Auf diese Weise wird der neue, gerechte Herrscher Artus mit dem alten, ungerechten Herrscher Matur kontrastiert.
43 Brall (1976) 241.
44 Daher ist es auch methodisch höchst problematisch, zur Demonstration der parodistischen Absicht des Strickers ausgerechnet die Schlußepisode heranzuziehen, wie es etwa Schröder (1985) und Buschinger (1989) tun.

stehen, wonach - auf eine sehr grobe Formel gebracht - eine harmonische Sozialordnung nur dann zu erwarten ist, wenn sich Landesherren und landsässiger Adel gleichermaßen an der Einhaltung von überliefertem und gottgegebenem Recht orientieren und wenn feudaler Dienst als gegenseitige - und rangübergreifende - Hilfeleistung zum Schutz sozialer Ordnung praktiziert wird.[45]

Einen völlig anderen Charakter gewinnt die Riesenvaterszene schließlich, wenn man anstelle der skizzierten intratextuellen Verweise ihre intertextuellen Bezüge in den Mittelpunkt rückt. Auf dieser dritten Ebene liest sich das Textsegment endlich als ein parodistisches Spiel mit Versatzstücken überlieferter Romantraditionen:

- Im Hinblick auf den Gattungshorizont des 'Daniel' kann die Entführung von König Artus als verfremdende Replik auf die Entführung der Königin Ginover verstanden werden, wie sie aus Hartmanns 'Iwein' bekannt sein konnte;[46]
- unter intertextuellen Gesichtspunkten kann die Massenverheiratung der Witwen von Cluse entweder als groteske Überbietung von Iweins Witwenheirat,[47] als „satirischer Seitenhieb auf das traditionelle Modell der fin'amor"[48] oder aber als Parodie auf den Artus am Ende des 'Parzival' verstanden werden, dessen *milte* bezüglich der Frauen den Grundstein seiner Friedensordnung bildet;[49]
- daß ausgerechnet Parzival das höfische Schweigen bricht und sich dem Riesenvater stellt, kann als artistisches Spiel mit seinem Versäumnis auf der Gralsburg gelesen werden, wie es Wolfram in seinem Roman geschildert hatte. Möglicherweise soll hier gezeigt werden, „wie Parzival seinen Fehler in einer vergleichbaren Situation nicht ein zweites Mal begeht",[50] möglicherweise wird durch sein jämmerliches Scheitern vor dem Riesenvater aber auch Wolframs gesamtes Romankonzept dem Spott preisgegeben;[51]
- und schließlich kann Artus' Gefangenschaft auf dem Berg, wo er hungern muß, als „amüsante Replik auf die Nahrungsverweigerungsmasche, mit der er jeweils zum Romanbeginn *âventiure* herbeizuzitieren pflegt",[52] gelesen werden.

So gelesen, erscheint die Schlußpassage des 'Daniel' als eine „'Episode über Literatur'",[53] die Anlaß zu vielfältigen Deutungen geben kann: Sei es, daß mit dem Riesenvater eine „heldenepisch konnotierte Figur" vom Protagonisten ein-

---

[45] Inwieweit diese Re-Feudalisierung des Artusromans den Territorialisierungsprozeß in Österreich reflektieren könnte, erörtern insbesondere die Arbeiten von Brall (1976) und Schilling (1991). Vgl. dazu Schneider (1995) 186ff.
[46] So hat die Artus-Entführung im 'Daniel' ja u.a. zur Folge, daß Ginover nach Cluse kommt, worauf Meyer (1994) 54 hinweist. Vgl. auch Haug (1992) 269, Mertens (1990) 95.
[47] Haug (1992) 269.
[48] Buschinger (1989) 20. Vgl. Meyer (1994) 40.
[49] Mertens (1990) 94f.
[50] Kern (1974) 39.
[51] Meyer (1994) 51f. Vgl. Müller (1981) 54ff., Zimmermann (1994) 308ff.
[52] Haug (1992), 269. Vgl. Meyer (1994) 50f.
[53] Meyer (1994) 56.

gefangen und „nach dessen Bekehrung voll ins Artusreich integriert" werde, um so die Überlegenheit der Gattung Artusroman gegenüber der konkurrierenden Heldenepik zu veranschaulichen, so Meyers Lesart;[54] sei es, daß sich der 'Daniel' an dieser Stelle endgültig als subversiv-parodistische Kontrafaktur zum 'Parzival' zu erkennen gebe, wie Stephen Wailes meint;[55] oder sei es, daß hier lediglich „zentrale Szenen aus der arthurischen Literatur [aufgegriffen] und in einem gewagt-komischen Spiel umformuliert"[56] werden, wie Haug formuliert.

So bestätigt auch die Schlußepisode des 'Daniel', was ich oben als These formuliert habe: Der Text ist mehrfach codiert und gibt Anlaß zu verschiedenen Lesarten, die sich jedoch keineswegs widersprechen. Dabei unterläuft auch die poetologisch-selbstreflexive Dimension des 'Daniel' nicht etwa, wie Meyer annimmt, die 'inhaltliche' Kohärenz des Textes,[57] sondern sie tritt kumulativ zu dieser hinzu. Der Roman - und insbesondere seine Schlußepisode - enthält verschiedene Sinnangebote, die wie Schichten übereinander gelagert sind: auf einer basalen Ebene begegnet eine Reihe von repräsentativen Rittern und spektakulären Handlungen, die ohne größeres Vorwissen - auch episodisch[58] - nachvollziehbar sind und gelegentlich Anlaß zum Lachen geben können; auf einer zweiten Ebene werden intratextuelle Verweisstrukturen kenntlich, die die 'ernsten' Problemfelder von Landesherrschaft, Recht und altadliger Vasallität in den Blick rücken und zu deren Nachvollzug die Kenntnis des gesamten Textes zumindest förderlich ist; auf einer dritten Ebene schließlich nimmt ein „literarische[s] Detektivspiel"[59] Gestalt an, das nur Textbenutzern mit einer fast philologischen Sonderkompetenz zugänglich ist und das ein erhebliches Potential an parodistischer Komik für denjenigen bereithält, der das literarische Spiel mit den leeren Formen der Tradition nachvollziehen kann. Wie wenig zwingend ein solches Rezeptionsverhalten jedoch ist, das die Mehrsinnigkeit des Textes lustvoll auszukosten vermag,[60] zeigt sich nicht zuletzt daran, daß die intertextu-

---

[54] Meyer (1994) 55, vgl. auch 64.
[55] Wailes (1993) 299f. Auch Müller (1981) 49ff. bezieht die intertextuelle Komik vor allem auf die Rolle Parzivals, der zur „lächerlichen Figur" (49) gemacht werde, um ihm gegenüber einen neuen Heldentypus zu profilieren.
[56] Haug (1992) 269.
[57] Meyer (1994) 20.
[58] Vgl. zu diesem Rezeptionsmodus Wandhoff (1996) 322ff.
[59] Meyer (1994) 64.
[60] Damit ist natürlich noch nicht gesagt, daß eine Decodierung der intertextuellen Verweisebene automatisch Komik erzeugen muß. Mir scheint aber - dies mit Haug (1980, 1988, 1992) und gegen Meyer (1994) -, daß ein artistischer Umgang mit Versatzstücken literarischer Traditionen, die ihrer angestammten Kontexte beraubt und in gattungsfremde Sphären versetzt werden, auf Literaturkenner tendenziell erheiternd wirken dürfte.

ellen Zitate und Anspielungen im 'Daniel' stets implizit bleiben, und nicht etwa durch Erzählerkommentare verdeutlicht werden. So entstehen keine Störeffekte, wenn man sie nicht entschlüsselt, sondern man geht dann einfach auf der basalen Bedeutungsebene des Textes weiter.

Bibliographie

Quelle

Der Stricker: Daniel von dem Blühenden Tal, hg. von Michael Resler. Tübingen ²1995 (ATB 93).

Untersuchungen

Birkhan, Helmut J.R.: Motiv- und Handlungsschichten in Strickers 'Daniel'. In: German Narrative Literature of the Twelfth and Thirteenth Centuries. Studies presented to Roy Wisbey on his Sixty-fifth Birthday, hg. von Volker Honemann u.a. Tübingen 1994, 363-389.

Brall, Helmut: Strickers 'Daniel von dem Blühenden Tal'. Zur politischen Funktion späthöfischer Artusepik im Territorialisierungsprozeß. In: Euphorion 70 (1976) 222-257.

Bumke, Joachim: Höfische Kultur. Literatur und Gesellschaft im hohen Mittelalter. München 1986.

Bumke, Joachim: Höfische Kultur. Eine Bestandsaufnahme. In: PBB 114 (1992) 414-492.

Bumke, Joachim: Die vier Fassungen der 'Nibelungenklage'. Untersuchungen zur Überlieferungsgeschichte und Textkritik der höfischen Epik im 13. Jahrhundert. Berlin/New York 1996 (Quellen und Forschungen zur Literatur- und Kulturgeschichte 8 [242]).

Buschinger, Danielle: Parodie und Satire im 'Daniel von dem Blühenden Tal'. In: Parodie und Satire in der Literatur des Mittelalters. Greifswald 1989 (Wissenschaftliche Beiträge der Ernst-Moritz-Arndt-Universität Greifswald, Deutsche Literatur des Mittelalters 5), 15-23.

Feistner, Edith: *er nimpt ez allez zeime spil*. Der 'Lanzelet' Ulrichs von Zatzikhofen als ironische Replik auf den Problemhelden des klassischen Artusromans. In: Archiv 232 (1995) 241-254.

Freund, Winfried: Die literarische Parodie. Stuttgart 1981 (SM 200).

Fromm, Hans: Komik und Humor in der Dichtung des deutschen Mittelalters. In: DVjs 36 (1962) 321-339.

Green, Dennis H.: Medieval Listening and Reading. The Primary Reception of German Literature 800-1300. Cambridge 1994.

Hartmann, Sieglinde: Ein empirischer Beitrag zur Geschichte des Lachens im Mittelalter: Lachen beim Stricker. In: Mediaevistik 3 (1990) 107-129.

Haug, Walter: Paradigmatische Poesie. Der spätere deutsche Artusroman auf dem Weg zu einer 'nachklassischen' Ästhetik. In: DVjs 54 (1980) 204-231.

Haug, Walter: Mittelhochdeutsche Klassik. In: Literarische Klassik, hg. v. Hans-Joachim Simm. Frankfurt/M. 1988, 230-247.

Haug, Walter: Literaturtheorie im deutschen Mittelalter. Von den Anfängen bis zum Ende des 13. Jahrhunderts. Darmstadt ²1992.

Henkel, Nikolaus: Rezension zu W. Freund: Die literarische Parodie. In: Mlat. Jb. 20 (1985) 270-272.

Kern, Peter: Rezeption und Genese des Artusromans. Überlegungen zu Strickers 'Daniel vom blühenden Tal.' In: ZfdPh 93 (1974) SH 18-42.

Lehmann, Paul: Die Parodie im Mittelalter. 2., neu bearb. und ergänzte Auflage, Stuttgart 1963.

Mertens, Volker: *gewisse lêre*. Zum Verhältnis von Fiktion und Didaxe im späten deutschen Artusroman. In: Artusroman und Intertextualität, hg. von Friedrich Wolfzettel. Gießen 1990, 85-106.

Meyer, Matthias: Die Verfügbarkeit der Fiktion. Interpretationen und poetologische Untersuchungen zum Artusroman und zur aventiurehaften Dietrichepik des 13. Jahrhunderts. Heidelberg 1994 (GRM-Beiheft 12).

Müller, Dorothea: 'Daniel vom Blühenden Tal' und 'Garel vom Blühenden Tal'. Die Artusromane des Stricker und des Pleier unter gattungsgeschichtlichen Aspekten. Göppingen 1981 (GAG 334).

Müller-Ukena, Elke: *Rex humilis - Rex superbus*. Zum Herrschertum der Könige Artus von Britanje und Matur von Cluse in Strickers 'Daniel von dem blühenden Tal'. In: ZfdPh 103 (1984) 27-51.

Pingel, Regina: Ritterliche Werte zwischen Tradition und Transformation. Zur veränderten Konzeption von Artusheld und Artushof in Strickers 'Daniel von dem Blühenden Tal'. Frankfurt/M. u.a. 1994 (Mikrokosmos 40).

Rädle, Fidel: Zu den Bedingungen der Parodie in der lateinischen Literatur des hohen Mittelalters. In: Literaturparodie in Antike und Mittelalter, hg. von Wolfram Ax/Reinhold F. Glei. Trier 1993 (Bochumer Altertumswissenschaftliches Colloquium 15), 171-185.

Ragotzky, Hedda: Gattungserneuerung und Laienunterweisung in Texten des Strickers. Tübingen 1981 (Studien und Texte zur Sozialgeschichte der Literatur 1).

Rosenhagen, Gustav: Untersuchungen über Daniel vom Blühenden Tal vom Stricker. Kiel 1890.

Schilling, Michael: Der Stricker am Wiener Hof? Überlegungen zur historischen Situierung des 'Daniel von dem Blühenden Tal'. (Mit einem Exkurs zum 'Karl'). In: Euphorion 85 (1991) 273-291.

Schneider, Guido: *er nam den spiegel in die hant, als in sîn wîsheit lêrte*. Zum Einfluß klerikaler Hofkritiken und Herrschaftslehren auf den Wandel höfischer Epik in groß- und kleinepischen Dichtungen des Stricker. Essen 1994.

Schröder, Werner: *und zuckte in uf als einen schoup*. Parodierte Artus-Herrlichkeit in Strickers 'Daniel'. In: Sprache und Recht. Beiträge zur Kulturgeschichte des Mittelalters. Festschrift für Ruth Schmidt-Wiegand, hg. von Karl Hauck u.a. Berlin/New York 1986, II, 814-830.

Spitz, Hans-Jörg: Die Metaphorik des geistigen Schriftsinns. Ein Beitrag zur allegorischen Bibelauslegung des ersten christlichen Jahrtausends. München 1972.

Wailes, Stephen L.: Wolfram's 'Parzival' and Der Stricker's 'Daniel von dem Blühenden Tal'. In: Colloquia Germanica 26 (1993) 299-315.

Wandhoff, Haiko: Der epische Blick. Eine mediengeschichtliche Studie zur höfischen Literatur. Berlin 1996 (Philologische Studien und Quellen 141).

Warning, Rainer: Formen narrativer Identitätskonstitution im höfischen Roman. In: Identität, hg. von Odo Marquard/Karlheinz Stierle. München 1979 (Poetik und Hermeneutik VIII), 553-589.

Wehrli, Max: Literatur im deutschen Mittelalter. Eine poetologische Einführung. Stuttgart 1984.

Zimmermann, Günter: Der gefangene Parzival. Gedanken zur Komik in Strikkers 'Daniel'. In: Perceval - Parzival. Hier et aujourd'hui... Recueil d'articles assemblés par Danielle Buschinger et Wolfgang Spiewok pour fêter les 95 ans de Jean Fourquet. Greifswald 1994 (WODAN 48), 303-315.

Ralph Breyer

Die Herrschaft zum Lachen bringen.
Zur Funktion der Komik in Philipp Frankfurters
'Pfarrer vom Kalenberg'

Dieser Beitrag greift aus der „Vielfalt des Lachens"[1] ein spezifisches Lachen heraus, das der Herrschaft. Es soll hier nicht um die Komik des Textes schlechthin gehen, sondern um die in seiner Handlung inszenierte Komik. Mich interessiert nicht, ob und an welchen Stellen über den Text gelacht werden kann, sondern wann im Text gelacht wird, und welche Funktion diesem Lachen zukommt.

Konsequenterweise gilt meine Aufmerksamkeit denjenigen Schwänken, die den Pfarrer vom Kalenberg mit dem Bischofshof und vor allem dem Wiener Herzogshof[2] in Verbindung bringen. Es gibt prinzipielle Unterschiede einerseits der Dorf-[3] sowie andererseits der Passauer[4] und Wiener[5] Schwänke: Verkörpert der Pfarrer gegenüber den Dörflern die geistliche und in gewisser Weise auch die staatliche Autorität, wenn auch auf ihrer untersten Stufe, so setzt er sich in den Klerikal- und Hofschwänken mit Höhergestellten auseinander, mit den ihm übergeordneten Autoritäten.[6] Die Bauern und Tagelöhner sind ihm a priori intellektuell unterlegen, dieser Topos hat Parallelen nicht nur in den Fastnachtspielen und anderen Schwänken. Das müßte zum Beispiel bei den Geistlichen nicht so sein. Sozialstrukturell ist der Pfarrer diesen und auch dem Hof auf jeden Fall unterlegen. Gegenüber seinen Pfarrkindern aber befindet er sich in einer vorteilhaften Position, die zunächst nichts mit seinen persönlichen Qualitäten zu tun hat, sondern als sozialer und religiös-politischer Rahmen vorgegeben ist. Ohne die fraglose innere und äußere Notwendigkeit, jeden Sonntag in die Kirche

---

1 Röcke (1987) 158.
2 Seine Gegenüber werden im Text als Herzog Otto und Herzogin Elisabeth bezeichnet. Es bedarf kaum der Erwähnung, daß die so Literarisierten mit dem historischen Herzog Otto dem Fröhlichen (gest. 1339) und seiner Gemahlin ebensowenig identisch sind, wie der Kalenberger mit seinem wahrscheinlichen Vorbild Gundaker von Thernberg. Ich zitiere nach der Ausgabe von Dollmayr 1906 mit Versangabe im Text.
3 Die Dorfschwänke umfassen eine Gruppe von Geschichten, in denen der Pfarrer seinen Witz an den Bauern seiner eigenen Kirchgemeinde übt.
4 Mit den Passauer oder Klerikalschwänken ist die zweite Gruppe von Geschichten umschrieben, die den Pfarrer vom Kalenberg mit der unmittelbar vorgesetzen geistlichen Dienststelle, dem Hof des Bischofs von Passau, zusammenführt.
5 Die Wiener Schwänke - der eigentliche Gegenstand dieses Beitrages - umfassen die Hofschwänke (vgl. Anm. 2).
6 V. 711 nennt auch den Ruf zum Bischof einen Gang *gen hoff*.

gehen zu müssen - und das bei jedem Wetter! - geht der Schwank vom Dachdecken seiner vom Pfarrer intendierten Pointe verlustig.

Der Pfarrer hat seiner Gemeinde vorgeschlagen, sich die Kosten der notwendigen Dachreparatur mit ihm zu teilen: sie könnten wählen, ob sie den Chor oder das Langhaus decken wollten. Da der Aufwand im Falle des Chores geringer zu sein scheint, entscheiden sich die Bauern für denselben, mit dem Ergebnis, daß der Pfarrer bei Regen im Trockenen steht, wohingegen sie naß werden. Zähneknirschend müssen sie die Reparatur des Langhauses auch noch auf sich nehmen, weil der Pfarrer sich lachend weigert, seinen Teil der Abmachung zu erfüllen.

In einer heutigen protestantischen Gegend etwa würde eine kaputte Kirche, in deren Langhaus es hineinregnet, einfach bedeuten, daß man nicht zum Gottesdienst gehen kann, wenn keine Nachbargemeinde aushelfen könnte und auch kein Gemeindehaus zur Verfügung stünde. Wenn dazu bei den Gemeindemitgliedern gar noch die Gewißheit käme, ihr Pfarrer wolle sie übers Ohr hauen und eine gegebene Zusage brechen, würde dies heutzutage unter bestimmten Umständen einfach in eine Reihe von Kirchenaustritten münden, weil der konservierende Druck des gesellschaftlichen und religiösen Rahmens fehlt bzw. sehr viel schwächer geworden und auf anderen Gebieten wirksam ist. In diesen Schwänken wird dennoch die Sympathie der Rezipienten auf der Seite des geistlichen Hirten gehalten, indem die Bauern und Tagelöhner ihrerseits das traditionelle Treueverhältnis zuerst aufkündigen. Sie versuchen, den Pfarrer zu betrügen und verhalten sich damit ethisch keineswegs besser als dieser selbst. Nur tun sie es mit plumpen Mitteln, so daß die clevere Replik des Geistlichen bei nicht Betroffenen allemal mehr Gefallen findet als die untauglichen Versuche seiner Opfer.

Wenn der Kalenberger die Herrschaft zum Lachen bringt, dann vor allem die weltliche: seiner geistlichen Obrigkeit vergeht das Lachen. Überhaupt sind zwischen der Gruppe der Passauer und der Wiener Schwänke deutliche Unterschiede vor allem im Atmosphärischen festzustellen. Die Scherze, die er in Passau treibt, muten wesentlich bissiger und aggressiver an als diejenigen in Wien. Gegenüber dem Herzogshof geht die Grundstimmung einer wechselseitigen Sympathie trotz aller Streiche des Pfaffen niemals verloren.[7] Warum dieses unterschiedliche Herangehen an geistliche und weltliche Obrigkeit?

Es ist die ganz eigene Funktionalität der Komik in den Hofschwänken, welche deren spezifische Ausprägung hervorbringt. Insofern würde ich nicht nur nach der Historizität der Komik fragen wollen -, die kann m.E. keiner ernsthaft infrage stellen - sondern auch nach deren Funktionalität und der sozialen Spezifik, welche die Historizität erst ausmachen. Wenn der Pfarrer in dieser Konfron-

---

7 Der Pferdebetrug an den vier Dienstmännern des Herzogs spielt hier eine Sonderrolle, insofern er nur diese selbst betrifft, und nicht den Hof, der sie ausgesandt hat.

tation jemanden bloßstellen will, ist es nicht der Hof, sondern entweder bedient er sich der Bauern zu diesem Zweck - oder seiner selbst! Die von Röcke in den Dorfschwänken beobachtete „Bereitschaft zu seinem eigenen Nachteil und Verlust"[8] treffen wir auch in seinem Verhalten zum Wiener Herzogshof an - mit derselben Zielsetzung, diesen in Kauf genommenen Nachteil in greifbare Vorteile zu verwandeln.

Zunächst einige Beobachtungen zum Wirken des Kalenbergers in Passau, weil sie geeignet sind, einen kontrastierenden Hintergrund zu den Wiener Schwänken zu geben.

Der Pfarrer tritt dem Bischof mit einem Rat - er empfiehlt ihm ein *seüberliches junges weib* (V. 749), auf daß sich sein Sehvermögen verdoppele - leiblich peinlich nahe und bringt ihn in eine Verfassung, die Anlaß zu einigem Grinsen seitens des bischöflichen Gesindes gibt. Trotz der religiös vermittelten Konnotation seiner Blindheit, die den Bischof zu diskreditieren geeignet ist, fehlt diesem Schwank die letzte Schärfe echter Bosheit. Man könnte sagen, der Rat des Pfarrers verhilft dem naiven alten Mann zu einer schönen Nacht, die zu vollziehen er offenbar noch imstande war, denn es heißt in aller wünschenswerten Deutlichkeit, daß er

> *[...] gedrasch,*
> *Biß das im schier das liecht erlasch*
> *Vnd im dz haupt vmblieff vor schwindel.*
> (VV. 759-761)

Während es ihm also nachts schwarz vor Augen wird, sieht er am anderen Morgen alles doppelt - auch dieses optische Erschöpfungssymptom deutet auf eine erfüllte Nacht.

Im Falle des Weihbischofs hingegen richtet sich der Angriff des Kalenbergers gerade gegen dessen heimliches Sexualleben, das er ihm zumindestens für diese eine Nacht gründlich verdirbt, indem er dessen Geliebte überredet, sich ihre „Kapelle" - der Begriff umschreibt hier das primäre weibliche Geschlechtsorgan - „weihen" zu lassen. Als der Bischof, vom Wunsch nach baldigem Beischlaf motiviert, die Zeremonie vornimmt, beginnt der unterm Bett versteckte Pfarrer lauthals den Kirchweihgesang anzustimmen.

In beiden Fällen sehen die Vertreter des höheren Klerus nicht besonders überzeugend aus. Ist der Bischof ein harmloser alter Narr, den der Pfarrer nicht weiter behelligt, so führt er den Weihbischof als einen geilen Heuchler vor - wem eigentlich? Bestenfalls den Rezipienten des Textes wird der Weihbischof „höhnischer Verachtung"[9] preisgegeben. Das Moment der Öffentlichkeit fehlt in

---

8   Röcke (1987) 164.
9   Röcke (1987) 180.

diesem Schwank völlig, die Szene selbst spielt zwischen dem Weihbischof, seiner Geliebten und dem Pfarrer. Eine öffentliche Blamage bleibt dem Ertappten erspart.[10] Auch das Moment der Erpressung mit dem Wissen um die unerlaubte Beziehung scheint keine Rolle zu spielen, denn der Weihbischof könnte an keine künftige Rache denken, wenn er das Wissen als eine Waffe in der Hand des Pfarrers ansehen müßte. Wenn er auf die boshafte Störung seines Beischlafes durch den Kalenberger zunächst damit reagiert, daß er sein schikanöses Gebot zurücknimmt, auf allen Kirchweihen des Sprengels präsent zu sein, dann tut er es nicht, weil er eine öffentliche Bloßstellung scheut, sondern weil er weitere direkte Störungen seines Liebeslebens befürchtet. Wer in offenbarem Einverständnis mit der Geliebten unter deren Bett auftaucht und dort singt, dem ist alles zuzutrauen. Die Art von Rache, die der Weihbischof sich für den Pfarrer ausdenkt, bestätigt, wo ihn derselbe getroffen hat: er verbietet ihm bei Androhung des Bannes und des Kerkers (VV. 911; 915) seine junge Haushälterin und verordnet ihm eine Vierzigjährige, was nach damaligen Begriffen heißt: eine alte. Die Implikation dieser Schikane ist klar: da es sich bei des Kalenbergers Haushaltshilfe um eine *iunge kelnerin wolgestalt* (V. 913) handelt, geht der Weihbischof automatisch davon aus, daß sie neben den anderen Räumen des Pfarrhauses auch das Schlafzimmer zu betreuen hat. Ob zu recht oder zu unrecht, das läßt der Text völlig offen, es wird nicht einmal mit einem Nebensatz expliziert. Des Pfarrers Klage indessen, nun niemanden mehr zum *Haytzen, keren, waschen vnd kochn* (V. 918) zu haben, klingt bewußt scheinheilig. Immerhin wäre zu diesen Verrichtungen ja auch eine vierzigjährige, weniger attraktive Haushälterin vielleicht noch fähig - darauf aber läßt sich der Gemaßregelte nicht ein. Das alte Weib

> [...] *thet krüchlen vnde siechen*
> *Vnd pey mir hin vnd heer thet kriechen*
> *Ist vil pesser zwo lusperlich*
> *Den ein alte viertzig ierich.*
> (VV. 1041-1044)

meint er später gegenüber der Herzogin: trotz - verglichen mit heute - beschleunigter Alterungsprozesse in jener Zeit nicht ganz überzeugend! Das deutet darauf hin, daß es ihm wirklich nicht nur um die aufgeführten Hausarbeiten geht. Seine Vorstellung, mit zwei Zwanzigjährigen doch auch dem Gebot des geistlichen Vorgesetzten gerecht zu werden, und die Reaktion auf dessen harte Haltung in dieser Frage - *An gantzen freuden was er lam* (V. 928) - das spielt mit sexuellen Assoziationen. Der Weihbischof mag denken: Wie Du mir, so ich

---

10 Frankfurters Schwänke kennen Öffentlichkeit, und sie wird benannt, wo sie gegeben ist, so z.B. im Falle des Bischofs: *Des schmutzte alle masaney* (V. 778). Der Kirchweihschwank aber hat diese Öffentlichkeit nicht.

Dir. Zwischen ihm und dem Pfarrer herrscht von Anbeginn, vom ersten Wortwechsel an, echte Feindschaft. Einem Lachen bietet diese Fehde keinen Raum.

Etwas im Dunklen bleibt übrigens die Bewertung der Sexualität in diesen Schwänken. Vordergründig ist zweifellos „die Satire auf Laster und Sündhaftigkeit des Klerus"[11] gewollter Effekt der Geschichten. Der Schlagabtausch zwischen Weihbischof und Pfarrer aber zeigt mit seiner Ausrichtung nicht nur die Sexualität als eine von den geistlichen Standesgeboten kriminalisierte und daher angreifbare Schwachstelle. Vielmehr ist in der Reaktion des jeweils Getroffenen auch etwas vom positiven Wert der Sexualität für das Leben und das Wohlbefinden präsent: etwas vom Wissen um die Sinnlosigkeit der Zölibatsvorschrift. Das ist ein halbes Jahrhundert vor der Reformation zweifellos kein undenkbarer Gedanke. Die stattgehabte Sexualität des Bischofs ruft ein Lächeln immerhin der Zeugen hervor, der verhinderte Beischlaf des Weihbischofs läßt vorhandene Aversion zum Haß wachsen.

Es scheint mir bemerkenswert, daß das vom Weihbischof ausgesprochene Verbot der Haushälterin nicht auf der Ebene der bisherigen Auseinandersetzung pariert wird. Vielmehr verlagert der Pfarrer in demonstrativem Gehorsam, der zur Widersetzlichkeit gerät, weil er herrschende Verhaltensnormen verletzt, die Entscheidungen über die Umstände seines Lebens zur weltlichen Gewalt, zum Herzogspaar. Der Schwankheld und seine Geschichte wenden sich von der klerikalen Obrigkeit, die keine Autorität mehr hat, ab. Sollte der kausal gut durchgearbeitete Übergang zur nächsten Gruppe von Schwänken nicht nur dem Streben nach schriftstellerischer Flüssigkeit zu danken sein, wird damit etwas über den Stellenwert der Obrigkeiten untereinander ausgesagt. Der Pfarrer sichert sich einen gewissen Spielraum, der sich aus den offensichtlich nicht ganz klaren Kompetenzen zwischen geistlicher und weltlicher Obrigkeit ergibt. Bereits der Modus der Vergabe der Kalenberger Pfründe deutet trotz der Erklärung von Maschek[12] auf derartige Unklarheiten. Jedenfalls gewinnen die Hofschwänke und die Beziehung zum Wiener Hof überhaupt auf der Folie der unerquicklichen Querelen in Passau das ihnen eigentümliche Profil.

Es bleibt unklar, ob der Pfarrer vom Kalenberg vor seinem Waschtag am Fluß von der Absicht der Herzogin Elisabeth weiß, eben dort eine Bootspartie mit ihrem Hofstaat zu unternehmen. Nichts deutet darauf hin. Dennoch ist das Zusammentreffen kein Zufall. Die Arbeiten, die bisher von der jungen und schönen Haushälterin erledigt worden sind, verrichtet der Pfarrer nunmehr selbst - nach Duby[13] ein Vergehen gegen die Würde seines Standes. Er tut das nicht etwa still und verschämt, sondern demonstrativ in aller Öffentlichkeit, dabei im

---

11 Röcke (1987) 181.
12 Maschek (1936) 39-40.
13 Duby (1981) 84.

Raffen seines Priestergewandes vornübergebeugt unbekümmert seinen Hintern und seine Genitalien zeigend (VV. 956-961). Es ist nur eine Frage der Zeit, bis irgend jemandem die unhaltbaren Zustände im Kalenberger Pfarrhaus auffallen. Daß es nun gleich die Herzogin ist, mag man dem Glück des Schwankhelden zurechnen. Die groteske Zurschaustellung seines Körpers und seiner Arbeit ist seine Form eines zunächst noch unadressierten Protestes gegen das Gebot des Weihbischofs. Auch beendet er sein Tun keineswegs angesichts der Zuschauer, von denen nicht einmal gesagt wird, ob er sie überhaupt zur Kenntnis nimmt.

Die erneuerten Beziehungen[14] des Kalenbergers zum Hof beginnen damit, daß er das Herrscherpaar zum Lachen bringt. Wohl sagt die Herzogin angesichts des waschenden Pfarrers: *Pfeu yn, er hat vil seltzam syn* (V. 967). Aber - *Vil schmutzlichen sie das sprach* (V. 971). Und sie versteht sofort die Information, die mit dieser Demonstration gegeben werden sollte: *So ist er sicherlichen arm. Got sich do vber yn erparm* (VV. 969f.). Statt nun aber der offensichtlichen Armut abzuhelfen, mischen sich in ihrer Reaktion Befremden, Interesse und Belustigung. Die Reaktion des Herzogs ist reine Erheiterung.

> *Der fürst erlacht mit gantzer krafft*
> *Von gantzem seinem hertzen.*
> *Er traib mit ir freüd vnd schertzen.*
> (VV. 992-994)

Er weiß, was er vom Kalenberger zu erwarten hat, weil er ihn bereits kennt. Seine Reaktion auf den Bericht der Herzogin läßt ihr Befremden schwinden und schafft Raum für lebhafte Neugier und Spaß, später auch Sympathie. Die ganze Bootspartie war eine Lustfahrt, auf Spaß und Unterhaltung angelegt. Das Schiff *Kam mit pfeiffen, fidlen vnd layren* (V. 942) daher; der Herzog fragt die Heimgekehrte

> *Mit schonem vnd lachendem mundt*
> *Ob sie doch ye zu kainer stundt*
> *Ain abenteür ye het gesehen.*
> (VV. 977-979)

Da Zerstreuung und Kurzweil das Ziel der Ausfahrt waren, ist die Herrin auf ihre Kosten gekommen. Hier klingt das Motiv der Unterhaltung an, das für die weiteren Hofschwänke von Frankfurters 'Geschicht' bestimmend ist und sie spürbar von den Bischofschwänken unterscheidet.[15] Auch dort wird unterhalten und sich amüsiert - aber es sind vor allem die Leser des Textes, denen das vergönnt ist, nicht die auf der Handlungsebene Beteiligten. Der Herzogshof in

---

[14] Bereits am Anfang der 'Geschicht' stehen mit dem Geschenk des Fisches an den Herzog 'Hofschwänke'.
[15] Auch von den meisten Dorfschwänken, wenn man einmal von der Flugvorführung des Pfarrers absehen will.

Frankfurters Text hingegen hat den klar artikulierten Wunsch, sich unterhalten zu lassen.

> *Darumb so hielt er die zwen man,*
> *Den Neythart vnd den capelan.*
> (VV. 995-996)

Stolz, als habe er mit der Einstellung des Pfarrers am Kalenberg einen wichtigen Beitrag zur höfischen und auch zur Unterhaltung seiner Gattin geleistet, nennt ihn Herzog Otto: *Mein pfarrer* (V. 1010), damit auch auf die persönliche Beziehung zu ihm verweisend. So beschließt die Herzogin bald darauf, das gepriesene Unikum aufzusuchen.

> *Der fürst het grosse freüd daran,*
> *Das do die fraw zum pfarrer reit.*
> *Kaum er der abenteür erbait,*
> *Wie sie der pfaff gewürden wuerd.*
> (VV. 1012-1015)

Bis hierhin hat der Pfarrer sich vom Herzogshof weitgehend ferngehalten. Wenn man seinen provokatorischen Waschtag als eine ausgeworfene Angel interpretiert, so hat er noch nicht wahrgenommen, daß bereits ein dicker Fisch angebissen hat. Als er es merkt, bleibt seine Strategie die gleiche, sie wird nur zielgerichteter.

Der Pfarrer demonstriert der Herzogin drastisch den in seinem Haus herrschenden Mangel, indem weder Essen, noch Trinken, noch auch die Raumtemperatur dem hohen Besuch angemessen sind. Die Gastlichkeit des Pfarrers läßt einiges zu wünschen übrig. Sie ist nicht direkt schlecht, aber höchst unvollkommen und lückenhaft. Das Verhalten des Gastgebers, der den Überforderten spielt und vorgibt, alles selbst machen zu müssen, bewegt sich hart an der Grenze zur Brüskierung. Aber er vermag deutlich zu machen, daß keine Willkür oder böse Absicht darin liegt. Er ist nicht unhöflich oder ohne Respekt, aber dies ist sein Haus, und hier beherrschen seine - tatsächlichen oder vorgeblichen - Nöte und Notwendigkeiten nicht nur ihn, sondern jeden, der es mit ihm teilen will. Deutliche Kommentare des Gastgebers zu seiner materiellen Lage machen die Demonstration unmißverstehbar.

Anhand der beiden in der Kammer bereits versteckten zwanzigjährigen Haushälterinnen - für die bei dieser Gelegenheit neben ihrer de facto-Legalisierung durch die Herzogin noch je ein neues Hofkleid abfällt - wird deutlich, daß die Zurschaustellung von Bedürftigkeit nicht ganz den Tatsachen entspricht, sondern sehr bewußt und funktional übertrieben wird. Dennoch hat die Wendung an die weltliche Herrschaft das schikanöse Verbot des geistlichen Oberen außer Kraft gesetzt. Hartung macht - bezogen auf Spielleute - darauf aufmerksam, daß die „Norm der Verhaltenserwartung oder gar Verhaltensforderung von

Seiten des Publikums [...] in einem gewissen Gegensatz zur Normgebung der Theologen"[16] steht. Damit werde - so Hartung - die klerikal gesetzte Norm zu einer Pseudonorm: [17]

> „D.h., daß dem hohen Geltungsgrad ein offensichtlich niedriger Wirkungsgrad und niedrige Sanktionsbereitschaft, zumindestens von Seiten der weltlichen Herrschaft, gegenüberstehen."

Wirklich schockiert zeigt sich die Herzogin nur, als der Pfarrer, um der Kälte im Raum abzuhelfen, die Apostelfiguren seiner Kirche verheizt; an dieser Stelle ändert sich die Atmosphäre für einen Moment. Ihrem Vorwurf weiß der Pfarrer mit präziser Unterscheidung zwischen Zeichen und Bezeichnetem zu begegnen:

> *Er sprach: „gnad fraw, versteet mich recht,*
> *Es seindt nit gottes liebe knecht,*
> *Die pey im in dem himel sindt,*
> *Das waren alte gotzen plindt.*
> (VV. 1201-1204)

Es lohnt sich, kurz bei diesem Schwank zu verweilen, durch den ein Bruch geht. Für einen Augenblick scheint hier ein präreformatorisch-ikonoklastischer Gestus auf. Die Monologe, die der Kalenberger vor den zu verheizenden Statuen führt, lassen einige Bitterkeit erkennen.

> *Ich waiß auch nit, wen es erparm*
> *So vil verderbens gutter leüt,*
> *Die all komen vmb halß vnd heüt.*
> (VV. 1176-1178)

Andererseits erzählt er der Herzogin sogleich von einem Traumgesicht, wonach sie berufen sei, neue Apostelfiguren zu stiften und sich damit das Himmelreich zu erwerben. Es wird klar, daß die Holzfiguren für ihn wie das Kirchendach oder die Kirchweihfahne zur Ausstattung seiner Kapelle gehören, und daß er es als seine Aufgabe ansieht, irgendwie dafür zu sorgen, daß diese Dinge in einem akzeptablen Zustand gehalten werden. In die dafür von ihm gegenüber der Herrschaft verfolgte Strategie, das eigene materielle Unvermögen besonders sinnfällig zu machen, ordnet sich die Verbrennung der Apostel ein. Der Grundgedanke ist also nicht der von der Überflüssigkeit der Statuen, sondern der von der Notwendigkeit ihrer Erneuerung. Darin bleibt der Pfarrer ganz konventionell. Aber dieser Gedanke ist sekundär, eine nachträgliche Funktionalisierung der spontan umgesetzten Heiznotwendigkeit:

---

16 Hartung (1982) 101.
17 Ebd.

> *Es ist do nun schon geschehen*
> *Das peste sol man darzue iehen.*
> (VV. 1184-1185)

Die persönliche Anrede an die Apostelfiguren ordnet sich vor allem in die Armutsdemonstration ein. Hätte er die Statuen still und ohne Aufhebens in den Ofen gesteckt, wäre die Stube zwar warm, die Herzogin aber nicht auf den Vorgang aufmerksam geworden. Die Möglichkeit, sie für das Opfer, das der Pfarrer ihrer Bequemlichkeit gebracht hat, moralisch zu einem Ersatz zu verpflichten, wäre vertan. Trotzdem: er spricht mit den Statuen, als seien sie mehr als tote Holzgegenstände. Nicht voller Ehrfurcht, als wären sie *gottes liebe knecht*, sondern in einem robust überlegenen Tonfall, wie man ihn gegenüber alten, nicht besonders geschätzten Bekannten anschlägt. Im Selbstgespräch sagt er, konträr zur Rechtfertigung vor der Herzogin:

> *Vnsserm herren sein zwolff dienstmann,*
> *Die ich in yrem dinste han*
> *Verprennet vnd so gar verderbt.*
> (VV. 1189-1191)

Die Unterscheidung Zeichen - Bezeichnetes ist hier nicht präsent. Mit der pathetisch-prophetischen Wendung an die Spendenfreude der Herzogin wird der latente Unernst des Besuches wiederhergestellt; zudem begibt sich Frankfurters 'Geschicht' wieder auf den Boden konventioneller kirchlicher Praxis, den sie nur für einen Augenblick verlassen hat. Die Herzogin sagt die Stiftung zu und wünscht sich danach ein Gute-Nacht-Lied, auf dem Hackbrett gespielt. Die Szene kippt wieder ins Burleske.

Nachdem der Pfarrer am nächsten Morgen den Aufbruch seiner hohen Gäste verschlafen hat, könnte die Bilanz des Besuches dennoch übel aussehen. Doch im Gegenteil hat er sich die Sympathie der Herzogsfamilie nicht verscherzt, hat darüber hinaus einige handfeste Zusagen für sich und seine Pfarrkirche bekommen. Worin besteht das Geheimnis seines Erfolges?

Im Grunde geschieht während des ganzen Besuches ständig etwas anderes, als die Herzogin erwartet. Für sie, die höfisches Ritual und den vorbestimmten Ablauf der Dinge gewohnt ist und kennt, die in diesem Rahmen sicher geborgen, aber auch eingespannt ist, bewirkt die Differenz zwischen Erwartung und Geschehen Unterhaltung und Erheiterung - ein seit langem bekanntes Kriterium für mögliche Komik.[18] Die Herrin reagiert *mit freüden* (V. 1093), *Der frawen rotter mundt do lacht* (V. 1122), *Die fraw die warff manigen plick / so lacherlichen heer vnd dar* (VV. 1236-1237). Was unter anderen Umständen ein Affront, eine Beleidigung wäre, was als Unehrerbietigkeit geahndet werden

---

18 Vgl. Röcke (1987) 325 mit Verweis auf Ritter (1940/41) 2.

könnte, trägt dem Schwankhelden hier Sympathie und Wohlwollen ein, weil es als unterhaltsam empfunden wird.

„Weder geht es hier um eine Komik der listigen Übervorteilung im Sinne einer frühbürgerlichen Mentalität, noch um den Hohn des Satirikers. Der Grund des Vergnügens liegt hier in der Kontrafaktur zur höfischen Norm, in einer Reihe närrischer Einfälle, die gleichermaßen die Gebote höfischen Anstands, höfischer Unterhaltung und höfischer Ehre, und sei es auch nur für kurze Zeit, außer Kraft setzen."[19]

Um den durch sein Verschlafen unterbrochenen Kontakt zum Hof wiederherzustellen, macht der Kalenberger sich auf den Weg zu einem Gegenbesuch, denn

> *Es mag mir schaden vmb grosse ding,*
> [...]
> *Do vor ich mich eben bewar,*
> *So ich an yren hoff hin var.*
> (VV. 1254; 1259-60)

Seinen Eintritt oder besser Auftritt am Hofe inszeniert der Pfarrer, indem er eine Gruppe bäuerlicher Bittsteller überredet, nackt vorm Herzog zu erscheinen, weil dieser sich angeblich mit seinem Hofstaat gerade im Bade befinde. Selbst wenn das zuträfe, gehört einiges an Naivität dazu, diesem Vorschlag zu folgen. Die von ihm in ihrer Blöße zur Schau Gestellten und dem Gelächter der Hofleute Preisgegebenen sind keine Bauern[20] seiner eigenen Pfarre.[21] Im übrigen hat der Streich, den er ihnen spielt, nicht nur eine arge Seite: Der Herzog sagt ihnen sogleich die Gewährung ihrer Bitte zu, ohne schon zu wissen, worum es geht. Warum tut er das? Als Entschädigung für die Peinlichkeit, die sie erlitten haben? Geht ihm das Scham- oder gar Ehrgefühl der Dörfler so nahe? Möglicherweise ist er einfach ein gnädiger Herr. Noch wahrscheinlicher aber ist, daß die zugesagte Gnade die Belohnung für ein herzhaftes Gelächter darstellt, welches der Hof auf Kosten dieser Bauern gehabt hat.

Dann aber wendet sich der Herzog mit spürbarer Freude dem Spaß versprechenden Gespräch mit dem Gast zu, auf den er sich schon gefreut hat, und den er mit *lieber* (V. 1358) anredet. Bemerkenswert scheint mir, daß die handlungsauslösende Aktivität in den meisten der nun folgenden Hofschwänke beim Herzog oder seiner Frau liegt. Allzugern fordern sie den Pfarrer heraus, necken ihn

---

19 Röcke (1987) 16.
20 Dagegen: Röcke (1987) 183.
21 Anders würde er sie kaum als *Liebe[n] hern* (1276) anreden. Vielmehr ist die in den Dorfschwänken gebrauchte Anrede an seine Pfarrkinder *Ir lieben kind* (VV. 230; 460; 600). Wenn einer der Angeführten und Blamierten sagt: *Wir hetten im des nit getraut, / Das er vns solt zu narren machen.* (VV. 1326-1327), so wäre das eine Aussage, die nach den Erfahrungen seiner eigenen Gemeinde mit ihrem geistlichen Hirten kaum mehr zu erwarten wäre.

oder bringen ihn in eine Situation, in der eine witzige Replik oder Aktion seinerseits zu erwarten ist.

> *Sie triben alle yr abweiß*
> *Wol mit dem pfarrer an dem tisch.*
> (VV. 1512-1513)
>
> *Mit lachen sie das mol vertriben.*
> (V. 1516)

Es ist ganz einsehbar, warum der Kalenberger am Hofe so offensichtlich willkommen ist: Sein Auftauchen verspricht Spaß und Unterhaltung. Und wenn er das - vielleicht aus einem Rest vorsichtigen Respektes vor der Hofsphäre - nicht von allein liefert, so helfen sie ihm gern, indem sie ihm Stichwörter geben und damit seinen Witz provozieren. Er seinerseits nutzt die Situation, um etwas für sich herauszuschlagen. Das geschieht allerdings wirklich nicht in nennenswerten Größenordnungen.

„Der Pfarrer vom Kahlenberg ist und bleibt, auch als Günstling des Herzogs, ein armer Schlucker, der die Leute auf dem Dorfe und bei Hofe mit derbem Witz an der Nase herumführt, ohne dabei immer einen materiellen Vorteil zu erzielen [...]."[22]

sagt Edward Schröder, indem er den Kalenberger mit dem Pfaffen Amis vergleicht, den er einen „gerissenen Betrüger" nennt.

Der herzoglichen Kasse entstehen dennoch Kosten, wenn etwa der Pfarrer die ihm angebotenen neuen Schuhe ausschlägt und sich statt dessen in scheinbarer Bescheidenheit die Reparatur der alten ausbedingt, diese aber vom Goldschmied ausführen läßt. Der Herzog bezahlt fast ohne Zögern. Seine Reaktionen auf die Streiche des Pfarrers, die ihn einiges kosten, vermitteln nicht den Eindruck, daß er ärgerlich ist. Als der Kalenberger eine unbedachte Aussage Ottos benutzt, diesen um sein Pferd zu bringen, sagt der:

> [...] *„ich bin betrogen*
> *Do worden hie durch deinen list,*
> *Das pferdt do gantz dein aigen ist."*
> (VV. 1612-1614)

Der Pfarrer erinnert ihn unmißverständlich daran, welche Konsequenzen andernfalls für das fürstliche Ansehen zu erwarten wären:

> *„Ich danck eüch, edler fürste zart,*
> *Das ir behalten thut eür wart.*
> *Das zimpt eüch sicherlichen wol,*

---

22 Schröder (1936) 51.

> *Ein fürst sein wort behalten sol;*
> *Thet er es nit, es wer ein schandt,*
> *Wo man das saget in dem landt."*
> (VV. 1615-1620)

Trotzdem könnte Herzog Otto aus seiner Position heraus den Handel ohne große Schwierigkeiten für null und nichtig erklären. Stattdessen löst er sein wertvolles Roß vom Kalenberger mit einem anderen Pferd aus. Das impliziert, daß er den wortklaubenden Betrug des Pfarrers zunächst einmal als gelungenen Coup akzeptiert. Die dadurch entstehenden Verluste der herzoglichen Kasse bleiben allemal unter der Schmerzgrenze, was ganz sicher eine der Voraussetzungen dafür ist, daß Herzog Otto die Situation nicht aufbricht, indem er sich der Einlösung seiner Zusagen entzieht. Das Herzogspaar ist von solchen nüchternen Erwägungen nicht frei. Die Herzogin gewährt den illegalen Haushaltshilfen des Pfarrers die Einkleidung, um die er sie gebeten hatte, mit folgenden Worten:

> *Yede sol haben ein hoffklaidt*
> *Von vnß, das pringt vnß kainen schadn.*
> (VV. 1060-1061)

Das Lachen der Herrschaft resultiert in diesen Schwänken offenbar aus der Mischung von Dreistigkeit des Pfarrers, eigener Überraschung und vergleichsweiser Harmlosigkeit des ihnen daraus entstehenden Schadens. Letzterer Punkt ist nicht zu überschätzen! Nicht irgendwelche Einsichten der Übervorteilten bewirken deren Lachen, sondern daß es lediglich ein materieller Schaden ist, der zudem noch an der Peripherie des Besitzes bleibt. Die Grundbedürfnisse des Lebens bleiben unbeeinträchtigt, anders als in den Passauer Klerikalschwänken. Vor einer Beeinträchtigung der Würde aber und der daraus folgenden Notwendigkeit, brachial reagieren zu müssen, schützt die Betroffenen ihr Lachen.

Wenn Röcke auf das Tauschmodell hinweist, das der Geschichte von der Fischschenkung zugrundeliegt, so läßt sich dieses Modell abstrakt auch zur Deutung der anderen Hofschwänke heranziehen. In der Person des Kalenbergers und im Wiener Hof Herzog Ottos treffen zwei Parteien aufeinander, die beide ein Defizit haben, die einander aber helfen können, es zu beseitigen. Das Defizit des Pfarrers ist sein mangelnder Wohlstand, das Defizit des Hofes seine latente Langeweile. Robert Burton beschreibt 1621 in seinem Werk 'The Anatomy of Melancholy' den Adel geradezu als „reinen Zuschauer", der seine Zeit mit „Falknerei und ähnlichen Vergnügungen" hinbringe.[23] In Frankfurters 'Geschicht' ist das Bedürfnis nach Ausfüllung von Mußestunden deutlich spürbar. Von geschäftiger Amtstätigkeit des Herzogs und der Seinen - Gericht halten etwa oder Kriegszüge - ist in diesem Text nichts zu merken. Vielmehr sind die Szenen, in die er und seine Frau gestellt sind, Bankette, Jagden, Spazierfahrten

---

[23] Zitat nach Assmann (1989) 235.

und Ausritte. Die Bereitwilligkeit, mit der der Hof auf die Absonderlichkeiten des Kalenbergers eingeht, ist aus dem Unterhaltungsdefizit zu verstehen. Der Tausch, aus der Hofperspektive gesehen, besteht in Unterhaltung gegen Zahlung. Dem Pfarrer wird das Lachen der latent Gelangweilten zum Mittel, Wünsche erfüllt zu bekommen, die auf normalem Wege keine Chance auf Erfüllung hätten.[24] Was als frontale, unvermittelte Forderung eine Aggression wäre und als solche von der Hofgesellschaft abgewiesen würde, gerät durch den Witz des Pfarrers zum Tausch.

Das Gelächter vermittelt außerdem zwischen der Unverschämtheit des Pfarrers und dem Anspruch des Hofes auf Respekt. Dem Herzog wird Geld für silberne Schuhnägel, ein Pferd, eine unverhältnismäßig große Menge Futtergetreide und anderes mehr abgegaunert – das Lachen, zu dem ihn die clevere Wortklauberei des Pfarrers mit seinen unerwarteten Ausdeutungen bringt, macht es ihm psychologisch überhaupt erst möglich, einen solchen Zugriff auf Teile seines Besitzes hinnehmen zu können, ohne ihn als Herausforderung zu verstehen und ahnden zu müssen.

Der Adel will amüsiert werden, und er zahlt dafür.[25] Dabei handelt es sich noch nicht um eine moderne bürgerliche Bezahlung, nicht um den Kauf der Ware 'Spaß' oder 'Unterhaltung'. Dem Helden der Bauernschwänke wird von der Forschung „Fähigkeit zu marktkonformem Kalkulieren und Rechnen"[26] bescheinigt. Sein Verhalten sei Ausdruck einer von den Gesetzen des Marktes geprägten frühbürgerlichen „Wirtschaftsgesinnung".[27] Dabei gibt der Markt feste Regeln vor, die den Manövrierraum für Handel und Betrug bilden.

Die Spezifik des Tausches in den Hofschwänken hingegen ist vorbürgerlich-höfischer Natur. Es gibt keine festen Regeln, nach denen der Wert solcher Unterhaltung bezahlt werden kann und soll.[28] Es gibt keine festen Preise, son-

---

24 Eine Sonderstellung hat dabei die Ausfahrt des Pfarrers zur herzoglichen Jagd, wo er tatsächlich keinen materiell greifbaren Vorteil aus seiner Inszenierung zieht.
25 Zur traditionellen Entlohnung der Spielleute vgl. Salmen (1983) 86-89, und Hartung (1982) 73-80. „Diese Einkünfte sind in einen breiten Rahmen gespannt. Sie reichen von Geldzahlungen, Herberge, Speisung, Herbergsauslösung über Sachspenden wie Kleidung - besonders Mäntel -, Pferde, über Empfehlungsschreiben an Freunde und Verwandte, gelegentlich festen Anstellungen als Haus- und Hofspielmann, selten Überlassung von Grund und Boden zur Nutznießung, gewissermaßen als 'Spielmannslehen', bis zur Überreichung von Ehrengeschenken [...]." Hartung (1982) 73; „Kleider und Rüstungs- oder Schmuckstücke waren wohl überhaupt die üblichsten Gaben an die Spielleute, unter denen die geringeren schon mit den getragenen und abgelegten Kleidern der Herren gar wohl zufrieden waren." Hampe (1902) 40.
26 Röcke (1987) 162.
27 Vgl. ebd.
28 „So viele Unterschiede es innerhalb des Spielmannsberufes gab, so viele Arten und Wertgrade von Belohnung waren möglich. Mal konnte der Fahrende sich sein Entgelt

dern man versucht sich zu einigen. Die Initiative und der konkrete Vorschlag ist dabei zumeist auf der Seite des Kalenbergers. Ein Beispiel: sein gutes Pferd zum Ausreiten scheint dem Herzog ein zu hoher Preis für den Gag mit dem Teller, also setzt er mit dem Hinweis auf die Unangemessenheit des edlen Reittieres für den Pfarrer einen niedrigeren fest: ein anderes Pferd immerhin.

Der Pfarrer vom Kalenberg ist eine Gestalt mit zwei voneinander ganz verschiedenen Qualitäten. Das, wie oben aufgeführt, etwas unklare sachliche Verhältnis zum Herzog betrifft den Geistlichen eines Dorfes, das wahrscheinlich direkt zum herzoglichen Machtbereich gehört, bzw. auf das er einen gewissen Einfluß hat. Als Unterhalter - ganz davon verschieden - steht der Pfarrer in der Tradition der *gernden diet,* genauer der mittelalterlichen Spielleute. Die nicht nur verbale, sondern auch aktionale Ostentation seiner Armut ist als Heischegestus interpretierbar, der ihm indessen ohne die originelle Unterhaltung, die er dem Hof bietet, wenig eintragen würde. Er und der Hof sind in positiver Weise aufeinander bezogen, stehen in einer tradierten Struktur. Es verbindet sie auf dieser Ebene kein festes, kein Dienstverhältnis - das unterscheidet den Kalenberger auch von einem wirklichen Hofnarren -, sondern ein freiwilliges, beidseitig von konkreten Interessen bedingtes Aufeinanderzugehen. Es ist die seit Jahrhunderten vorgeprägte Struktur des Verhältnisses der Spielleute zu den Höfen, in die der Kalenberger tritt, innerhalb derer er die Erwartung des adligen Publikums bedient. Darin gleicht er den Fahrenden des Hochmittelalters, von denen er sich durch eine feste Stellung, die er außerdem noch inne hat, unterscheidet. Er muß nicht vom Ertrag seiner Unterhaltungskünste leben. Auch in der Art seiner 'Darbietung' gleicht er ihnen mitnichten. Genaugenommen versucht er die Herrschaft zu betrügen bzw. ihr etwas abzugaunern. Ihr Lachen ist von ihm einkalkuliert, um das Gelingen seiner Absichten abzusichern. Aber nur, weil die Herrschaft sein Agieren dem ihr vertrauten Paradigma der fahrenden Unterhaltungskünstler einordnet, vermag er damit zu reüssieren.

„Der gerechte Lohn fiel den gehrenden Spielleuten nicht leicht zu, dieser mußte häufig herausgefordert werden."[29]

Insofern wird der Kalenberger in den Hofschwänken zum künstlerischen Grenzfall eines Spielmannes: der Gegenstand seiner Darbietung ist fast ausschließlich die Erlangung des dafür möglichen Lohnes.

Dagegen haben die Querelen mit dem Weihbischof den Charakter von sehr persönlich ausgetragenem Ärger mit einer übergeordneten Dienststelle. Aus diesen Konstellationen heraus wird die grundlegend verschiedene Atmosphäre der

---

aussuchen, dann mußte er nehmen, was ihm vom Gastgeber geboten wurde. Da sich seine Leistung nicht wie die einer handwerklichen Tätigkeit abschätzen ließ, war die Abhängigkeit vom guten Willen besonders groß." Salmen (1983) 87.

[29] Salmen (1983) 87.

Klerikalschwänke und der Teile von Frankfurters 'Geschicht' verständlich, die am Wiener Hof spielen. Auch der Passauer Bischof hatte den Pfarrer aus Neugier an seinen Hof bestellt:

> [...] *"Gern ich den pfarrer schaw,*
> *Do von man mir vil hat geseyt."*
> (VV. 706-707)

Doch ist er nicht imstande, den Unterhaltungswert des Gerufenen zu genießen, noch ein vergleichbares Verhältnis des wechselseitigen Nehmens und Gebens aufzubauen.[30] Daher übernimmt der Pfarrer sofort die Regie, indem er vorgibt, des Bischofs Sehschwäche kurieren zu können - der Rest ist bekannt. In Wien, wo er statt zu agieren nur reagiert, dominiert das Moment von bewußt inszeniertem und genossenem Spiel, das lachende Einverständnis und das Bewußtsein auch der Übervorteilten, an einer unernsten Inszenierung teilzuhaben. All das fehlt in Passau. Die Klerikalschwänke enden mit der völligen Desavouierung der geistlichen Autorität. Anders am herzoglichen Hof: Das Wirken der weltlichen Obrigkeit ist zwar nicht Thema dieses Textes, sie wird aber auch in keiner Weise infrage gestellt oder als in ihrer Funktion beeinträchtigt vorgeführt, der grundsätzliche Respekt bleibt ihr erhalten. Der Rezipient lacht ü b e r den Passauer Klerus, wie auch ü b e r die Kalenberger Bauern, aber m i t dem Wiener Hof.

---

30 Zur differenzierten Beurteilung der Spielleute durch die Geistlichkeit und den weltlichen Adel vgl. Hartung (1982) 30-63. Zwar ist in der Praxis die Tolerierung oder sogar Förderung der Fahrenden auch beim Klerus verbreitet, aber es gibt in der Kirche daneben auch eine durchgehende und ausgeprägte Linie von Skepsis und Ablehnung ihnen gegenüber.

Bibliographie

Quelle

Die Geschichte des Pfarrers vom Kalenberg, hg. von Viktor Dollmayr. Halle 1906 (NdL 212-214).

Untersuchungen

Assmann, Aleida: Festen und Fasten. In: Das Fest, hg. von Walter Haug/Rainer Warning. München 1989 (Poetik und Hermeneutik XIV), 227-246.
Duby, Georges: Die drei Ordnungen. Das Weltbild des Feudalismus. Frankfurt/M. 1981.
Hampe, Theodor: Die fahrenden Leute in der deutschen Vergangenheit. Leipzig 1902 (Monographien zur deutschen Kulturgeschichte Band 10).
Hartung, Wolfgang: Die Spielleute. Eine Randgruppe in der Gesellschaft des Mittelalters. Wiesbaden 1982.
Lucius, Brigitte: Motivvergleichende Untersuchung zu den Schwankbüchern: Neidhart Fuchs, die Geschichte des Pfarrers vom Kalenberg, Till Eulenspiegel, Das Lalebuch. Diss. (masch.) Wien 1967.
Maschek, Hermann: Die Geschichte des Pfarrers vom Kalenberg. In: ZfdA 73 (1936) 33-46.
Maschek, Hermann: Zu den Schwänken vom Kalenberger. In: ZfdA 75 (1938) 25-27.
Ritter, Joachim: Über das Lachen. In: Blätter für dt. Philosophie 14 (1940/41) 1-31. Nachdruck in: J.R.: Subjektivität. Frankfurt 1974, 62-92.
Röcke, Werner: Die Freude am Bösen. Studien zu einer Poetik des deutschen Schwankromans im Spätmittelalter. München 1987 (Forschungen zur Geschichte der älteren deutschen Literatur 6).
Salmen, Walter: Der Spielmann im Mittelalter. Innsbruck 1983 (Innsbrucker Beiträge zur Musikwissenschaft 8).
Schröder, Edward: Pfarrer vom Kalenberg und Neithart Fuchs. In: ZfdA 73 (1936) 49-56.

Werner Röcke

Lizenzen des Witzes:
Institutionen und Funktionsweisen der Fazetie
im Spätmittelalter

Die Überzeugung von der Intellektualität und Scharfsinnigkeit des Witzes gehört zu den selbstverständlichen und deshalb in der Regel auch nicht mehr hinterfragten Topoi der Komik- und Lachforschung. Ihr entspricht ein zweites, stereotypes Deutungsmuster des Witzes, das in der Theoriegeschichte des Lachens immer wieder als „Grund des Vergnügens am komischen Helden" herangezogen worden ist und nach wie vor Gültigkeit beansprucht:[1] die Überzeugung, daß im Witz Heterogenes und im Grunde Inkommensurables miteinander verbunden werde und sich an diesem Zusammenstoß des Disparaten das Lachen entzünde. „Es muß in allem" - heißt es schon in Kants 'Kritik der Urteilskraft' - „was ein lebhaftes, erschütterndes Lachen erregen soll, etwas Widersinniges sein, woran also der Verstand an sich kein Wohlgefallen finden kann. Das Lachen ist ein Affekt aus der plötzlichen Verwandlung einer gespannten Erwartung in Nichts. Eben diese Verwandlung, die für den Verstand gewiß nicht erfreulich ist, erfreut doch indirekt auf einen Augenblick sehr lebhaft."[2] Dementsprechend benennt im 19. Jahrhundert auch noch Friedrich Theodor Vischer in seiner Habilitationsschrift 'Über das Erhabene und Komische' (1837) als Grund des Witzes die überraschende Hyperkodierung zweier Sinn- und Deutungsebenen, die bislang nicht gesehen wurde und aufgrund ihrer Gegensätze auch nicht gesehen werden konnte.[3] Werden sie dennoch zusammengezwungen, reagieren wir mit Lachen und unterstreichen damit das überraschend Neuartige, aber eben auch Unangemessene der Verschränkung des Disparaten.

Diese Logik der Inkongruenz des Komischen und des Witzes ist der Fluchtpunkt auch der neueren und neuesten Lachtheorien, die aber - so meine erste These - gerade der Poetik und Funktionsweise des Witzes nicht genügen. Odo Marquard z.B. hat Joachim Ritters berühmte Definition des Komischen und des Lachens noch ganz in der Logik der Inkongruenz belassen, wenn er den Grund des Lachens in der Verkehrung von bislang Gültigem und Nichtigem, offiziell Anerkanntem und Ausgegrenztem sieht: „Komisch ist und zum Lachen reizt, was im offiziell Geltenden das Nichtige und im offiziell Nichtigen das Geltende

---

1 Jauß (1976) 103-132.
2 Kant (1790/1976) 276.
3 Vischer (1837).

sichtbar werden läßt."[4] Und auch noch Bachtins Theorie einer Dialogisierung des Worts, der herrschenden Überzeugungen und geschlossenen Ideologien, die lachend in Frage gestellt und somit ihrer bislang selbstverständlichen Geltung beraubt werden, folgt - wenn ich richtig sehe - jener Überzeugung von der Inkongruenz des Witzes, der die gewohnten Orientierungen des Denkens und Sprechens durcheinanderwirbelt und insbesondere alle monologischen Sprechmuster im Spiel der Dialogisierung auflöst.[5]

Grundlage der Inkongruenz des Witzes ist die Klugheit und Scharfsinnigkeit des Witzigen, der nur aufgrund seiner Intellektualität die versteinerten oder monologischen Herrschaftssprachen zum Tanzen bringt. Denn - das legt schon die Etymologie des Wortes 'Witz' nahe - gute Witze findet man nur, wenn man Witz hat, d.h. Klugheit, gesunden Menschenverstand und Scharfsinn. Noch im Mittelhochdeutschen ist diese Bedeutung von *witze* (ahd. *uuizza*) ganz eindeutig; erst im Übergang vom 18. zum 19. Jahrhundert wird sie - in Anlehnung an den *bel esprit* der Franzosen - immer mehr zur Bezeichnung der witzigen und pointierten Rede und schließlich des einzelnen Scherzes selbst eingeschränkt, den wir heute als 'Witz' bezeichnen.[6] Die Semantik des Wortes Witz scheint somit völlig eindeutig und klar zu sein: unter einem Witz verstehen wir eine der von André Jolles so genannten 'Kleinen Formen' literarischen Sprechens, die aufgrund ihrer Intellektualität „Gebundenes entbindet" und verfestigte Sprechmuster löst und somit überraschende Perspektiven des Verstehens und Sprechens ermöglicht.[7] Es handelt sich also um eine literarische Gattung, die neue Möglichkeiten der Orientierung und Deutung von Welt bietet, die bislang nicht gesehen wurden, im Witz aber auf überraschende Weise aufgedeckt und sichtbar gemacht werden. Zweifellos ist diese 'vernünftige' und die spielerische Lust an der Verkehrung des Vertrauten betonende Deutung des Witzes e i n e seiner möglichen Interpretationsebenen, und zweifellos funktionieren auch viele Witze nach dieser Logik der Inkongruenz und überraschenden Sichtweisen. Zugleich aber verweist gerade der „soziale Vorgang" des Witzes,[8] d. h. der Zusammenhang

---

4 Marquard (1976) 141 im Anschluß an Ritter (1940/1974) 76.
5 Bachtin (1979a) 154-300; Bachtin (1979) 301-337 und die Darstellung bei Lehmann (1977) 355-380 und Lachmann (1987) 7-46.
6 Grimm: Deutsches Wörterbuch 30, 861-888.
7 Jolles (1930/1982) 248: „So müssen wir denn zunächst sagen, daß in der Form Witz, wo immer wir sie finden, etwas g e l ö s t wird, daß der Witz irgendein Gebundenes e n t b i n d e t ".
8 Freud (1905/1970) 132. Freuds These, daß Witze, sofern sie ihre volle Wirkung entfalten sollen, erzählt werden müssen und zu diesem Zweck besonderer Formen der Inszenierung und der sozialen Kommunikation bedürfen, ist bislang - wenn ich richtig sehe - nur von Lutz Röhrich (1977) 32-40 in ihrer Bedeutung erkannt und weiterentwickelt worden. Im Kontext von Freuds systematischer Analyse unterschied-

von Erzählen und Rezeption des Witzes, auf Ungereimtheiten, die ihn doch nicht so eindeutig und vor allem so vernunftorientiert erscheinen lassen, wie das bislang - mit Ausnahme von Freuds Witztheorie - angenommen worden ist. Das ist aus dem Grunde besonders auffällig, als der Witz in sehr viel höherem Maße als andere Gebrauchsformen des Komischen bestimmter Rahmenbedingungen bedarf, wenn er Lachen hervorrufen soll. So z.B. reizt ein Witz, der still gelesen wird, weniger zum Lachen, als wenn er anderen erzählt wird. Denn ein Witz will mitgeteilt werden, erreicht seine Wirkung also nicht nur aufgrund seiner Erzählform, sondern vor allem aufgrund der besonderen Art und Weise seiner Inszenierung.[9] Diese umfaßt neben dem Witzerzähler selbst auch ein Publikum, das zum Lachen gebracht wird, und dies zumeist auf Kosten Dritter, die entweder anwesend oder abwesend sind, in der Regel aber die Zielscheibe des witzigen Spottes bilden. Insofern bedarf die Inszenierung eines Witzes verschiedener Mitspieler und Rahmenbedingungen, zumal nicht jeder Witz bei jedem Publikum unter allen Bedingungen die gewünschten Wirkungen zeitigt.[10] Umgekehrt ist dann aber auch zu fragen, welche Ungereimtheiten es sind, die beim Witzerzählen den Erfolg des Witzes behindern oder sogar in Frage stellen können?

So gibt es nichts Peinlicheres als einen falsch plazierten Witz. Wir alle kennen die quälende Situation, daß in einer geselligen Runde ein Witz erzählt wird, der aber nicht Lachen, sondern betretenes Schweigen hervorruft: sei es, daß er zur falschen Zeit oder am falschen Ort erzählt wird; sei es, daß er die Zuhörer nicht belustigt, sondern kränkt oder verletzt. Andere Formen des Komischen als der Witz wirken in der Regel nicht peinlich. Sie können - wie die gegenbildliche Komik der Parodie oder andere Formen des exklusiven „Lachen über"[11] - ver-

---

licher Formen des Lachens ist sie vor allem für die Unterscheidung von Witz und Komik entscheidend (Freud 135ff.).

9 Vgl. dazu ausführlich Freud (1905/1970) 135, der von der „allgemein bekannte[n] Erfahrung" ausgeht, „daß niemand sich begnügen kann, einen Witz für sich allein gemacht zu haben. Mit der Witzarbeit ist der Drang zur Mitteilung des Witzes untrennbar verbunden; ja dieser Drang ist so stark, daß er sich oft genug mit Hinwegsetzung über wichtige Bedenken verwirklicht. Auch beim Komischen gewährt die Mitteilung an eine andere Person Genuß; aber sie ist nicht gebieterisch, man kann das Komische, wo man darauf stößt, allein genießen. Den Witz hingegen ist man mitzuteilen genötigt; der psychische Vorgang der Witzbildung scheint mit dem Einfallen des Witzes nicht abgeschlossen, es bleibt etwas übrig, das durch die Mitteilung des Einfalls den unbekannten Vorgang der Witzbildung zum Abschluß bringen will."

10 Freud (1905/1970) 137: „Ein Grad von Geneigtheit oder eine gewisse Indifferenz, die Abwesenheit aller Momente, welche starke, der Tendenz gegnerische Gefühle hervorrufen können, ist unerläßliche Bedingung, wenn die dritte Person [der Hörer des Witzes, W.R.] zur Vollendung des Witzvorganges mitwirken soll." Vgl. dazu auch Röcke (1998).

11 Jauß (1976) 107; vgl. auch schon 106 zur „Komik der Herabsetzung", zur „Lust an der Umkehrung von hierarchischen Positionen und Symbolen" sowie zum „Lachen

letzen und schmerzen; sie können - wie der satirische Entwurf der „verkehrten Welt" - zur rechten Einsicht und d.h. zur moralischen Besserung führen.[12] Oder sie können - wie die groteske Komik der Entgrenzung und Aufhebung der Normen und Tabus - befreiend wirken und die komische Figur mit ihrem Publikum im gemeinsamen Lachen vereinen.[13] Für diese und weitere Effekte des Komischen ist die Gefahr, deplaziert oder gar peinlich zu wirken, nicht oder nur in sehr viel geringerem Umfang gegeben als beim Witz. Offensichtlich ist gerade der Witz in hohem Maße abhängig von seinem 'Sitz im Leben', d.h.: von der Situation, in der er erzählt wird; von dem Publikum, dem er zugemutet wird; von Raum und Zeit, in denen er präsentiert wird.[14] Dabei mag er sehr raffiniert und intelligent sein und die Logik der Inkongruenz perfekt realisieren: erst die Kunst seiner Dramaturgie allerdings stellt sicher, daß er nicht zum Fehltritt wird, sondern zum Erfolg.

Dem entspricht eine weitere Beobachtung: gibt es nichts Peinlicheres als einen falsch plazierten Witz, so gibt es wohl auch nichts Öderes als Witzsammlungen, Witzblätter oder gar Witzbücher, die man still und stumm für sich lesen und an denen man sich auch noch erfreuen soll. Zwar entfalten Witze erst dann ihren besonderen Reiz, wenn sie anderen erzählt oder zumindest vorgelesen werden, erreichen ihre volle Wirkung also erst im Zuge ihrer 'Aufführung' vor einem Publikum. Gleichwohl werden Witze häufig in schriftlicher Form überliefert. Das gilt auch für die Anfänge einer literarischen Witzkultur im Spätmittelalter, insbesondere die Fazetiensammlungen Poggio Bracciolinis oder Angelo Polizianos, Augustin Tüngers oder Heinrich Bebels, Johann Adelphus Mulings oder Othmar Luscinius Nachtigalls[15] usf. Das Verhältnis von Mündlichkeit und Schriftlichkeit stellt sich bei diesen Sammlungen als besonders spannend, aber auch besonders schwierig dar. Zu klären ist, ob und inwieweit diese Fazetien- und Witzsammlungen den „sozialen Vorgang" der Inszenierung des Witzes,[16]

---

    aus einem Überlegenheitsgefühl, das Baudelaire ('L'essence du rire', 1852/1951) auf eine satanische Wurzel zurückführen wollte [...]".

12 Vgl. dazu Röcke (1993) 327-331.
13 Vgl. Jauß (1976) 107 zur grotesken Komik als „Lachen mit": „Die groteske Komik entspringt der Heraufsetzung des Kreatürlichen und Materiell-Leiblichen auf ein Niveau, das den Abstand zwischen dem Leser oder Betrachter und dem Helden in einem lachenden Einvernehmen aufgehen läßt, das von der 'Lachgemeinde' als Befreiung des Sinnlichen oder als Triumph über Gewalten der normativen Welt [...] erfahren werden kann."
14 Ausführlich dazu Röhrich (1977) 32-40.
15 Zur Gattungsgeschichte der Fazetie in Spätmittelalter und Früher Neuzeit vgl. die Überblicksdarstellungen Vollert (1912), Bebermeyer (1958) und Straßner (1968); zu einer Gattungspoetik und Funktionsgeschichte der Fazetie zuletzt Barner (1993).
16 Freud (1905/1970) 132.

obwohl sie in schriftlicher Form überliefert sind, überhaupt noch voraussetzen oder voraussetzen können, und zum anderen, auf welche Weise sie das tun.

Zwar betonen alle Fazetiensammler, daß sie die von ihnen gesammelten Witze gehört und dann aufgeschrieben hätten,[17] doch ist wohl davon auszugehen, daß diese angebliche Verschriftlichung einer ursprünglich mündlichen Überlieferung nur imaginiert wird und wir es mit einer ausschließlich schriftlichen Kunstform zu tun haben. Gleichwohl ist auch die Imagination des „sozialen Vorgangs" des Witzes aufschlußreich genug, da sie ganz unterschiedliche Funktionszusammenhänge und Funktionsweisen des Witzes sichtbar macht, deren Rekonstruktion für eine historische Poetik des Witzes unverzichtbar ist.

Ich schließe diese Vorüberlegungen mit einer dritten Beobachtung ab, die unterstreichen soll, daß für das adäquate Verständnis von Witzen die Beschränkung auf ihre Intellektualität und Logik der Inkongruenz nicht genügt, sondern die Form ihrer Inszenierung und Institutionalisierung stärker als bisher berücksichtigt werden muß. Damit ist gemeint, daß Witze in unterschiedlichen sozialen Kontexten auch mit den unterschiedlichsten Lizenzen oder Absichten versehen werden können, die sich aus den Wertmaßstäben und Handlungsmustern dieser einzelnen sozialen Milieus ergeben. So kann etwa der jeweils gleiche Witz in einem höfischen Milieu, wie dem Hof der Medici (Angelo Poliziano),[18] in einem geistlich-bürokratischen Herrschaftszentrum, wie dem Vatikan (Poggio Bracciolini)[19] oder einer humanistischen Universitätskultur (Heinrich Bebel, Tübingen)[20]

---

17 Ich verweise nur auf die Vorrede Poggio Bracciolinis zu seinem 'Liber facetiarum', in welchem er den 'stilus humilis' seiner Fazetien neben zahlreichen anderen Argumenten auch damit begründet, daß „sich darunter Sachen [finden], die es nicht vertragen, stilistisch ausgeschmückt zu werden; man muß sie wiedergeben, wie sie jene zum besten gaben, die darin als Erzähler angeführt sind". (*Sunt enim quaedam quae ornatius nequeant describi, cum ita recensenda sint, quemadmodum protulerunt ea hi qui in confabulationibus coniiciuntur.*) Ich zitiere Poggios 'Liber facetiarum' nach der Ausgabe Poggio Bracciolini (1983), die deutsche Übersetzung nach Floerke (1920/1967).

18 Angelo Poliziano (eigentlich Angiolo Ambrogini, 1454-1494) wurde schon in jungen Jahren von Lorenzo de Medici an seinen Florentiner Hof geholt, wo er zunächst als Sekretär, dann auch als Hauslehrer tätig war. Erst 1480 wurde er, nachdem es mit Lorenzo de Medici zu einem Zerwürfnis gekommen war und Poliziano Florenz vorübergehend verlassen mußte, als Professor für Rhetorik und Poetik an die Universität Florenz berufen. Die 'Detti piacevoli', eine Reihe von „anedotti, facezie, favole, detti arguti e infine proverbi e riboboli" (Enciclopedia Italiana XXVII, 690-693), dürfte Poliziano zwischen 1477 und 1479, d.h. noch während seiner Zeit am Hof der Medici, gesammelt haben. Einen knappen Überblick über Leben und Werk in: Lexikon des Mittelalters VII, 66f. Die 'Detti piacevoli' zitiere ich nach der zweisprachigen Ausgabe Poliziano-Wesselski (1929). Vgl. dazu auch die ital. Ausgabe Zanato (1983).

19 Giovanni Francesco Poggio Bracciolini (Poggius Florentinus, 1380-1459) war seit 1404 mit wenigen Unterbrechungen (1418-1422 in England) mit Verwaltungs- und

ganz unterschiedlichen Intentionen und Gebrauchsweisen folgen, die es zu erkennen gilt, wenn sein historisches Wirkungspotential verstanden werden soll.

Diese Konsequenzen nun ergeben sich nicht nur aus den Überlegungen zu den peinlichen Fehltritten falsch plazierter Witze (s.o.), sondern auch aus den Inszenierungsformen, und hier vor allem aus den vielfältigen Beschränkungen und sehr zurückhaltenden Lizenzen, mit denen in unterschiedlichen kulturellen Zusammenhängen gerade der aggressive und verletzende Witz versehen worden ist. Wir alle wissen aus Erfahrung, daß es nur wenig Verletzenderes und Kränkenderes gibt, als zum Opfer eines Witzes und d.h.: ausgelacht zu werden. Baudelaire ging sogar so weit, dieses exklusive und aggressive Lachen als „Lachen des Teufels" zu bezeichnen;[21] und bekanntlich hat sich Freud in seiner Witztheorie vor allem um die Analyse dieses gewalttätig-aggressiven Witzes bemüht.

Auf seine wichtigste Voraussetzung habe ich schon hingewiesen: nicht nur der aggressive Witz, dieser aber in besonderem Maße, bedarf des Publikums, vor dem er in Szene gesetzt wird. Eine Invektive, eine ironische Bemerkung, eine Kritik an meiner Person o.ä., die ich lese oder gesprächsweise höre, werden mich ärgern, wahrscheinlich auch kränken. Zum Witz aber wird diese Invektive erst, wenn sie das brüllende Gelächter eines Publikums provoziert, das gerade in seinen körperlichen Reaktionen seine Aggressivität unter Beweis stellt: die aufgerissenen Münder, die tränenden Augen, das konvulsivische Zucken des Körpers, die trampelnden Füße und die Hände, die auf den Tisch schlagen, machen 'schlagartig' klar, daß dieses Publikum im Lachen auch eine körperliche Gewalt ausagiert, deren Opfer zwar nicht tatsächlich geschlagen wird, wohl aber einem Akt der Gewalt hilflos ausgesetzt ist. Denn ausgelacht zu werden, lähmt die Gegenwehr und jeden Protest, der doch nur in weitere Peinlichkeiten münden würde. Auch in diesem Fall gilt, daß der Witz in seiner bloßen Schriftform blaß bleibt. Zur manifesten Gewalt hingegen wird er, wenn er realisiert, d.h. in je unterschiedlichen institutionellen und sozio-kulturellen Kontexten aufgeführt und in Szene gesetzt wird.

---

politischen Aufgaben an der päpstlichen Kurie betraut: zunächst als *scriptor apostolicus*, ab 1417 als päpstlicher Sekretär unter Martin V., 1431-1447 unter Eugen IV. Einen knappen Überblick über Leben und Werk in: Lexikon des Mittelalters VII, 38f. mit weiteren Literaturangaben. Sehr materialreich und lohnend ist immer noch Walser (1914).

20 Heinrich Bebel (1472-1518), ab 1497 Professor für Rhetorik und Poetik an der Universität Tübingen. Die beiden ersten Bücher seiner 'Facetiae' erschienen 1508 (Straßburg), das dritte Buch folgte 1512 (Straßburg) in den 'Opuscula nova et adolescentiae labores'. 1514 erschien die ebenfalls von Bebel selbst besorgte Ausgabe, auf der die Ausgaben von Wesselski und Bebermeyer basieren. Ich zitiere nach der Ausgabe von Bebermeyer (1931), die deutsche Übersetzung nach Wesselski (1907).

21 Baudelaire (1852/1951) 711.

Ich fasse meine Vorüberlegungen dahingehend zusammen, daß der bislang selbstverständliche Deutungsansatz des Witzes, der ausschließlich seine Intellektualität und Logik der Inkongruenz betont, den Wirkungsmöglichkeiten des Witzes nicht genügt, sondern im Hinblick auf die Formen seiner Inszenierung, seiner Institutionalisierung und aggressiven Körperlichkeit erweitert werden muß. Dieser Paradigmenwechsel von einer Hermeneutik des Witzes, die den Grund des lachenden Vergnügens ausschließlich in der sprachlichen Form des Witzes und seiner besonderen Form des Komischen sieht, zur Analyse des „sozialen Vorgangs" des Witzes,[22] also der spezifischen Inszenierung des Lachens, seiner verletzenden Aggressivität und seiner Situationsgebundenheit im Hinblick auf Publikum, Ort und Zeit, dürfte seine Plausibilität am ehesten mit Hilfe eines komparatistischen Ansatzes erweisen. Ich werde deshalb im folgenden drei verschiedene Institutionalisierungen des Witzes im Spätmittelalter vergleichend interpretieren, die für seine historische Poetik besonders wichtig sind, und dabei versuchen, ihre Ähnlichkeiten, aber auch ihre Unterschiede deutlich zu machen.[23] Dabei dient das „Testen von Hypothesen",[24] das gerade durch ein vergleichendes Verfahrens ermöglicht wird, dem Ziel, unterschiedliche Funktionszusammenhänge zu erschließen, die allerdings nur einen ersten Einblick in die Funktionsgeschichte des Witzes im Spätmittelalter eröffnen und noch ganz erheblich erweitert werden müssen.[25]

Die wichtigste Textgrundlage für diese Funktionsgeschichte des Witzes im Spätmittelalter und der Frühen Neuzeit bieten die Fazetiensammlungen des 15.-17. Jahrhunderts, die neben Witzen im engeren Sinn auch Schwänke und Scherzreden unterschiedlichster Art, geistreiche Bemerkungen und 'Novellen', d.h. erstaunliche Ereignisse oder überraschend neue Deutungsangebote solcher Ereignisse, zusammentragen und vor allem in höfischen und intellektuell-akademischen Milieus dieser Zeit sehr beliebt gewesen sind.[26]

---

22 Freud (1905/1970) 132.
23 Ausführlicher zu Sinn und Nutzen von Vergleichsverfahren in der Geschichtswissenschaft Haupt/Kocka (1996) 9ff.
24 Haupt/Kocka (1996) 13.
25 Das soll im Rahmen des an der FU Berlin und an der Humboldt-Universität zu Berlin angesiedelten SFB 'Kulturen des Performativen' geschehen, der Anfang 1999 seine Arbeit aufnimmt.
26 Neben den Sammlungen Poggio Bracciolinis, Angelo Polizianos und Heinrich Bebels nenne ich hier nur:
  - Johannes Adelphus Muling: Margarita Facetiarum, 1508;
  - Othmar Luscinius Nachtigall: Joci ac sales mire festivi, 1524;
  - Johann Gast: Convivalium sermonum liber, 1541;
  - Nikodemus Frischlin: Facetiae selectiores libri tres; 1600;
  - Otho Melander: Jocoseria. Das ist Schimpff und Ernst, 1605;

Fazetien gehören unter den „Kleinen Formen"[27] des Mittelalters wohl mit zu den kleinsten. In der Regel münden sie in eine überraschende Pointe, die Lachen hervorruft und Kants Satz vom Witz, der aufgrund seiner „plötzlichen Verwandlung einer gespannten Erwartung in Nichts" zum Lachen bringt,[28] aufs schönste bestätigt. Fazetien sind in hohem Maße dialogisch geprägt. In einen meist nur mit wenigen Strichen angedeuteten Erzählrahmen integrieren sie einen Dialog, der in unterschiedlichen Formen gestaltet sein kann: als geistreiche Bemerkung, als - mitunter ermüdender - Kalauer, als listige Schwankerzählung; als 'Novelle', in der neue Sichtweisen auf eine bislang eindeutige Realität erprobt werden, und als Witze, in denen die überraschende Destruktion des Vertrauten und die aggressive Inszenierung eines allgemeinen Gelächters über andere im Mittelpunkt steht. Die Beschreibung dieser ebenso heiteren wie sarkastischen Lachkultur der Gebildeten im Übergang vom Mittelalter zur Neuzeit ist vorerst nur in ersten Ansätzen möglich, weil die lateinischen und volkssprachlichen Fazetiensammlungen des 16. und 17. Jahrhunderts zum großen Teil noch gar nicht erschlossen sind. Anders der Anfang der Gattungsgeschichte: Die ersten Fazetiensammler waren Poggio Bracciolini, der seine Fazetien im 'Bugiale', seinem 'Lästerzimmer' im römischen Vatikan, verortete; Angelo Ambrogini, genannt Poliziano, der persönliche Sekretär Lorenzos de Medici, der seine 'Detti piacevoli' im Freundeskreis der Medici in Florenz, bzw. in deren Sommerresidenz im Mugello ansiedelte; Baldassare Castiglione, der sein 'Libro del cortegiano' als Abbild des höfischen Gesprächskreises am Herzogshof von Urbino konzipiert hat und dabei auch zahlreiche Fazetien berücksichtigt; Heinrich Bebel, der die Fazetienkultur in das Universitätsmilieu der neu gegründeten Universität Tübingen integriert, usf.

Im folgenden werde ich mich weitgehend auf die Witze unter den Fazetien beschränken, da an ihnen die Probleme der Inszenierung des Lachens und Gelächters am klarsten zu Tage treten. In einem ersten Schritt werde ich die Debatte über die Perspektiven und Bedingungen eines adäquaten Lachens und Gelächters für die Ausbildung einer höfischen Öffentlichkeit darstellen, die Baldassare Castiglione in seinem 'Buch vom Hofmann' reflektiert: dem für die Ausbildung eines neuen, höfischen Typs des Verhaltens und der sozialen Kommunikation wohl wichtigsten Text des 16. Jahrhunderts, in dessen zweitem Teil Castiglione ausführlich über die Herkunft, die Funktion und den legitimen Gebrauch des Lächerlichen bei Hofe Auskunft gibt. In einem zweiten Schritt frage

---

- Julius Wilhelm Zincgref: Facetiae Pennalium, Das ist: Allerley lustige Schulbossen, 1618;
- Caspar Dornavius: Amphitheatrum Sapientiae Socraticae Joco-Seriae, 1619.

[27] Jolles (1930/1982).
[28] Kant (1790/1976) 276.

ich nach dem Wirkungszusammenhang der lateinisch-italienischen Witzkultur im 'Liber facetiarum' Poggio Bracciolinis, das für die weitere Entwicklung der Fazetiensammlungen Heinrich Bebels, Augustin Tüngers, Johannes Adelphus Mulings, Johann Gasts u.a. so etwas wie einen Thesaurus darstellte, aus dem man sich beliebig bedienen konnte und bedient hat.

Schließlich gebe ich drittens einen Ausblick auf den Paradigmenwechsel der Fazetien, der mit ihrem Übergang aus der höfischen Kultur des päpstlichen oder Medici-Hofs in die humanistische Universitätskultur Süddeutschlands verbunden war (Tünger, Bebel).

1. Das Gelächter des Hofs und das Ideal der „Anmut".
Zu Castigliones 'Hofmann'

Die Selbstbeschränkung der Lachforschung auf die Intellektualität und Inkongruenz des komischen Texts ist, obwohl sie heute nahezu unbefragbar scheint, auf die Neuzeit beschränkt. Wird sie seit der Kunstphilosophie und Regelpoetik des 18. Jahrhunderts völlig selbstverständlich gesetzt und ohne weitere Prüfung wiederholt, wenn es um Definitionen des Komischen geht,[29] so haben demgegenüber die Rhetoriken der Antike und der Renaissance bei der Erläuterung von Technik und Funktionsweise komischen Sprechens noch andere Akzente gesetzt. Während Aristoteles in den wenigen erhaltenen Sätzen seiner 'Poetik' zu Fragen des Komischen dessen Ursprung in etwas „Ungestaltem" und „Häßlichem" sah,[30] haben Cicero und Quintilian vor allem den moralisch korrekten, aber auch möglichst effektiven Gebrauch des Komischen in der Gerichtsrede betont.[31] Beide sehen sehr deutlich die Gefahren und die Peinlichkeiten, die

---

[29] Ich verweise nur als ein Beispiel unter vielen auf Sulzer (1773-1775) 102 und auf die Zusammenfassung bei Rommel (1943) 164f.: „Die Dinge, worüber wir lachen", haben - so Johann Georg Sulzer in seiner 'Allgemeinen Theorie der Schönen Künste' - „etwas ungereimtes oder etwas unmögliches, und der seltsame Zustand des Gemüths, der das Lachen verursachet, entsteht aus der Ungewißheit unseres Urtheils, nach welchem zwey widersprechende Dinge gleich wahr scheinen. In dem Augenblick, da wir urtheilen wollen, ein Ding sey so, empfinden wir das Gegentheil davon, indem wir das Urtheil bilden, wird es auch wieder zerstört." Wir fühlten uns also zum Lachen geneigt, „weil wir Dinge beysammen zu sehen glauben, die unmöglich zugleich seyn können."

[30] Aristoteles, Poetik 17: „Die Komödie ist [...] Nachahmung von schlechteren Menschen, aber nicht im Hinblick auf jede Art von Schlechtigkeit, sondern nur insoweit, als das Lächerliche am Häßlichen teil hat. Das Lächerliche ist nämlich ein mit Häßlichkeit verbundener Fehler, der indes keinen Schmerz und kein Verderben verursacht, wie ja auch die lächerliche Maske häßlich und verzerrt ist, jedoch ohne den Ausdruck von Schmerz."

[31] Vgl. dazu Cicero, Orator 71-73, Quintilian, Institutio 723ff. und Ueding (1996) 27 ff.

entstehen, wenn ein Gelächter im falschen Moment, am falschen Ort und vor falschem Publikum provoziert werden soll, und d.h.: die Inszenierung des Lachens verfehlt wird. Beide bemühen sich um praktische Regeln zur wirksamen Verwendung des Gelächters vor Gericht und schaffen damit die Grundlagen dafür, Witz und Gelächter als „sozialen Vorgang"[32] zwischen Redner, Publikum und angegriffenem bzw. verspottetem Gegner zu verstehen. Die - im Grunde ontologische - Frage nach dem Wesen des Komischen hingegen, die in der neueren Lachforschung im Mittelpunkt steht, liegt ihnen eher fern. „Was [...] die Frage angeht" - schreibt Cicero in 'De oratore' ganz programmatisch - „was das Lachen an und für sich ist, wie es erregt wird, wo es sitzt, wie es entsteht und so plötzlich hervorbricht, daß wir, auch wenn wir den Wunsch haben, nicht an uns halten können, und wie es zugleich den Körper, den Mund, die Adern, die Augen, die Miene ergreift, so mag Demokrit sich darum kümmern. Denn diese Frage hat nichts mit unserem Gespräch zu tun, und wenn sie etwas mit ihm zu tun hätte, würde ich mich trotzdem nicht schämen, etwas nicht zu wissen [...]."[33] Statt dessen hat er sich in 'De oratore' auf die Umstände des komischen Sprechens, auf die Gestik und Mimik des Redners, der seine komischen Einlagen wirkungsvoll ergänzt, und auf weitere Wirkungsmöglichkeiten komischen Sprechens konzentriert. Baldassare Castiglione, der Humanist und politisch umtriebige Literat in unterschiedlichen Diensten während der politischen Wirren Italiens Anfang des 16. Jahrhunderts, ist Cicero im Buch II seines 'Libro del Cortegiano' in dieser Akzentsetzung gefolgt. Im Zusammenhang seines Entwurfs eines neuen höfischen Standesideals des Adels, das vor allem die *grazia*, d.h. die Anmut des 'Hofmanns', den Verzicht auf jegliche Gekünsteltheit des Auftretens und Sprechens (*affettazione*) und statt dessen in den unterschiedlichsten Bereichen gesellschaftlicher Praxis bei Hofe *una certa onesta mediocrità* („eine gewisse schickliche Ausgeglichenheit") propagiert, hat Castiglione auch sehr ausführlich zur Schicklichkeit oder Unziemlichkeit des Witzes im Rahmen höfischer Kommunikation Stellung genommen und sich dabei weitgehend an Ciceros 'De oratore' orientiert.[34]

Auch Castiglione geht - im Anschluß an Aristoteles - von der Herkunft des Lachens aus etwas „Häßlichem" oder „Ungestaltem" aus, „denn man lacht nur über das, was Unschicklichkeit an sich hat und schlecht anzustehen scheint, ohne es jedoch zu tun."[35] Auch er aber lehnt es ab, über das Wesen des Komi-

---

32 Freud (1905/1970) 132.
33 Cicero, De oratore 359; II, 235.
34 Ausführlicher dazu Baumgarts Vorwort zu seiner Übersetzung von Castigliones 'Hofmann' 42-44; Ueding (1996) 34.
35 Castiglione, II, Kap. 46, 172: *Il loco adunque e quasi il fonte onde nascono i ridiculi consiste in una certa deformità; perché solamente si ride di quelle cose che hanno in sé disconvenienzia e par che stian male senza però star male.*

schen Auskunft zu geben und will sich statt dessen auf die Modi eines angenehmen, die Regeln der *grazia* und *mediocrità* berücksichtigenden Lachens beschränken.

Zwar betont Castiglione die Notwendigkeit eines scharfen Witzes, um auf diese Weise bislang nicht Gesehenes oder Verstandenes sichtbar und damit öffentlich zu machen, doch warnt er auch vor der „Bösartigkeit" und dem „Gift" des Witzes und bemüht sich demgegenüber um die Inszenierung eines geistvollen Spotts, der die höfische Geselligkeit nicht gefährdet, sondern im Gegenteil fördert und pflegt.[36] Eines der wichtigsten Mittel, um dieses Ziel zu erreichen, sieht Castiglione in einer rhetorischen Kunst der Verstellung und des ironischen Sprechens, die sich nicht zuletzt körpersprachlich realisiert. Während nämlich „eine recht hübsche Art von Scherzen auch die [ist], die in einer bestimmten Verstellung besteht, wenn man etwas sagt und heimlich etwas ganz anderes meint; [...] wenn man mit ernster und gesetzter Rede spielend, freundlich behauptet, was man gar nicht im Sinn hat",[37] so verlangt diese Kunst des indirekten oder ironischen Sprechens die Fähigkeit, diese Ironie auch in Gestik und Mimik zum Ausdruck zu bringen. Deshalb muß „derjenige, der scherzhaft und witzig sein will, eine gewisse, für alle Arten von Scherzen geeignete Natur haben und ihnen Gewohnheiten, Gesten und Gesicht anpassen; je ernsthafter, strenger und würdevoller dies ist, desto gesalzener und scharfsinniger läßt es das Gesagte erscheinen."[38] Die Körpersprache ist dabei so etwas wie ein alter Ego der Ironie. Sie ist keineswegs nur Beiwerk des ironischen Sprechens, sondern notwendig, um es überhaupt realisieren zu können. Gestik und Mimik also gehören selbst zum Ironiediskurs und sind deshalb für die Inszenierung unverzichtbar.

---

[36] Castiglione, II, Kap. 57, 185: Ebenso wie man vermeiden soll, sich im Gebrauch des Komischen den Possenreißern anzupassen, „so muß sich der Edelmann bei der Kürze [des Witzes, W. R.] davor hüten, bösartig und giftig zu erscheinen oder Worte und Einfälle nur zu sagen, um verächtlich zu machen und ins Herz zu treffen. Denn diese Menschen empfangen oft wegen eines Vergehens ihrer Zunge verdiente Züchtigung am ganzen Körper." (*cosi in questo breve devesi guardare il cortegiano di non parer maligno e velenoso, e dir motti ed arguzie solamente per far dispetto e dar nel core; perché tali omini spesso per diffetto della lingua meritamente hanno castigo in tutto 'l corpo.*)

[37] Castiglione, II, Kap. 72, 200: *Assai gentil modo di facezie è ancor quello che consiste in una certa dissimulazione, quando si dice una cosa e tacitamente se ne intende un' altra; [...]; ma quando con un parlar severo e grave giocando si dice piacevolmente quello che non s'ha in animo.*

[38] Castiglione, II, Kap. 83, 213: *Ma, oltre a questi rispetti, bisogna che colui che ha da esser piacevole e faceto, sia formato d' una certa natura atta a tutte le sorti di piacevolezze ed a quelle accommodi i costumi, i gesti e 'l volto; il quale quant' è più grave e severo e saldo, tanto più fa le cose che son dette parer salse ed argute.*

Castiglione hat diese Kunst der Verstellung, „wenn ein [...] kluger Mensch nicht das zu beabsichtigen zeigt, was er beabsichtigt,"[39] in die unterschiedlichsten sprachlichen, habituellen und körpersprachlichen Techniken der Präsentation des Komischen ausdifferenziert und damit eine Inszenierungskunst des Witzes vorgelegt, die für die Etablierung höfischer Geselligkeit und der Kommunikationsformen des *gentil homme* in den Hofgesellschaften der Frühen Neuzeit von größter Bedeutung werden sollte. Dabei erklärt sich die besondere Faszination, die der 'Libro del cortegiano' bis heute bei seinen Lesern hervorruft, insbesondere wohl aus dem Umstand, daß es zwei Wirkungsmöglichkeiten komisch-witzigen Sprechens miteinander verbindet: Einerseits bietet Castiglione eine Reihe von Witzen, in denen bislang Verborgenes oder Verdrängtes aufgedeckt wird und deshalb Lachen hervorruft. Andererseits imaginiert er literarisch die Erzählsituation der gebildeten Höflinge und Damen am Herzogshof zu Urbino, die sich über die angemessenen Formen des Lächerlichen unterhalten und ihre Unterhaltung anhand zahlreicher Witze und Witzerzählungen verdeutlichen. Oder anders gesagt: Castiglione steht in der Tradition der lateinisch-italienischen Fazetienkultur, die er zitiert und fortsetzt, zeigt zugleich aber Wege auf, wie deren Schärfe und Aggressivität zum Medium höfisch-urbaner Kultur und adliger Geselligkeit gemildert werden können.

Denn Castigliones Witze, die er den Höflingen in der Erzählrunde von Urbino in den Mund legt, sind verschiedentlich noch gar nicht höfisch gemildert, sondern von schneidender Aggressivität. So z.B. berichtet Bernardo da Bibbiena, der Kardinal von Santa Maria in Portico, von zwei Kardinälen, die den Maler Raffael tadeln, weil er die beiden Heiligen Peter und Paul im Gesicht zu rot gemalt habe. Raffael erwidert darauf: „Signori, wundert Euch nicht; denn ich habe sie mit voller Absicht so gemalt, weil es durchaus glaublich ist, daß Sankt Peter und Sankt Paul auch im Himmel so rot sind, wie Ihr sie hier seht, und zwar aus Scham darüber, daß ihre Kirche von solchen Männern wie Euch regiert wird."[40] Oder aber ein gewisser Galeotto da Narni, der einen dicken Bauch hat, wird, als er in Siena nach einem Wirtshaus fragt, von einem Sienesen verspottet: „Die anderen tragen die Felleisen hinten und der trägt sie vorne." Galeotto reagiert blitzschnell: „Das tut man in Diebsgegenden so, um nicht bestohlen zu werden", und läßt den Spötter stehen.[41]

---

[39] Castiglione, II, Kap. 75, 203: *quando un omo [...] prudente, mostra non intender quello che intende.*

[40] Castiglione, II, Kap. 76, 205: *Signori, non vi maravigliate; ché io questi ho fatto a sommo studio, perché è da credere che san Pietro e san Paulo siano, come qui gli vedete, ancor in cielo così rossi, per vergogna che la Chiesa sua sia governata da tali omini come siete voi.*

[41] Castiglione, II, Kap. 60, 187: *Gli altri portano le bolge dietro, e costui le porta davanti. Galeotto sùbito rispose: Così si fa in terra de' ladri.*

In beiden Fällen zerreißt die rasche Antwort schlagartig den Schein der Wohlanständigkeit in Kirche und Stadt und ruft damit die lachende Antwort des Publikums auf die Lügen hervor, die im Witz öffentlich gemacht und verhöhnt werden. Zugleich aber bietet Castiglione die Möglichkeit, auch in diesem Witz die „schönste Anmut" zu praktizieren, die das Gespräch der Hofleute nicht in bloße Schadenfreude oder Häme wegkippen läßt, sondern auch im aggressiven Witz das Ideal höfischer Gesprächskultur realisiert wissen möchte. Ähnliches gilt für das folgende Beispiel eines aggressiven Witzes, der noch nicht einmal dadurch legitimiert ist, daß er soziale oder moralische Defizite aufdeckt: „Als ein Ehemann jammernd seine Frau beweinte, die sich selbst an einem Feigenbaum erhängt hatte, näherte sich ihm ein anderer und sagte, nachdem er ihm am Rock gezupft hatte: Bruder, könnte ich als allergrößte Gunst einen Zweig dieses Feigenbaumes bekommen, um ihn auf einen Baum meines Gartens zu pfropfen?"[42] Zwar attestiert der Erzähler selbst diesem Witz „eine gewisse versteckte Unsicherheit", doch gilt auch hier die prinzipielle Voraussetzung Castigliones, daß im Kontext höfischer Vergesellschaftung auch aggressive Witze legitim sind, vorausgesetzt allerdings, daß sie die Situation, die Art des Publikums und die Besonderheit von Ort und Zeit berücksichtigen sowie über eine Kunst der Nachahmung verfügen, die weder nachäfft, noch zur bloßen „Possenreißerei", zum Gesichterschneiden oder zu obszön-aggressiven Gesten herabsteigt, sondern auch in Gestik und Mimik die Gebote der Anmut walten läßt.[43] Auch in diesem Fall wird klar, daß die mimetische Kunst des Witzeerzählers - ebenso wie seine Körpersprache - das legitime Lachen bei Hofe nicht ergänzt, sondern seine not-

---

42 Castiglione, II, Kap.77, 205: [...] *come, lamentandosi un marito molto e piangendo sua moglie, che da sé stessa s'era ad un fico impiccata, un altro se gli accostò e, tiratolo per la veste, disse: Fratello, potrei io per grazia grandissima aver un rametto di quel fico, per inserire in qualche albero dell' orto mio?*

43 Vgl. dazu Castiglione, II, Kap. 50, 178: „Wir müssen uns diese Nachahmung gleichsam im Vorbeigehen und heimlich aneignen und stets die Würde des Edelmanns dabei wahren, ohne schmutzige Worte zu sagen oder unanständige Bewegungen zu machen, ohne Gesicht oder Körper hemmungslos zu verrenken [...] Man soll auch bei dieser Nachahmung vermeiden, vornehmlich im Verspotten der Mißbildungen von Gesicht oder Körper, allzu bissig zu werden; denn wie die körperlichen Fehler den, der sich ihrer zurückhaltend bedient, oft einen schönen Gegenstand zum Lachen abgeben, so ist ihre allzu bittere Verwendung nicht nur Sache des Possenreißers, sondern eher eines Feindes." (*Ma a noi bisogna per transito e nascosamente rubar questa imitazione, servando sempre la dignità del gentilomo, senza dir parole sporche o far atti men che onesti, senza distorgersi il viso o la persona così senza ritegno; [...] Deesi ancor fuggir in questa imitazione d'esser troppo mordace nel riprendere, massimamente le deformità del volto o della persona; ché sì come i vicii del corpo danno spesso bella materia di ridere a chi discretamente se ne vale, così l'usar questo modo troppo acerbamente è cosa non sol da buffone, ma ancor da inimico.*)

wendige Voraussetzung bildet. In der europäischen Hofkultur der Frühen Neuzeit ist diese Kunst der Inszenierung von Grazie und Witz dann - bis hin zu Knigges 'Vom Umgang mit Menschen' - weiter ausgebildet und verfeinert worden. Doch gibt es vergleichbare Vorformen einer Hofkultur, die sich gerade in der rechten Kunst der Inszenierung des Lachens verwirklicht, auch schon im 15. Jahrhundert. Poggio Bracciolinis 'Liber facetiarum' ist dafür das prominenteste Beispiel, Angelos Polizianos 'Detti piacevoli', sein weniger bekanntes, aber nicht weniger wichtiges Pendant.

2. Witz und Karikatur: das Fazetienbuch Poggio Bracciolinis

Castiglione hat in seinem 'Libro del Cortegiano' - auch in diesem Punkt im Anschluß an Cicero - drei Formen literarischer Scherze unterschieden: zunächst einmal „artige und gefällige Erzählungen", die auf elegante Weise belehren und dem Guten zum Durchbruch verhelfen sollen. Sodann „die schnelle und witzige Geistesschärfe, die auf einem einzigen Ausdruck beruht" und die wir als 'Witz' bezeichnen; schließlich Schwänke, in denen man auf geistvolle Weise täuscht oder selbst getäuscht wird.[44] Auch Poggios 'Liber facetiarum' folgt offensichtlich schon dieser Dreiteilung: Er bietet längere und kurze Erzählungen; didaktisch-moralische Erzählungen und Alltagsweisheiten; obszöne Phantasien, aber auch Wunderberichte von merkwürdigen oder schrecklichen Ereignissen, wie Fällen von Kannibalismus, aber auch und in großer Zahl knappe Bemerkungen und witzige Entgegnungen, die schlagartig treffen, häufig bloßstellen und eine aggressive Lust am Verletzen anderer und am rhetorischen Spiel mit der Gewalt offenbaren, die in den anderen Typen der Fazetie in Poggios 'Liber facetiarum' fehlt. Im folgenden konzentriere ich mich auf Bauform und Funktionsweise dieser Witz-Fazetien, die - so meine These - dem oben dargestellten Inszenierungstyp des Witzes entsprechen. Auffällig ist, daß der Funktionszusammenhang oder 'Sitz im Leben' von Poggios Fazetienbuch von der höfischen Gesprächskultur und dem Kommunikationsideal der Mäßigung der Affekte und des courtoisen Umgangsstils, das Castiglione in seinem 'Hofmann' entwirft, gründlich unterschieden ist. Das aber hat Konsequenzen für den Erzählrahmen und die Inszenierungsform der Witze, die in Poggios Fazetienbuch offensichtlich intendiert sind.

Poggios Witz-Fazetien sind Kunststücke der Enthüllung oder Demaskierung. Sie machen sichtbar, was verborgen war; denunzieren, was bislang anerkannt war, und setzen erbarmungslosem Gelächter aus, was bislang den notwendigen

---

44 Castiglione, II, Kap. 48, 175: *cioè di quella urbana e piacevole narrazion continuata che consiste nell' effeto d' una cosa; e della sùbita ed arguta prontezza, che consiste in un detto solo. Però noi ve ne giungeremo la terza sorte, che chiamano 'burle'* [...].

Ernst für sich reklamieren konnte. Das betrifft vor allem jegliche Form geistlicher Herrschaft und klerikaler Borniertheit, aber auch des christlichen Kults und christlichen Glaubens, die in einer Runde hoher geistlicher Würdenträger im *Bugiale*, dem Lästerstübchen des Vatikans, aufgespießt und verhöhnt werden, ohne daß damit die theologische Lehre, die Glaubensüberzeugungen oder der selbstverständliche Herrschaftsanspruch des Klerus auch nur in Zweifel gezogen oder gar in Frage gestellt würden. Vielmehr sind Poggios Fazetien lediglich Bestandteil und Stichwortgeber einer intellektuellen Gesprächskultur, die den Beamten, Sekretären und sonstigen Geistlichen des Vatikan Gelegenheit bietet, der Macht des eindeutigen, also monologen Worts der Verkündigung und des Kults - und sei es auch nur in der Ausnahmesituation ihres *Bugiale* - mit der Lust an der Dialogisierung des Worts, an Sprachspielen und einer spielerischen Infragestellung bislang selbstverständlicher Überzeugungen, aber auch an Spott und Hohn der Gebildeten über die Borniertheit, Kulturlosigkeit und nicht zuletzt das schlechte Latein der Ungebildeten zu begegnen. Ermöglicht wird diese höchst artifizielle Kunst der scharfen Pointe, des entlarvenden Spotts und eines bissigen Bildungsprivilegs, die sich auch - anders als bei Castiglione - um keinerlei Mäßigung oder gar Dezenz bemühen, durch die Exklusivität einer geistlichen Existenzform, die zwar in den Machtzusammenhang päpstlicher Herrschaft integriert ist und maßgeblich zu seiner Funktionstüchtigkeit beiträgt, zugleich aber einer - und sei es auch nur vorübergehenden - Entlastung und Entspannung bedarf. Dabei stellt die Dialogizität der Fazetien nichts in Frage, schon gar nicht den geistlichen oder weltlichen Herrschaftsanspruch des Papstes. Sie stellen lediglich unter Beweis, in welcher Schärfe auch im päpstlichen Apparat selbst die Widersprüche bereits gesehen werden, an denen die verweltlichte Kirche zu zerbrechen droht, aber auch, welcher Anstrengungen es bedarf, sie komisch zu mildern. Denn - darauf hat Odo Marquard hingewiesen - Lachen bietet die Möglichkeit „einer Aktion statt der Aktion". Es repräsentiert den „Status der Ohnmacht", indem es auf die plötzlich sichtbar werdende Veränderlichkeit der Verhältnisse nicht mit Ändern oder Stabilisieren reagiert, sondern mit „Kapitulation".[45] Poggios Fazetienbuch führt viele Beispiele einer solchen Kapitulation vor der kirchlichen Misere vor, die andernorts zum Ausgangspunkt einer Reform der Kirche an Haupt und Gliedern werden sollte. Poggio hingegen beschränkt sich darauf, die Zeichen dieser Misere zu sammeln und gnadenlos zu pointieren. Er versucht nicht, sie zu beschönigen, kommentiert sie aber auch nicht, sondern bietet lediglich, und dies in größter Schärfe und immer wieder verletzender Klarheit, je neue Beispiele einer immer größeren Schere zwischen moralischem Anspruch und tatsächlichem Verhalten.

---

45 Marquard (1976) 143.

So z.B. verspottet der römische Kardinal Angelotto einen griechisch-orthodoxen Kardinal, der - entsprechend griechischem Brauch - mit seinem langen Bart in die Kurie kam, mit den Worten: „Es ist gut so; denn unter soviel Ziegen hat ein Bock sehr bequem Platz."[46] Oder zwei Äbte kommen als Abgesandte des Konstanzer Konzils zu Pedro de Luna, der von den Spaniern und Franzosen als Papst anerkannt, vom Konzil aber verdammt worden war. Er begrüßt sie mit den Worten: "Seht, zwei Raben kommen zu mir!" Einer der beiden aber antwortet: "Daran ist nichts Seltsames, daß Raben sich einem Aas nähern."[47] Oder jener Kardinal Angelotto stellt angesichts eines überaus klugen Jungen von zehn Jahren bedauernd fest, daß derart begabte Jungen im Alter leider häufig zu Dummköpfen würden. Darauf der Junge zu Kardinal Angelotto: „Da müßt ihr in Eurer Kindheit wahrlich der Weiseste von allen gewesen sein."[48]

Was haben diese drei Fazetien Poggios gemeinsam? Alle drei bedienen sich, vor allem aufgrund ihrer extremen Verkürzung, einer Logik des Chocs, der schlagartig alle moralischen Selbstlegitimierungen des Klerus zerreißt. Alle drei Fazetien sind antithetisch gebaut, entwerfen aggressive Gegenbilder, die den Gegner verächtlich machen sollen bis hin zum Gleichsetzen von Mensch und Tier, und die sich zu diesem Zweck auf einen Fehler konzentrieren, der mit größtmöglicher Übertreibung und Verknappung ins Licht gezerrt wird. Dabei betrifft dieser Fehler nicht nur die einzelne Figur, sondern einen ganzen Stand oder - noch allgemeiner - gesellschaftliche Zustände, die auf diese Weise verzerrt und demaskiert werden. Damit aber nähert sich die Technik des Witzes der Technik der Karikatur: jenem - wie Aby Warburg präzise formuliert - „nervösen Auffangsorgan[e] des inneren und äußeren Lebens", das die Kunst der Übertreibung und Verknappung; der Verzerrung und der Fokussierung auf einen Punkt dazu nutzt, die herrschenden gesellschaftlichen und ideologischen Widersprüche schärfer zu beleuchten, als das mit weniger aggressiven Verfahrensweisen möglich wäre.[49] Wie in der Karikatur werden auch im Witz Kirchenfürsten zu Raben oder zu totem Aas; die Kurie zum Ziegenstall, der griechisch-orthodoxe Kardinal zum geilen Bock. Diese Witze sind weniger geistreich als denunzierend; sie eröffnen keine neuen Dimensionen des Verstehens, sondern nehmen auf höchst aggressive Weise Partei.

In einem weiteren Witztyp von Poggios Fazetien hingegen steht gerade die neue Perspektivierung der Wirklichkeit im Mittelpunkt, die sich nicht der Ver-

---

[46] Poggio Nr. 196, 237: *'Bene se hoc habet' inquit, 'nam inter tot capras, percommode residet unus hircus'.*
[47] Poggio Nr. 96, 125: *[...] atque is, illis conspectis, duos corvos se adire dixisset, minime mirum videri debere alter respondit, si corvi ad eiectum cadaver accederent [...].*
[48] Poggio Nr. 211, 250f.: *'Doctissimus ergo profecto sapientissimusque prae caeteris vos in teneris annis esse debuistis.'*
[49] Ich zitiere Aby Warburgs berühmte Definition der Karikatur nach Herding/Otto (1980).

zerrung und Denunziation bedient, sondern vor allem der Hyperkodierung verschiedener Diskurse, die - überraschend neue - Verstehensmöglichkeiten des Vertrauten ermöglichen.

So z.B. wird ein ungläubiger Ägypter aufgefordert, in Italien doch einmal ein Hochamt zu besuchen. Nach seinem Eindruck befragt, antwortet er: „Alles schien mir gut und in Ordnung, ausgenommen eines: In dieser Messe ist nämlich die Barmherzigkeit ganz außer acht gelassen worden, denn während die übrigen hungrig bleiben, hat nur ein einziger gegessen und getrunken, ohne den anderen ein Stückchen Brot und einen Schluck Wein übrig zu lassen."[50]

Oder aber ein Florentiner Jüngling „glüht in heißer Liebe für eine vornehme und ehrbare Frau, trifft sie eines Tages, kann aber nur mühsam herausbringen: 'Herrin, ... Euer Diener.' Worauf die Dame lächelnd antwortet: 'Ich habe zu Hause genug, ja übergenug Diener, die es ausfegen und das Geschirr waschen, und bedarf keiner weiteren mehr."[51]

Oder ein Vater hat bislang vergeblich gegen die Trunksucht seines Sohnes angeredet und nichts erreicht. Schließlich versucht er es mit einem besonders krassen Verfahren und zeigt ihm einen Betrunkenen, der in all seiner Häßlichkeit mit entblößten Genitalien in der Gasse liegt, um ihn vom Trunk abzuschrecken. Der Sohn aber fragt: „Sag mir, Vater, wo schenkt man Wein aus, an dem der da sich berauscht hat, damit auch ich [...] davon kosten kann."[52]

Was verbindet diese drei Fazetien miteinander? Ihre Pointe, die uns lachen macht, resultiert aus der Dialogisierung des Vertrauten, das auch ganz anders als erwartet gesehen werden kann: sei es, daß der Blick auf das Sakrament des Abendmahls die Raffgier des Klerus bloßstellt; die Bildersprache des Minnedienstes an höchst alltäglichen Erfahrungen gemessen oder die moralischen Ermahnungen gegen die Trunksucht an der Übermacht des Begehrens zuschanden werden. In allen diesen Fällen setzt die Montage kontroverser Sprechebenen die gewohnte Eindeutigkeit des Verstehens außer Kraft, doch gilt auch hier, daß damit keine praktischen Konsequenzen verbunden sind. Poggio spricht weder als Didaktiker, noch als Reformator. Er bietet lediglich genaue Einblicke in die Welt, wie sie ist, ohne sie aber ändern oder gar verbessern zu wollen. Somit bleibt er in der Enge und Begrenztheit seiner sozialen Existenz und des *Bugiale*, das ihm aber gerade wegen seiner Abgeschlossenheit auch die Möglichkeit

---

[50] Poggio, Nr. 215, 254: [...] *respondit omnia recte et ex ordine praeter unum sibi videri facta; nullam enim caritatem in ea Missa esse servatam, cum unus solus, reliquis esurientibus, comedisset ac bibisset, nulla portione cibi ac potus reliquis impensa.*

[51] Poggio Nr. 247, 288: *'Domina' inquit, 'ego sum vester servitialis.' Ad quae verba subridens foemina: 'Satis superque satis famulorum habeo' inquit. 'domi, qui et eam verrant, et scutellas ac incisoria lavent, ut pluribus mihi servitialibus non sit opus.'*

[52] Poggio Nr. 73, 102: *'Rogo, pater' inquit, 'ubi est id vinum, quo iste ebrius factus est, ut ego etiam eius vini dulcedinem degustem?'*

schärfsten Spotts und neuer Blickweisen ermöglicht. Es ist diese Dialektik von räumlicher Enge und intellektueller Weite, die Poggios Fazetien ihren besonderen Reiz gibt. Poggios Fazetienbuch imaginiert das „zwanglos-institutionelle Zusammenhocken und Ratschen apostolischer 'scriptores",[53] Bürokraten und 'Würdenträger', den Klatsch und die Lästerreden über die gerade Abwesenden, und d.h. die Enge und Begrenztheit intellektuellen Lebens in den Strukturen päpstlicher Verwaltung und Herrschaft, die gleichwohl die Lust an der Schärfe der Pointe und Karikatur entdeckt. In den nachfolgenden lateinischen und volkssprachigen Fazetiensammlungen ist das immer weniger der Fall. Zwar sind sie nun nicht mehr auf die engen Grenzen des vatikanischen *Bugiale* beschränkt, sondern öffnen sich: im Falle von Angelo Polizianos 'Detti piacevoli' zur höfischen Welt der Medici mit ihren weitreichenden kulturellen und politischen Ambitionen sowie ihren intellektuellen und künstlerischen Ansprüchen;[54] im Falle von Augustin Tünger und Heinrich Bebel zur humanistischen Universitätskultur Süddeutschlands mit ihren moralisch-didaktischen Ambitionen und ihren Bemühungen, die Klarheit des Verstandes über die souveräne Beherrschung der Sprache, nicht zuletzt der lateinischen Sprache, zu erreichen.

3. *De optimo studio iuvenum.*[55] Die Didaktisierung und Narrativierung des Witzes in der humanistischen Gelehrtenkultur des 15./16. Jahrhunderts

Poggios Fazetien sind Meisterstücke der 'kleinen Form'. Sie bieten geistreiche Bemerkungen und witzige Entgegnungen, spielerische Verkehrungen von Sinn und überraschende Bedeutungen, die den eigentlichen Inhalt dieser Erzählungen ausmachen. Zwar wird die Erzählsituation in knappen Strichen entworfen, häufig auch nur angedeutet, doch dient sie ausschließlich dazu, die Pointe der Fazetien plausibel zu machen. In dieser Erzählform wird nichts kommentiert und nichts begründet. Vielmehr beschränkt sie sich darauf, die Kunst des entlarvenden Spotts und der scharfen Pointe für sich selbst sprechen zu lassen und nicht weiter zu erläutern. In der humanistischen Fazetiendichtung des späten 15. und 16. Jahrhunderts, die vor allem in Deutschland gepflegt wurde, ist dieses Vertrauen in die Kraft der Pointe verlorengegangen. Zwar ist auch jetzt noch die Freude an der überraschenden Wendung oder der klugen Reaktion unverkennbar. Zugleich aber wird das *facete dictum* einem lehrhaft-moralischen Zweck unterworfen, der gerade die überraschende Wendung und witzige Pointe in einem verbindlichen Sinnzusammenhang integrieren soll. So z.B. hat Augustin Tünger, *procurator* am bischöflichen Gericht in Konstanz und dem Kreis von

---

[53] Barner (1987) 102.
[54] Ausführlicher dazu vgl. Röcke (1998).
[55] Im Anschluß an die gleichnamige Comoedia Heinrich Bebels.

humanistisch interessierten Intellektuellen zugehörig, die Graf Eberhard im Barte von Württemberg um sich versammelt hat, seine lateinischen Fazetien nicht nur mit einer deutschen Übersetzung, sondern auch mit einem moralischen Kommentar versehen, der die vom Erzähler erhoffte und wohl auch als verbindlich gemeinte praktische Nutzanwendung vorgibt. Nicht das Spiel verschiedener Meinungen und Deutungen und nicht die überraschende Wende des Verstehens bilden hier den Mittelpunkt, sondern die eindeutige Gewichtung und klare Zweckbindung. Damit aber wird die prinzipielle Dialogisierung des Denkens und Sprechens, die für den Witz der Fazetien kennzeichnend ist, in eine monologe Sprechhaltung zurückgeführt, die der Pointenstruktur der Fazetie fremd ist. Tüngers Fazetien werden zum - im Grunde beliebigen - Material einer Didaxe, die „den syten der menschen" und d.h. ihrer Besserung dienen soll.[56] Während Poggios Fazetien moralische Normen und Verhaltensmuster unterlaufen und verlachen, weil sie der Freude an der raffinierten Wendung und der spielerischen Infragestellung tradierter Wahrheit untergeordnet sind, werden sie bei Tünger erneut restituiert.

Heinrich Bebel hingegen verzichtet in seiner Fazetiensammlung zwar auf eine moralisch-eindeutige Nutzanwendung der einzelnen Fazetien, doch verändert auch er die ursprüngliche Pointenstruktur der Fazetie. Bebel erläutert und kommentiert, motiviert und beschreibt. Ihm geht es vorrangig um die Plausibilität von Figuren und Handlungen sowie um den plastischen Entwurf einer Alltagswelt, in der auch die witzigen Reaktionen seiner Helden ihren Platz finden. Insofern ist in Bebels Fazetien nicht die Pointe der einzige Maßstab des Erzählens, sondern diese selbst in der Lust am Erzählen aufgehoben. Aus diesem Grund scheint mir für Bebels Fazetien insbesondere die Narrativierung des Witzes zur Schwankerzählung kennzeichnend, die dann in der weiteren Gattungsgeschichte der Fazetie im 16. und 17. Jahrhundert immer mehr ausgebildet wird.[57] Ihren Grund findet diese Narrativierung des Witzes wohl in dessen verändertem Funktionszusammenhang in der humanistischen Intellektuellen- und Universitätskultur des späten 15. Jahrhunderts. In einem Brief vom 27.4.1505 rühmt Michael Köchlin (Coccinius) an Heinrich Bebels Wirken in Tübingen vor allem dessen Bemühen um eine rhetorisch-intellektuelle Kunstfertigkeit, die sich insbesondere in einem gepflegtem Latein unter Beweis stellen lasse: er habe *der gelehrten Welt mit Lehren genutzet, inmassen er der Allererste gewesen, welcher auf dieser hohen Schule* [Tübingen, W.R.] *gute Künsten und Wissenschaften, samt einer reinen und netten Latinität durch vernünftige Vorstellungen eingeführet, und nun schier allbereit schon 8. Jahr Poetas, Oratores und Historicos*

---

56 Tünger, Facetiae.
57 Ähnlich Barner (1993).

[...] *erklärt, mithin die schändliche Barbarey und Unwissenheit mit aller Macht vertreibt.* [58]

Bebel hat diesem Zwecke die verschiedensten literarischen Gattungen, so wohl auch die Fazetien, unterworfen. Sie sind - wie schon bei Poggio Bracciolini - von der Lust an der rhetorischen Pointe, am sprachlichen Spiel und am Spott über Dummheit und Borniertheit geprägt, binden sie aber - anders als Poggio - an den Zweck der Verbesserung von Bildung und sprachlicher Kunst. Ebenso wie in der intellektuellen Kultur der Universitäten des späten 15. Jahrhunderts die Perfektion rhetorischer Fertigkeiten einen überaus hohen Stellenwert einnahm, hat man rhetorische Spielformen entwickelt, in denen diese Fertigkeiten geübt werden konnten. Das gilt für die 'Questiones quodlibetae', sog. Scherzdisputationen über ein beliebiges Thema, wohl ebenso wie für die Fazetien. Beide dienen der Aufgabe, die Präzision des sprachlichen Ausdrucks, die rasche Reaktion und die überzeugende Pointe, und d.h. Fähigkeiten auszuüben, die in den Verwaltungsstrukturen des frühmodernen Staats immer wichtiger werden sollten. Insofern sehen wir in der Pflege der Fazetien in der humanistischen Universitätskultur an der Wende vom Spätmittelalter zur Frühen Neuzeit ein frühes Beispiel für eine Ausbildung, die nicht nur auf die Vermittlung bestimmter Wissensbereiche, sondern auch bestimmter Fertigkeiten, wie Flexibilität, Schlagfertigkeit und die Fähigkeit, Widersprüche zu denken, orientierte. In der weiteren Geschichte der Artistenfakultät, dem Ausgangspunkt der späteren Geisteswissenschaften, sollte dies nicht das letzte Mal sein, daß Flexibilität, Reaktionsfähigkeit und Kunst des sprachlichen Ausdrucks den eigentlichen Zielpunkt des Studiums ausmachen.

---

[58] Zitiert nach Bebermeyer (1927) 13.

Bibliographie

Quellen

Aristoteles: Poetik. Griechisch-Deutsch, hg. und übers. v. Manfred Fuhrmann. Stuttgart 1989.
Charles Baudelaire: De l'essence du rire (1852). In: Œuvres complètes, hg. v. Claude Pichois. 2 Bde. Paris 1951 (Editions de la Pléiade).
Heinrich Bebel: Facetien. Drei Bücher. Historisch-kritische Ausgabe von Gustav Bebermeyer. Leipzig 1931 (BlVSt 276).
Heinrich Bebels Schwänke, zum ersten Mal in vollständiger Übertragung hg. von Albert Wesselski. 2 Bde. München/Leipzig 1907.
Heinrich Bebel: Comoedia de optimo studio iuvenum / Über die beste Art des Studiums für junge Leute. Lateinisch/Deutsch, hg. und übers. v. Wilfried Barner u.a. Stuttgart 1982.
Baldesar Castiglione: Il libro del cortegiano, a cura di Vittorio Cian. Firenze 1907.
Baldesar Castiglione: Das Buch vom Hofmann, übersetzt, eingeleitet und erläutert von Fritz Baumgart. Bremen o. J.
Marcus Tullius Cicero: Orator. Lateinisch-Deutsch, hg. von Bernhard Kytzler. München 1975.
Marcus Tullius Cicero: De oratore, Lateinisch-Deutsch, hg. und übersetzt von H. Merklin. Stuttgart ²1976.
Poggio Bracciolini: Facezie, con un saggio di Eugenio Garin, introduzione, traduzione e note di Marcello Ciccuto. Milano 1983.
Hanns Floerke: Die Facezien des Florentiners Poggio (1920). Hanau/M. 1967.
Poliziano (Angelo Ambrogini): Detti piacevoli, a cura di Tiziano Zanato. Roma 1983.
Angelo Polizianos Tagebuch (1477-1479), hg. von Albert Wesselski. Jena 1929.
Marcus Fabius Quintilianus: Institutio oratoria / Ausbildung des Redners. Lateinisch-Deutsch, hg. und übersetzt von H. Rahn. Darmstadt ²1988.
Augustin Tüngers Facetiae, hg. v. Adelbert von Keller. Tübingen 1874 (BlVST 118).

Untersuchungen

Bachtin, Michail M.: Aus der Vorgeschichte des Romanworts. In: M.B.: Die Ästhetik des Wortes, hg. von Rainer Gruebel. Frankfurt/M. 1979, 301-337.
Bachtin, Michail M.: Das Wort im Roman. In: M.B.: Die Ästhetik des Wortes, hg. von Rainer Gruebel. Frankfurt/M. 1979, 154-300. (zit. 1979a)
Barner, Wilfried: Überlegungen zur Funktionsgeschichte der Fazetien. In: Kleinere Erzählformen des 15. und 16. Jahrhunderts, hg. von Walter Haug/ Burghart Wachinger. Tübingen 1993 (Fortuna Vitrea 8), 287-310.

Barner, Wilfried: Legitimierung des Anstößigen: Über Poggios und Bebels Fazetien. In: Sinnlichkeit in Bild und Klang. Festschrift für Paul Hoffmann zum 70. Geburtstag, hg. von Hansgerd Delbrück. Stuttgart 1987 (Stuttgarter Arbeiten zur Germanistik 189), 101-137.
Bebermeyer, Gustav: Facetie. In: Reallexikon der deutschen Literaturgeschichte. 2. Aufl. hg. von Werner Kohlschmidt/Wolfgang Mohr. I, 1958, 441-444.
Bebermeyer, Gustav: Tübinger Dichterhumanisten. Bebel, Frischlin, Flayder. Tübingen 1927.
Freud, Sigmund: Der Witz und seine Beziehung zum Unbewußten (1905). In: S. Freud: Psychologische Schriften. Frankfurt/M. 1970 (Studienausgabe, hg. von Alexander Mitscherlich u.a. IV), 9-219.
Haupt, Heinz Gerd/Jürgen Kocka (Hgg.): Geschichte und Vergleich. Ansätze und Ergebnisse international vergleichender Geschichtsschreibung. Frankfurt/M., New York 1996.
Herding, Klaus/Gunter Otto (Hgg.): „Nervöse Auffangorgane des inneren und äußeren Lebens". Karikaturen. Gießen 1980.
Honemann, Volker: Tünger, Augustin. In: Verfasserlexikon, 9 (1995) 1146-1148.
Jauß, Hans Robert: Über den Grund des Vergnügens am komischen Helden. In: Das Komische, hg. von Wolfgang Preisendanz/Rainer Warning. München 1976 (Poetik und Hermeneutik VII), 103-132.
Jolles, André: Einfache Formen. Legende, Sage, Mythe, Rätsel, Spruch, Kasus, Memorabile, Märchen, Witz (1930). Tübingen 1982.
Kant, Immanuel: Kritik der Urteilskraft (1790), hg. von Gerhard Lehmann. Stuttgart 1976.
Lachmann, Renate: Vorwort zu Bachtin, Michail: Rabelais und seine Welt. Volkskultur als Gegenkultur, hg. von R.L. Frankfurt/M. 1987, 7-46.
Lehmann, Jürgen: Ambivalenz und Dialogizität. Zur Theorie der Rede bei Michail Bachtin. In: Urszenen. Literaturwissenschaft als Diskursanalyse und Diskurskritik, hg. von Friedrich A. Kittler/Horst Turk. Frankfurt/M. 1977, 355-380.
Marquard, Odo: Exile der Heiterkeit. In: Das Komische, hg. von Wolfgang Preisendanz/Rainer Warning. München 1976 (Poetik und Hermeneutik VII), 133-151.
Preisendanz, Wolfgang: Über den Witz. Konstanz 1970.
Ritter, Joachim: Über das Lachen (1940). In: J.R.: Subjektivität. 6 Aufsätze. Frankfurt 1974 (Bibliothek Suhrkamp 379), 62-92.
Röcke, Werner: Inszenierungen des Lachens in Literatur und Kultur des Mittelalters. In: Kulturen des Performativen, hg. von Erika Fischer-Lichte/Doris Kolesch = Paragrana 7 (1998), H.1, 73-93.
Röcke, Werner: Satire (Spätmittelalter und Frühe Neuzeit). In: Literatur-Lexikon, hg. von Walther Killy. Bd. 14, München 1993, 327-331.

Röhrich, Lutz: Der Witz. Figuren, Formen, Funktionen. Stuttgart 1977.
Rommel, Otto: Die wissenschaftlichen Bemühungen um die Analyse des Komischen. In: DVjS 21 (1943) 161-195.
Sulzer, Johann Georg: Allgemeine Theorie der schönen Künste in einzeln, nach alphabetischer Ordnung der Kunstwörter auf einander folgenden Artikeln abgehandelt. 2. vermehrte Aufl. Leipzig 1792.
Straßner, Erich: Schwank. Stuttgart 1968. 57-60.
Ueding, Gert: Rhetorik des Lächerlichen. In: Semiotik, Rhetorik und Soziologie des Lachens. Vergleichende Studien zum Funktionswandel des Lachens vom Mittelalter zur Gegenwart, hg. von Lothar Fietz/Joerg O. Fichte/Hans-Werner Ludwig. Tübingen 1996, 21-36.
Vischer, Friedrich Theodor: Ueber das Erhabene und Komische. Stuttgart 1837.
Vollert, Konrad: Zur Geschichte der lateinischen Facetiensammlungen des 15. und 16. Jahrhunderts. Berlin 1912.
Walser, Ernst: Poggius Florentinus. Leben und Werke. Berlin 1914. (Beiträge zur Kulturgeschichte des Mittelalters und der Renaissance 14).

Hans-Jürgen Bachorski

Ersticktes Lachen
Johann Sommers Fazetiensammlung
'Emplastrum Cornelianum'

1. Ein schlimmes Leiden in trauriger Zeit

Es scheint ein durchaus trauriges Jahrhundert in Deutschland gewesen zu sein, das so lange wie desaströse 16. Jahrhundert, in dem wohl viele sich fühlten, als sei ihnen das Lachen endgültig vergangen. Dominant ist das kollektive Syndrom der Angst mit einem „Gefühl allgemeiner Unsicherheit":[1] „Ein 'Land der Angst' entstand, in dessen Inneren eine Kultur sich 'unbehaglich' fühlte und das sie mit krankhaften Phantasiegebilden bevölkerte."[2] Über die materiellen Voraussetzungen dieser großen Verunsicherung ist viel geschrieben worden;[3] genannt werden vor allem die wirtschaftliche Krise des 14. und 15. Jahrhunderts sowie der beginnende Umbau einer traditional agrarischen in eine frühbürgerliche, an Marktmechanismen orientierte Ökonomie mit ihren Depravierungsfolgen und sozialen Verwerfungen;[4] die klimatischen Veränderungen und die Agrarkrisen mit Hungersnöten im Gefolge; das unbegriffene und unbeeinflußbare Wüten der Pest; die innergesellschaftlichen und zwischenstaatlichen Kriege; die türkische Gefahr, das große Schisma (1378-1417) und schließlich die endgültige Spaltung der Christenheit.[5] Die psychischen Folgen dieser objektiven Prozesse sind in den unterschiedlichsten Bereichen wirksam, und vor allem in den protestantischen Gebieten finden sie ihre eigene, vehement gegen das Individuum gerichtete Form der tiefreichenden Furcht vor der neuen, ambivalent empfundenen Freiheit, die vor allem zur unablässigen Selbstkontrolle und bohrenden Gewissenserforschung zwingt.[6] Die weit über die Eingriffsmöglichkeiten der mittelalterlichen Kirche hinausgehende „Verkirchlichung des Alltags" (Röcke) und die durchgängige Negativierung von Lust und Vergnügen[7] schließlich produzieren

---

1 Vgl. Delumeau (1985) 29.
2 Vgl. Delumeau (1985) 39.
3 Vgl. dazu nur Graus (1969) als Rückblick auf die katastrophischen Entwicklungen des Spätmittelalters sowie van Dülmen (1981) als Versuch, die Moderne als aus der Katastrophe geborene Konstruktion zu verstehen.
4 van Dülmen (1981).
5 Vgl. die knappe Zusammenstellung bei Delumeau (1985) 37.
6 Vgl. Fromm (1966).
7 Vgl. neben der Textsammlung von Münch (1984) nur Fromm (1966) oder Burke (1981).

einen inneren Riß im Individuum, der oft, wo nicht zu Selbsthaß, so doch zur mentalen und psychischen Paralyse führt.

Zu einem elaborierten Stilisierungskonzept für all diese diffusen Empfindungen wird schließlich die Melancholie, die am Ende gar - weil alle konkreten Gravamina und Beschädigungen schon einer weitgehenden Verdrängung anheimgefallen waren - als „Traurigkeit ohne Ursache" erschien.[8] Es liegt auf der Hand, daß das Melancholie-Syndrom gerade wegen seiner Offenheit als gemeinsames Deutungsmuster einer Zeitkrankheit fungieren kann, da es sowohl pathologische und physiologische als auch habituelle und philosophische Phänomene und Erklärungen verbindet.[9] Deshalb ist es auch kein Wunder, wenn angesichts einer derart verbreiteten Stimmungslage aus Depression und Frustration, aus Angst und Verzweiflung die Suche nach wirkungsvollen Heilmitteln Konjunktur hat. So ganzheitlich dabei die Vorstellung von Krankheit war, so ganzheitlich wurde komplementär auch der Weg zur Gesundung gedacht, und gerade das Lachen erschien deshalb als hervorragendes Mittel gegen die desolate Verfassung von Körper und Geist.[10] Man vergleiche nur die Vorworte zu sämtlichen Schwanksammlungen, aber auch zu Romanen etc., die es kaum je versäumen, auf die therapeutische Wirkung des Lachens und der Kurzweil gegen Schwermut und Traurigkeit zu verweisen und so eine *ars iocandi*, eine Physiologie des Scherzes, zwar nicht systematisch entwickeln, aber doch als allgemeinen Erwartungshorizont - nicht nur für die Lektüre - etablieren:[11] Gegen ein körperliches Leiden hilft ein Lachen, das Leiden buchstäblich abführen soll.

2. Der selbstbewußte Arzt

Weit deutlicher nun als manch anderer Text macht die Schwank- und Fazetiensammlung von Johann Sommer, um die es hier gehen soll, diese therapeutische Funktion schon in Titel und Vorwort zum Thema. Nur wenig weiß man über diesen Johann Sommer, der wohl 1559 in Zwickau geboren wurde und am 16.10.1622 in Osterweddingen bei Magdeburg gestorben ist, wo er seit 1598 Pastor war. Als Übersetzer und Satiriker publizierte er in kürzester Zeit eine Fülle von Schriften: Übersetzungen lateinischer Komödien ('Areteugenia [...] vom Ritter Aretino vnd seiner Schwestern' [Magdeburg 1602]; 'Plagium [...]

---

8   Vgl. insgesamt zur Melancholietradition und -diskussion in Mittelalter und Früher Neuzeit Klibansky/Panofsky/Saxl (1990), hier 319.
9   Vgl. die von Burton übernommene Definition der Melancholie als Erkrankung (*melancholy disease*), Stimmung (*transitory melancholy disposition*) und Temperament (*melancholy habit*) bei Klibansky/Panofsky/Saxl (1990) 319.
10 Ausführlich dazu Schmitz (1972) passim.
11 Vgl. dazu Schmitz (1972) 81f. et passim mit vielen weiteren Belegen sowie Müller (1985) 81-88.

von zweyen Jungen Herren von Sachsen' [Magdeburg 1605]; 'Cornelius Relegatvs [...] der falschgenanten Studenten leben' [Magdeburg 1605]) und einer Tragödie ('Tragoedia H.I.B.A.L.D.E.H.A. Von geschwinder Weiberlist einer Ehebrecherin', Magdeburg 1605); Sammlungen von Rätseln ('Ænigmatographia rhythmica', o.O. u.J. [1606]), Sprichwörtern ('Paroemiologia Germanica', Magdeburg 1606), Schwänken ('Emplastrum cornelianum, Heilpflaster auff die Melancholische Wunden', o.O. 1605), Leberreimen ('Hepatologia Hieroglyphica rhytmica', Magdeburg 1605), grobianisch-burleske Schriften ('Martins Ganß. Von der Wunderbarlichen Geburt, löblichen Leben, vilfeltigen Gut, vnnd Wolthaten, Vnd von der vnschüldigen Marter vnnd Pein der Gänse', Magdeburg 1609; 'Encomivm Ebrietatis [...] Lob der Trunckenheit', Magdeburg 1611), einen Briefsteller für Liebespaare ('Bul- oder Bindbrieff', 1606), ein Kräuterbuch und verschiedenes mehr.[12] Sein Hauptwerk aber, das Themen und Formen aller übrigen Schriften verknüpft, ist die 'Ethographia mundi' (Magdeburg 1609-13), ein umfangreicher (4 bzw. 5 Bde.) polemischer, satirischer und grobianischer Versuch, die ganze gegenwärtige Welt zu beschreiben und zu kritisieren. Der erste Teil gibt einen umfassenden Sittenspiegel, und der fünfte liefert in Form einer Geldklage eine gesellschaftskritische Begründung nach. Der zweite (*Malus Mulier*) und der dritte (*Imperiosus Mulier*) sowie ein verworfener vierter Teil (*Ein politischer Discurs vom heiligen Ehestande*) beschäftigen sich mit den Frauen und der Ehe, klagen über die Herrschsucht der Ehefrauen und schlagen Mittel dagegen vor, versammeln aber in erster Linie - wenn auch bisweilen mit Fischartscher Sprachartistik - die gängigen misogynen Topoi der Zeit.[13]

Doch zurück zur antimelancholischen Schwanksammlung Sommers. Der vollständige Titel lautet: 'EMPLASTRUM CORNELIANUM. Heilpflaster auff die Melancholische wunden vnd Cornelius stich. Laecherliche / froelich machende / sorgvertreibende / kurtz / nicht langweilige Geschicht / zu ehrlicher Hertzerquickung zugericht / vnnd auß vielen historien Blumen in Sommerlangen tagen / darinen die Muecken plagen / Bienenemsig zusammen getragen. Durch Huldrichum Therandrum. Gedruckt Jm Jahr 1605'.[14] Das Signalwort Melancholie als krankhafter psychosomatischer Zustand, in dem die schwarze Galle überwiegt und der Trübsinn den Geist und das Gemüt paralysiert, kennen wir schon. Die Benennung dieses Leidens als *Cornelio=Melancholia* (5) zielt in dieselbe Richtung: Denn das Wort *Cornelius* bedeutete im „Universitätsjargon [...] mit den Ableitungen 'cornelizare', 'cornelisieren' usw. jede Art physischen und morali-

---

12 Zu Sommer vgl. neben der Monographie von Barth (1922) und dem Artikel von Schilling vor allem Kawerau (1892).
13 Eine Untersuchung der 'Ethographia mundi' bereite ich gegenwärtig vor.
14 Zitiert als EC mit eigener Seitenzählung im Text nach dem Exemplar der Staatsbibliothek Berlin, Sign. Xg 2526 R.

schen Katzenjammers",[15] verwies aber auch auf die - zumindest bei den Universitätsangehörigen gängigen[16] - Ursachen des Jammers: „Ueppigkeit, Ausschweifung".[17]

Nach einer energischen Aufforderung an den *lieben Leser*, der dies *Heilpflaster kauffen* und es auf seine *toedtlich Melancholisch Wundn* legen solle, wo es - *nechst Gott* - sofort helfen werde (EC 2), folgt eine Zueignung und die ausführliche Formulierung einer Wirkungsintention: Gewidmet sei dieser Text *Dem Vesten vnd Gestrengen Cornelio Vielsorgio / Erbsassen auff der Corneliusburg / Herren zu Grillenberg / Curland / Hummelshausen / Kummersdorff / vnnd Sorgleben* (EC 3). Obwohl der Schluß des Prologs unterstellt, daß der Widmungsempfänger mit dem sprechenden Namen eine reale Person sei, die auch unter melancholischen Stimmungen leide, zeigt sich hier vor allem das sprechende Ich, das selbst *Meinem respective gebietenden Herrn* (EC 3) unterworfen ist: der *Kranckheit*, dem *hertzeleid*, der *seuche*, der *inficirung* durch unablässige Sorge, großen Kummer, tiefe Melancholie. Sommer inszeniert hier mit seiner Apostrophe an ein melancholisches alter ego ein selbstironisches Konstrukt, das sich am Ende selbst aus der Tristesse ziehen soll.

Im folgenden gibt Sommer dann eine eigene Herleitung der so übermächtigen Krankheit Melancholie. Zunächst begründet er sie aus der Erbsünde: *Es ist das gantze Menschliche Geschlechte wegen des durchdringenden Suendengiffts inn so grosses Elend / tieffe sorge vnd bekuemmerniß / schweres Leid vnd Kranckheit / eusserste noth vnd Todt kommen* (EC 3), daß sie nun bei *viel hohes vnd nidriges stands Personen* eine allgemeine Krankheit darstelle (EC 5), gegen die noch keine Medizin gefunden worden sei. Mit dieser Definition als *angeerbtes gifft* (EC 4) vollzieht er eine durchaus theologische Überformung des medizinischen Diskurses, wie er ansonsten in der Melancholiediskussion dominiert.[18]

---

15 Schmidt (1880) 10.
16 Vgl. a. Schmidts (1880) 11 Beschreibung von Sommers Übersetzung einer lateinischen Komödie Wichgrevs: „[...] weil 'dieselbe der heutigen Leimstenglerischen [geckenhaften] Cornelischen Jugend inn Stadt vnd Hohen Schulen mores vnd sitten als mit lebendigen Farben abmahle'. Er habe Bedenken getragen, die Studenten 'bey etlichen mißgönstigen vngelerten' noch mehr zu verdächtigen, aber die allgemeine 'Laxatio disciplinae scholasticae', wodurch die Welt mit 'Cornelijs vnd Hasionibus [Narren] ... vberschuttet' und 'die cornelianische Seuche wie eine Wasserfluth eingerissen' sei, heische energische Abwehr: 'Denn wenn Jungfraw Indulgentia den Schülern beygesetzt wird, dürffen sie wol Hörner auffsetzen, vnnd auß Kelbern gar zu Ochsen werden'. Wie die römischen Saturnalien sei dies 'Sawspiel' eine Warnung wider 'solch bachantisch Cornelisch Sawleben', eine Warnung für die angehenden Studenten, eine Warnung für die närrischen nachsichtigen Väter."
17 Köhler (1869) 452ff.
18 Allerdings findet sich ein ähnliches Argument auch schon bei Hildegard von Bingen: Heilwissen (1990) 65 et passim.

Gleichwohl bleibt dieser Gedanke weiterhin athematisch, geht es ihm hier ansonsten doch um die Frage nach der medizinischen Bekämpfung der *beschwerlichen vnnd gefehrlichen Symptomata*, als da seien *relegatio*[ ], *exclusio*[ ], *exilium* (EC 5). Dieser Kampf um Gegenmittel werde zwar durch allerlei zum Druck gebrachte *Artzneybuecher* geführt, die jedoch alle nicht einschlägig wirksam seien. Getrieben durch das eigene Leid habe er sich deshalb der Devise erinnert: *In herbis, verbis, & lapidibus magna est virtus* (EC 6). Es ist klar, daß er bei den Worten als bester Diät gegen das Leiden anlangt, doch irritieren die Argumente, mit denen er Kräuter und Steine - immerhin respektable und in der Medizin der Zeit durchaus anerkannte Heilmittel - ausschließt: An *Beutelsamen* mangle es, weil ihm *die Corneliusseuche die Riemen am Beutel gezogen / das aller Beutelsamen darauß geflogen / vnd* er *derowegen zu dessen Emplastri ingredientz die herbas oder Kreuter nicht zeugen koennen* (EC 6f.), was man wohl als sexuell konnotierte Metapher lesen muß. Zu den *edlesteinen* assoziiert er auf merkwürdigen Wegen nur das Biertrinken, das eine unübertroffene *Artzney* gegen den *Cornelium* sei, aber viel zu teuer. Also sei nur *dz mitlere remedium, nemlich verba*, geblieben, aus denen er sich nun *ein Pflaster fuer vnd wider die Corneliusseuche Præparirt* habe (EC 7). - Worte also. Die *ingredientia* des Pflasters seien *keine tristia, sondern læta & iocosa: denn weil die Krankheit ihren vhrsprung à tristibus hat / hab ich mit gutem bedacht dieselben hindan gesetzt / damit ich nit vbel erger machte / denn wie auch die H. Schrifft bezeuget / so hat die traurigkeit viel Leute getoedtet / vnd ist doch nirgend zu nuetze / Ein froelich hertze aber macht das leben lustig / dagegen ein betruebter muth vertrucknet das gebeine* (EC 8f.).

Læta & iocosa werden also versprochen, und ihre Wirkung sei die Aufhellung des Gemüts. So weit, so gut. Konkret sieht das dann allerdings nicht ganz so subtil aus, wenn der medizinische Wert des Lachens vortrefflich demonstriert erscheint wie in der 48. Historia (EC 94f.),[19] in der ein Kranker zum Himmel fleht, *Gott der Allmechtige* möge ihm doch *das kuenfftige leben im Paradeiß / vnd das Himmlische Reich auß Gnaden geben*. Der Narr aber versteht dieses Stoßgebet falsch: *Ist mein Herr nicht ein doppelter Narr / Er bittet vnsern Herrn GOtt vnnd alle Heiligen vmb das Himmelreich / die jhm doch auff sein langes beten / heulen vnd weinen / nicht das geringste dinglein / nemlich einen Furtz haben geben wollen / das er wider hette Fartzen koennen*. Auf diese Rede folgt umgehend die Heilung: *Do das der Herr hoeret / kundte er das lachen nicht lassen / vnnd lachte das jhm der Leib schuttert / vnd furtzlicher weise begunte zu husten*. Hier haben wir sie in schönster Form, die körperlichen Effekte des Lachens, und zumindest der Gedanke der so notwendigen wie wünschenswerten

---

[19] Vielfach überliefert: Luscinius, Sachs, Pauli etc.

Abfuhr angesichts der inneren Verstopfung und Verstockung ist hier trotz aller grobianischen Verschiebung präsent.

Trotzdem. Auf die relativ feinsinnige und gebildete Einleitung folgen dann in der Kompilation 'Emplastrum Cornelianum' insgesamt 100 Schwänke und Fazetien,[20] selegiert und kompiliert aus verschiedenen Quellen: Der Verfasser selbst gibt diverse Quellenangaben (EC 7ff.) und nennt unter anderem Luther als hervorragenden Sammler von 'Schertz vnnd schimpffreden' (EC 10). Ansonsten sind seine teils explizit benannten Quellen die 'Ioci ac sales mire festivi' von Othmar Luscinius/Nachtigall (1523), die 'Mensa philosophica' in der von Jodocus Gallus herausgegebenen Neuausgabe (1489), die 'Facetiae' Nikodemus Frischlins (1600), schließlich die 'Facetien' Heinrich Bebels (1508/12).[21] Zu diskutieren ist hier aber nicht die Herkunft, sondern die Auswahl, Anordnung und literarische Besonderheit der Schwänke in Sommers Sammlung, v.a. die Frage, wie sie durch die Form ihrer Komik und die Art ihrer Präsentation eine heilende Wirkung auf den melancholischen Geist entfalten sollen.

3. Die Geburt des Altmännerwitzes aus dem Geist der Reformation

Eine der kleinen Geschichten in Sommers 'Emplastrum', die einen alten Witz zitiert,[22] setzt bei aller Gebundenheit an die Vorlage einen für seine Sammlung typischen Akzent. Warum, so wird ein berühmter *Maler* gefragt (in Historia 7), mache er so *außbuendig Kunstreich gemaelde / Aber schwartze heßliche Kinder?* Seine Antwort ist so lakonisch wie einleuchtend: *In tenebris fingo, Sed in die pingo, Die leblosen Kinder mahle ich bey tage / die lebendigen aber mache ich bey nacht* (EC 25f.): eine witzige Gleichsetzung von unterschiedlichen Kindern sowie von verschiedener Arbeit. Das anschließende Epimythion wiederholt diesen Witz nun ganz schlicht, allerdings in Versen. Man könnte lachen, wenn man nicht - spätestens nach dem Blick auf das gesamte Korpus - hier schon eine Isotopie angedeutet fände, die dann dominant wird und Häßlichkeit - Sexualität - Dunkelheit miteinander verknüpft.

---

[20] Eine Gattungsbestimmung im einzelnen ist hier wie immer schwierig, doch sind die wirklich narrativen Texte, also die eigentlichen Schwänke, in der Minderheit, während die kurzen Witze, scherzhaften Begebenheiten und Bemerkungen überwiegen (im Sinne von Scherzrede, die fein, elegant und witzig sei: obwohl die Bearbeiter in der deutschen Tradition - Brant, Tünger, Bebel, Frischlin etc. - schon früh 'der Gefahr des Moralisierens erliegen').

[21] Zur genauen Identifikation von Sommers Quellen im einzelnen vgl. die systematischen Nachweise von Wesselski (1908). Ich spare mir deshalb im folgenden den Aufweis der Quellen und Parallelen.

[22] Es handelt sich hierbei um eine Wanderanekdote (schon bei Macrobius, Pauli etc.) mit je neuer Ausformung und Funktionalisierung; vgl. dazu Maaz (1992) 224ff.

Versucht man nun, die Themen der Schwänke Sommers zusammenzufassen und ihre Isotopien zu rekonstruieren, dann zeigt sich, daß das Lachen aus den bekannten, letztlich überschaubaren Konfliktfeldern resultiert: Es geht um die obszöne Thematisierung von Sexualität, um die Negativierung von Frauen und katholischen Geistlichen, oft um eine allgemeine Zeitklage, bisweilen um blasphemische Scherze;[23] beim Lachen handelt es sich dementsprechend um obszönes, satirisches und blasphemisches Lachen. Der Aufbau der einzelnen Kapitel - *Historien* - folgt dabei immer demselben Muster: Die Erzählung in Prosa wird regelmäßig durch ein Epimythion in sechs Reimpaarversen kommentiert.[24]

(a) Das beste und heilsamste Lachen scheint - folgt man der Logik der von ihm ausgewählten Texte - auch für Sommer und für sein implizites Publikum aus der sprachlich witzigen Präsentation von Sexualität zu folgen, handelt doch davon der größte Teil seiner Erzählungen, deren spezifische Komik aus obszönen Metaphern resultiert.[25] Dabei liegt eine zweite Quelle des intendierten Lachens in einer merkwürdigen Mischung von aggressiver Misogynie und gleichzeitiger Abwehr sexueller Lust, einer Lust, die vor allem Frauen zugeschrieben und dann (fast ausnahmslos) negativiert wird. Einige Beispiele hierfür:

Historia 2: Einer Witwe wird das *exempel eines Turtelteubleins* vorgehalten, das *nach jhres Herrn toedlichen abgang in Wittwenstandt* blieb. Sie aber will - wenn schon Vögeln - lieber den Sperlingen nacheifern, die sich - *so doch vnuernuenfftige Vogel sein - gern pumpeln* lassen (EC 14f.). Der eigentliche Witz dieser Fazetie - der Sommer allerdings zu entgehen scheint - liegt hier in der zwanglosen Verbindung von Vernunft und Lust. Stattdessen kommentiert er in seinem Epimythion die Replik der Witwe noch halbwegs gelassen (gemessen an seinen späteren Ausfällen zum selben Thema): *Was nur haar hat vnten am Bauch / Das wil ein Schermessr haben auch.* Es ist, wie es ist. Die Frau ist, wie sie ist.

In Historia 83 nimmt er zu diesem Umstand ganz anders Stellung und gibt damit ein Deutungsmodell vor, aus dem der Spaß sowohl am obszönen Bild als auch an der Lust gänzlich ausgetrieben ist: *Von dreyen Toechtern / welche am ersten Freyen solte:* Es ist diejenige der *an der Manßsucht Kranck* liegenden geilen Töchter, die ein obszönes Rätsel, mit dem letztlich nach dem 'membrum virile' gefragt wird, schon allzu gut und mit recht genauem und praktischem Wissen um dessen erstaunliche Verwandlungskraft lösen

---

23 Quantitativ: Ich zähle in ungefähr 34% der Historien obszöne Metaphern, in 16% extrem misogyne Ausfälle, in 11% wird - vor allem weibliche - Geilheit thematisiert, 14% polemisieren extrem antiklerikal, 12% stimmen eine Zeitklage an, 6% entwickeln die Komik aus der Blasphemie.
24 Abweichungen nur in Historia 7 (20 Verse), 14 (12), 22 (4) und 33 (10).
25 Zu Obszönität und Lachen in mittelalterlichen Texten vgl. Stempel (1968).

kann. Auf die Frage, was denn am geschwindesten wachse, nennt die erste den Kürbis, die zweite den Hopfen, die dritte aber weiß es besser: *O lieber Vater / ich weiß wol was anders / das viel geschwinder wechst / denn ich grieff heut morgen vnserm Knecht an sein ding / welches gar schlaff war / do wuchs es im augenblick groß / daß ich eine gantze hand voll hatte.* Sie muß sofort heiraten: *es ist hohe zeit mit dir.* Nun dürfte schon die Ehe - so die Logik der protestantischen Ehezuchtbücher[26] - nicht unbedingt die Institution sein, die zur Erfüllung sexueller Wünsche sonderlich geeignet wäre - im Gegenteil. Das misogyne Epimythion aber setzt aus der besorgten Perspektive des guten Hausvaters noch die Angst vor heimlicher Freude in den dunklen Winkeln des Hauses drauf: *Manch Magd tregt auff dem Kopff ein Krantz / Vnd greifft doch dem Knecht offt an schwantz* (EC 144f.).

In dieser Welt des bürgerlichen Haushalts geht es um Pflicht und Strafe, Leiden und Kasteiung, wie Historia 27 andeutet: Den - sicherlich leicht frivolen - Segenswunsch für eine Schwangere: *Gott geb daß das liebe Kindelein so leicht / so lieblich / vnd so sueß von euch komme / so sueß vnd lieblich es euch ankommen ist / so sueß der eingang gewesen / so sueß sey auch der außgang* (EC 56f.), kann Sommer natürlich so nicht stehen lassen. Er interveniert im Epimythion mit gewohntem misogynem Tenor und mit einem Rückgriff auf die schwarze Anthropologie des Christentums: *Wenn Eua nicht gesuendigt hett / Ohn schmertz das Weib geberen thet / Den Fluch hat bracht der Eue fall / Der geht vber die Weiber all / Mit viel schmertz wird das Kind geborn / Weil es ist vnter Gottes zorn.*

Ich weiß nicht, was *Gottes zorn* bei den Frauen so alles bewirkt. Sicher aber ist wohl, daß er den männlichen Diskurs über die Frau zu einer haß- und angsterfüllten Rede formt, wie Historia 11 zeigt, in der die aggressiven männlichen Phantasien auf die *Venerische Andacht einer Dienstmagd* projiziert werden: Als eine Magd Soldaten über Vergewaltigungen der *ehrlichen Matronen vnd Jungfrawen* durch die *Tuercken* berichten hört, wünscht sie inständig, auch auf diese Weise das Martyrium für den Glauben erleiden zu dürfen (EC 29f.). Unterstellt man nur einmal versuchshalber für einen Moment, hier sei im Sinne des narrativen Rahmens wirklich weibliche Rede vorgeführt, dann wäre es ja immerhin ein Versuch, die Restriktionen der moralischen Verbote von Sexualität zu unterlaufen, indem zur Legitimation der Lust ein ethischer Wert (das Martyrium und das Seelenheil) bemüht wird. Die im obszönen Kunstwerk imaginierte Sexualität wäre dann als „eine von Gott oder der Natur verliehene Kraft im Menschen" definiert, bejaht und einer imaginären Verwirklichung zugeführt: „ins freundlich-gigantische gesteigert. [...] Es ist der gemächliche Traum vom Erlaubten und Möglichen".[27] Sommer aber läßt keinen Zweifel daran, daß er diese Rede als

---

[26] Vgl. dazu Bachorski (1991) und Völker-Rasor (1993).
[27] Seeßlen (1984) 24ff.

männlichen Diskurs konzipiert, und der sieht durchaus finster aus: Man sehe an dieser Geschichte, wie *gar tieff verderbt* der Mensch sei *Durch die Suend von Eua geerbt.* Obszönität verdichtet sich hier zur „dunklen" Form der Sexualität, die nicht Ziel ist, sondern „nur ein Mittel, für die Macht, für das Wissen" etc.[28] Das selbstquälerische Lustverbot und die Aggression vereinen sich in der männlichen Perspektive nachreformatischer Zeit zu unverhohlenen Vergewaltigungsphantasien und kaum kaschierten Todeswünschen, wie sie in den Mären und Schwänken aus früherer Zeit keineswegs dominant sind.[29]

Diese vier Texte mögen exemplarisch belegen, was mir für diese gesamte Gruppe in Sommers Kompilation eindeutig zu sein scheint: Sexualität und Lust werden, wenn sie in den zitierten Erzählungen aufscheinen, sofort und konsequent abgewehrt. Sie haben ihren Ort ausschließlich in einer negativen Anthropologie, und damit die im narrativen Material möglicherweise schlummernde Frivolität auch ja nicht zu ihrem Recht kommt, steuert das Epimythion die Lektüre umgehend entschlossen in Richtung der allein zulässigen Rezeption des Textes als Exempel für Sünde, Verderbtheit, Sittenverfall.

Dieses Thema und diese impertinent ausgewalzte Weltsicht setzen sich fort in eine kleine Natur- und Sozialkunde der Frau, des nur allzu bekannten Wesens. Auch hierfür nur einige Beispiele:

Mit Berufung auf ein Epigramm von Morus in Historia 33 wird die naturhafte Bösartigkeit der Frau beschrieben. Vor allem eine *zaertliche* Behandlung sei es, die sie am allerbösesten mache. Ein Ende könne das nur finden, wenn sie tot sei: *am besten aber wenn sie bald vn schleunig stirbet.* (EC 66ff.) Damit nicht genug, muß sich nun in das Epimythion noch eine obszöne Aggression einschleichen: *Mulier ist ein Kraeutlein boeß / Grunst wie ein Saw / wenn sie kregt stoeß.*

Die Fazetie sei ein Bonmot, eine schlagfertige Antwort, eine elegante und witzige Redewendung, eine Scherzrede, ein Witz, heißt es in allen einschlägigen Gattungsdefinitionen.[30] Gemessen an diesem Anspruch, erstaunt es schon, wie wenig Eleganz und wie wenig Witz noch bemüht werden kann, wenn es - wie hier bei Sommer, wie aber auch sonst in entsprechenden anderen Texten der Zeit - darum geht, einen halbwegs konsistenten Entwurf von männlicher Geschlechtsidentität zu formulieren: Denn um nicht weniger kann es ja gehen, wenn so angestrengt eine Definition der 'Frau' als reziprokes Gegenbild zum maskulinen Ich versucht wird. Das Bonmot verkommt zur gehässigen Behauptung, und wenn es darüber hinausgeht, artikuliert es

---

28 Vgl. Seeßlen (1984) 24ff.
29 Vgl. dazu Bachorski (1996).
30 Vgl. den Artikel von Bebermeyer im Reallexikon sowie den Aufsatz von Röcke in diesem Band.

Vernichtungsphantasien, wie in Historia 75, die nichts erzählt, sondern bloß benennt: *Von einem Kauffmann der sein Weib ins Meer warff*, weil das *boeß Weib* seine schwerste Last ist. Damit nicht genug, der Mann und Pfaff als Kulturwesen kann es dann auch noch in Reimen: *Jmmer zu den Meerdrachen nein / Was boese Drachenweiber sein* (EC 134f.).

Kein Wunder, daß auch der Teufel an der Aufgabe verzweifelt, eine Ehebrecherin zu verwahren (Historia 86), weil die Buhlen in großer Zahl kommen, *denn da ein Aaß ist / versamlen sich die Adler*, so daß dem Höllenfürst nur der Stoßseufzer bleibt: *ich wolte viel lieber alle wilde Schwein im wilden Wald hueten / denn deine einige Fraw*. Sagt der Teufel. Und Sommer - gleiche Brüder, gleiche Kappen - sagt: *Ein Hur ist erger als ein Schwein / Der Teuffel moecht jhr Hueter sein* (EC 147ff.).

Nur noch einmal zur Erinnerung: Wir befinden uns ein knappes Jahrhundert nach der Reformation und ihren Errungenschaften, das finstere Mittelalter mit seiner insulären Lachkultur ist ebenso vorbei wie das 16. Jahrhundert mit seiner ubiquitären. Ein protestantischer, zweifelsfrei breit humanistisch gebildeter Pfarrer in einer Kleinstadt sorgt sich um die Seelen seiner Schäfchen, predigt die protestantische Ethik und lehrt den Katechismus. Und nebenbei, zur Vertreibung der eigenen melancholischen Stimmungen und zur Aufheiterung seiner Gemeinde, publiziert er unter der Überschrift *læta & iocosa* die Wahrheit über das kaum menschenähnliche Monstrum *Malus Mulier*[31] - in Assoziationsketten, die sich schneller als der Hopfen ranken: von der sündigen Eva zur Frau als Sau, als wildes Schwein, als Drache, der man nur den Tod wünschen kann, obwohl sie dann nicht einmal beim Teufel sicher verwahrt wäre.

(b) Wenn der Pfaffe Sommer in einem guten Teil seiner Historien Gelächter aus antiklerikaler Polemik schlägt, dann reproduziert sich hier natürlich die konfessionelle Konkurrenz von katholischem Klerus und protestantischen Geistlichen. Auch dabei erstaunt die ausgeprägte Aggressivität seiner Kommentare in einem historischen Moment, in dem man von einer weitgehend geklärten Konstellation zwischen alter und neuer Kirche wird ausgehen können, zumal Sommer sich vor allem auf eine Verhaltenskritik kapriziert, die alte und recht abgeschmackte Topoi zitiert: Polemisiert wird in einer Mischung aus wilder Projektion und bitterem Neid gegen Wohlleben, Genußsucht, Verweichlichung und Unzucht in den Klöstern sowie gegen die Geilheit der marodierenden Pfaffen, Mönche und Nonnen. Auch hier bringe ich nur wenige Beispiele:

In Historia 100 beichtet ein *Landsknecht*, er habe *bey einer Nonnen gelegen*. Weil der Mönch ihn aber wegen der zweiten Bedeutung von *Nonne* (Sau) mißversteht, wird ihm die Absolution für die Sodomie zunächst verweigert.

---

31 So der Titel von Sommers 2. Band seiner 'Ethographia Mundi'.

Erst nach Auflösung des Mißverständnisses erhält er die Absolution, weil das keine Sünde sei, sondern *wol daran gethan* - nur er, der Mönch als *armer Alter kan fuerwar nichts mehr*. Die Klage des Geistlichen über seine altersbedingte Impotenz aber führt weder zu einem sympathetischen noch zu einem distanzierenden Lachen, sondern wird gleich wieder in ein (neidvolles) Verdikt umgemünzt: *Ein Landsknecht vnd ein Ordensmann / Wolln allzeit Huren bey sich han.* (EC 165ff.)

Überhaupt zieht sich die neidvolle Unterstellung vom guten luxuriösen Klosterleben durch eine Reihe von Historien, so auch durch die 92.: *Von einem Muenche / der ein guter Schluckbruder war* (EC 154f.) und der im Kloster unter blasphemischen Reden *mehr Bibulos, denn Biblicos* nutzt, was Sommer sofort zu einer antiklösterlichen Kritik wendet. - Ähnlich Historia 93: *Von einem andern Moenche* (EC 155f.), der über das zu harte Brot stöhnt und zu Gottes Sohn um eine wundersame Wandlung der *steine* in *Brod* betet. Auch hier ist das Thema des Epimythions allein die Polemik über die Faulheit und das Schmarotzertum der Mönche. Meist aber zentriert Sommer diese Polemik auf die Sexualität: In ein Kloster, in dem *die Nonnen an der Venusseuche hefftig Kranck lagen*, kommt zu Aufsicht und Kontrolle ein Priester, der sich aber durch *der Nonnen Hertzbrechende Honigsuesse Zukkerwort zum Schalck machen lassen* (ein Vorgang, der mit recht obszönen Metaphern geschildert wird: *das naechtliche Rennen zum Venusring; gewahn jhnen das krentzlein ab*) und darum gleich fünf von ihnen geschwängert hat (Historia 24). Als ihm vorgeworfen wird, er sei statt zum Hirten zum Wolf geworden, verteidigt er sich zum ersten damit, daß er nicht als Hirte zu den Schafen, sondern als Schaf unter die reißenden Wölfe geschickt worden sei; zum anderen damit, daß er das Kloster durch seinen Einsatz keineswegs geschwächt, sondern im Gegenteil um fünf Pflänzlein vermehrt habe - und rechtfertigt letzteres auch noch mit einem Zitat aus der Schrift, dem *Euangelischen Spruch* (Mt. 25, 20): *Domine quinq; talenta tradidisti mihi, ecce alia quinq; ad haec lucratus sum. Herr du hast mir fuenff Pfund gegeben / Sihe da hastu noch fuenffe / die ich dazu erworben hab.* Dies liest sich in seiner obszönen Metaphorik und der eigenwillig verfremdenden Verwendung des heiligen Wortes so witzig, daß es auch in einer italienischen Novellensammlung seinen Ort haben könnte.[32] Sommer aber tut wieder, was er kann, wenn er im Epimythion scharf gegen die Klöster (*Hurhauß*) und die immergeilen Kleriker polemisiert (EC 51ff.).

In Historia 96 beichtet eine Nonne ihren Fehltritt, rechtfertigt ihn aber wunderschön mit dem Paulus-Wort *Omnia probate Pruefet alles*. Sie hätte allerdings, so meint der erzürnte Beichtiger, an dieser Bibelstelle weiterlesen

---

32 Was es auch hat: vor Luscinius und Kirchhoff (2, 72: dort die Geschichte durchaus witzig erzählt, erst im Epimythion eine nüchterne Zurücknahme der Komik mit Bezug auf andere Bibelstellen) auch bei Bandello (III, 56) und Castiglione (Übers. von Wesselski I, 193, dort mit heiterer Tendenz).

sollen, um auch das *Quod bonum est tenete* zu finden (was sie nicht getan hat, weil sie zum Umblättern zu faul war). Es ist dies ein Wortwechsel, der durchaus auch zuläßt, daß man ihn als Rechtfertigung der Bedürfnisse des Körpers gegen ein Zuchtsystem liest, die ihren Witz daraus zieht, daß sie durch verfremdenden Gebrauch der fremden Rede - der Rede der Macht - sich gegen diese wehrt (*dies sei ja eben gut und das beste gewesen*, hätte die nächste Replik der Nonne ja auch lauten können). Sommer allerdings rückt stattdessen in seinem misogynen und antiklerikalen Epimythion die Dinge sofort wieder ins rechte Lot, wenn er gegen die nachgerade naturhafte Nonnengeilheit wütet (EC 159f.).

Anläßlich der 29. Historia: *Von einem Moench / den die Schiffleute ins Meer werffen* (EC 61ff.), schafft Sommer es in einer kühnen Volte, die Logik der Geschichte im Epimythion auf den Kopf zu stellen: Wird in der Erzählung der ansonsten unschuldige Mönch gleichsam als Sündenbock mitsamt der schweren Last all der Sünden über Bord geworfen, die er von den Seeleuten in der Beichte auf sich genommen hat, so daß das Schiff erleichtert und gerettet wird, verkehrt der Kommentar die Erzählung zu einem weiteren Exempel für die grenzenlose Verkommenheit und Sündhaftigkeit der Mönche, von denen man die Welt befreien müsse - und sei es durch Mord.

Nur selten kann Sommer überhaupt von Klerikern erzählen, ohne gleich Schaum vorm Mund zu haben. In Historia 47: *Von einem todten Bawren / den die Pfaffen auffgefressen*, geht es darum, daß die Geistlichen sich weigern, einen exkommunizierten und nun verstorbenen Bauern auf dem Kirchhof zu begraben. Deswegen serviert der Fürst ihnen den tranchierten und gekochten Leichnam zum Essen, den die geistlichen Herren sich als *Wilpret wol schmecken* lassen. Auf diese Weise begräbt der Fürst den exkommunizierten Bauern wie versprochen doch noch an einem höchst geweihtem Orte. Dieser Skandal aber, in dem sich ein Laie gegen die Autorität der Geistlichkeit durchsetzt, führt Sommer zu einem Epimythion, in dem vorsichtig abwägend und letztlich jeden Witz zerstörend, wieder innerklerikale Solidarität demonstrierend, räsoniert wird: *Ist der Bawer ohn vrsach wordn / Excommunicirt von dem Ordn / So sind sie trawn bezalet recht / Des Antichristi trewe Knecht / Ist er aber gewest Gottloß / So ist es trawn ein schlimmer boß* (EC 91ff.).

Von der Ausnahme der 47. Historia einmal abgesehen, resultiert die Schärfe der antikatholischen Polemik Sommers auch in diesem Themenfeld wohl daraus, daß ihr der konkrete Gegner weitgehend abhanden gekommen ist. Insofern dürfte es keine allzu kühne Vermutung sein, hier Selbsthaß als Motiv zu vermuten, ein unausgesetztes Laborieren an dem permanenten asketischen Selbstverbot von Wohlleben und Genuß, an der im Ehejoch disziplinierten Sexualität sowie an der Versagung aller entlastenden Heiltümer, wie sie die katholische Kirche immer zur Verfügung gestellt hatte. Die destruktive Selbstaggression aber vergällt den Witz und erstickt das Lachen.

(c) Nur selten berührt sich die notorische Kleruskritik mit Blasphemie[33] - und gerade das scheinen mir nicht unbedingt die unwitzigsten Geschichten in Sommers Sammlung zu sein.[34] Das Lachen wird dabei meist durch eine recht eigenwillige Schriftauslegung evoziert - ein Verfahren des heiteren Umgangs mit dem Heiligen, wie es die mittelalterliche Religion gut aushalten konnte, das jetzt aber offenkundig viel prekärer erscheint. Ich beschränke mich auf drei Historien aus dieser Gruppe:

Noch völlig im Rahmen der bekannten antirömischen Kontroverspolemik verbleibt Historia 35: *Von einem der kein Fegfewr gleubete*. Als *ein sehr kurtzweiliger Mann der Ketzerey bescheuldigt* wird, weil er nicht ans Fegefeuer glaubt, das Weihwasser verachtet und Prozessionen verspottet, verteidigt er sich: Das Leben selbst sei schon Strafe genug; das Weihwasser müsse auch durch den Hut wirken, wenn es bei Verstorbenen durch den Grabstein dringen könne; der gerade Weg sei schließlich weit ökonomischer als der Kreuzgang. Der Witz des Sprechers wird hier gegen zentrale Denkfiguren der katholischen Kirche gewendet, und seine scherzhaften Argumente stützen die protestantische Abneigung gegen die glaubensbegleitenden und heilsgarantierenden Zeichen und Rituale. Insofern erstaunt es auch nicht, daß das Epimythion hier ganz einverständig eine wüste Polemik gegen Klerus, Jesuiten und Katholiken hinterherschickt, die allesamt ins Höllenfeuer gewünscht werden (EC 69ff.).

In einen Kernbereich der reformatorischen Theologie führt Historia 18: Ein Priester, der einen Gegner mit dem Schwert verwundet hat, erklärt seinen Kritikern: Das Wort Christi zu Petrus, er möge das Schwert in die Scheide stecken, sei erst in dem Moment gesprochen worden, nachdem *das Ohr dem Schelm vom Kopff abgehawen war. Darauß Sonnenklar erscheinet / das wir Geistlichen alsdenn / wenn wir vnsere feinde erleget / vberwunden / vnd geschlagen haben / das Schwerd in die scheide stecken sollen* (EC 41f.). Diese nicht so ganz korrekte Bibelauslegung, die vergißt, daß Christus dem Malchus das Ohr wieder angesetzt und die Gegenwehr gegen die Gefangennahme unterbunden hat, reizt einerseits zum Lachen, weil sie einen offenkundig souveränen Umgang mit dem autoritären Wort der Schrift ausstellt, andererseits, weil sie dabei ein zentrales Element der christlichen Lehre umbaut. Das treuherzige Epimythion nun vermeidet ausnahmsweise den ansonsten üblichen Reflex auf die verhaßten katholischen Geistlichen und stimmt dieser

---

33 Hierzu rechne ich vor allem die Historien 18, 24, 35, 37, 92, 93.
34 Das dürfte nicht zuletzt daran liegen, daß man es dabei natürlich mit der noch heute - wenn auch eingeschränkt - gültigen Autorität des Heiligen Wortes zu tun hat, wenn man über seine Entweihung lachen muß.

merkwürdigen Lehre uneingeschränkt zu (*Der Pfaffen Feind sind noch viel heut / Die sich duencken gewaltig Leut / Wenn sie an jhnen werden Rittr / Abr es bekoempt jhn offtmals bittr / Wann sie von den / die Hartzkapp tragn / Auffn Biertiegel werden geschlagn.*). - Man muß sich allerdings auch fragen, warum bei Sommer hier nicht die antikatholische Polemik einsetzt, die ansonsten ja auch keineswegs einen guten narrativen Anlaß braucht, sondern nolens volens einfach losbricht. Ich vermute als Grund dafür, daß der tückische und offenkundig unabweisbare Subtext der zitierten Bibelstelle dem Erzähler hier einen Streich spielt und ihn zu Assoziationen verführt, die ihn vom üblichen Reflex ablenken: Sommer dürfte bei dem Satz *remitte gladium in vaginam / Stecke dein Schwert in die scheide* (Joh. 18, 10) eher obszönen Nebenbedeutungen dieser Signalwörter[35] nachgehangen haben; und in diesem Diskurs liest sich seine Verteidigung der Pfaffen und ihres Rechts zum Gebrauch des Schwerts natürlich ganz anders.

Und schließlich Historia 37: *Von dreyen Studenten / welcher vnter jnen ein koestlich essen fuer sich allein behalten solt.* (EC 73ff.) Diese drei *Studiosi Theologiæ* wetteifern beim Essen im blasphemischen Mißbrauch von Bibelzitaten aus dem Neuen Testament. Der dritte gewinnt allerdings nicht durch die Kraft des Wortes, sondern durch schnelles Zugreifen, und kann so nicht nur das *Leckerbisselein* schlucken, sondern auch noch einen trefflichen Kommentar abgeben: *Wenn jhr das gantze Newe Testament durchblettert / so werdet jr kein bessers noch herlichers Wort finden / welchs gegenwertigen Handel am dienstlichsten / als das letze Wort / welches Christus redet / Consummatum est, Es ist volbracht* - Ein unziemlicher Scherz mit den letzten Worten des Erlösers am Kreuz, den auch das pragmatische Epimythion nicht mehr recht zu relativieren vermag.[36]

Diese „Familiarisierung des autoritären Wortes",[37] das im trivialen Kontext seiner Aura beraubt wird, hat in der mittelalterlichen Lachkultur seine entlastende Funktion; in Sommers Schwanksammlung aber bleibt diese Form des blasphemischen Lachens auf wenige Stellen beschränkt - und der Kommentator kann sich offenkundig eines gewissen Unbehagens an dieser Art von Frivolität nicht erwehren. Offenkundig ist es für einen schriftfixierten Protestanten dann doch ein zu prekäres Terrain, als daß er heiter Scherze über die Auslegung der Heiligen Schrift machen könnte. Die nötige Trennungslinie zwischen dem Heiligen und dem ganz und gar Sündigen läßt sich in solchen Witzen nur schwer einhalten. Was im Bereich der Kontroverstheologie an enthemmter Polemik funktioniert, muß hier vermieden werden, weil es am Nimbus des Heiligen zu

---

[35] Vgl. Müller (1988).
[36] Dies wendet sich im Ton einer allgemeinen Zeitklage nur gegen List und zweckorientierten Pragmatismus.
[37] Die Kategorien nach Bachtin (1979).

kratzen droht: Die Schrift soll man eben doch *lassen stan* - und keineswegs frivole Scherze mit ihr treiben.

4. Aber das Lachen erstickt

So weit, so komisch - oder auch nicht. Doch konsequenter als viele seiner Vorgänger hat Sommer jedem Schwank und jeder Fazetie - die durchaus offen sind und eine entlastende oder subversive Lektüre ermöglichen - ein schweres Achtergewicht beigegeben: ein Epimythion in sechs Versen. In diesen Nachsätzen nun erfolgt teils eine wiederholende Kommentierung des Erzählten, teils eine thematische Verschiebung, oft aber eine entschlossene Aufhebung des Lacheffekts in einen Ton der geretteten Ordnung und der sicheren Moral.

Die 62. Historia (EC 118f.) scheint mir typisch für diese merkwürdige Verknüpfung eines durchaus komischen obszönen Wortwitzes mit einem Epimythion, das das Lachen in aggressivster Weise wieder zurücknimmt:

Es lag ein Muench auff der Nonnen / vnd laß jhr den Psalter. Solches sahe ein ander / vnd fragt den Muench / was er da machete. Der Muench antwortet nichts anders / denn daß er saget / Jch flicke einen alten Sack. Der ander gieng hinzu / vnd deckt jhn den Rock auff / vnd sagt / Hoho / flicke nur jmmer fort / du hast noch zwey knewlein faden / wenn du die vernehet hast / so hoer darnach auff.
  O wenn man solche Schneiderknecht
   Jetzunder fuer den Tuercken brecht
  Vnd mit den Saecken fuellt die grabn
   Daß man darueber koendte trabn.
  Vnd fegt das vngezieffer auß
   Vnd macht die Kloestr zu Gottes Hauß.

Ähnliche Fügungen und Wendungen lassen sich aus dem 'Emplastrum' zuhauf zusammenstellen. In moraltheologischer Hinsicht fügt sich Sommer damit in den herrschenden Diskurs seiner Zeit und seiner Kirche ein.[38] So betont etwa auch Luther im Hinblick auf das Paulus-Wort aus Eph. 5, 3f., das *schandbare wort vnd Narrenteiding / oder schertz / welche euch nicht zimen*, in eine Reihe stellt mit *Hurerey* und *Vnreinigkeit* und *Geitz*, daß genau diese Verfehlungen bei Christen keineswegs zu dulden, sondern besonders hart zu bestrafen seien.[39]

Während im 16. Jahrhundert eine anarchische und sinnzerstörende Komik dominiert, stellt Johann Sommer am Ende des Jahrhunderts ein Beispiel für einen Autor dar, der seine ganzen Anstrengungen daran setzt, das Lachen zu zähmen, es auszutreiben: 'The carnival is over'.[40] Das Material, das er zitiert,

---

[38] Zum „Triumph der Fastenzeit" über die Volkskultur im späten 16. und frühen 17. Jh. vgl. Burke (1981) 221ff.
[39] Luther WA 17, 2, 208f.
[40] Zum 'karnevalesken' 16. Jh. und zur Abfolge verschiedener Lachkulturen vgl. Bachtin (1987).

sammelt, übersetzt, enthält zwar eine nicht geringe Potenz an Witz und Komik, und auch die Schreibweisen dieser Fazetien und Schwänke mit ihren obszönen Metaphern und dem bisweilen schnellen Wortwitz mögen durchaus zum Lachen reizen.[41] Gleichwohl will diese Kompilation das Lachen nicht so recht zulassen. Sie zielt vielmehr auf seine endgültige Austreibung, und der störrische obszöne und anarchische Rest in den Erzählungen selbst ist durch die doppelte Attacke von Bearbeitung und Kommentierung minimiert, wenn nicht gar gänzlich eskamotiert. Die formale Struktur, die jeder Erzählung eine gereimte Auslegung nachschiebt, ist nur ein äußeres Zeichen dafür. Wenn erklärte Witze schon danebengehen, dann wirken moralisierte nur noch bleiern. Zudem gibt sich Sommer alle Mühe, die Spitzen der Erzählungen auf eine sinnorientierte Ordnung hin auszurichten. Immer wieder beschworener Gegenstand seiner Kommentare sind der verkommene katholische Klerus, die unmäßige Geilheit der Frauen, die allgemeine Narrheit der Welt. Was literarisch aus einer Tradition stammt, die die mächtige Ordnung und die herrschende Ideologie verlacht, wird bei ihm zu satirischen Invektiven gegen schon bezwungene Gegner. Das Lachen, das Sommer evozieren will, zielt nicht auf das Aufreißen einer Spaltung, auf die Etablierung eines Dissenses, sondern auf die Herstellung eines recht dumpfen Konsenses derjenigen, die sich selbstgefällig an der Macht wissen.

'Wo man lacht, da lass' dich ruhig nieder?' Abgesehen davon, daß diese Witze keinen Funken aus dem Weglachen von Hemmungen oder aus Inkongruenz und überraschendem Zusammenprallen des Unvereinbaren schlagen:[42] Es erklingt hier ein Lachen, das auch wohl kaum befreiend, erfrischend oder purgierend wirken kann. Ich stelle mir bei dem durch Sommers Fazetien hervorgerufenen Lachen eher dieses stammtischartige einverständige dumpfe Kollern auf absteigender Tonleiter vor (*Ehefrau - Ehedrachen - totgeschlagen - gut gegeben*), an dessen Ende dann Atemnot und Erstickungsanfälle stehen (*Neben-*

---

41 Zur psychosozialen Mechanik des Witzes vgl. Freud (1982), zu Gründen des Lachens in literarischen Texten Jauß (1976).

42 Deutlich wird diese Differenz vielleicht am Vergleich zwischen der im und nach dem Vortrag von Werner Röcke auf dieser Tagung diskutierten Komik der Fazetie von Poliziano über den Nachbarn, der sich einen Trieb von dem Baum erbittet, an dem sich die Ehefrau des anderen erhängt hat, und der oben zitierten Historia 75 Sommers: Wo in ersterer noch das Lachen (auch des gegenwärtigen Publikums) daraus resultieren mag, daß eine aggressive Phantasie zugleich verdrängt und doch ausagiert wird und sich dann noch einen verschobenen Ausdruck sucht, fehlen diese Verschiebungen und die Inszenierung eines Konflikts zwischen Wunsch und Zensur bei Sommer völlig: Der Ehemann tötet seine Frau ohne Umstände und rechtfertigt sich im Klartext damit, daß sie ihm eine schwere Last geworden und es deshalb kein Unrecht sei; und auch der Kommentator produziert keinerlei Art von Witz, wenn er dem schlicht zustimmt und im Epimythion zu weiteren Morden auffordert: Dieser Moral kann man folgen oder nicht, zum Lachen aber wird sie kaum reizen.

buhler - unsre Frauen - Eier weg - guter Witz) und auf das bestenfalls der Herzschlag folgt. So treffen sich in der gallig-resignativen Klage über die schlimmen Zustände der Welt die Spießer.

Ein hartes Urteil. Ein ungerechtes Urteil? Zumindest noch kein Weg, diese Verhärtung zu verstehen, wie sie sich in Sommers Text artikuliert. Ich möchte dazu noch einmal auf den gebildeten und feinsinnigen Anfang des 'Emplastrum' zurückkommen, vor allem auf die merkwürdige Wendung, mit der Sommer den Gedanken fortführt, daß eine Linderung der melancholischen Verfassung von *herbis, verbis, & lapidibus* zu erwarten sei (EC 6). Wenn er über seine eigene desolate psychische Verfassung nachdenkt, fällt ihm auf assoziativem Wege merkwürdigerweise Sex und Suff ein. Beides kann von ihm aber ausschließlich nur in der Negation thematisiert werden: Das Bier sei zu teuer (eine lächerliche Behauptung, wie jeder weiß), und sein *Beutel* sei leer, so daß er nicht mehr könne. Offenkundig treiben hier die aus dem Geist des Protestantismus erstandenen Geißeln Askese, Lustverbot und Selbsthaß ihren unheilvollen Spuk. Wie soll man die Körpereffekte kontrollieren? Kann man sie überhaupt kontrollieren? Muß nicht auch und gerade das Lachen als unheimliche Form der Entgleisung und Entgrenzung ganz unbedingt kontrolliert werden? Obwohl das Bedürfnis unabweisbar besteht, scheint doch die Angst vor seiner Befriedigung weit größer als der Trieb selbst. Wenn aber dann nur *sola verba* als einziger Ausweg bleiben, dann gehen Haß und Aggression eine höchst unheilvolle Allianz mit dem Witz ein, um überhaupt noch etwas zu retten. Gerade in der dumpfen Witzelei über das Verlockende, das zum Fremden gemacht und abgewehrt wird, konstituiert sich das moderne männliche Ich.

Sommer hat unter verschiedenen Pseudonymen publiziert (*Huldrichus Therander, Cycnaeus, Johannes Olorinus Variscus*), und es ist sicherlich kein Zufall, daß in diesen Pseudonymen der Schwan auftaucht, dem nicht nur Unheil *schwant*, sondern dessen klagender Gesang auch als Zeichen des nahen Endes gilt.[43] Bachtins historisches Modell - die Abfolge von Insularität, Ubiquität und schließlich Marginalisierung des Lachens - scheint sich mit diesen späten und verzweifelten Negativierungen des Lachens zu bestätigen. Allerdings findet sich gerade in der deutschen Fazetientradition eine schon länger wirkende Düsterfraktion (Bebel, Tünger, Frischlin etc.), der die Moralisierung des Komischen immer schon wichtiger war als die Eleganz des Witzes, die Anrufung von Zucht und Ordnung allemal verlockender als ihre Untergrabung. Insofern müßte man die diachrone Anordnung der Phasen bei Bachtin vielleicht - zumindest für das

---

[43] Der 'Schwanengesang' ist im 16. Jh. durch die Rezeption von Ciceros 'De oratore' zu einem Topos geworden. Zugleich wird man aber bei einem protestantischen Geistlichen die positive Konnotation des auch für Luther verwendeten Schwanenemblems nicht übersehen dürfen.

15. und 16. Jahrhundert - ergänzen durch ein synchrones Modell, in dem ganz divergente Haltungen zum Lachen miteinander konkurrieren.

Am Ende wird Sommer ein schlechter Arzt gegen den Trübsinn, sein *Heilpflaster* trotz der Versprechungen des Prologs eine wenig taugliche Medizin gegen die Melancholie gewesen sein. Sein Schwanengesang will die mittelalterliche ebenso wie die frühneuzeitliche Lachkultur beenden; und er befördert die Marginalisierung des Lachens. Bei ihm gibt es ganz bestimmt kein *bathing the brains in laughter*.[44] Der ewig sauertöpfische Gestus im jeweiligen Epimythion dürfte deshalb auch bei den intendierten Rezipienten keineswegs eine Heilung von Depression und Melancholie bewirkt haben, im Gegenteil. Erinnern Sie sich an den *Maler* mit den schönen Gemälden und den häßlichen Kindern (Hist. 7)? Auch bei Sommer wird man sich überlegen müssen, ob er nicht seine Schwänke am Tag und seine Epimythia bei Nacht gemacht hat.

Bibliographie

Quellen

Hildegard von Bingen: Heilwissen. Von den Ursachen und der Behandlung von Krankheit. Übers. und hg. von Manfred Pawlik. Freiburg / Basel /Wien 1990.

Martin Luther: Werke. Kritische Gesamtausgabe. Weimar 1883ff.

Johann Sommer: EMPLASTRUM CORNELIANUM. *Heilpflaster auff die Melancholische wunden vnd Cornelius stich. Laecherliche / froelich machende / sorgvertreibende / kurtz / nicht langweilige Geschicht / zu ehrlicher Hertzquickung zugericht / vnnd auß vielen Historien Blumen in Sommerlangen tagen / darinnen die Muecken plagen / Bienenemsig zusammengetragen Durch Huldrichum Therandrum. Gedruckt Jm Jahr 1605* (Exemplar der Staatsbibliothek Berlin, Sign. Xg 2526 R).

---

44 So eine schöne Formulierung aus Ben Jonson: 'The Magnetic Lady' (vgl. den Beitrag von Manfred Pfister in diesem Band).

Untersuchungen

Bachorski, Hans-Jürgen: Diskursfeld Ehe. Schreibweisen und thematische Setzungen. In: Ordnung und Lust. Bilder von Liebe, Ehe und Sexualität in der Literatur des Späten Mittelalters und der Frühen Neuzeit, hg. von H.-J. B. Trier 1991 (Literatur - Imagination - Realität 1), 511-545.

Bachorski, Hans-Jürgen: Ein Diskurs von Begehren und Versagen. Sexualität, Erotik und Obszönität in den Schwanksammlungen des 16. Jahrhunderts. In: Eros - Macht - Askese. Geschlechterspannungen als Dialogstruktur, hg. von H.-J. B. und Helga Sciurie. Trier 1996 (Literatur - Imagination - Realität 14), 305-341.

Bachtin, Michail M.: Die Ästhetik des Wortes, hg. von Rainer Grübel. Frankfurt/M. 1979 (es 967).

Bachtin, Michail M.: Rabelais und seine Welt. Volkskultur als Gegenkultur, hg. von Renate Lachmann. Frankfurt/M. 1987.

Barth, Karl: Johann Sommer. Diss. Greifswald 1922.

Burke, Peter: Helden, Schurken und Narren. Europäische Volkskultur in der frühen Neuzeit. München 1981.

Delumeau, Jean: Angst im Abendland. Die Geschichte kollektiver Ängste im Europa des 14. bis 18. Jahrhunderts. 2 Bde. Reinbek 1985.

van Dülmen, Richard: Formierung der europäischen Gesellschaft in der Frühen Neuzeit. Ein Versuch. In: Geschichte und Gesellschaft 7 (1981) 5-41.

Freud, Sigmund: Der Witz und seine Beziehung zum Unbewußten. In: Sigmund Freud: Studienausgabe in 11 Bdn. Frankfurt/M. 1982. Bd. IV, 9-219.

Fromm, Erich: Die Furcht vor der Freiheit. Frankfurt/Köln 1966.

Graus, Frantisek: Das Spätmittelalter als Krisenzeit. Ein Literaturbericht als Zwischenbilanz. o.O. 1969 (Mediaevalia Bohemica, Supplementum 1).

Jauß, Hans Robert: Über den Grund des Vergnügens am komischen Helden. In: Das Komische, hg. v. Wolfgang Preisendanz/Rainer Warning. München 1976 (Poetik und Hermeneutik VII), 103-132.

Kawerau, Waldemar: Johann Sommers Ethographia Mundi. In: Vierteljahresschrift für Litteraturgeschichte 5 (1892) 161-201.

Klibansky, Raymond/Erwin Panofsky/Fritz Saxl: Saturn und Melancholie. Studien zur Geschichte der Naturphilosophie und Medizin, der Religion und der Kunst. Frankfurt/M. 1990.

Köhler, Reinhold: Cornelius, eine Ergänzung zum Deutschen Wörterbuche. In: ZfdPh 1 (1869) 452-459.

Maaz, Wolfgang: Lateinische Epigrammatik im hohen Mittelalter. Literarhistorische Untersuchungen zur Martial-Rezeption. Hildesheim u.a. 1992 (Spolia Berolinensia 2).

Müller, Jan-Dirk: Volksbuch/ Prosaroman im 15./16. Jahrhundert - Perspektiven der Forschung. In: IASL Sonderheft 1. Tübingen (1985) 1-128.

Müller, Johannes: Schwert und Scheide. Der sexuelle und skatologische Wortschatz im Nürnberger Fastnachtspiel des 15. Jahrhunderts. Bern 1988.

Münch, Paul: Ordnung, Fleiß und Sparsamkeit. Texte und Dokumente zur Entstehung der bürgerlichen Tugenden. München 1984.
Schilling, Michael: Art. Johann Sommer. In: Literaturlexikon. Autoren und Werke deutscher Sprache, hg. v. Walter Killy. Bd. 11. Gütersloh/München 1991, 66-67.
Schmidt, Erich: Komödien vom Studentenleben aus dem sechzehnten und siebzehnten Jahrhundert. Leipzig 1880.
Schmitz, Heinz-Günther: Physiologie des Scherzes. Bedeutung und Rechtfertigung der Ars iocandi im 16. Jahrhundert. Hildesheim/New York 1972 (Dt. Volksbücher in Faksimiledrucken. Untersuchungen zu den dt. Volksbüchern. B 2).
Seeßlen, Georg: Lexikon der erotischen Literatur. München 1984.
Stempel, Wolf-Dieter: Mittelalterliche Obszönität als literarästhetisches Problem. In: Die nicht mehr schönen Künste. Grenzphänomene des Ästhetischen, hg. von Hans-Robert Jauß. München 1968 (Poetik und Hermeneutik III), 187-205.
Völker-Rasor, Anette: Bilderpaare - Paarbilder. Die Ehe in Autobiographien des 16. Jahrhunderts. Freiburg 1993 (Rombach Wissenschaft/ Historiae 2).
Wesselski, Albert: Johann Sommers 'Emplastrum Cornelianum' und seine Quellen. In: Euphorion 15 (1908) 1-19.

Jürgen Schlaeger

Chaucer läßt lachen

Für Helmuth Plessner resultiert das Lachen-Müssen (wie das Weinen-Können) aus der Sonderstellung des Menschen als exzentrischem Wesen, d.h. aus seiner Doppelrolle als Lebewesen, das ist, aber sich niemals vollständig hat; das Bewußtsein im Körper ist und zugleich Bewußtsein vom Körper als seinem Gegenüber, seinem anderen Selbst hat.[1] Im Lachen tritt der Mensch, so diese Theorie, aus den zugunsten des Geistes und des Bewußtseins hierarchisierten Funktionsverhältnissen heraus und wird, für Augenblicke jedenfalls, ganz Leib. Anlaß dazu ist das blitzartige Innewerden einer intellektuell nicht mehr mit den üblichen Mitteln zu bewältigenden Situation. Es ist, nach Plessner, „eine elementare Reaktion gegen das Bedrängende des komischen Konflikts. Exzentrisch zur Umwelt, im Durchblick auf eine Welt steht der Mensch zwischen Ernst und Unernst, Sinn und Sinnlosigkeit und damit vor der Möglichkeit ihrer unauflösbaren mehrdeutigen, gegensinnigen Verbindung, mit der er nicht fertig werden kann".[2] Im Lachen erfährt dieser überraschende Bewältigungsstau seine Abfuhr über den Körper. Im Lachen artikuliert sich in diesem Sinne das vorkulturelle Andere des Subjekts.

Aus dieser anthropologischen Bestimmung des Lachens läßt sich auch die kulturgeschichtliche Bedeutung literarisch inszenierten Lachens rekonstruieren. Das Lachen indiziert eben nicht nur generell die Bedingungen für eine besondere individual-psychologische Entspannungs- und Ausdrucksleistung, sondern ist auch - und für einige Theoretiker wie Bergson und Koestler ganz explizit und ausschließlich - eine „kollektive Praxis der Problembewältigung in Grenzbereichen des sozialen und geschichtlichen Lebens".[3] Im Lachen wird Unvereinbares überspielt; unterhalb der Oberfläche sozialer Ordnung angestaute Spannungen dürfen sich im Lachen zur Unschädlichkeit entladen; im Lachen verschafft sich oft genug das Unterdrückte und Verdrängte körperlichen Ausdruck.

In all dem ist das Lachen, insbesondere seine literarische Inszenierung auch ein ausgezeichneter Indikator kulturgeschichtlicher Gemengelagen. Die Komik als Form solcher Inszenierung und als Partitur für das Lachen des Zuhörers oder Lesers ist, wie Wolfgang Iser betont hat, ein Verfahren, mit dem z.B. das Ausgegrenzte „als Bedingung einer sich entwickelnden Mehrsinnigkeit" herein-

---

1 Plessner (1961) 45-47.
2 Plessner (1961) 117; vgl. 117, 122.
3 Bergson (1956) 65; Koestler (1970) 61ff.

geholt wird.[4] Es speist sich oft aus den Brüchen, die „die epochalen Schwellen des Ernstes entzweiter Wirklichkeiten" markieren, wie Blumenberg mutmaßt.[5] Demnach signalisiert Mangel an Lachen und Anlässen dazu oft Stagnation, soziale und geistige Immobilität einer Kultur, oft auch rückgestaute Aggressivität und Gewaltbereitschaft gegenüber dem Neuen und Nicht-Konformen; Bereitschaft zum Lachen und deren hohe Frequenz das Gegenteil: Offenheit, Beweglichkeit und Toleranz.

Einige kulturgeschichtliche Epochen sind dadurch charakterisiert, daß sie dem Lachen einen festen Platz in der sozialen Praxis einräumen, seine Leistung als Mittel der Befestigung etablierter Normen durch Bloßstellen und Ablachen des Ausgeschlossenen in Anspruch nehmen. Das Lachen ist hier dann oft ein negatives Lachen, ein Verlachen, ein Lachen, das sozial von oben nach unten gerichtet ist und moralisch vom hohen Roß herab in die Niederungen des empirischen Lebens. In solchen Konstellationen sind meist Milieu und Anlaß der Zurschaustellung in der Komik und in karnevalesken Inszenierungen durch Konventionen streng kontrolliert, weil sie sonst nicht normstabilisierend wirken würde.

Andere Epochen haben jedoch das Lachen in anderer Weise instrumentalisiert und sein anarchisches Potential zur Durchsetzung utopischer Programme genutzt, so z.B. in der politischen Satire. Wenn allerdings ihre Vertreter in die Lage versetzt wurden, diese Programme in die Wirklichkeit umzusetzen, dann gab es meist nichts mehr zu lachen. Offenbar konnten sie sich dann unter dem selbstgesetzten Ernst des Ziels, Idee und Wirklichkeit zusammenzuzwingen, das Lachen und seine auch in den kontrolliertesten Situationen unkontrollierbaren Reste nicht mehr leisten. Weltverbesserer sind zwangsläufig humorlos.

In der Pflege des Lachens kann sich aber auch eine Kultur für die Veränderungen öffnen, deren Unvermeidlichkeit sie erahnt. Das literarisch inszenierte Lachen spielt deshalb in den Sattelzeiten eine wichtige Rolle, in denen die Grundfesten eines etablierten Weltbildes ins Wanken geraten sind, das neue, das es ersetzen soll, aber nur erst in Umrissen erkennbar ist. Die zweite Hälfte des 14. Jahrhunderts ist für England eine solche Umbruchphase von einem mittelalterlichen zu einem post-mittelalterlichen, humanistischen Weltbild.

Mir geht es hier nicht, wie man sehen kann, um die Beschreibung eines anthropologisch, psychologisch, soziologisch oder wie auch immer disziplinär begründeten gemeinsamen Nenners der Lachtheorie, sondern um die Konstruktion eines historisierbaren Ansatzes für den Versuch, die kulturgeschichtliche Situation Englands und das literarisch inszenierte Lachen bei Chaucer zusammenzulesen. Meine Untersuchung spitzt sich mithin auf die Frage zu: Lacht man

---

4 Iser (1976) 399.
5 Blumenberg (1976) 408.

bei Chaucer mittelaltertypisch, gattungstypisch? Ist es ein bestätigendes Lachen, ein festes, ritualisiertes Gelächter, das als Instrument der sozialen Disziplinierung eingesetzt wurde? Oder gibt es Indizien für eine veränderte Funktion des Lachens bei ihm? Ich halte mich bei meinen Kurzanalysen an die expliziten Verwendungen des Wortfeldes 'Lachen, Gelächter'. Implizite Komik wird nur dort angesprochen, wo Chaucer sie explizit macht - und das ist - wenigstens in den 'Canterbury Tales' - erstaunlich oft der Fall. Insgesamt wird bei Chaucer 75-mal das Wort *to laugh* verwendet, dabei 60-mal als Beschreibung der Performanz. Dazu kommen noch ca. 100 Fälle von Verwendungen verwandter Wortfelder wie *mirthe, jape/japen* etc. Angesichts des Umfangs seines Werkes kein überwältigender Befund, aber bei näherem Hinsehen doch signifikant.

Die Canterbury Tales

Die 'Canterbury Tales' sind auf narrative Performanz angelegt, d.h. als Mündlichkeit inszenierende sind sie verschriftlichte Oralität.[6] Der *General Prologue* und die Zwischenstücke zwischen den einzelnen *Tales* betonen die Authentizität des Erzählens ebenso wie auch die hervorragende Wiedergabequalität des Erzählten. Da wird um das Vorrecht gestritten, die nächste Geschichte vortragen zu dürfen. Da werden Reaktionen auf erzählte Geschichten berichtet und gelegentlich sogar das Erzählen selbst durch Reaktionen der zuhörenden Pilger unterbrochen. Dies alles nebst den kommentierenden Einschüben des Erzählers/Protokollanten gibt dem ganzen den Charakter hoher narrativer Aktualität. Das aber hat zur Folge: Die unterschiedlichen Geschichten und Gattungen sind in einem aktualisierenden Kontext situativ eingefangen, sie sind dadurch auf Interferenz, Kontrast, Einheit in der Vielfalt hin zusammengestellt. Die inszenierte Performanz der 'Canterbury Tales' ist auf Überschreitung der Stiltrennungsregeln ebenso angelegt wie auf die partielle Außerkraftsetzung der sozialen Differenzen. Das Panorama mittelalterlichen Lebens, das Chaucer bietet, gewinnt dadurch eine erstaunliche Komplexität und Tiefenschärfe. Gattungsgrenzen stoßen implizit und Statusgrenzen explizit aufeinander und lösen sich dabei aus ihren traditionellen Verankerungen. Schließlich, was für unseren Zusammenhang besonders wichtig ist: In den lachenden Reaktionen der Pilger zeigt Chaucer, wo sich diese Interferenzen aufstauen und wie die Reaktion auf die Durchschichtung, die dadurch entsteht, dargestellt werden kann. Letztlich natürlich auch: Mit wieviel Körperlichkeit man gemeinsame Sache macht, auch wenn das immer wieder einmal mit angemessenen Entschuldigungsfloskeln als Verstoß gegen die Standesregeln einzelner Statusgruppen markiert ist.

---

6   Alle Zitate und Zeilenangaben aus: The Works of Geoffrey Chaucer, hg. von F.N. Robinson (1961), Übersetzungen vom Verf.

Den ersten Fall inszenierten Lachens finden wir, wie wohl auch nicht anders zu erwarten, im ersten Schwank der 'Tales', der *Miller's Tale*. Der Müller hatte sich gegen die an der gesellschaftlichen Hierarchie innerhalb der Pilgerschar ausgerichtete Vorstellung des als Zeremonienmeisters fungierenden *Hoost* von der Abfolge der Erzähler durchgesetzt und eine Geschichte präsentiert *With which I wol now quite the Knyghtes Tale*.[7] Die Geschichte ist ein aus verschiedenen bekannten Schwankmotiven (der geküßte Hintern, der ausgetrickste *senex amans* etc.) kunstvoll konstruiertes Kartenhaus der Intrigen, das mit hohem Unterhaltungswert wettmacht, was ihr an Noblesse fehlt.

Der Student Nicholas, Logiergast bei einem wohlhabenden Schreiner, der sich auf seine alten Tage noch ein junges Weib zugelegt hat, macht sich an dieses heran und erzielt durch zupackende und wortkarge Direktheit ohne Widerstand ihre Zustimmung zu außerehelichem Vergnügen. Dazu muß aber erst einmal der eifersüchtige Ehemann neutralisiert werden. Das schafft Nicholas dadurch, daß er den Schreiner wortgewandt davon überzeugt, er habe eine göttliche Botschaft erhalten, die das Ende der Welt durch eine neue Sintflut ankündigt. Man könne diese nur überleben, wenn man sich einzeln in unter das Scheunendach gehängte Bottiche lege und still im Gebet das Kommen der Flut erwarte. So geschieht es: Während der alte Schreiner trotz oder wegen all der Aufregung einschlummert, schleichen sich Alison und Nicholas aus ihren Miniaturarchen ins Ehebett und verlustieren sich dort miteinander.

Parallel zu dieser Geschichte verläuft eine zweite, in der der Dorfbeau Absolon ebenfalls ein lüsternes Auge auf Alison geworfen hat und bei ihr durch modische Kleidung und kleine Aufmerksamkeiten in einer Karikatur ritterlichen Werbens Eindruck machen will. Um seine Werbung einen großen Schritt voranzutreiben, beschließt er, des Nachts vor ihrer Schlafkammer die Laute zu schlagen und mit Gesang ihre Liebe anzufachen - und dies just in der Nacht, in der sich Alison und Nicholas dort vergnügen, während der gehörnte Ehemann still in seinem unter das Scheunendach gehängten Zuber schläft, nachdem ihn beim Warten auf die Flut die Müdigkeit übermannt hat.

Alison und Nicholas hören den liebestollen Absolon, und Alison entschließt sich, Absolon einen üblen Streich zu spielen. Sie kündigt ihn Nicholas mit den Worten an: *Now hust, and thou shalt laughen al thy fille!*[8] Sie öffnet das Kammerfenster, flüstert Absolon das Versprechen eines Kusses zu und streckt ihm statt ihres appetitlichen Mundes in der pechschwarzen Nacht ihren Hintern entgegen. Das weitere kann man sich ausmalen, und Chaucer hilft dabei, indem er präzise beschreibt, wie Absolon seinen zuvor mit Süßholz schmackhaft gemach-

---

[7] 3127: Mit der ich der Geschichte des Ritters etwas Gleichwertiges entgegensetzen will.
[8] 3722: Still jetzt! Und Du wirst Dich totlachen.

ten Mund panisch von der Kontamination zu befreien sucht, die er erlitten hat. Aber das ist natürlich noch nicht das Ende der Geschichte.

Absolon schwört Rache, holt ein glühendes Brandeisen aus der Schmiede und kehrt zum Ort seiner Schmach zurück. Dort gibt er vor, er habe einen kostbaren Ring mitgebracht, den er bereit sei, für einen richtigen Kuß von seiner Geliebten einzutauschen. Sie läßt sich scheinbar darauf ein, aber Nicholas möchte noch eins draufsetzen (*And thoughte he wolde amenden al the jape*) und dieses Mal streckt er seinen Allerwertesten aus dem Fenster und läßt, wie er glaubt, dem Absolon mitten ins Gesicht einen gewaltigen Furz fahren.[9] Der aber nimmt das Brandeisen und zeichnet Nicholas für immer das Gesäß. Darauf schreit dieser verständlicherweise: „Wasser!" Das wiederum reißt den Schreiner in seinem Bottich unsanft aus dem Schlaf; er denkt, die Flut ist da und schneidet die Hängeseile seines Bottichs durch, worauf er auf den Scheunenboden stürzt und sich den Arm bricht. Daraufhin läuft der ganze Ort zusammen, und alle lachen über die Erklärungsversuche des Schreiners: *The folk gan laughen at his fantasye; / Into the roof they kiken and they cape, / And turned al his harm unto a jape.*[10]

Er wird schließlich von allen für verrückt erklärt und hat zum Schaden auch noch den Spott. Die Geschichte endet mit einer Art Moral:

> *And every wight gan laughen at this stryf.*
> *Thus swyved was this carpenteris wyf,*
> *For al his kepyng and his jalousye;*
> *And Absolon hath kist hir nether ye;*
> *And Nicholas is scalded in the towte.*
> *This tale is doon, and God save al the rowte!*[11]

Die Reaktion der Pilger auf diese Geschichte ist eindeutig:

> *Whan folk hadde laughen at this nyce cas.*
> *Of Absolon and hende Nicholas,*
> *Diverse folk diversely they seyde,*
> *But for the moore part they loughe and pleyde.*[12]

---

9   3799: Und gedachte dem Scherz noch eins draufzusetzen.
10 3840-3842: Dann begannen die Leute über seine Fantasterei zu lachen. Sie glotzten und spähten ins Dach hinauf und verdrehten all seinen Schaden zu einem Scherz.
11 3849-3854: Und jedermann fing an, über diese Streitereien zu lachen. So ward des Schreiners Weib gebumst, trotz all seines Aufpassens und seiner Eifersucht. Und Absolon hat ihr unteres Auge geküßt, und dem Nicholas hat man das Gesäß versengt. Die Geschichte ist aus, und Gott bewahre die Pilgerschar.
12 3855-3858: Als die Leute über diesen netten Fall von Absolon und dem behenden Nicholas gelacht hatten, vertraten verschiedene von ihnen verschiedene Meinungen. Aber insgesamt lachten sie doch und nahmen ihn spielerisch.

Mit der ersten Episode wirft Chaucer gewissermaßen einen Stein in den Gemütsteich seiner Zuhörer/Leser, der mit jedem neuen Wellenring sich zu universellem Gelächter weitet. Der geküßte Hintern erzeugt Lachen als intendierte Wirkung eines gelungenen, unappetitlichen Streiches: Lachen als der Effekt eines gelungenen doppelten Rittbergers der Intrige. Lachen sollen auch nur der Liebhaber und die eingeweihte Mitverschworene. Aber damit ist die Komik der Szene noch nicht erschöpft. Schließlich bestraft die Ehebrecherin den Möchtegern-Ehebrecher für sein unmoralisches Verlangen. Auch die unerwartete Vertauschung von oben und unten vermehrt den Anlaß zum Lachen. Die zweite Episode, in der Nicholas den doppelten Rittberger zum dreifachen Lutz ausbauen will, endet in einem Austricksen des Austricksers und führt schließlich zum Kollaps des ganzen feingetürmten Kartenhauses der Intrigen im Gelächter der Zuschauer und Zuhörer.

Sicherlich ist hier auch ein starkes Element des Überlegenheitslachens enthalten.[13] Man lacht über die Automatik der ausgleichenden Gerechtigkeit, über deren Mechanik, aber wohl auch in der Gewißheit, daß einem so etwas nicht passieren kann. Erleichterung kommt auf, weil sich die Unmoral um sich selbst zu kümmern scheint und sie wie die Dämlichkeit des gehörnten Ehemannes gleichermaßen bestraft wird. Alle Pilger lachen, fast alle jedenfalls, wie Chaucer im kollektiven *diverse folk* zu erkennen gibt, und man könnte durchaus zu dem Schluß kommen, daß Chaucer mit der Einschränkung, die er vornimmt, *Diverse Folk diversely they seyde,* die etablierten Grenzen zwischen hoch und niedrig ins Bewußtsein rückrufen möchte. Dann wäre das Lachen dort verankert, wo es traditionellerweise hingehört - im Schwank, im niederen Leben, und die idealisierte Welt der Ritterromanzen und Heiligenlegenden bliebe davon unbeschädigt.

Aber das würde Chaucer auf ein traditionelles Programm festlegen, das er nicht hat.

Die *Miller's Tale* ist mit voller Absicht hinter der *Knyghtes Tale* plaziert als eine Geschichte, in der etwas Vergleichbares geboten werden soll (*With which I wol now quite the Knyghtes Tale*, sagt der *Miller*). So kann man zwar lachen über die Differenz zwischen hoch und niedrig, aber die Lachenden sind doch von dieser einen sozialen Welt, und die Geschichten sind mit gleichem Anspruch auf Geltung als raffiniert erzählte dargeboten. Um die Vergleichbarkeit des bis dahin Unvergleichlichen zu fördern, sind die Geschichten auch in ihrer Struktur aufeinander zugeordnet (zwei Verehrer werben um eine Frau usw.), auch wenn sich die Handlung in völlig verschiedenen Lebenssphären abspielt: *The Knyghtes Tale* in einer antikisierten Ritterwelt und *The Miller's Tale* in der zeitgenössi-

---

[13] Vgl. dazu Jünger (1948) 72.

schen Welt des Bürgertums. *The Knyghtes Tale* ist drapiert mit der Standardausstattung der Ritterromanzen, d.h. mit aufwendig ausgeschmückten deskriptiven Szenen, mit hochstilisierter Rhetorik und idealisierten Verhaltensnormen. Aber es gibt auch in dieser Geschichte eine Welt jenseits der minnekranken Ritter und ihrer heroischen Ideale. Sie ist repräsentiert durch die Schiedsrichterfigur Theseus, der mit 'experience' so etwas wie 'common sense' in die Geschichte hineinträgt und die Idealisierungen als unpraktisch und lebensfern markiert. Damit öffnet sich die *Knyghtes Tale* zu einer post-feudalen, post-ritterlichen Welt. Ähnlich ist die soziale Plazierung und der Status der Protagonisten in der *Miller's Tale* eher nach oben offen als unten eingeschlossen.

Am wichtigsten ist aber ihre Zuordnung zu einem Erzählkontext, der eine wechselseitige Ausgrenzung der diesen unterschiedlichen Erzählgattungen zugerechneten Lebenssphären nicht mehr erlaubt. *Knyghtes Tale* und *Miller's Tale* erweisen sich im Lachen der Pilger als Aspekte der einen Welt, in der das Lachen seinen Ort hat an der Stelle, an der die Teilwelten, die sie ausmachen, in ihren jeweiligen Ansprüchen, Bedrohungen und Unberechenbarkeiten interferieren.

Es ist aufgrund dieses Befundes auch nicht verwunderlich, daß in den 'Canterbury Tales' eine eindeutige Funktion und soziale sowie gattungsmäßige Zuweisung des Lachens nicht auszumachen ist. Es wird gelacht als Angebot der Versöhnung, des Auswegs aus einer schier ausweglosen Situation (*Shipman's Tale*). Man könnte dies als verzweifeltes Lachen, als Lachen weg vom Abgrund ansehen; als ermunterndes Lachen, wenn man Ängste austreiben will, als schlichtendes Lachen, das den Ausbruch von Gewalttätigkeit verhindert. Es lachen die Pilger öfter miteinander, es lacht der Ritter, der Ablaßprediger, eine der Nonnen usw., und es lacht die *Wife of Bath*, jene unkonventionellste Figur unter Chaucers Pilgern, die sogar einen langen protoautobiographischen *Prologue* erzählen darf, in dem sie unter anderem über ihre pantoffelheldischen Männer, die sie im Bett zu Schwerstarbeit verurteilt hat, lachen darf, aber auch darüber, im Leben erfolgreich ihre Frau gestanden zu haben.

Als Aspekte e i n e r , wenn auch einer vielfältigen Welt ist das explizierte Lachen bei Chaucer immer doppelbödig. Es holt vom Abgrund weg, es quittiert die Unvorhersehbarkeiten des Zufalls, kommentiert menschliche Torheit. Es ist nie nur ein bloß schematisch mechanisches, kollektives Verlachen, sondern ist immer vom Wissen um die Komplexität der *conditio humana* gekennzeichnet.

'Troilus and Criseyde'

Das gilt auch für einen ganz anderen Text Chaucers, die tragische Romanze 'Troilus and Criseyde'. Die Geschichte, die Chaucer aus Boccaccios 'Filostrato' hat und mit Elementen aus 'De Consolatione Philosophiae' des Boethius anreichert, ist die Geschichte menschlicher Manipulierbarkeit in einer scheinbar ritterlichen Welt mit festem Verhaltenskodex und Schicksalsbegriff. Diese Manipulierbarkeit und die Gestalt des Pandarus, in dem sie sich verkörpert, sind neuzeitlich-individualistische Elemente in einem traditionellen, antikisierenden Romanzenmuster. Aus dem Spannungsverhältnis zwischen Liebe und der Treue gegenüber dem Verhaltenskodex wächst eine tragische Verstrickung, die etwas anzeigt, das jenseits davon liegt. Und es wird erstaunlicherweise viel gelacht.

Pandarus lacht in der Absicht, Criseyde von der Leichtigkeit des Seins zu überzeugen und sie darin dem Griff der handlungshemmenden Konventionen zu entziehen. Er lacht auch Troilus die Bedenken und den Ehrbegriff weg, der ihn daran hindert, sein Liebesverlangen in die Tat umzusetzen. Criseyde lacht gegen sich selber, sie lacht sich, von Pandarus animiert, ein in die Heiterkeit des Verliebtseins und weg von den Fesseln der Scham. Beider Lachen verbirgt etwas, das der Leser/Zuhörer schon weiß: die Absichten des Pandarus und das Schwanken zwischen Sehnsucht und Ahnungen von Gefahr bei Criseyde.

So ist das Lachen bis auf die scheinbar naiven Glücksmomente des liebenden Troilus ein Lachen der Leichtfertigkeit jenseits des tragischen Laufs der Welt, aber es ist ein Lachen, das nicht komisch ist, sondern gestellt; ein unheimliches Lachen über die Unmöglichkeit reiner Gefühle und praktizierbarer Ideale. Die Adressaten haben dabei nichts zu lachen, sondern sie können nur klagen über die Unausweichlichkeit der persönlichen Verstrickung. Am Schluß, als Criseyde den Verführungskünsten des Diomedes verfallen ist und Troilus aus Schmerz über den Verlust den Heldentod gesucht und gefunden hat, kann er nur noch die Trauer über seinen Tod unten auf Erden zynisch verlachen:

> *And in hymself he lough right at the wo.*
> *Of hem that wepten for his deth so faste.*[14]

Auch dieses Lachen der Einsicht in *This wrecched world*[15] pointiert, wie weit sich Chaucer von den Vorgaben der christlichen Moral und der ritterlichen Ideale entfernt hat. In der ritterlichen Welt muß nach dem Verrat an den Idealen der Fall nach Schema zu seinem erwartbaren Ende gebracht werden, aber bei Chaucer erscheint das heroische Hinscheiden im Kampf nur wie eine beiläufige

---

[14] Buch V. 1821f: Und bei sich lachte er über das Leid derer, die so heftig über seinen Tod weinten.
[15] 1817: Diese verworfene Welt.

Fußnote zum Schicksal der individuellen tragischen Verstrickung und ihr Anlaß aus der Perspektive des Jenseits als lachhaft.

Hat Chaucer in einigen der 'Canterbury Tales' die spät-mittelalterliche Welt mit Hilfe der Komik in einer panoramahaft breiten Vielfalt zur Darstellung gebracht und das Lachen als Brückenschlag zwischen Idealisierung und Empirie eingesetzt, so führt er in der frühen Erzählung 'Troilus und Criseyde' erstmals die mittelalterliche Anthropologie in die Komplexität und Verstrickung der individuellen Binnenwelt.

Daß so viel, aus so verschiedenem Anlaß und mit verschiedenen Absichten bei Chaucer gelacht wird, ist Zeichen eines neuen Komplexitätsbewußtseins, damit aber auch ein Zeichen der Einsicht, wie vieles von dem, was die mittelalterliche Tradition an Erklärungsmustern bereithielt, in seiner Zeit an seine Leistungsgrenzen gestoßen ist. Im Lachen bei Chaucer haben wir mithin eine kulturgeschichtliche Momentaufnahme des Übergangs vom Mittelalter zur Neuzeit, über die man mit Shakespeare sagen könnte: *Present mirth hath present laughter. What's to come is still unsure.*[16]

Bibliographie

Quelle

The Works of Geoffrey Chaucer, hg. von F.N. Robinson. Cambridge/Mass. 1961 (Übersetzungen vom Verf.).

Untersuchungen

Bergson, Henri: Laughter. New York 1956.
Blumenberg, Hans: Komik in der diachronen Perspektive. In: Das Komische, hg. von Wolfgang Preisendanz/Rainer Warning. München 1976 (Poetik und Hermeneutik VII), 408-410.
Iser, Wolfgang: Das Komische: ein Kipp-Phänomen. In: Das Komische, hg. von Wolfgang Preisendanz/Rainer Warning. München 1976 (Poetik und Hermeneutik VII), 398-401.
Jünger, Friedrich Georg: Über das Komische. Frankfurt/M. 1948.
Koestler, Arthur: The Act of Creation. London 1970.
Plessner, Helmuth: Lachen und Weinen. Eine Untersuchung nach den Grenzen menschlichen Verhaltens. Bern 1961.

---

[16] William Shakespeare: Twelfth Night, 2. Akt. 3. Szene: Gegenwärtige Heiterkeit zeugt gegenwärtiges Gelächter. Was kommt ist ungewiß noch.

Wolfgang Maaz

Das Lachen der Frauen vor des Teufels Küche.
Ridicula bei Hrotsvit von Gandersheim

Günter Kunert zum
6.3.1999

„Hat Gott Humor?" „Sicher, wer
den Menschen erschaffen hat, muß
Humor haben!"

John Cleese

Winterfeld attestiert der Autorin, „daß sie Humor besitze" und „mit burlesker Komik" arbeite, Ehrismann bescheinigt ihr, sie berichte von „einer lebenslänglichen, tragikomischen Strafe, die wie ein burlesker Scherz klinge und die sich nicht leicht erzählen lasse. Diese Heiligengeschichte, in der nur wenig Heiliges vorkomme, zeige so recht den Tiefstand der Legendenbildung in jenen Jahrhunderten". „Ihre beste Verslegende", so Langosch, „sticht durch burleske Züge hervor" und eines ihrer Dramen ist von „einer burlesken Komik durchzogen, deren sprühende Lebendigkeit und Stärke" für die Dichterin charakteristisch sei. Wehrli spricht von „manifester Komik" und „komisch-grotesken Einsprengseln ", Rädle von einer „teilweise stark humoristischen Legende" und vom „teilweise mimisch burlesken Charakter" eines ihrer Dramen. Schließlich sei noch Freytag zitiert: „[...] ihr Werk zeigt drastischen Humor neben Gelehrsamkeit, ständisches Denken neben dem geistlichen Frauenideal [...] sie verstand das bestandene Martyrium als gutes Ende, sie gab den heidnischen Widersachern komische, ja burleske Züge".[1]

Der übereinstimmende Befund der mittellateinischen wie altgermanistischen Forschung dürfte die erste Dichterin im deutschen Raum, Hrotsvit von Gandersheim (ca. 935 geboren und nach 973 gestorben), die ihren Namen als *clamor validus*,[2] d.h. 'klangstark' bzw. 'ruhmstark' etymologisiert hat, durchaus symposionswürdig machen.[3] Ihr Œuvre umfaßt, offensichtlich von ihr selbst redigiert, drei Bücher. Der 'liber primus' enthält neben einer Praefatio, in der sie mitteilt,

---

1 Winterfeld (1905) 305, 311; Ehrismann (²1932) 390-391, Langosch (1967) 63, Wehrli (1982/1998) 21/79, Rädle (1983) 201, 204 und Freytag (1988) 71-72.
2 Die immer noch gültige Hrotsvit-Edition hat Winterfeld (1902, ND 1965) vorgelegt, während Homeyer (1970) eine auf Winterfeld und Strecker (1930) basierende kommentierte Edition erstellt hat. Homeyers kommentierte Gesamtausgabe ist ohne die eingehende kritische Studie von Schaller (1977) nicht zu benutzen.
3 Vgl. Winterfeld (1902/1965) 106,8 = Homeyer (1970) 233; zum Namen vgl. Schaller (1977) 112-113 und Wilson (1988) 146-147.

sie habe ihr poetisches Talent selbst entdeckt und, von anderen unbemerkt, zunächst verstohlen erprobt, um es schließlich zum Lobe Gottes einzusetzen, und einer Widmung[4] insgesamt acht Legenden, von denen sieben in leoninischen Hexametern, die 'Passio Sancti Gongolfi martiris' als einzige in leoninischen Distichen gefaßt ist. Hrotsvit hat die später weitverbreitete 'Theophilus'-Legende als erste poetisch behandelt und im 'Pelagius' das Martyrium eines homosexuell umworbenen Jünglings bearbeitet. Pelagius erleidet den Tod, da er das Liebeswerben des zeitgenössischen Kalifen Abd ar-Rahma'n III. von Cordoba zurückgewiesen hat.

In ihrer Vorrede zum Dramenbuch, das sechs Stücke in Reimprosa enthält, begründet Hrotsvit ihren Versuch, lateinische Dramen zu dichten.[5] Sie gibt deutlich zu verstehen, daß ihr literarisches Vorbild Terenz ist, dessen Sprache stets als Muster von Anmut und Eleganz gilt, der jedoch den christlichen Leser wegen seiner frivolen Liebesgeschichten beleidige. Diese sollen ersetzt werden durch die Darstellung der siegreich sich bewährenden Keuschheit frommer Jungfrauen. Die *dramatica series* ihrer Stücke, die das Grundthema der Virginität jeweils verschieden behandeln - eine christliche Jungfrau bekehrt ihren heidnischen Liebhaber zum Christentum ('Gallicanus', 'Calimachus'), drei christliche Schwestern bewahren ihre Keuschheit gegen alle Anfechtungen im Martyrium ('Dulcitius', 'Sapientia') und zwei Hetären werden durch Eremiten bekehrt ('Abraham', 'Pafnutius') - die *dramatica series* also, entsprach den erbaulich-didaktischen Interessen der Stiftsfrauen. Da es sich um dialogisierte Legenden handelt, die nicht aufgeführt wurden, dürften diese während der gemeinsamen Mahlzeiten oder der Stundengebete vorgelesen worden sein. Die Handlung ist stets auf wenige Hauptsprecher verteilt, die affektgeladenen Kurzdialoge sind durch Ellipsen, Aposiopesen, Interjektionen oder emphatische Anreden aufgelockert. Der Vorrede folgt übrigens noch ein Brief an einige ungenannte männliche Förderer (*sapientes fautores*) ihres dramatischen Werks. Diese *fautores* - Dronke[6] vermutet unter diesen vornehmlich Bruno I., Bruder Ottos I., dem Motor der Ottonischen Renaissance - haben sie vor der Resignation bewahrt und zur Vollendung ihres Dramenbuches angespornt.[7] Da Hrotsvit Kanonisse, jedoch nicht Nonne war, hatte sie die Gelübde der Keuschheit und des Gehorsams, aber nicht das der Armut abgelegt. Deshalb konnte sie vermutlich über ihren Reichtum frei verfügen und besaß größere Bewegungsfreiheit. Hinzu kommt, daß, wie Dronke plausibel macht, Hrotsvit einen Teil ihrer Jugend im höfischen Milieu verlebt hat.[8] Hrotsvit reflektiert durchaus selbstbewußt ihre Sonderrolle

---

4 Vgl. Winterfeld (1902/1965) 2-4 = Homeyer (1970) 37-40.
5 Vgl. Winterfeld (1902/1965) 106-107 = Homeyer (1970) 233-234.
6 Dronke (1984) 56-58.
7 Vgl. Winterfeld (1902/1965) 107-108 = Homeyer (1970) 235-237.
8 Dronke (1984) 5-6; vgl. auch Wilson (1988) 145-150.

als schreibende Frau. Und es dürfte kein Zufall sein, daß der älteste Codex, der clm 14485 (Ende 10. oder Anfang 11. Jh. von mehreren Händen in Gandersheim geschrieben), ursprünglich in St. Emmeram in Regensburg als Vermächtnis der Gerberga II. aufbewahrt wurde. Bemerkenswert ist dies deshalb, da Gerberga II., Nichte des Kaisers Otto I., Äbtissin von Gandersheim und Beschützerin Hrotsvits, in St. Emmeram erzogen wurde und ebenda ca. 1106 die 'Carmina Ratisponensia', ein wichtiges Dokument mittellateinischer, von Frauen geschriebener Liebeslyrik, gedichtet wurden.[9]

Von Hrotsvit stammen schließlich noch zwei historische Dichtungen, die 'Gesta Ottonis' (Ottos I.) und die 'Primordia coenobii Gandeshemensis', die die Geschichte des Stifts von der Gründung bis ins Jahr 919 tradieren. Beide Werke sind ebenso wie das Legendenbuch, mit Ausnahme, wie erwähnt, des 'Gongolf', in hexametrischen Leoninern gehalten.

Durchmustert nun der Lachforscher, durch Ehrismann, Langosch u.a. in gespannte Aufmerksamkeit versetzt, Hrotsvits Œuvre, also genauer gesagt, die 14 Legenden und Lesedramen, die Virginität, Bekehrung, Martyrium, Keuschheit und Buße thematisieren, so stößt er zu seiner Überraschung in der Tat lediglich auf rare Passagen, die den Raum des inszenierten Lachens, ja, des anrüchigen Lachens, durch Textsignale öffnen. Diese insgesamt drei Textstellen dürften ungern vorgestellt werden, wenn ich nicht überzeugt wäre, daß für eine intendierte 'Geschichte des Lachens im Mittelalter' die Analyse von Legenden und hagiographischen Texten unabdingbar wäre. Zum einen läßt sich zeigen, welche Funktion das Lachen in diesen Texten, genauer bei Hrotsvit, die doch mit Terenz konkurrieren will, besitzt, zum anderen, wie im Kontext der Geschlechterbeziehung das Lachen von einer weiblichen Autorin, die Märtyrer-Legenden von Männern und Jungfrauen einem zunächst weiblichen Publikum eines der bedeutendsten Reichsstifte der Ottonenzeit präsentieren will, situiert wird. Schließlich könnte noch ein Schlaglicht fallen auf jene Instanz, die in der mirakulösen Welt der hagiographischen Texte die inszenierende Macht ist, nämlich jener Gott, dem wie seinen Aposteln gemeinhin das Lachen abgesprochen wird.

Zwar ist die theologisch-philosophische Bewertung des Lachens in der patristischen Antike und im Mittelalter bekanntlich mehr als reserviert gewesen. Lachen und Gelächter scheinen besonders in monastischen Kreisen verurteilt worden zu sein, da sie die klösterliche Ordnung gefährden könnten. Trotz dieser rigiden Verurteilung wird das Lachen dennoch zunehmend toleriert, sofern das im Sinn von Entspannung (*recreatio*) und Didaxe funktionalisierte Phänomen das 'rechte Maß' erfüllt - ein Kriterium, das die Be- und Verurteilung erheblich erschwert hat. Dadurch, daß dem Lachen gewisse Grenzen zugewiesen werden,

---

9 Dronke (1984) 83, 91-92; vgl. auch die 'Carmina Ratisponensia', hg. v. A. Paravicini. Heidelberg 1979.

weitet sich nicht allein der Geltungsbereich des Witzes aus, vielmehr wird auch die anthropologische Differenz zwischen Lachen, Gelächter und Lächeln in der theologischen Diskussion relevant.

Das bereits von Basilius d. Gr. und Johannes Chrysostomus formulierte Ideologem, Christus habe nie gelacht, konkurriert mit einer auf die Antike (Aristoteles, Quintilian, Porphyrius, Boethius) zurückgreifenden Anthropologie, die das Lachen als spezifisch menschliche Eigenschaft ansah. So versucht später Thomas von Aquin (Summa Theol. IIIa, q. 16, art. 5), beide Positionen in einer kaum befriedigenden Notlösung zu harmonisieren, indem er Christus als Mensch zwar des Lachens fähig bezeichnet, der jedoch darauf freiwillig verzichtet habe.[10]

„Wenn man das Phänomen des Lachens ganz begriffe", so der Religionssoziologe und Lachtheoretiker Peter L. Berger, „dann hätte man das entscheidende Geheimnis der menschlichen Existenz begriffen".[11] Nach Berger wird Lachen stets durch die Erfahrung einer Inkongruenz, eines Risses im Material der Wirklichkeit, ausgelöst. Das Lachen auslösende Komische ist etwas, das unerwartet die Alltagsrealität bzw. die dominante Wirklichkeit („paramount reality") mit Hilfe von geschlossenen Sinnbezirken („finite provinces of meaning") oder Nebenwelten („sub-universes") durchkreuzt. Die ambivalente Faszination, die das Komische hervorruft, eignet auch dem Heiligen. „Das Heilige wie das Komische stellen 'geschlossene Sinnbereiche' [...] dar - Inseln sozusagen innerhalb der gewöhnlichen Alltagsrealität".[12]

Ebenso wie der Traum, das ästhetische Erleben oder die Sexualität setzt das Komische der 'dominanten Realität' eine andere Logik gegenüber. Gerade die subtextuelle Qualität der Sexualität ist unablösbar mit dem Komischen verbunden, „stellt doch der Geschlechtstrieb mehr als jeder andere das Eindringen des rein Physischen in die ritualisierte gesellschaftliche Rolle dar".[13] Die Erfahrung des Komischen wie des Heiligen erlöst passager von der Alltagswelt des Schmerzes und der Unerbittlichkeit der menschlichen Kontingenz. Die Bergerschen Thesen lassen sich an drei 'loci' des Œuvres der Hrotsvita, die das Heilige mit dem Sexuellen in komischer Weise konnotieren, exemplarisch verifizieren.

---

10 Zur neueren Diskussion vgl. Suchomski (1975) 9-65, Olson (1982) 39-127, Resnick (1987) 90-100, Le Goff (1990), Luck (1994) 767-771 sowie Bayless (1996) 177-208; zur Neubewertung des Lachens in der griechischen Patristik vgl. Baconsky (1996).
11 Berger (1998) 53.
12 Berger (1998) 8-9, 78.
13 Berger (1998) 14-15, 38.

Die 'Passio Sancti Pelagii pretiosissimi martiris qui nostris temporis in Corduba martirio est coronatus', so der Originaltitel der Verslegende 'Pelagius', gehört zu den frühesten Dichtungen Hrotsvits und basiert bekanntlich nicht auf einer schriftlichen Vorlage, sondern auf einem Augenzeugenbericht, existierten doch zwischen dem Hof Ottos I. und dem arabischen Spanien diplomatische Kontakte.

Der 'Pelagius' erzählt das Martyrium des vierzehnjährigen schönen Sohnes eines christlichen Fürsten in Galizien, der 925 vom Kalifen Abd-Ar-Rahma'n umgebracht wurde.[14] Nach dreijähriger Kerkerhaft wird der wegen seiner Schönheit bewunderte Pelagius vor den päderastischen Kalifen geführt, dessen Werben der keusche Jüngling schroff ablehnt. Abweichend von der späteren Version, in der der Christ dem heidnischen Verführer ausschließlich moralisierende Belehrungen erteilt, verknüpft Hrotsvit den religiösen Konflikt mit einer für ihre Hörer bzw. Leser ungewöhnlichen Handlung, die eine befremdliche Situation (einen päderastischen Verführungsversuch) ins Komische wendet.[15]

Der lasterhafte Kalif, der den Pelagius zu küssen versucht, wird durch den geistesgegenwärtig reagierenden Knaben lächerlich gemacht und versucht, ihn darauf ein zweites Mal zu küssen, was dieser mit einem Faustschlag ins Gesicht des Verführers beantwortet. Ein erster Tötungsversuch - der lebende Pelagius wird mit einer Schleudermaschine über die Stadtmauer geworfen - bleibt erfolglos, bis Pelagius schließlich enthauptet wird. Beim ersten Verführungsversuch befiehlt der in Liebe entbrannte Kalif - so die entscheidende Szene - dem Pelagius, sich zu ihm auf den Thron zu setzen. Mit gesenkter Stirn berührt der Heide ihn in Liebesleidenschaft mit Küssen und umschlingt den Hals des Begehrten:

> *Fronteque summisso libaverat oscula caro*
> *Affectus causa, complectens utpote colla.*
> (VV. 236-237, Winterfeld, 58 = Homeyer, 139)

Dieser bietet dem königlichen Mund sein Ohr, unter großem Gelächter[16] seinen Spott mit dem Päderasten treibend und verweigert diesem den eigenen Mund:

> *Aurem regali ludens sed contulit ori,*
> *Magno ridiculo divertens ora negata*
> (VV. 240-241 ebda.)

Trotz der syntaktischen Labilität des Ablativs *magno ridiculo* dürfte das große Gelächter vom jungen *miles Christi* (V. 238) stammen, der mit diesem Lachen

---

14 Winterfeld (1902/1965) 52-62 = Homeyer (1970) 122-146; Cerulli (1970) 69-76 sowie Schütze-Pflugk (1972) 14-17.
15 Homeyer (1970) 127. D'Angelo (1999) geht zwar ausführlich auf Hrotsvits Einstellung zur Homosexualität im 'Pelagius' ein, behandelt aber nicht den Lach-Aspekt. Dies gilt auch für die 'Genus'-orientierte Studie von Cescutti (1998) 194-197.
16 Winterfeld (1902/1965) erläutert in seinem 'Index verborum' (448) *ridiculum* mit 'risus'.

über den schmutzigen Diener des Satans triumphiert (*Daemonis spurcus famellus*) - so bezeichnet ihn wenig später (V. 246) der christliche Tugendheld.

Bevor Pelagius den Kalifen (VV. 243-249) mit religiösen Argumenten, für einen in der Taufe Gereinigten zieme es sich nicht, vor einem Barbaren den Nacken zu beugen, und für einen mit dem Chrisma des Heiles Gesalbten nicht, nach einem Kuß eines Teufelsdieners zu gieren, zurückweist, hat er bereits mit seiner Körpersprache (*divertens ora negata*) geantwortet. In dieser Situation, in der zunächst die Sprache versagt hat, antwortet Pelagius mit einem großen Gelächter. Mit einer Art Stottern - ich greife hier auf die Definition von Hüttinger zurück, die das Lachen als Körpersprache, die sich der Eindeutigkeit entzieht, an der Grenze der Sprache beschreibt[17] -, triumphiert lachend der vermeintlich Schwache über den triebhaften Mächtigen.

Die sexuelle Begierde stellt auch hier mehr als jeder andere Trieb das Eindringen des rein Physischen in die dominante, ritualisierte gesellschaftliche Rolle eines Herrschers dar.[18] Der als Teufelsdiener charakterisierte Kalif - hier bestätigt sich die These, daß mit dem Teufel auch das Lachen in die Welt gekommen ist[19] - durchbricht mit seinem triebhaften Verhalten (*corruptus vitiis Sodomitis*, V. 207) die höfische Realität. Die haptische Begierde des Kalifen, den Hrotsvit lächerlich macht, zielt zweimal auf den Mund des Pelagius. Zunächst wird diese auf das Ohr des Begehrten umgelenkt. Auch bei seinem zweiten Versuch, mit Gewalt den Jüngling zu umschlingen und zu küssen, scheitert der Kalif. Doch statt mit Gelächter reagiert Pelagius mit einem Faustschlag. Das vermeintliche Objekt der päderastischen Begierde triumphiert erneut, indem er dem bereits lächerlich gemachten Herrscher mit einem Faustschlag den Mund blutig schlägt. Es dürfte deshalb kein Zufall sein, daß Pelagius auf Geheiß des am Kopf mutilierten Herrschers geköpft wird.

Hat Hrotsvit, wie erwähnt, durch ihre eigene poetische Zutat, daß der Kalif statt am Mund seines Liebesobjektes an einer anderen Körperöffnung, an dessen Ohr, partizipieren soll, eventuell einen sexuellen Witz intendiert? Vielleicht

---

17 Hüttinger (1996) passim.
18 Berger (1998) 36-38.
19 So z.B. Jean Paul (1963) in Paragraph 33 ('Die vernichtende oder unendliche Idee des Humors') seiner 'Vorschule der Ästhetik' (129-130): "Dieser unterlegte Ernst gibt sich in den altdeutschen Possenspielen dadurch kund, daß gewöhnlich der Teufel der Hanswurst ist; [...] Eine bedeutende Idee! Den Teufel, als die wahre verkehrte Welt der göttlichen Welt [...] kann ich mir leicht als den größten Humoristen und whimsical man gedenken". Vgl. auch Jean Pauls Exzerpte, Stichwort 'Lachen', hg. von G. Müller (1988) 298-302: „in der alten Passion p. der Teufel der Hanswurst" und „In dem christlichen Possenspiel ist der Teufel der Lustigmacher" (301). In dieser bemerkenswerten Lach-Anthologie findet sich auch (300): „Christus lachte nie".

handelt es sich im Sinne von Karl Bertau um einen 'toten Witz',[20] dessen Code wir als Exkludierte nicht entschlüsseln können? Die Ausdeutung des auf das Ohr abgelenkten angebotenen Kusses muß letztlich offen bleiben, wenngleich ich doch einiges interpretatorisches Material beibringen kann. So ist zwischen Männern ein Kuß auf das Ohr offensichtlich nicht zu inkriminieren, wie ein berühmter Brief Alcuins von York an Arno, den Bischof von Salzburg, aus dem Jahr 790 zeigt: Alcuin wünscht sich, neben dessen Augen, Mund, Händen und Fußzehen (!) auch Arnos Ohren nicht nur einmal, sondern oft zu küssen (*compressis labris non solum oculos aures et os, sed etiam manuum vel pedum singulorum digitorum articulos, non semel, sed multoties oscularer*, Dümmler 36).[21] Das Ohr gilt in der mittelalterlichen Körperkunde als wichtiger Zugang für geistige Phänomene. Sprechender Mund und hörendes Ohr gehen memorative, bisweilen sogar fruchtbare Beziehungen miteinander ein, wie der mittelalterlich verbreitete Glaube von Mariä Empfängnis durch das Ohr, in das ein embryonales Jesuskind eindringt, zeigt.[22] Später beschreibt Rabelais (Buch I, cap. 8) detailliert eine Entbindung durch das Ohr. Ferner wird das Ohr als Eintritts- und Austrittspforte für die Seele, aber auch für Dämonen (Caesarius von Heisterbach, Dialogus I, 291) angesehen.[23] Da auch die materialreiche Kußstudie von Klaus Schreiner[24] nicht über das Lachen provozierende *osculum infame* aufklären kann, bietet eventuell die seit der Antike geläufige Bezeichnung des kleinen Fingers als *digitus auricularis*, der als 'Grabefinger' das verschmutzte Ohr[25] reinigt, einen gewissen Aufschluß, zumal auch Egbert von Lüttich (ca. 1023) im Gedicht über die zehn Körperöffnungen ('De decem porismatibus') in seiner für den Trivium-Unterricht bestimmten 'Fecunda Ratis' ausdrücklich die verschmutzten Ohren erwähnt:

> *Sputa per os homines, norgam de naribus edunt,*
> *Dant oculi lacrimas, non sunt sine sordibus aures.*
> (Prora, VV. 1575-1576, Voigt 196)

Die intendierte Beleidigung des Teufelsanhängers soll durch den abstoßenden Ersatzkuß - auch ein künftiger Märtyrer ist dem irdischen Schmutz ausgeliefert - lachend unterstrichen werden. Hinzukommt, daß im liturgischen Handbuch 'Liber Officialis' des Amalar von Metz (823) ausdrücklich im exorzistischen

---

20 Bertau (1983) 60-109.
21 Blue (1997) 99-100.
22 Jones (1914/1970); Jeggle (1986) 109-111.
23 Bächtold-Stäubli (1934/1935) 1204-1206.
24 Schreiner (1990).
25 So Isidor von Sevilla orig. 11, 1, 70-71; vgl. auch Schenda (1984) 1144-1148. Homosexuelle gelten als extrem unrein, vgl. Schumacher (1996) 165-167. Das Ohr des Pelagius ist zudem auch durch die Worte des Kalifen (VV. 233-235) verunreinigt, vgl. Schumacher (1996) 274-275.

Sinn davon die Rede ist, daß der Priester mit seinen Fingern die Ohren des Täuflings bekreuzend mit Speichel berührt, damit diese sich der göttlichen Lehre öffnen.[26]

Einem homosexuell triebhaften Herrscher, der sich als *famellus daemonis* enthüllt, kann als substituierte Körperöffnung nur das verschmutzte Ohr angeboten werden, was offenbar ein triumphierendes und zugleich verhöhnendes Gelächter des späteren Märtyrers evoziert. Dieses schadenfroh-befreiende Lachen könnte auch im Sinne der Bachtinschen 'Erniedrigung des vermeintlich Erhabenen' (*rebaissement du sublime*) interpretiert werden und besäße somit auch eine aggressionslösende Funktion.

Wird im 'Pelagius' das Lachen eher beiwege mit dem Körper, genauer gesagt, mit einer wenig 'prominenten', aber doch versteckt diabolisierten Körperöffnung gekoppelt, so zelebriert Hrotsvit das Lachen im 'Gongolf' offen skatologisch, indem sie die wohl gröbste Körperfunktion pointiert am hagiographisch-glorreichen Handlungsende plaziert.

Der 'Gongolf' - der originale Titel lautet 'Passio Sancti Gongolfi martiris' - stellt ein Ehedrama dar: Der Heilige wird von seiner untreuen Gattin und deren Liebhaber, einem Kleriker, umgebracht. Die Handlung spielt in der christlichen Welt Burgunds, im 8. Jahrhundert zur Zeit König Pippins. Obwohl als Märtyrer bezeichnet, wird Gongolf weder von einem heidnischen Herrscher umgebracht, noch ist er ein enthaltsamer Heiliger, der statt der Blutzeugenschaft sein Fleisch abtötet. Er lebt vielmehr als Ehemann in einer Frömmigkeit, die als derartig vehementes Bekenntnis zu Christus dargestellt wird, daß der Teufel und seine irdischen Helfer, die der Sexualität Ausgelieferten, ihn befehden. Es kommt zum besagten Ehedrama, aus dem am Ende der Teufel nur scheinbar als Sieger hervorgeht. Tatsächlich triumphieren Christus und sein Märtyrer, wie dessen Himmelfahrt, verschiedene Wunder an seinem Grab und schließlich die drastische Bestrafung seiner Feinde, eines Klerikers, der ihn zum Hahnrei gemacht hat, und seiner ehebrecherischen Frau, zeigen.[27]

Während der Gangulfus der merovingischen Prosavita[28] lediglich heiratet, um auf diese Weise die Tugend der Askese einer besonders schwierigen, jedoch erfolgreichen Prüfung zu unterziehen, geht Hrotsvits Gongolf die Ehe auf ausdrücklichen Wunsch des Großen seines Landes ein, um sein königliches Ge-

---

[26] Suntrup (1978) 289.
[27] Vgl. Winterfeld (1902/1965) 35-51 = Homeyer (1970) 90-122; Schütze-Pflugk (1972) 54-62; zur 'Gongolf'-Tradition vgl. Altenhöfer (1959/1993) 2-28 und Pierret (1985); zur Bearbeitung durch Hrotsvit (trotz der übermäßigen Betonung des 'Volkstümlichen') vgl. Stach (1935/1969) sowie jetzt I Deug-Su (1989) 155-158.
[28] MGH SS rer. Merov. VII, 155-170 Levison, vgl. auch Altenhöfer (1959/1993) 5-14.

schlecht fortzupflanzen. Da Gongolf keine asketische Josefsehe führt, wird der Ehefrau eine entschuldigende Begründung für ihren Ehebruch genommen, den sie mit einem *clericus audax* (V. 355), einem *famulus* (V. 360) Gongolfs, begeht. Als Gongolf vom Ehebruch erfährt, erweist er sich als in der Tat christlicher Gatte: Obwohl durch ein Gottesurteil der Schuldbeweis erbracht ist, tötet er die überführte Ehefrau nicht. Er verbannt lediglich den Kleriker, auch verstößt er die Ehebrecherin nicht, sondern straft sie nur durch den Entzug der körperlichen Gemeinschaft. Um den Ruf des Heiligen beim Volke zu schädigen, stachelt schließlich der Teufel die beiden Ehebrecher an, Gongolf zu ermorden. Nach dem nächtlichen Meuchelmord fliehen beide. Doch die Bestrafung des Klerikers folgt auf dem Fuße:

> *Viscera sed subito profudit caelitus acta,*
> *Pridem laetitia quae fuerant tumida;*
> *Sicque miser, celsa prostratus vindice dextra,*
> *Vita mercatam perdiderat ganeam.*
> (VV. 469-472, Winterfeld 48 = Homeyer 117)

„Die vom Himmel her durchgeführte Strafe (*vindicta*, V. 468) vergoß plötzlich sein Fleisch, das ihm bisher vor Wollust[29] geschwollen war."

Unbestritten ist, daß, wie die Kommentatoren hervorheben, das Aufbrechen der Eingeweide in der Nachfolge des Todes des Judas und des Erzhäretikers Arius zu verstehen ist,[30] zumal in der Prosavita der Ehebrecher in der Tat den Abtritt aufgesucht hat.[31] Da Hrotsvit das Detail des Kloakentodes unterdrückt, jedoch eigens die *laetitia* der noch jüngst 'geschwollenen' *viscera* - in der Bedeutung 'Hoden' findet sich das Wort immerhin bei Plinius (nat. hist. 20, 142) und bei dem im Mittelalter allerdings fast unbekannten Petron (119, 21) - betont, dürfte entsprechend dem mittelalterlichen Rechtsgebrauch der spiegelnden Strafe die Andeutung einer tödlichen Kastration mitgedacht werden. Vielleicht könnte man im Sinne einer „produktiven Fehlinterpretation"[32] sogar daran denken, daß

---

29 Winterfeld (1902/1965) 48 bemerkt zu V. 470 „euphemismus" und paraphrasiert im 'Index verborum' zu *laetitia*: „i.e. libidine" (365); vgl. ebd. 507 '*viscera*'; ebd. 425 übersetzt Winterfeld *pridem* „vorher, bisher".
30 Stach (1935/1969) 253, 264-265, wobei er doch den „symbolischen Charakter der Strafe", ohne diesen näher zu erläutern, betont; Altenhöfer (1959/1993) 53 mit Anm. 248 sowie Homeyer (1970) 117; zum Kloakentod vgl. Maaz (1981) 793-796 sowie Schaller (1997) 22-23, der die massive Beschimpfung in einem burlesken Streitgedicht des 9. Jahrhunderts *vomens festina, / imple latrinas*! („Kotz' dich schnell aus und fülle damit die Latrine!") ebenfalls als Bildungsreminiszenz an den Tod des Arius interpretiert.
31 Stach (1935/1969) 264-265; Altenhöfer (1959/1993) 12.
32 Ich greife hier eine Bemerkung von Müller (1988) 183 auf, die Fischarts eigenwillige Biber-Interpretation treffend charakterisiert hat.

anders als bei der Selbstkastration des keuschen Bibers (*castor castus*) hier ein *incastus* durch göttlichen Willen kastriert wird.[33]

Welche Strafe hält nun der Himmel für die Ehebrecherin parat? Wird sie ebenfalls an dem Körperteil bestraft, mit dem sie libidinös gesündigt hat? Keineswegs wird diese genital bestraft, etwa im Sinne der 'Bijoux indiscrets', der sprechenden, ihr unkeusches Verhalten bekennenden Vagina - ein Erzählmotiv, das sich vor Diderot bereits in italienischen Novellensammlungen und altfranzösischen Fabliaux findet.[34]

Die Ehebrecherin begeht nämlich eine 'Zungensünde' besonderer Art.[35] Ihr 'peccatum linguae' besteht darin, daß sie, in ihrer 'superbia', also in ihrem Eigensinn, verharrt. Ein Pilger, der vom Grabe ihres mittlerweile wundertätigen Ehemannes kommt, ruft sie zur reuevollen 'conversio' an Gongolfs Grab auf. Sie bestreitet die Glaubwürdigkeit der am Grab geschehenen Wunder voller Hohn und bekräftigt diese Leugnung mit einer Zote, die in der merovingischen Version folgendermaßen lautet: *Sic operatur virtutes Gangulfus, quomodo anus meus* (Altenhöfer 13). Kaum ist dieser Ausspruch gefallen, entfährt ihrer Hinterseite ein obszöner Ton. Das Strafwunder perpetuiert sich bei jedem Wort, das die Ehebrecherin fürderhin am Todestag des Gangulfus spricht.

Nach Freud ist die Zote „wie eine Entblößung der sexuell differenten Person, an die sie gerichtet ist. Durch das Aussprechen der obszönen Worte zwingt sie die angegriffene Person zur Vorstellung des betreffenden Körperteils oder der Verrichtung und zeigt ihr, daß der Angreifer selbst sich solches vorstellt".[36] Es handelt sich also um eine modifizierte Art von Notzucht, die, selten genug, hier von einer depravierten Frau begangen wird.

Wie geht Hrotsvit, die zudem noch für ein weibliches Publikum schreibt, mit dem heiklen Sachverhalt um? Sie vermeidet evident den unmittelbar angstlösenden und befreiendes Gelächter provozierenden Dysphemismus (*anus*), sondern formuliert verhüllend und ungemein dezent, jedoch nicht weniger effektvoll den Ausspruch der Ehebrecherin und deren Bestrafung:

> '*Cur loqueris frustra, simulans miracula tanta*
> *Sedulo Gongolfi pro meritis fieri?*
> *Haec, quae dicuntur, certe non vera probantur,*
> *Non desint signa illius ut tumulo,*   570
> *Haut alias, quam mira mei miracula dorsi*
> *Proferat extrema denique particula.*'

---

[33] Zur Auslegungsgeschichte der Selbstkastration des Bibers vgl. Schumacher (1992) und 'Thesaurus Proverbiorum Medii Aevi' I (1995) 465-467.
[34] Uther (1979), wobei auch gelegentlich der Anus sprechen kann.
[35] Nach Casagrande/Vecchio (1987) wäre die Hrotsvit-Stelle unter 'Blasphemia' (229-249) bzw. 'Turpiloquium' (393-406) zu subsumieren.
[36] Freud (1905/1998) 112.

> *Dixerat, et verbum sequitur mirabile signum,*
> *Illi particulae conveniens proprie:*
> *Ergo dedit sonitum turpi modulamine factum,* 575
> *Profari nostram quale pudet ligulam,*
> *Et, post haec verbum quoties formaverat ullum,*
> *Reddidit incultum hunc toties sonitum,*
> *Ut, quae legalem respuit retinere pudorem,*
> *Sit risus causa omnibus inmodica,* 580
> *Finetenusque suae portet per tempora vitae*
> *Indicium proprii scilicet obproprii.*
> (VV. 567-582, Winterfeld 50-51 = Homeyer 121-122)

Ich zitiere die Passage, mit der die Verslegende endet, in verbatim deutscher Übersetzung: "Die Wunder an seinem Grab dürften in Wirklichkeit nicht anders geschehen als die erstaunlichen Wunderwerke, die das äußerste Teilchen meines Rückens hervorbringt (*mira mei miracula dorsi / Proferat extrema denique particula*). Sie hatte gesprochen, und auf das Wort folgt das erstaunliche Zeichen, passend zu jenem Teilchen. Also gab sie den Ton von sich, der mit so schimpflichem Wohlklang entstanden, daß unsere Zunge sich schämt, es auszusprechen. Und sobald sie fernerhin irgendein Wort geformt hatte, gab sie genau so oft diesen ungepflegten Ton (*incultum sonitum*) von sich, auf daß sie, die es verschmäht hat, die vom Gesetz gebotene Scham zu wahren, bis ans Ende ihrer Tage für alle Ursache sei zu maßlosem Gelächter (*Sit risus causa omnibus inmodica*)."

Auffällig ist, daß Hrotsvit tabuierte Ausdrücke und obszön-anschauliche Umschreibungen meidet, so fehlt z.B. der Geruchsaspekt.[37] Trotz dieser verhüllenden Dezenz wird offensichtlich ein gesellschaftlich gesetztes, aber als repressiv empfundenes Tabu - das öffentliche Furzen - wenngleich mirakulös durchbrochen, worauf mit maßlosem Gelächter aller reagiert wird. Das Lachen entzündet sich am Nicht-Normgerechten des unentrinnbaren Dauerdefektes.[38] Es ist ein

---

[37] Zu diesem Begleitphänomen der menschlichen Verdauung vgl. Daxelmüller (1987) mit Verweis (596) auf unsere Stelle.

[38] Moser-Rath (1984) weist bei ihrer Aufarbeitung des Erzählmotivs vom zwanghaften Hervorbringen einer Silbe etc. oder eines Furzes darauf hin, daß die Gangolf-Legende ein singuläres historisches Testimonium darstellt.
Homeyer (1970) 122 weist zu V. 575 auf Augustinus civ. 14, 24 (*Nonnulli ab imo sine paedore ullo ita numerosos pro arbitrio sonitus edunt, ut ex illa etiam parte cantare videantur*, S. 445, 36-38 Dombart/Kalb) hin, ohne den Kontext der Stelle zu erklären. Augustinus berichtet von den Petomanen - zu diesen besonderen Künstlern vgl. Daxelmüller (1987) 594-595 -, sie könnten nach Belieben anale Geräusche von sich geben, da diese zu den Menschen gehörten, die ähnlich wie Adam und Eva willentlich über ihren Körper verfügen würden. Die Ureltern konnten vor dem Sündenfall mit bewußtem Willen über ihre Sexualität verfügen. Die vom freien Willen unkorrigierte sexuelle Begierde (*concupiscentia*), eine Folge des Sündenfalls, habe das *discordiosum malum* in die Welt gebracht, die auch der Ehebrecherin zum Verhängnis geworden ist. Auf der Folie dieser Sexualtheorie Augustinus' - vgl. dazu ausführlich Brown (1991) 404-417 - stellt die ihrer Konkupiszenz verfallene Ehe-

integrierendes Lachen (*omnibus*) und zugleich sanktionierendes Lachen. Die von Gott verhängte anal-sadistische, nicht genitale Bestrafung soll vom lachenden 'consensus omnium' gutgeheißen werden. Der mirakulöse Eingriff des christlichen Gottes, der einen zwanghaften Automatismus zwischen Sprechen und Furzen hergestellt hat, produziert zwar Ekel, wird aber durch das Lachen erträglich gemacht. Gott läßt lachen. Schließlich sei nochmals unterstrichen, daß keineswegs die sexuelle Verfehlung der Ehefrau geahndet wird, sondern ihre 'superbia', ihr Eigensinn, d.h. ihre bewußte Verkennung der göttlich gesetzten Realität, da sie die Wundertaten ihres christlichen Gatten leugnet. Aus diesem Grund erfolgt auch keine aggressive Bestrafung, wie Tötung oder körperliche Mutilierung, sondern ihre zotige, gotteslästerliche Blasphemie erfüllt sich. Durch deren umgehende Realisierung - wie oft in schwankhaften Erzählungen fungiert der Anus in seiner Funktion als Körperöffnung als Antipode des Mundes[39] - wird die ewig geschwätzige Frau[40] evoziert, deren nicht endende Logorrhoe anal konnotiert ist. Sprachlich manifestiert sich diese namenlose unheilige Flatulantia durch zwanghafte anale Sprechakte, die Hrotsvits weibliches Publikum in Gandersheim zu unbändigem Lachen provoziert haben dürften: „Hrotsvit [...] legt es förmlich darauf an, die Lachmuskeln ihrer Hörerinnen in Bewegung zu setzen [...] So schließt bei ihr das Ganze gewissermaßen mit einer Pause, die sich ausnimmt wie ein stummes 'Risum teneatis, amici?'".[41] Da *particula* nach Servius Aeneis (I, 116, 207) und Martianus Capella (3, 272) 'Redeteilchen' im Sinne der Enklitika '-ce', '-ne', '-que', '-ve', die den letzten Silben der Wörter angehängt werden, bezeichnet, könnte Hrotsvit eventuell mit dieser Bedeutung spielen: Der letzte Teil des Rückens produziert allerkleinste Sprechakte. An die Lese-Situation anschließend, sei noch eine eventuell unzulässige Vermutung gewagt. Trotz des Verstoßes gegen Genus und Metrik ('culus', -i, masc.; während in *miracula, particula* 'u' kurz gemessen wird) wäre eine zusätzliche anale kontextuelle Anspielung durch ein bewußtes Pausieren im Vortrag - mit einer entsprechenden Geste - der Substantive *mira-cula* (V. 567 und 571) und *particula* (V. 572) ein weiteres Lachsignal.[42] Und vielleicht dürfte auch manch einer

---

brecherin gleichsam eine zweite depravierte Eva dar, deren Willen durch den Strafzwang des mit dem Sprechen gekoppelten Furzens ausgeschaltet wird.

[39] Vgl. dazu Ranke (1977) 825 mit Verweis auf Hrotsvit (824).

[40] Vgl. Köhler (1987) und Bebermeyer (1987); Hrotsvit hat den ständigen Zwangsakt insofern verschärft, als in der merovingischen Prosaversion die Frau nur jeden Freitag, am Todestag des Gangulfus, bei jedem Wort furzen muß.

[41] Stach (1935/1969) 256-257.

[42] Auf solche obszönen Wortwitze verweist Vorberg (1932/1965) 127 unter dem Lemma 'culus' bei Plautus (*Herculi* zu *eri culi* - „seines Herrn Hintern", *in oculos invadi* zu *in o-culos invadi*).

ihrer Hörerinnen bzw. Leserinnen die Fehlleistung unterlaufen sein, diese Sprechakte mit dem 'clamor validus' als extreme, fast karnevalesk-skatologische Selbstthematisierung zu assoziieren.[43]

Um das im Titel gegebene Versprechen einzulösen, komme ich zur dritten, durch ein besonderes Lachen geprägten Szene, die durch das bereits aus dem 'Pelagius' bekannte Wort *ridiculum* akzentuiert wird.
Hat Hrotsvit sich im 'Gongolf' erlaubt, eine Ehebrecherin skatologisch bloßzustellen, so stattet sie im Lesedrama 'Passio sanctarum virginum Agapis, Chioniae et Hirenae', das allgemein nach seiner Hauptfigur 'Dulcitius' genannt wird, eine vollständige Szene (IV, 1-4) auf Kosten eines Mannes, eben des Statthalters Dulcitius, mit Gelächter aus.[44]
Im 'Dulcitius' werden drei Schwestern mit den sprechenden Namen Agape, Chionia ('Schneeweiße') und Hirene vom Erz-Christenverfolger Diokletian zunächst aufgefordert, sich wegen künftiger Verheiratung mit Höflingen von Christus loszusagen. Die Schwestern, Glaubensabfall und Ehe verweigernd, werden (I, 8) vom Kaiser als *contumaces* (starrköpfig, verstockt, eigensinnig) gescholten und dem Gericht des Statthalters Dulcitius (offensichtlich auch dies ein hier antiphrastisch sprechender Name) übergeben. Dieser weist seine Soldaten an, die Schwestern in den Innenraum des Küchenhauses zu bringen, wo in einem Nebengelaß die Diener das Küchengeschirr aufbewahren. Dulcitius will sie (II, 2) nächtlings wegen ihrer Schönheit zur Liebe zwingen (*exaestuo illas ad mei amorem trahere*). Er weist die Wächter an, vor dem Gefängnis zu warten, aus dem man die Gefangenen Hymnen singen hört. Dulcitius will sich (III, 2) an deren Umarmungen sättigen (*optatis amplexibus saturabo*).
Durch göttliche Fügung wird ihm jedoch der Verstand verwirrt, so daß er sich unter den Augen der belustigten Mädchen statt an ihnen am rußigen Küchengeschirr vergreift. Dadurch geschwärzt, einem Mohren ähnlich, und beschmutzt, wird er von den eigenen Soldaten und vom Türhüter nicht erkannt, sondern als *daemoniacus* und *diabolus* (V) verjagt. Erst seine Frau klärt ihn auf,

---

43 Zu derartiger Selbstthematisierung bei Fischart vgl. Bachorski (1995).
44 Vgl. Winterfeld (1902/1965) 127-134 = Homeyer (1970) 264-277; Schütze-Pflugk (1972) 24-28. Wie beliebt dieser Text ist, zeigt der Abdruck in der kommentierten Anthologie von Harrington/Pucci (²1997) 352-362. Zum Lachcharakter dieser Szene vgl. sehr überzeugend Rivera Garretas (1997) 92, 96-98. Cescutti (1998) 221-224 geht auf das Lachen in dieser Szene, die sie (221) ungenau referiert, nicht ein.
Daß Hrotsvits Lachen auch vor Kaisern nicht Halt macht, zeigt die Szene (V, 4) im Drama 'Sapientia'; Winterfeld (1902/1965) 189-190 = Homeyer (1970) 365. Hier verlacht die spätere Märtyrerin Fides Grimassen schneidend und respektlos den Kaiser Hadrian; vgl. Rivera Garretas (1997) 97.

und er will sich ob der vermeintlichen Zauberei an den Christinnen rächen. Er läßt sie nackt auf die Straße treiben. Das in Legendendichtungen häufige Wunder der festhaftenden Kleider und die plötzliche Schlaftrunkenheit des Dulcitius verhindern zunächst die Ausführung. Dem Comes Sisinnius wird übertragen, zwei der Mädchen zu verbrennen. Wieder ereignet sich ein Wunder: die zum Himmel entschwindenden Seelen hinterlassen ihre Körper unverletzt. Die dritte Schwester erleidet ebenfalls das Martyrium.

Hrotsvit hat die erwähnte Szene (IV, 1-4) die in den 'Acta Sanctorum' tradiert ist[45] und die auch Aldhelm inspiriert hat,[46] insofern eigenständig bearbeitet, als die Schwestern dort den eindringenden Dulcitius, der sie vergewaltigen will, nicht beobachten und der abstoßende Zustand des schmutzigen Dulcitius weniger derb beschrieben wird. Schließlich ist die teichoskopische Dramatisierung durch das Mittel der Stichomythie ganz Hrotsvits Eigentum:[47]

IV 1   AGAPES. *Quid strepat pro foribus?*
       HIRENA. *Infelix Dulcitius ingreditur.|*
       CHIONIA. *Deus nos tueatur!|*
       AGAPES. *Amen.*
   2   CHIONIA. *Quid sibi vult collisio ollarum, | caccaborum et sartaginum?|*
       HIRENA. *Lustrabo. Accedite, quaeso, per rimulas perspicite!*
       AGAPES. *Quid est?*
       HIRENA. *Ecce, iste stultus, | mente alienatus, | aestimat se nostris uti amplexibus.|*
       AGAPES. *Quid facit?*
   3   HIRENA. *Nunc ollas molli fovet gremio, nunc sartagines et caccabos amplecitur, mitia libans oscula.*
       CHIONIA. *Ridiculum.*
       HIRENA. *Nam facies, manus ac vestimenta | adeo sordidata, | adeo coinquinata, | ut nigredo, quae inhaesit, similitudinem Aethiopis exprimat.*
       AGAPES. *Decet, ut talis appareat corpore, |qualis a diabolo possidetur in mente.|*
   4   HIRENA. *En, parat regredi. Intendamus, quid illo egrediente agant milites | pro foribus expectantes.|*

V   MILITES. *Quis hic egreditur? Daemoniacus. | Vel magis ipse diabolus. | Fugiamus!|*
       (Winterfeld 129-30 = Homeyer 271-72)

---

[45] 'Acta martyrii Agapes, Chioniae et Irenes', in: Acta Sanctorum, April 3 (Paris/Rom 1866) 244-250. Eine vergleichende Analyse findet sich bei Cole (1960) 599-602.
[46] Aldhelm, De Virginitate, 305-307 (Prosaversion), 443-443 (Versifizierung). Hrotsvit kannte Aldhelm offensichtlich nicht.
[47] Zu diesem auch sonst meisterhaft von Hrotsvit eingesetzten Mittel vgl. Wilson (1988) 69-71.

„AGAPE: Wer lärmt vor der Tür? IRENE: Der unselige Dulcitius kommt herein. CHIONIA: Gott möge uns schützen. AGAPE: Amen. CHIONIA: Was soll dieses Zusammenschlagen der Töpfe, Kessel und Pfannen (*collisio ollarum, caccaborum et sartaginum*) bedeuten? IRENE: Ich sehe nach. Kommt doch heran, bitte, schaut durch die Ritzen! AGAPE: Was gibt's? IRENE: Seht nur, dieser Dummkopf, der den Verstand verlor (*stultus, mente alienatus*), er glaubt, er läge in unseren Armen. AGAPE: Was macht er denn? IRENE: Jetzt wärmt er die Töpfe im weichen Schoß, jetzt umarmt er Pfannen und Kessel, er gibt ihnen milde Küsse. CHIONIA: Es ist Lachen erregend. (*Nunc ollas molli fovet gremio, nunc sartagines et caccabos amplecitur, mitia libans oscula. Ridiculum.*) IRENE: Sein Gesicht, die Hände und seine Kleidung sind so befleckt und so mit Schmutz bedeckt, daß die Schwärze, die sich an ihm zeigt, der eines Mohren gleicht (*ut nigredo, quae inhaesit, similitudinem Aethiopis exprimat*). AGAPE: Recht so, daß er sich im Äußeren so stellt, wie sein Geist vom Teufel besessen ist (*qualis a diabolo possidetur in mente*)."

Offensichtlich werden die drei Jungfrauen von Gott, dem Regisseur des mirakulösen zeitweiligen Irreseins des Dulcitius, vor der Vergewaltigung geschützt und gleichzeitig zum Verlachen des 'Vergewaltigers' motiviert. Der Blick durch die Ritzen, zu dem Irene die Schwestern auffordert (*accedite, quaeso, per rimulas perspicite!*) ist im eigentlichen Sinn kein voyeuristischer Blick, da Dulcitius gerade nicht ein Objekt der Begierde darstellt. Daß auch in mittellateinischer Literatur der eigentlich voyeuristische Blick männlich ist, zeigen die beiden einzigen mir bekannten Stellen, wobei jedesmal Paare beim Liebesspiel beobachtet werden: zum einen im 'Ruodlieb' - hier beobachtet der alte Ehemann (*rimans senior*, V. 120) durch ein gebohrtes Loch, wie der Rotkopf mit der einen Hand die Brüste, mit der anderen die Beine seiner untreuen Frau betastet, was diese mit einem darübergelegten Pelzmantel zu verbergen sucht -,[48] zum anderen im 'Asinarius' - hier beobachtet im Auftrag des Königs ein Diener das Liebesspiel zwischen der königlichen Tochter und dem Eselsprinzen hinter einem Vorhang und berichtet mit Dezenz von seinem voyeuristischen Erlebnis.[49]

---

[48] Ruodlieb VII, 116-119, Vollmann 126; *Respiciebat eo terebelli perque foramen. / Rufus et in solium salit infeliciter ipsum, / Una manus mammas tractabat et altera gambas, / Quod celabat ea superexpandendo crusenna.* Weder Knapp (1977) 198 noch Haug/Vollmann (1991) 1370 kommentieren den Voyeurismus der Stelle; vgl. Winterfeld (1905) 294-295.

[49] Asinarius 305-306, 315-318, 342-344, 349-350, 355-356, Rizzardi 236, 238, 242; *Ut videat quid agant hic asellus et hec domicella / Post velum servus nocte locatus adest.* [...] *Tunc simul ambo suis stringunt sua colla lacertis / Et sua concedunt oribus ora suis. / Protinus in lectum salit hic sequiturque puella. / Quod sequitur norunt, novit ipse thorus.* [...] *Qui post cortinam cubarat ibi, / Quem rex nocturnum vigilem decreverat esse / Ut specularetur quid facerent hic et hec.* [...] '*Preterita nocte post cortinam cubitanti / Res est visa michi prodigiosa satis.* [...] *Quid referam, domine, quid gesserit ille vel illa? / Quos Veneri tota nocte vacasse scias*'. Zum 'Asinarius' vgl. Ziolkowski (1995), der allerdings nicht auf den voyeuristischen Aspekt eingeht.

Dulcitius wird dagegen in seiner geschwärzten Körperlichkeit als Vertreter der weltlich-heidnischen Macht desavouiert, in seiner Reduktion auf die fehlgesteuerte Sexualität vor den Augen der Frauen in seiner beschämenden Ohnmacht decouvriert und als 'lachhafter Mensch' im Wortsinn objektiviert.[50] So führt das Lachen zu einem Macht-Ohnmacht-Gefälle, aus dem sich im Handlungsverlauf eine grundsätzlich beschämende Wirkung ergibt: Dulcitius wird, nachdem seine Verblendung im weiteren vor aller Augen (Soldaten, Türhüter des kaiserlichen Palastes, Ehefrau, Diokletian) öffentlich gemacht ist, aus der folgenden Handlung ausgeschlossen. Er hat nichts mehr zu lachen.[51]

Die intendierten Opfer, die erst später das Martyrium erleiden, werden vorübergehend zum Subjekt der Szene, die, wie sich noch zeigen wird, vor des Teufels Küche spielt. Wie Braun richtig bemerkt, stellt das sehende Subjekt das Ebenbild des allmächtigen Gottes dar, der alles sehen kann, aber selbst nicht zu sehen ist.[52] Die Frauen, für die stellvertretend Irene durch die *rimulae* späht, sind für einen Augenblick mächtiger als des Teufels Koch, ja sogar mächtiger als der Teufel selbst, der wehrlos nicht allein seiner Gier, sondern auch dem Blick der Frauen ausgeliefert ist.

Jede in allegorisch-exegetischer Auslegungspraxis vertraute Leserin in Gandersheim dürfte über den 'sensus spiritualis' der Szene informiert gewesen sein. So verkörpert der *Aethiops* (IV, 3) in seiner Schwärze den Teufel, wie die Soldaten (V) den Dulcitius nennen. Der Ruß, der den Küchengeräten anhaftet und Dulcitius einschwärzt (*nigredo*, IV, 3), figuriert ebenso für Tat- und Gedankensünden, wie die Kochtöpfe (*ollae*, IV, 3) als fleischliche Gelüste und die Küche als Hölle ausgelegt werden.[53]

Erst Pietro Aretino (1492-1556) läßt in seinen 'Ragionamenti' eine Frau - die Puttana Nanna - von einem Kämmerchen aus, das in der Mitte aller Klosterzellen liegt, durch Ritzen in den Wänden vom orgiastischen Treiben in einem Kloster erzählen. Zu dieser Szene und zum voyeuristischen Blick allgemein vgl. die materialreiche Studie von Naumann (1976) 15, 220-240, 312-320 (für den freundlichen Hinweis danke ich Dr. Carolin Fischer, Humboldt-Universität zu Berlin).

[50] Berger (1998) 37.
[51] Titze (1997) 172-173.
[52] Braun (1994) 82; zum 'objektivierenden' Blick vgl. Sartre (1974) 338-373.
[53] Sticca (1970) 114-122; zur Beziehung zwischen *Aethiops* und Teufel vgl. auch Musway (1997) 68-70 (für den Hinweis danke ich Prof. D. Harlfinger, Hamburg) und Limbeck (1998) 179-182; zur allegorischen Auslegung des Rußes vgl. Schumacher (1996) 423-427 (mit der Interpretation unserer Stelle). Ein mögliches literarisches Vorbild dürfte die Beschreibung eines königlichen Koches bei Venantius Fortunatus sein, der (carm. 6, 8, hg. v. F. Leo, 148) folgendermaßen charakterisiert ist: *corde niger, fumo pastus, fuligine tinctus, / Et cuius facies caccabus alter adest*, „schwarz im Herzen, vom Qualm genährt, vom Ruß eingefärbt, ist sein Gesicht ein zweiter Tiegel". Zur Venantius-Imitation vgl. Winterfeld (1902/1965) 26 und Schaller (1977) 110-111.

Daß die Definitionsmacht des einseitigen männlichen Blicks oft in die Macht der gewalttätigen Berührung übergeht, zeigt sich am Beispiel des Dulcitius, der (II, 1-2) beim Anblick der drei Schwestern entzückt ausruft: *Papae! quam pulchrae, | quam venustae, | quam egregiae puellulae! | [...] Captus sum illarum specie. | Exaestuo illas ad amorem mei trahere* (!). Diese Definitionsmacht des einseitigen Blicks ist vorübergehend an die lachenden Frauen übergegangen. Die Macht des einseitigen Blicks des Dulcitius, der die Frauen vergewaltigend mit seinen Augen 'berührt' hat, wird von Hrotsvit umgekehrt: Die einseitiges Lachen provozierende Berührung des durch göttliche Fügung verwirrten Dulcitius gilt den Ersatzobjekten, den rußigen Küchenutensilien, durch die der in den Blick genommene Vergewaltiger diabolisiert wird.

Das Lachen der Frauen triumphiert über den heidnischen 'exclusus amator', der sich dem einseitigen Blick als Teufel enthüllt. Die Natur dieses Lachens speist sich aus der tröstlichen Erkenntnis, daß, wie Odo Marquard es formuliert hat, „das Geltende nicht unbedingt das Geltende, das Nichtige nicht unbedingt das Nichtige ist, daß [...] die offiziellen Verhältnisse momentan über den Haufen geworfen werden". Die drei künftigen Märtyrerinnen, die letztlich der irdischen Macht des Teufels ausgeliefert sind, antworten auf die „plötzlich sichtbar werdende Veränderlichkeit der Verhältnisse nicht mit Ändern oder Stabilisieren, also nicht mit einer Aktion, sondern einzig mit einer Aktion statt der Aktion: mit Lachen".[54]

Die metaphysische Instanz des Bösen, materialisiert in Dulcitius, wird von der Gegeninstanz, dem Wunder wirkenden Gott, ins Lächerliche gezogen. Den Frauen, die für eine kleine Weile zum Subjekt der Handlung geworden sind, wird das Lachen zugewiesen. Der Mensch darf lachen, der christliche Gott läßt lachen.

---

[54] Marquard (1976) 142-143.

Bibliographie

Quellen

Aldhelmi Opera, hg. von Rudolf Ehwald. Berlin 1929 (MGH, Auctores Antiquissimi 15).
'Asinarius', hg. von Simona Rizzardi. Genua 1983 (Commedie Latine del XII e XIII Secolo 4).
Aurelii Augustini De Civitate Dei Libri XI-XXII, hg. von Bernard Dombart/ Alphonse Kalb. Turnhout 1955 (Corpus Christianorum. Ser. Lat. 48).
Egberts von Lüttich 'Fecunda Ratis', hg. von Ernst Voigt. Halle 1889.
Epistolae Karolini Aevi. Tomus II, hg. von Ernst Dümmler. Berlin 1895 (MGH, Epistolae 4).
Frühe Deutsche Literatur und Lateinische Literatur in Deutschland 800-1150, hg. v. Walter Haug/Benedikt Konrad Vollmann. Frankfurt/M. 1991 (Bibliothek des Mittelalters 1). (Enthält neben dem 'Ruodlieb'-Text einen Kommentar von B. K. Vollmann).
Hrotsvithae Opera, hg. von Paul von Winterfeld. Berlin 1902, Nachdruck 1965 (MGH, Scriptores rerum Germanicarum 34).
Hrotsvithae Opera, hg. von Karl Strecker. Leipzig ^{2}1930.
Hrotsvithae Opera, mit Einleitungen und Kommentar hg. von Helene Homeyer. München/Paderborn 1970.
Isidori Hispalensis Episcopi Etymologiarum Sive Originum Libri XX, hg. von W. M. Lindsay. Oxford 1911.
Martianus Capella, hg. von James Willis. Leipzig 1983.
Medieval Latin, hg. von K. P. Harrington/Joseph Pucci. Chicago/London ^{2}1997.
Paul, Jean: Vorschule der Ästhetik, hg. von Norbert Miller. München 1963 (Studienausgabe).
'Ruodlieb'. Mittellateinisch und Deutsch. Übertragung, Kommentar und Nachwort von Fritz Peter Knapp. Stuttgart 1977.
'Ruodlieb', Bd. II, Erster Teil. Kritischer Text, hg. von Benedikt Konrad Vollmann. Wiesbaden 1985.
Servii Grammatici qui feruntur in Vergilii Carmina Commentarii, Bd. 1, hg. von Georg Thilo/Hermann Hagen. Leipzig 1881.
Venanti Honori Clementiani Fortunati Opera Poetica, hg. von Friedrich Leo. Berlin 1881 (MGH, Auctores Antiquissimi 4,1).
'Vita Gangulfi Martyris Varennensis', hg. von Wilhelm Levison. Hannover/ Leipzig 1909 (MGH, Scriptores rerum Merovingicarum 7,1), 155-170.

Untersuchungen

Altenhöfer, Edgar: Studien zur Verehrung St. Gangolfs, insbesondere zur Legende und Sage des Heiligen. Phil. Diss. Würzburg 1959 (unpubliziert), Würzburg 1993.

Bachorski, Hans-Jürgen: 'Der Treu Eckart in Venusberg'. Namenspiele und Triebverdrängung in Fischarts 'Geschichtklitterung'. In: Variationen der Liebe. Historische Psychologie der Geschlechterbeziehung, hg. v. Thomas Kornbichler/Wolfgang Maaz. Tübingen 1995 (edition discord 4), 202-233.

Baconsky, Teodor: Le rire des Pères: essai sur le rire dans la patristique Grecque. Paris 1996.

Bächtold-Stäubli, Hanns: Ohr. In: Handwörterbuch des deutschen Aberglaubens 6 (1934/1935) 1204-1217.

Bayless, Martha: Parody in the Middle Ages. The Latin Tradition. Ann Arbor, Michigan 1996.

Bebermeyer, Renate: Geschwätzigkeit. In: Enzyklopädie des Märchens 5 (1987) 1143-1147.

Berger, Peter L.: Erlösendes Lachen. Das Komische in der menschlichen Erfahrung. Berlin/New York 1998.

Bertau, Karl: Wolfram von Eschenbach. Neun Versuche über Subjektivität und Ursprünglichkeit in der Geschichte. München 1983.

Blue, Adrianne: Vom Küssen oder Warum wir nicht voneinander lassen können. München 1997.

Braun, Christina von: Ceci n'est pas une femme. Betrachten, Begehren, Berühren - von der Macht des Blicks. In: Lettre International 25 (1994) 80-84.

Brown, Peter: Die Keuschheit der Engel. München/Wien 1991.

Casagrande, Carla/Vecchio, Silvana: I peccati della lingua. Disciplina ed etica della parola nella cultura medievale. Rom 1987.

Cerulli, Enrico: Le Calife Abd-Ar-Rahman III de Cordoue et le martyr Pelage dans un poème de Hrotsvitha. In: Studia Islamica 32 (1970) 69-76.

Cescutti, Eva: Hrotsvit und die Männer. Konstruktionen von 'Männlichkeit' und 'Weiblichkeit' in der lateinischen Literatur im Umfeld der Ottonen. Eine Fallstudie. München 1998 (Forschungen zur Geschichte der Älteren deutschen Literatur 23).

Cole, Douglas: Hrotsvitha's Most „Comic" Play: 'Dulcitius'. In: Studies in Philology 57 (1960) 597-602.

D'Angelo, Edoardo: Hrotswitha's Attitude towards Homosexuality. In: Mlat. Jb. 34 (1999), im Druck.

Daxelmüller, Christoph: Furz. In: Enzyklopädie des Märchens 5 (1987) 593-600.

Dronke, Peter: Women Writers of the Middle Ages. A Critical Study of Texts from Perpetua († 203) to Marguerite Porete († 1310). Cambridge/New York 1984.

Ehrismann, Gustav: Geschichte der deutschen Literatur bis zum Ausgang des Mittelalters. I: Die Althochdeutsche Literatur. München ²1932 (ND München 1956).
Freud, Sigmund: Der Witz und seine Beziehung zum Unbewußten. Wien 1905 (zitiert nach der vierten, korrigierten Ausgabe Frankfurt/M. 1998).
Freytag, Wiebke: Geistliches Leben und christliche Bildung. Hrotsvit und andere Autorinnen des frühen Mittelalters. In: Deutsche Literatur von Frauen I, hg. von Gisela Brinker-Gabler. München 1988, 65-76.
Hüttinger, Stefanie: Die Kunst des Lachens - das Lachen der Kunst. Ein Stottern des Körpers. Frankfurt/M. u.a. 1996 (EH 30, 65).
I, Deug-Su: Note sull'agiografia del secolo X e la santità laicale. In: Studi Medievali 30 (1989) 143-161.
Jeggle, Utz: Der Kopf des Körpers. Eine volkskundliche Anatomie. Weinheim/ Berlin 1986.
Jones, Ernst: Die Empfängnis der Jungfrau Maria durch das Ohr. Ein Beitrag zu der Beziehung zwischen Kunst und Religion. In: Jahrbuch der Psychoanalyse 6 (1914) 135-204 (wiederabgedruckt in: E.J.: Zur Psychoanalyse der christlichen Religion. Frankfurt 1970, 37-128).
Köhler, Ines: Die geschwätzige Frau. In: Enzyklopädie des Märchens 5 (1987) 148-159.
Langosch, Karl: Hrotsvitha von Gandersheim. Dulcitius, Abraham. Zwei Dramen. Stuttgart 1967.
Le Goff, Jaques: Le rire dans les règles monastiques du Haut Moyen Age. In: Haut Moyen Age. Culture, éducation et socièté. Études offertes à Pierre Richè, hg. von Claude Lepelley/Philippe Contamine/Carol Heitz. La Garenne-Colombes 1990, 93-103.
Limbeck, Sven: 'Turpitudo antique passionis' - Sodomie in mittelalterlicher Visionsliteratur. In: Visio Edmundi monachi de Eynsham. Interdisziplinäre Studien zur mittelalterlichen Visionsliteratur, hg. v. Thomas Ehlen u.a. Tübingen 1998 (ScriptOralia 105), 165-226.
Luck, Georg: Humor. In: Reallexikon für Antike und Christentum 16 (1994) 753-773.
Maaz, Wolfgang: 'A dialectica libera nos, domine'. Beobachtungen zum Kommentar des Bernhard von Utrecht (1076-1099). In: Studi Medievali 22 (1981) 787-804.
Marquard, Odo: Exile der Heiterkeit. In: Das Komische, hg. von Wolfgang Preisendanz/Rainer Warning. München 1976 (Poetik und Hermeneutik 7), 133-151.
Moser-Rath, Elfriede: Fiddevav. In: Enzyklopädie des Märchens 4 (1984) 1099f.
Müller, Götz: Jean Pauls Exzerpte. Würzburg 1988.
Müller, Maria E.: Schneckengeist im Venusleib. Zur Zoologie des Ehelebens bei Johann Fischart. In: Eheglück und Liebesjoch. Bilder von Liebe, Ehe und Familie in der Literatur des 15. und 16. Jahrhunderts, hg. von M.E. M. Weinheim/Basel 1988 (Ergebnisse der Frauenforschung 14), 155-205.

Musway, Dudu: Das Bild Schwarzafrikas in der lateinischen gelehrten Literatur. Phil. Diss. Hamburg 1997 (Microfiche).

Naumann, Peter: Keyhole and Candle. John Clelands 'Memoirs of a Woman of Pleasure' und die Entstehung des pornographischen Romans in England. Heidelberg 1976.

Olson, Glending: Literature as Recreation in the Later Middle Ages. Ithaca/London 1982.

Pierret, Paul: Saint Gengoux, patron des mal mariés. Arlon 1985.

Rädle, Fidel: Hrotsvit von Gandersheim. In: Die Deutsche Literatur des Mittelalters. Verfasserlexikon 4 (^{2}1983) 196-210.

Ranke, Kurt: Arsch. In: Enzyklopädie des Märchens 1 (1977) 823-827.

Resnick, Irven M.: 'Risus monasticus'. Laughter and Medieval Monastic Culture. In: Révue Bénédictine 97 (1987) 90-100.

Rivera Garretas, Maria-Milagros: Orte und Worte von Frauen. Eine Spurensuche im europäischen Mittelalter. München 1997.

Sartre, Jean-Paul: Das Sein und das Nichts. Versuch einer phänomenologischen Ontologie. Hamburg 1974.

Schaller, Dieter: Hrotsvit von Gandersheim nach tausend Jahren. In: Zeitschrift für deutsche Philologie 96 (1977) 105-114.

Schaller, Dieter: Ein unbekanntes burleskes Streitgedicht des IX. Jahrhunderts. In: Literatur: Geschichte und Verstehen, hg. v. Hinrich Hudde/Udo Schöning. Heidelberg 1997 (Studia Romanica 87), 13-30.

Schenda, Rudolf: Fingererzählungen. In: Enzyklopädie des Märchens 4 (1984) 1146-1157.

Schreiner, Klaus: 'Er küsse mich mit dem Kuß seines Mundes'. Metaphorik, kommunikative und herrschaftliche Funktionen einer symbolischen Handlung. In: Höfische Repräsentation. Das Zeremoniell und die Zeichen, hg. von Hedda Ragotzky/Horst Wenzel. Tübingen 1990, 89-132.

Schütze-Pflugk, Marianne: Herrscher- und Märtyrerauffassung bei Hrotsvit von Gandersheim. Wiesbaden 1972 (Frankfurter Historische Abh. 1).

Schumacher, Meinolf: Der Biber - ein Asket? Zu einem metaphorischen Motiv aus Fabel und 'Physiologus'. In: Euphorion 86 (1992) 347-353.

Schumacher, Meinolf: Sündenschmutz und Herzensreinheit. Studien zur Metaphorik der Sünde in lateinischer und deutscher Literatur des Mittelalters. München 1996 (Münstersche Mittelalter-Schriften 73).

Stach, Walter: Die Gongolf-Legende bei Hrotsvit. Bemerkungen zu ihrer literarischen Technik. In: Historische Vierteljahresschrift 30 (1935) 168-174, 361-397 (zitiert nach dem Wiederabdruck in: Mittellateinische Dichtung, hg. von Karl Langosch. Darmstadt 1969, 219-283).

Sticca, Sandro: Hrotswitha's 'Dulcitius' and Christian Symbolism. In: Mediaeval Studies 32 (1970) 108-127.

Suchomski, Joachim: 'Delectatio' und 'Utilitas'. Ein Beitrag zum Verständnis mittelalterlicher komischer Literatur. Bern/München 1975.

Suntrup, Rudolf: Die Bedeutung der liturgischen Gebärden und Bewegungen in lateinischen und deutschen Auslegungen des 9. bis 13. Jahrhunderts. München 1978 (Münstersche Mittelalter-Schriften 37).

Thesaurus Proverbiorum Medii Aevi. Lexikon der Sprichwörter des romanisch-germanischen Mittelalters. Bd. 1: A-Birne. Berlin/New York 1995.

Titze, Michael: Das Komische als schamauslösende Bedingung. In: Scham - ein menschliches Gefühl. Kulturelle, psychologische und philosophische Perspektiven, hg. von Rolf Kühn/ Michael Raub/ Michael Titze. Opladen 1997, 169-176.

Uther, Hans-Jörg: Bijoux: Les b. indiscrets. In: Enzyklopädie des Märchens 2 (1979) 316-318.

Vorberg, Gaston: Glossarium Eroticum. Stuttgart 1932 (Nachdruck Rom 1965).

Wehrli, Max: Christliches Lachen, christliche Komik? in: From Wolfram and Petrarch to Goethe and Grass. Studies in Literature in Honour of Leonard Forster, hg. von D. H. Green/ L. P. Johnson/ Dieter Wuttke. Baden-Baden 1982, 17-31 (wiederabgedruckt in: M.W., Gegenwart und Erinnerung. Gesammelte Aufsätze, hg. von Fritz Wagner/Wolfgang Maaz. Hildesheim/Zürich 1998, 75-89).

Wilson, Katharina M.: Hrotsvit of Gandersheim: The Ethica of Authorial Stance. Leiden/New York 1988 (Davis Medieval Texts and Studies 7).

Winterfeld, Paul von: Hrotsvits literarische Stellung. In: Archiv für das Studium der neueren Sprachen und Literaturen 104 (1905) 293-324.

Ziolkowski, Jan M.: The Beast and the Beauty: The Reorientation of the 'Donkey' from the Middle Ages to the Brothers Grimm. In: The Journal of Medieval Latin 5 (1995) 53-94.

Gerhard Wolf

O, du fröhliche!
Zur Komik im Hessischen Weihnachtsspiel

Den Lachenden hat die schlechte
Nachricht nur noch nicht erreicht.

B. Brecht

Komik und Religion passen schlecht zueinander. Dies lehrt nicht nur der Blick auf eine Gegenwart, in der Religion meist mit Fundamentalismus assoziiert wird, sondern auch auf das Wesen des Religiösen. Denn während Religion das Getrennte wieder verbinden soll ('religare'), wohnt der Komik die Tendenz zur Entzweiung inne, jedenfalls dann, wenn sie auf Kosten anderer geht. Komik hätte demnach Anteil an jenem unheiligen Zustand der Welt, den die Religion überwinden helfen soll. Aber das Verhältnis von beiden läßt sich auf keine einfache Formel bringen. Wie Religion kann auch Komik ein Stück Weltüberwindung bewirken, tragen beide zur Transzendierung der begrenzten menschlichen Existenz bei. Darin sind sie denn auch Kontrahenten. Aber deswegen reagieren die irdischen Institutionen des Transzendenten auf Komik nicht allergisch, sondern nur dort, wo die in jeder Komik potentiell enthaltene Kritik - begrifflich dann oft als Witz oder Zote denunziert - gegen die Religion selbst gerichtet ist. Umgekehrt wissen sich auch die religiösen Institutionen der Komik zu bedienen, wenn es um die Ausgrenzung des von ihnen Abgelehnten geht. Eine neurotische Abwehr des Komischen ist freilich heute weitgehend auf den religiösen Fundamentalismus beschränkt, wogegen jede Religion mehr oder minder ausgeprägte Formen seiner Integration kennt. Am bekanntesten unter den großen Religionen ist das Beispiel der jüdischen Religion, wo selbst die Orthodoxen Gott gleichzeitig fürchten und lieben und komische Witze über ihn erzählen können. Auch der Sufismus im Islam kennt diese Form eines spielerischen Umgangs mit dem Heiligen. Für das Christentum wurde hingegen lange Zeit eine prinzipielle Abwehr gegenüber dieser Spielart der menschlichen Phantasie behauptet, das Komische - genauso wie das Festliche - als menschliche Selbstverherrlichung, die Anspruch und Macht des Göttlichen unterläuft, mißbilligt oder zumindest ignoriert. Erst in jüngerer Zeit ist in der gottesdienstlichen Praxis die Relevanz eines 'christlichen Humors' wieder stärker bewußt geworden, werden in der Theologie die dogmen- und kirchengeschichtlichen Hintergründe für die Mißachtung des Komischen wieder diskutiert.[1] Die Gründe liegen in der Geschichte der christlichen Kirchen: Wenn ein Anlaß für die Reformation die Profanisierung des Gottesdienstes, dessen 'Karnevalisierung' durch alle möglichen Formen der Unterhaltung war,[2] dann verwundert es nicht, wenn beide Kirchen lange Zeit dergleichen aus Predigt und Ritus verbannten. In der Folge dieser Entwicklung kam auch das im 15./16. Jahrhundert so beliebte geistliche Spiel als Form der Integration von Theatralisierung, Phantasie und Verkündigung zum Erliegen.[3]

Die Frage nach der Funktion der Komik in den Spielen ist Teil einer in der Mediävistik hinreichend bekannten Kontroverse[4] über den - wie R. Warning meint - archaischen Charakter des geistlichen Spiels: eine Diskussion, die in gewisser Weise einen Streit wieder aufleben läßt, der in der spätmittelalterlichen Diskussion um die angemessene Verkündigung seine Wurzeln hat. Die Kontroverse konzentriert sich letztlich auf das Problem, ob komische Formen in der Vermittlung der Heilsbotschaft bzw. das Lachen der Zuschauer die Verkündigung bestätigt oder in der Weise unterläuft, daß sie die Glaubensinhalte in den Mythos zurückspielt. Das Engagement, mit dem diese Diskussion geführt worden ist, läßt nach der Frage fragen, die solche Antworten provoziert. Wahrscheinlich geht es dabei grundsätzlich um die zeitlose Wirkung unbewußter Mythen. Denn die Einbeziehung des Komischen in das Kerygma, für die F. Ohly plädiert, wäre demgegenüber ein geradezu aufklärerischer Akt, der letztlich die dauerhafte Überwindung des Mythos bestätigt. Dabei geht es auch um die alte Frage nach dem kontrafaktischen oder ethisch-didaktischen Gehalt der Komik. Folgt man Ohly, dann wäre auch die These von der Karnevalisierung des Gottesdienstes bzw. der Provokation von Kirche und Gesellschaft erledigt.

Entzündet hat sich die Diskussion primär an Untersuchungen zum Passions- und Osterspiel, in denen die Verkündigung durch komische Spielelemente konterkariert zu werden scheint, und deswegen für Zeitgenossen und spätere Interpreten ein Hauch von Häresie in der Luft lag. Wenn sich jedoch die Komik der

---

[1] Vgl. dazu Cox (1970), Thielicke (1974), Kretz (1981), Thiede (1986).
[2] Die Brisanz dieses Themas galt auch für diejenigen, die dem alten Glauben treu geblieben waren. So finden sich in der Zimmerischen Chronik aus dem 16. Jh. eine ganze Reihe von Beispielen, in denen die adligen Pfarrherren das geringe geistige Niveau der Predigten beklagten. Die Würde des Gottesdienstes wurde auch verletzt, wenn ein Adliger selbst die Predigt hielt, *beschahe gemainlich user einer postill, darbei der Eilenspüegel gebunden war* (Zimmerische Chronik III, 492, 17ff.).
[3] Brett-Evans II (1975) 91ff.
[4] Vgl. Warning (1974), dazu die Rezension von Ohly (1979) und die erneute Reaktion Warnings (1997). Es ist hier nicht der Ort, zu der Kontroverse im einzelnen Stellung zu beziehen, jedoch erscheinen aus der Perspektive der Komik im Hessischen Weihnachtsspiel einige Anmerkungen sinnvoll.

Oster- und Passionsspiele dann als Lachen über die besiegte Furcht[5] deuten läßt bzw. mythologisch verstanden, „im Lachen das naturhafte *ôstarûn* ergriffen und ins christliche Osterfest hineingespielt"[6] werde, dann wird hier im Sinne Freuds das Ausgegrenzte in den Lebensbereich hereingenommen: „Die Komik der Osterspiele" - so schreibt Warning - „hat ihren kultischen 'Sitz im Leben' in einer noch vorliterarischen Institution. [...] Das Lachen im geistlichen Spiel scheidet nicht Geistliches von Weltlichem, sondern es hebt im Grunde nur die Identifikation des Religiösen mit dem geistlichen Ernst auf".[7] Aber gerade Letzteres lohnt der Nachfrage, setzt diese angebliche Identifikation doch voraus, die Kirche habe zu keiner Zeit in der Komik und im Lachen einen gemeinen Modus der Heilsvermittlung gesehen. Dies mag für die Passion zutreffen, aber gilt dies auch für die Feier der Auferstehung oder für Weihnachten, ein Fest, aus dessen Umkreis eine Reihe von Narrenfesten überliefert sind?[8]

Eine umfassende literatur- und religionsgeschichtliche Behandlung dieses Themas ist an dieser Stelle nicht möglich, vielmehr will ich anhand e i n e s spätmittelalterlichen Weihnachtsspiels die Spannungen nachzeichnen, die sich aus der Verbindung von Verkündigung, Theatralität und Komik ergeben. Ich beginne mit einigen grundsätzlichen Überlegungen zum Stellenwert von Lachen und Komik[9] in Religion und Literatur dieser Zeit.

Nach der bekannten Formel Odo Marquards ist komisch und zum Lachen, „was im offiziell Geltenden das Nichtige und im offiziell Nichtigen das Geltende sichtbar werden läßt".[10] Gleichwohl ist Lachen kein einheitlich zu interpretierender Sprechakt, es kann gesteuertes Medium der Kommunikation ebenso sein wie eine rein physische Körperreaktion. Selbst nur von seiner kommunikativen Seite her betrachtet, ist Lachen nicht eindeutig, dient es doch gleichermaßen der Exklusion wie der Integration und mehr noch: Weder für den Produzenten noch für den Rezipienten ist zwischen beiden Intentionen klar zu trennen. Die Dialektik schlägt sich auch in der sprichwörtlichen Verarbeitung des Lachens nieder: So ist Lachen gesund, aber gleichzeitig lacht man sich tot.

Angesichts der mehrdeutigen lebensweltlichen Verwurzelung des Lachens könnte man fragen, welche hermeneutische Basis eine solche Untersuchung

---

5 Vgl. Warning (1974) 115.
6 Warning (1974) 119.
7 Warning (1974) 120f.
8 Vgl. hierzu Heers (1986) bes. 135-140; 185-188. Die gegenteilige Bewertung dieser Komikformen wird repräsentiert durch Bachtin (1987) bes. 52-71.
9 Die Abgrenzung von Komik und Lachen erfolgt nach E. Souriau in der Form, daß die Komik der Ästhetik, das Lachen der Lebenswelt zugerechnet werden. Zur Diskussion vgl. Jauß (1976).
10 Marquard (1976) 142.

bzw. eine 'Literaturgeschichte des Lachens' hat. Eine mögliche Antwort läge in einer radikal konstruktivistischen Sicht, nach der all das zum Lachen ist, was dem jeweiligen Interpreten als komisch und lachhaft erscheint. Auf diese Weise gelang es W. Haug in einem jüngst erschienen Aufsatz, in mittelalterlichen Mären einen 'schwarzen Humor' zu identifizieren.[11] Ob die zeitgenössischen Rezipienten das „schwarze Lachen"[12] kannten, läßt sich damit aber genauso wenig beantworten wie die hier mehr interessierende Frage, ob das berühmt-berüchtigte „Fest der Narren"[13] wirklich jemals als komisch gegolten hat. Da aber umgekehrt eine Literaturgeschichte des Lachens nicht bei einer Phänomenologie des Lachens stehen bleiben dürfte, bedarf es einer Erweiterung des Gegenstandes, um die es mir hier geht.

Auszugehen ist von der Historizität von Lachen und Komik. Wie die Kontroversen um die Arbeiten Michail Bachtins gezeigt haben, ist die jeweilige Ansicht über eine mittelalterliche 'Lachkultur' im wesentlichen von dem sehr unterschiedlich begriffenen Verhältnis zwischen geistlicher Elite und Volk bestimmt. Nach Bachtin tragen Komik, Lachen, Obszönität, also all die nicht mehr schönen Künste, einen latenten Kern der Zerstörung des Bestehenden in sich, formulieren Kritik an einer als drückend empfundenen Realität. „Die auf dem *Lach*-Prinzip beruhenden rituell-szenischen Formen unterscheiden sich außerordentlich schroff und prinzipiell von den *seriösen* - kirchlichen und feudalen - Kultformen und Zeremonien. Sie präsentieren einen völlig anderen, betont inoffiziellen, außerkirchlichen und außerstaatlichen Aspekt der Welt, des Menschen und der menschlichen Beziehungen."[14] Bachtin geht mithin von zwei verschiedenen kulturellen Welten aus, in denen die Menschen des Mittelalters mehr oder weniger zu Hause sind, und dieser Binarismus ist kulturell, soziologisch und anthropologisch begründet. Die „Lachkultur" gehört dem Volk, sie ist gegen die Träger der „agelastischen" Kultur gerichtet, gegen Adel und hohen Klerus, die den „Umgangston des offiziellen Mittelalters mit einer *eisige*[n] *versteinerte*[n] *Seriosität*" bestimmt haben.[15]

Die Vorstellung von zwei mittelalterlichen Gesellschaften hat bekanntlich in der Geschichtswissenschaft heftigste Ablehnung provoziert. Nach Ansicht H. Fuhrmanns „streift" die Unterscheidung zwischen repressiver ernster Kultur der Eliten und einer oppositionellen 'Lachkultur' des Volkes gar „den Unsinn."[16] In seinem Verdikt übersieht Fuhrmann freilich, daß Bachtins Einschätzung der

---

11 Haug (1996).
12 Haug (1996) 62.
13 Vgl. Cox (1974) 10-13, Heers (1986) 185-188, 209-215.
14 Bachtin (1987) 53.
15 Bachtin (1987) 123.
16 Fuhrmann (1987) 295.

feudal-klerikalen Kultur sich mit seiner deckt,[17] strittig ist nur, ob sich 90% der Bevölkerung davon befreien und eine volkskulturelle Gegenbewegung zur öffentlich verordneten Seriosität bilden konnten. Genau dies ist es, was für Fuhrmann unvorstellbar ist. Der mittelalterliche Mensch - so meint er - trug schwer „an seiner Existenz, ständig erinnert an seine Sündhaftigkeit" und deswegen waren „Heiterkeit und Lachen [...] genau das, was der fromme Christ vermeiden sollte".[18] Selbst bei den Gelegenheiten zum öffentlichen Jubel hätte es nichts zu lachen gegeben. Ganz abgesehen davon, daß Fuhrmann hier seine Quellen höchst selektiv ausgewertet hat[19] und einem verbreiteten Fehler der Geschichtswissenschaft erliegt, den theologischen Diskurs für die Wiedergabe von Realität zu halten,[20] bestätigt er im Grunde Bachtins These. Denn Bachtin meint ebenfalls, daß die Freude gewaltsam ausgegrenzt wird und bestenfalls in den Randbezirken der Gesellschaft ihre kulturelle Entfaltung findet.

Fuhrmann, der insgesamt ein düsteres Bild eines in ständiger Angst um das Seelenheil verbrachten Lebens im Mittelalter zeichnet,[21] kann auf den ersten Blick einen gewichtigen Beleg für seine These vom Ausschluß des Lachens beibringen: In der Bibel werde nirgends von einem Lachen Christi gesprochen, und dies sei von den Kirchenvätern als Argument für die Notwendigkeit einer ernsthaften Lebensführung immer wieder verkündet worden.[22] Selbst wenn dies so einseitig gelten würde, wäre zu überlegen, ob sich die Wirklichkeit an der kirchlichen Lehre orientiert, und bekanntlich könnte man die Argumentation genau umkehren und die kirchlichen Ermahnungen als Indiz für eine heitere Lebenseinstellung der Menschen nehmen. Fuhrmanns Betrachtung ist denn auch eher

---

[17] Fuhrmann (1987) meint, der von Bachtin behauptete Gegensatz zwischen repressiver ernster Kultur und oppositioneller Lachkultur (Volkskultur) sei für das Mittelalter ohne Quellenbasis (295) und übersieht, daß er gerade diese Quellenbasis mitliefert.

[18] Fuhrmann (1987) 240f.

[19] Fuhrmann (1987) 241: „Christus habe dreimal geweint, aber niemals gelacht, das lehrte Petrus Cantor (†1197) an der Schule von Notre Dame in Paris." Vgl. zu dem 'Kronzeugen' Petrus Cantor unten S. 160.

[20] Besonders plastisch wird dies in dem Kapitel „'Lebensqualität' im Mittelalter" (Fuhrmann 1987, 39-50) seines Buches mit dem dann doch ambivalenten Titel 'Einladung ins Mittelalter'. Hier zitiert er vornehmlich aus der kirchlichen Traktatliteratur und gibt damit die Stimmung für sein Mittelalterbild vor. Exemplarisch etwa der Satz: Vom „Traktat Papst Innozenz' III. 'Über das Elend menschlichen Daseins' geht eine ungewöhnliche Trostlosigkeit aus" (40).

[21] Vgl. dazu insbesondere Fuhrmann (1987) 20: Die „Seelennot begleitet den Menschen sein ganzes Leben. Kaum war ein Menschenkind geboren, mußte man zusehen, es im rechten Augenblick taufen zu lassen, denn ungetauft gestorben kam es nach der Lehre der Kirche an einen Ort zwischen Himmel und Hölle, blieb ohne die Anschauung Gottes."

[22] Fuhrmann (1987) 240-242 mit weiteren Beispielen.

repräsentativ für eine Einstellung, wonach die Eliten als Maßstab für das Verhalten des Volkes genommen werden.

Im einzelnen ist die Haltung zumindest der frühen Kirche gegenüber dem Lachen keineswegs so eindeutig, wie dies Fuhrmann glauben macht. Das älteste und bekannteste Zitat des Johannes Chrysostomus (†407)[23] zeigt nämlich bereits die Ambivalenz der Religion gegenüber dem Lachen. Denn an seinen Satz, wonach Christus nicht gelacht habe, knüpft Chrysostomus den Hinweis an: „Das alles sage ich aber nicht, um das Lachen zu verpönen, sondern nur, um die Ausgelassenheit zu verhindern."[24] Überliefert ist zudem auch schon die Ironie, mit der auf die Vertiefung dieses Gedankens reagiert worden ist. Denn als Chrysostomus im Konvent überlegte, es stünde den Mönchen, die ja mit Christus gekreuzigt seien, wohl an zu weinen, riefen seine Mitbrüder ironisch: „Sogleich Tränen".[25] Ohnehin gibt es im Mittelalter in der Theologie eine Verteidigung des Lachens. So hat eben jener Petrus Cantor, auf den sich Fuhrmann beruft, im 12. Jahrhundert ausdrücklich betont, Jesus müsse gelacht haben, weil er wahrer Mensch gewesen sei.[26] Berücksichtigt werden sollte außerdem die paränetische Funktion der Predigt, die für das späte Mittelalter mit den verschiedenen Predigtmärlein und Exempeln breit bezeugt ist und in deren Kontext auch die geistlichen Spiele gehören. Die geistlichen Spiele, wahrscheinlich in der Mehrzahl von Klerikern verfaßt, zeigen, daß hier die sinnliche Vorstellungswelt der Laien angesprochen werden sollte und so das Sinnlich-Erfahrbare der Kultur Eingang in die Kirche fand.[27] Aber die Paränese ist nur ein Aspekt und - wie ich meine - gar nicht der wichtigste. Vielmehr bietet das Kerygma selbst Anlaß, das Lachen in die Religion zu integrieren. Es gibt eine Reihe von Bibelstellen aus dem Neuen Testament, in denen das Lachen als Teil der von Christus verheißenen Freude gedeutet wird.[28] Dieses eschatologische Gelächter[29] ist gleichermaßen Zeichen für die Befreiung von den überkommenen Strukturen, wie „Befreiung

---

[23] Chrysostomus stützt sich auf Luk. 6,25f.: „Wehe Euch, die Ihr jetzt lacht, denn ihr werdet trauern und weinen. Wehe Euch, wenn Euch jedermann wohlredet." Vgl. Thiede (1986) 45.

[24] Zit. nach Thiede (1986) 38.

[25] Zit. nach Thiede (1986) 117.

[26] Cox (1974) 196.

[27] Dafür gibt Norbert Schindler (1992) in seinen Studien zur Volkskultur der frühen Neuzeit eine Reihe von Beispielen. Allerdings geht auch Schindler - ähnlich wie die Geschichtswissenschaft - grundsätzlich von einem sinnenfeindlichen Zugriff der Kirche (160) im Mittelalter aus.

[28] Thiede (1986) 43. Man wird sich auch die Tischgemeinschaften Jesu nicht als freudlos vorstellen dürfen (41), und auf die Hochzeit zu Kana muß hier gar nicht mehr hingewiesen werden.

[29] Vgl. dazu auch Thielicke (1974) 133-135.

zum vollendeten Glück in den Strukturen des Heils."[30] Dementsprechend kann man auch den Satz formulieren: „Wie immer man sich den Himmel vorstellen mag, jedenfalls wird dort gelacht".[31] So hat es sich bereits Dante vorgestellt, als er nach seiner langen Wanderung endlich im Himmel ankommt und dort *un riso dell universo* vernimmt: „Das Lachen Gottes ruft das Lachen jedes einzelnen Heiligen hervor, und jeder Heilige steckt die anderen mit seinem Lachen an, so daß alle in gemeinsamer Freude innigst vereint sind."[32] Dieser Geist der Freude ist im neutestamentarischen Verständnis „bereits im Glauben der Christen gegenwärtig", und dies drückt sich in einem „geistgewirkten Fröhlichsein" des Christen aus.[33] Dieses Lachen hat im *risus paschalis* Eingang in die Liturgie gefunden, wenn nach der Verkündigung des Predigers: „Er ist auferstanden, er ist wahrhaftig auferstanden", die Gemeinde in ein schallendes Gelächter ausbrechen soll, weil Hölle, Tod und Teufel österlich überwunden sind. Trotz mancher theologischer Bedenken haben Lachen und Komik - so fasse ich zusammen - in der christlichen Liturgie ihren Platz, es läßt sich weder aus dem Kerygma noch aus der Kirche hinausdrängen. Und zwar ist dies nicht nur - wie gelegentlich schon für die Passions- und Osterspiele behauptet wurde - ein aggressives Verlachen menschlicher Schwächen oder ein theologisch genauso problematisches, sieghaftes Lachen als Folge von Christi Überwindung von Tod, Teufel und Hölle, sondern es ist ein eschatologisches Lachen, das im Glauben begründet und damit zugleich ein Stück Weltüberwindung ist.

Wie sich diese These anhand eines konkreten Beispiels verifizieren und erweitern läßt, möchte ich anhand des 'Hessischen Weihnachtsspiels' zeigen. Aber zunächst einige Sachinformationen vorweg. Geistliche Spiele, die ausschließlich das Weihnachtsgeschehen zum Gegenstand hatten,[34] hat es im Mittelalter wenig gegeben, als wichtigste Gründe nennt Brett-Evans die Integration der wichtigsten Episoden aus der Weihnachtsgeschichte in die größeren Oster- und Pfingstaufführungen bzw. die Existenz eines Spielzyklus, der von den Advents- bis zu den Lichtmeßspielen reichte und in dem auch die Geburt Christi enthalten war.[35] Auch soll die Witterung den Aufführungen im Freien um diese Jahreszeit

---

30 Thiede (1986) 43.
31 Thiede (1986) 44.
32 Zit. nach Thiede (1986) 44.
33 Thiede (1986) 45.
34 Dazu gehören, neben dem Hessischen Weihnachtsspiel, die Spiele aus St. Gallen und Erlau, Bozen sowie das Schwäbische Weihnachtsspiel (Krieger 1990). Das Weihnachtsgeschehen umschließt als zentrale Elemente Verkündigung, Herbergssuche, Geburt, Anbetung von Hirten und Königen sowie die Flucht nach Ägypten.
35 Brett-Evans I (1975) 172-174. Folgerichtig beschäftigt sich denn auch die neueste Arbeit - Krieger (1990) - zu diesen Texten mit dem gesamten Weihnachtszyklus.

hinderlich gewesen sein. Am Beginn der Weihnachtsspieltradition steht das lateinische Benediktbeurer Weihnachtsspiel ('Carmina Burana'), ein gelehrt-theologisches Stück über die Geburt des Erlösers, das nur in dem St. Gallener Weihnachtsspiel eine deutsche Fortführung erfahren hat. Ein zweiter Typ bezieht zusätzlich apokryphe Texte bzw. aus heidnischer Zeit stammende Volksbräuche[36] mit ein und überführt alles zusammen in die Alltagsrealität des Publikums. Die bekanntesten dieser alten Bräuche sind das 'Kindelwiegen' bzw. der Tanz um die Krippe. Diese Spiele enthalten denn auch die hier interessierenden, für unsere Vorstellung der Weihnachtsliturgie überraschenden, heute komisch wirkenden Passagen. In deren Mittelpunkt steht der 'Nährvater' Christi, Josef, dessen Darstellung partiell an der bekannten literarischen Figur des komischen Alten orientiert ist.

Am ausgeprägtesten ist die Vermischung von 'Heiligem' und 'Profanem' im 'Hessischen Weihnachtsspiel',[37] das in der zweiten Hälfte des 15. Jahrhunderts entstanden sein dürfte. Die zahlreichen Streichungen, Umstellungen und Nachträge bzw. der Einschub eines Alternativtextes an einigen Stellen lassen darauf schließen, daß das Spiel in dieser Form nicht zur Aufführung gelangt ist, vielmehr handelt es sich um die Abschrift und die Bearbeitung einer in zeitlicher Distanz stehenden Vorlage. Die Handschrift weist fünf verschiedene Hände auf, zieht man die Einschübe und Nachträge ab, verbleiben 870 Verse. Besonders

---

[36] Vgl. Brett-Evans I (1975) 26 u. 176. Das Weihnachtsfest selbst stimmte terminlich sowohl mit den römischen Saturnalien wie mit den germanischen Julfeiern überein.

[37] Das Spiel beginnt mit einem typischen Prolog und der Verkündigung Mariä, es führt weiter über die Herbergssuche, die offenbar pantomimisch dargestellte Geburt Christi, das sog. 'Kindelwiegen', die Verkündigung und Anbetung der Hirten, Klagen Josefs über die Armut der heiligen Familie und seinen Streit mit zwei Mägden zu einem Teufelsspiel. Die Gliederung im einzelnen:
Prolog 1-18
1. Verkündigung 19-54 (Luk. 1,28-38)
2. Josefs Argwohn 55-92 (Matth. 1,18-25)
3. Wirtszene 93-142 (Luk. 2,7)
4. Begrüßung des Kindes 143-613
   a) Begrüßung und Marienlob 134ff.
   b) Maria und Josef 562ff.
   c) Josefs Hosen 600ff.
   In 4. enthalten: 'Kindelwiegen' 175ff., 302ff.
   Tanz um die Wiege 170, 180, 540, 561
5. Mägdeszene 614-715
6. Teufelsszene 716-828
7. Flucht aus Ägypten 829-854
8. Schlußrede Josefs (Heimkehr der Darsteller) 855-870
Schlußrede Luzifers (Dienstbotenschelte) 1-14

signifikant ist die Verbindung der Spielhandlung mit zahlreichen volkssprachigen und lateinischen Gesängen, sowie der breite Raum, den das 'Kindelwiegen' einnimmt.[38] Neben den wichtigsten Elementen des biblischen Berichts stehen ein mehrfach wiederholtes Marienlob und die refrainhafte Aufforderung zur Weihnachtsfreude. Von den verkündigenden Partien kann man im wesentlichen drei Szenen abgrenzen, die eine derb-komische Alltagsrealität in das Spiel hineintragen: 1. Herbergssuche, 2. Verwendung von Josefs löchrigen Hosen als Windeln, 3. Mägdeszene. Hinzu käme noch das wahrscheinlich angefügte Teufelsspiel, das hier jedoch außer Betracht bleibt.

Ich beschreibe diese drei Szenen zunächst nach ihrem darstellerischen Gehalt und ihrem Stellenwert innerhalb des Stücks: Im 'Hessischen Weihnachtsspiel' wird das Scheitern der Herbergssuche zunächst aus dem Verhalten Josefs begründet und zwar in der Weise, daß man ein Stück einer selbständigen Handlungssukzession erkennen kann. Nachdem nämlich Josef von der besonderen Form der Empfängnis Marias überzeugt worden ist, trägt er dies ganz selbstverständlich nach außen und verlangt für sich und die Jungfrau, die allerdings sichtbar im neunten Monat ist, einen Platz in der Herberge. Der Wirt fühlt sich von dieser Geschichte verspottet und weist Josef mit rüden Worten die Tür. Der jedoch ist lernfähig, bei dem zweiten Wirt erwähnt er die Jungfräulichkeit Marias nicht mehr. Dieser Wirt bleibt zwar höflich, hat aber ausgerechnet für eine Wiege keinen Platz mehr. Im Anschluß an die Geburt thematisiert das Spiel jenes aus der bildenden Kunst bekannte Motiv der 'Josefshosen'. Es ist entstanden aus der Notwendigkeit, die Krippe nebst den Windeln, die den Hirten als Zeichen verkündet worden sind, in die Handlung einzuführen und die besondere Armut der Heiligen Familie zu kennzeichnen.[39] Besonders ausgefallen und deswegen bekannt ist die 'Mägdeszene' im 'Hessischen Weihnachtsspiel': Josef will, nachdem man im *gemeinen hus* Quartier gefunden hat, die Magd Hillegart dazu bewegen, sich um das Jesuskind zu kümmern. Josef formuliert seine Bitte harsch und droht für den Fall der Weigerung gleich eine körperliche Züchtigung an. Hillegart weigert sich, sie holt Gutte zur Verstärkung herbei und schließlich verprügeln beide den hilflosen Alten:

>   Ioseph dicit:
>   *Hille! Hille! Hillegart!*
>   Et illa respondit:
> 615 *Was wiltu, alder zegenbart?*
>   Ioseph dicit:
>   *Hie saltu des kindes wartin!*
>   *ich zihe dich andirß by der swart!*

---

38 Zum 'Kindelwiegen' und den sog. 'Kindelwiegenspielen' Berthold (1932), Krieger (1990) 129-141.
39 Coo (1966), hier 63f.

Hillegart respondit:
Ach du aldir grauer bart!
es wirt dir nicht lenger gespar[t]:
620 *du meynst, du mich wollest reuffen?*
das moestu alzu duer keuffen!
du magest mich licht erbitten:
ich und myn gespel Gutte
wullen unß ober dich machen
625 *und willen dir stuern das lachen!*
[...]
Gutte respondit:
630 *Hillegart, ich sprech es unverholn:*
rucken wir den altin gehuer uber die koln,
szo wirt he sich bedencken
und wirt sich wol loßen lencken!
und gebin ome eyn orfige
635 *und loßen ene eyn altin gehuer bliben!*
Et sic percuciunt eum.

Laut beklagt Josef sein Unglück (VV. 636-639) und fleht die Mägde an, dem Kind einen Brei zu machen. Das leuchtet beiden ein, sie lassen von ihm ab, und Hillegart will sich sogleich ans Werk machen, findet jedoch ihre Kochgerätschaften nicht. Sogleich verdächtigt sie Gutte des Diebstahls, doch die reagiert empört und setzt noch eins drauf: Was sei schon von einer zu halten, die gestern mit dem Schulmeister allein in der Schule war:

Ubi, ubi, Gutte hot mir gestoln
655 *eyn storcz unvorholn!*
kunde ich se erkracczen,
ich schluge se uff die glaßße!
Gute respondit:
Ich sage der zu disser phlicht:
zuge mich diner stortzen nicht!
660 *das wel ich auch der raten:*
ich sage andirs, wastu spade
gestern in der schule begindest,
du do mit dem schulmeister verswindest!

Üble Verleumdung, keift Hillegart zurück, was soll ich in der Schule, ich kann ja gar nicht lesen (VV. 664-667) - und überhaupt: Was erlaubt sich Gutte, ihre Keuschheit in Frage zu stellen, wo sie selbst sich doch gestern gleich mit drei Dutzend Knechten vergnügt habe: Daraufhin prügeln sich auch die Mägde. Josef kann sie schließlich trennen - was sollen die Leute denken - Hillegart und Gutte tarocken noch ein wenig nach - die Ohrfeige war nur eine erzieherische Maßnahme gegen weiteres Lügen -, dann aber wechseln sie blitzschnell die Stilebenen. In höfisch gesetzten Worten fragen Hillegart und Gutte die beiden nun wieder präsenten Wirte von der Herbergssuche, ob es für ein ehrbares Gesinde passe und nicht etwa sündhaft sei, um die Wiege zu tanzen. Die beiden Wirte haben keine Einwände, und so schließt ein gemeinsamer Tanz um die Wiege die Szene ab:

> Hilegart dicit ad Arnoldum:
> *Arnolt, grosßer wert fin:*
> *duchte dich das ach eyn gute sinde syn,*
> *das uns die engel singen,*
> 705 *so willen wir gar silberlich umb die weige springen?*
> Arnold respondit Hilgart:
> *Hilgart, du schone wisße mait:*
> *das sal dir von mir sin unvorsait!*
> Gutte dicit ad Czolrich:
> *Czolrich, duchte dich das nicht gute,*
> *das du mir willest kulen mynen mut,*
> 710 *das uns die engel singen,*
> *szo willen mir och hingen nach springen?*
> Czolrich respondit Gutten:
> *Gutte, liebe spele myn:*
> *das sal auch syn der syn myn!*
> *wil es sich nu fugen,*
> 715 *szo springe ich mit der umb die wige!*

Welche Funktion haben solche Passagen? Repräsentativ für die Forschung dürfte die Meinung W. Haugs sein, der im Hinblick auf „den Einbruch des Komischen" in den Osterspielen die Funktion der Verbindung von Heiligem und Profanem darin sieht, daß der „Sieg Christi als der Sieg des Lebens über den Tod [...] zu jener Antwort [drängte], die der Erfahrung der Wiedergeburt gemäß war: zum Lachen. Um es zu evozieren, griff man bedenkenlos in die komische Klamottenkiste [...]."[40] Abgesehen davon, daß Haug eine Erklärung dafür schuldig bleibt, warum die Wiedergeburt zum Lachen ist und er hier Freude und Spott in eins setzt, bleibt ungewiß, ob das Publikum über den hilflosen Alten tatsächlich gelacht hat. Genauso gut hätte eine solche Szene auch Mitleid auslösen können.[41] Vor allem aber vergibt man sich mit einer solch vordergründigen dramaturgischen Begründung die hermeneutische Chance, nach der - um mit Luhmann zu sprechen - funktionalen Äquivalenz solcher Szenen zu suchen.

---

[40] Haug (1989) 265. Haugs Ansatz bezieht sich nur auf die Osterspiele, in denen das Böse lächerlich gemacht werden solle. Ist dies schon hier anzuzweifeln, so erst recht für das 'Hessische Weihnachtsspiel' mit seinen Teufelsszenen. Im Weihnachtsspiel wird hingegen nicht über das überwundene Böse gelacht, sondern die Konfrontation des Heiligen und Profanen durch das Lachen überwunden, wobei für den einzelnen das Lachen als Distanz gegenüber einem völligen Verhaftetsein an die Welt notwendig wird. Zum grundsätzlichen Verhältnis von Heiligem und Profanen vgl. Eliade (1985).
[41] Ein bekanntes Beispiel dafür in der 'Zimmerischen Chronik' I, 480, 35 - 481, 6.

Theologisch liegt die Lizenz dafür, daß im 'Hessischen Weihnachtsspiel' das heilsgeschichtliche Ereignis vom Lachen erfaßt werden kann, in der entschiedenen Betonung der menschlichen Seite Gottes. Jesus ist wahrer Mensch und wahrer Gott zugleich, folglich kann man mit ihm von Mensch zu Mensch reden und insofern ist es auch nicht weiter befremdlich, wenn im 'Hessischen Weihnachtsspiel' das Kind in der Wiege bereits mit seiner Mutter disputiert.[42] Damit wird der Gegensatz zwischen Erhabenem und Profanem, der die Komik erst zustande kommen läßt,[43] dialektisch bearbeitet. Unter diesem Gesichtspunkt antworten die komischen Passagen im 'Hessischen Weihnachtsspiel' auf immanente Widersprüche, die (1.) in der Lehre von der Jungfrauengeburt liegen, (2.) aus der Spannung zwischen Kerygma und Alltagserfahrung entstehen und (3.) auf den unterschiedlichen Bedingungen von Kerygma und Paränese beruhen.

Im 'Hessischen Weihnachtsspiel' wird schon das Ungewöhnliche der Zeugung Jesu anhand der Herbergssuche spielerisch thematisiert. Die Verspottung Josefs als *pulterer* ('Landstreicher') und Lügner ist dabei nicht eigentlich komisch, aber es wird bereits am Beginn des Spiels die Konfrontation des Heiligen mit dem Profanen als Leitmotiv bestimmt. Wenn die Szene beim Publikum Lachen hervorruft, dann ist es das Lachen derjenigen, die es besser wissen als die Herbergswirte. Ausgegrenzt werden die, die an die Jungfrauengeburt nicht zu glauben vermögen. Die Betonung von Josefs 'Lügen'[44] nimmt ein Schlagwort aus der jüdischen Kritik an der Jungfrauengeburt auf, und insofern wirkt ein Lachen der Zuhörer über den Wirt gemeinsamkeitsstiftend.[45] Aber der Spott über die Juden ist nur die eine, traditionelle Seite, denn gleichzeitig entsteht im Spiel - fast als Kontrafaktur zur Jungfrauengeburt - eine Spannung zwischen der Unberührtheit Mariens und der hemmungslos ausgelebten Sexualität der Mägde, die keineswegs negativ, sondern allenfalls komisch inszeniert wird. Auch hier läge es nahe, an eine Einbeziehung des Mythos zu denken, aber es ist auch das Kind in der Wiege selbst, das die Nähe zum Ursprung menschlichen Lebens nahelegt. In der Vitalität der Mägde liegt denn auch ein Stück Legitimation menschlicher Sexualität gegenüber dem Numinosen. Wenn ausgerechnet hier im Spiel unbefleckte und höchst befleckte Empfängnis aufeinandertreffen, dann könnte dies eine indirekte Reaktion darauf sein, daß die Jungfrauengeburt, die ja

---

[42] Vgl. VV. 334-337.
[43] Nach Bergson (Cox [1974] 200) entsteht Komik dort, wo eine Situation unterschiedlichen Weisen der Interpretation offensteht. „Wo immer Menschen im Strudel vielfältiger Sinngebung leben, ist Komik möglich", Cox (1974) 201.
[44] *du sprichst, se sy eyn mait zart, / und se wirt eyn kint han uff der fart? / wie darstu alßo ligen / und wilt dye werlt betrigen* (Hessisches Weihnachtsspiel VV. 103-106).
[45] Die beiden Wirte treten im 'Hessischen Weihnachtsspiel' noch ein zweites Mal auf. Dann jedoch als Bekehrte, die am anbetenden Tanz um die Wiege teilnehmen (vgl. VV. 706f.)

ohnehin nicht in alle Evangelien aufgenommen ist, immer noch Zweifel auslöst. Es gehört zum Wesen des Spiels, diese nur assoziativ zu evozieren.

Auch in anderen Bereichen sehen wir die unmittelbare Verzahnung von Profanem und Heiligem, wird sowohl das Recht des Heiligen im Alltag behauptet, wie umgekehrt auch der Anspruch konkreter Bedürfnisse gegenüber dem Heiligen geltend gemacht. Ein Beispiel dafür ist die Anbetung der Hirten, die in Form der Übermittlung ganz konkreter Wünsche (Schutz der Herde vor Wölfen, sichere und üppige Weiden etc.) an das Christuskind geschieht (VV. 444-463). In diesem Kontext steht auch das Motiv der Josefshosen.[46] Zunächst läßt sich - je nach Zustand der von Josef an Maria überreichten Kleider - Gelächter im Publikum erzielen.[47] Aber Josefs Unfähigkeit ist lächerlich und rührend zugleich, sie läßt Josef in einem sehr ambivalenten Licht erscheinen. Darin aber repräsentiert er ebenfalls eine ganz pragmatische Erfahrung von Alltag. Und diese Realität wird in ihr Recht eingesetzt, wenn man bedenkt, daß Josef nur das Wohl des Kindes vor Augen hat. In diesem Interesse fordert Josef in der unmittelbar in der Hosenübergabe vorhergehenden Passage von Gott eine dem Rang des Kindes entsprechende Versorgung der Heiligen Familie (VV. 562-581). Maria muß hier das Kerygma vertreten, wenn sie Josef mit den an die heilsgeschichtliche Bestimmung des Menschen erinnernden biblischen Worten[48] zurückweist: *Ioseph, habe guten muet! / mir sollen nicht haben groß gut! / wir gewonen nackt uff erdin / arm soln wir sterbin!* (VV. 582-885) Selbst wenn jene schlaraffenhafte Utopie vom guten Leben nicht erreichbar ist, so steckt doch in der präzisen Beschreibung all jener leiblichen Genüsse[49] ein impliziter Anspruch des Menschen auf ein gutes Leben.

In diesem Zusammenhang - aber auch über die rein literarische Ebene hinausweisend - ist auch das 'Kindelwiegen' von Interesse. Bei einem Teil der Weihnachtsspiele, zu denen das 'Hessische Weihnachtsspiel' zählt, gehört diese

---

46 Josef überreicht auf Marias Bitten nach *wundeln und wundelsbant* seine *zwo alt hoßen* mit den Worten: *Eya, libe Maria / vol genaden bistu unnd gude pia; / hie sint zwo alt hoßen, / der kunde ich nij geloßen! / dy sint nicht gar glantz / und sint by den lucheren gantz: / anderß habe ich nicht mer!* (VV. 598-604).
47 Da im 'Hessischen Weihnachtsspiel' unmittelbar darauf die Mägdeszene folgt, läßt sich die Hosenszene auch als Übergang der Josefsrolle zum Prototyp des hilflosen und lächerlichen Alten deuten.
48 Pred. 5,14; Luk. 12,15.
49 *Maria, nu syn wir alßo arme, / das es got muß erbarmen! / nu solde ich eyer haben, / das du dich mochtist gelaben: / szo haben keyn heller in der taschen / nach nirn kein win in der flaschen! / ich habe wedder hynner noch die bradin, / da ich dich eyn mol mochte mit beradin! / ich habe widder wilpret nach fusche, / nach nirn kein brot uff dem tusch! / ich habe widder botter nach schmalcz, / wedder oley nach dem saltz! / ich habe wedder tuppenkrige, storczen nach pann!* VV. 562-574.

Szene zum Kernbestand.[50] Das Wiegen des Kindes im 'Hessischen Weihnachtsspiel' ist unmittelbar mit dem deutschen Resonet *Ioseph, lieber newe myn* (V. 155) und *Gerne, libe mumme myn* (V. 159) verbunden. Dieses Resonet wird dann auch noch von einem Diener Josefs wiederholt. Aber nicht nur das Resonet, sondern noch weitere Strophen aus neun weiteren Liedern stehen mit der Aufforderung zum Wiegen im Zusammenhang. Während dieses Wiegens des Kindes, das von den Bühnendarstellern besorgt wurde, sind die in der Handschrift - mitunter nur durch ein Incipit gekennzeichneten - Strophen offen für den Chor- oder Gemeindegesang. Die Darstellung der Heilsgeschichte bezieht demnach die Zuschauer durch den Gesang mit ein. Aber nicht nur die auditivvokalische Komponente wird integriert, sondern ebenso eine unmittelbare körperliche Beteiligung der Zuschauer: Denn wenn der Chor der Engel oder der Vorsänger das Lob Marias anstimmen, ergeht innerhalb dieses Kindelwiegenteils des 'Hessischen Weihnachtsspiels' jeweils die Aufforderung: *lot dy engel singen: szo woln wir frolich um die wige springen!* (VV. 560f.). Es liegt hier die Vermutung nahe, daß zu dem Gesang ein symbolischer Tanz um die Wiege stattfand. Da jedoch die Aufforderung zum Tanz innerhalb einer interpretierend verkündigenden Rede eines *Cantors* oder einer *Puella* steht, die nicht an die Darsteller, sondern an die Zuhörer gerichtet ist (*Nu horet, er seligen lute, / was ich uch vorkundige hute*, V. 533; *Nu mercket alle: mir sint gewert / als das uns hercz begert!* V. 549), läßt sich annehmen, daß während der Zeit des Chor- bzw. Gemeindegesangs die Zuhörer gemeinsam um die Wiege tanzten. Der Tanz als unmittelbarer körperlicher Ausdruck von Freude sichert so ein Stück der zukünftigen Heilserwartung im Mitvollzug des Spiels.

Im 'Hessischen Weihnachtsspiel' ist diese Vermischung unterschiedlicher Repräsentationssysteme konstitutiv, ja fast scheint es, als ob ständig Synästhesien erzeugt werden sollen. Das Lachen als Ausdruck einer emotionalen Freiheit gehört hier unbedingt dazu. Dies als karnevalesk zu denunzieren, greift insofern zu kurz, als auch die Wirkung des Karnevals auf einer solchen Affizierung aller Sinne beruht. Wie der Karneval ein Stück Alltag ins Spiel aufnimmt und verzerrt, so nimmt das 'Hessische Weihnachtsspiel' diesen Alltag mit seinen Rollen ernst und konfrontiert ihn mit der Heilsgeschichte. Diese Vermischung führt zu Szenen, die heute sehr fremdartig wirken, aber lediglich dem Glaubenssatz folgen, wonach sich die Heilsgeschichte ständig auch in der Gegenwart vollzieht. Denn in aller Komik, in aller Betonung der berechtigten Ansprüche des Diesseits wird der soteriologisch-eschatologische Charakter des Geschehens immer wieder präsent gehalten. So ist Jesus in der Krippe gleichermaßen Erlöser wie auch eingebunden in eine ganz menschliche Mutter-Kind-Beziehung. Nach der Anbetung des Kindes als *lebendiger heilant* (V. 327) klagt das Kind in dieser

---

[50] Berthold (1932) 210.

Rolle über die *große pein*, die es *von den loden liben* erleiden wird. Als Person der Heilsgeschichte, aber zugleich auch als fürsorgende Mutter, kann Maria ihren Sohn zwar nicht trösten, aber auf die Unzeitigkeit seiner Klage aufmerksam machen: *Swige libes kindelin Jhesu Christi: / beweyn diner marteil nicht zu dißer frist* (VV. 336f.). Erinnert und mitvollzogen soll im 'Hessischen Weihnachtsspiel' nicht allein das Weihnachts-, sondern das ganze Heilsgeschehen sein, und als solches steht es auch in seiner unmittelbaren Wirkung für den Menschen in einem ständigen Dialog mit seiner Alltagsrealität.

Wie bereits erwähnt, geht Warning - ähnlich wie Fuhrmann - von der Suprematie einer geistlichen Strenge im Mittelalter aus. Ins Spiel fände dann eine aus der Alltagsrealität entnommene „andere Religiosität" (der Mythen, des Aberglaubens, der eigenen Erfahrungen, Glaubenssätze etc.) Eingang. Die methodologische Prämisse bezweifle ich,[51] da es in jeder sozialen Situation nahezu unmöglich sein dürfte, dieser 'anderen Religiosität' zu entfliehen, und diese auch im Gottesdienst berücksichtigt worden ist. Ich denke, daß die Warningsche These zu sehr von einer anhand der modernen Trennung von Bühne und Zuschauer entwickelten Komiktheorie ausgeht. Das Besondere des geistlichen Spiels des Mittelalters ist jedoch, daß das Heilsgeschehen nicht mit einer 'Volksreligiosität' konfrontiert wird, sondern das Heilige in den Alltag der Menschen hineingenommen wird. In den so entstehenden Spannungen werden die Brüche im Kerygma deutlich. Das betrifft das Theologumenon der Jungfrauengeburt genauso, wie die täglich erfahrbare Reaktion der Menschheit auf Geburt und Tod des Erlösers. Dies wird exemplarisch am Verhalten der Mägde sichtbar, die völlig in ihren Alltag verstrickt bleiben. Die Freude über die Geburt des Erlösers suspendiert also nicht von den menschlichen Unzulänglichkeiten. Man könnte die kleine Szene demnach fast als eine Allegorie auf die Stellung des Christentums in der Alltagsrealität verstehen: Der Erlöser ist da, aber keiner nimmt ihn wahr. Allerdings wird dies weder kritisiert, noch ist der Alltag in seinem Wert gemindert. Dies zeigt sich am Ende des Stücks, das nicht mit Didaxe oder der heiligen Geschichte endet, sondern damit, daß Josef und Maria, anstatt nach Ägypten zu fliehen, miteinander ins Wirtshaus gehen - eine Szene, die nochmals die Berechtigung menschlicher Existenz angesichts des Erhabenen unterstreicht. Ganz offensichtlich liegt hier die Erkenntnis zugrunde, daß die Theologie mit ihren Dogmen die Menschen nur bedingt erreicht, die Verkündigung aber mit der erlebten und gelebten Wahrheit der Menschen in Einklang stehen muß.

---

51 Warning (1974) muß entsprechend seinem genetischen Ansatz davon ausgehen, daß es sich bei den geistlichen Spielen um eine Spätform handelt (30); allerdings gilt dies nur für die schriftliche Überlieferung und nicht etwa für eine nicht bewahrte mündliche Spieltradition. Problematisch ist auch, ob die ständige Kontrolle (31f.) seiner Interpretationen der Spiele an der „Liturgie- und Dogmengeschichte" dem Reflexionsniveau der Spielautoren entspricht.

Die Verkündigung der Freude über die Geburt des Erlösers stellt eine paränetische Herausforderung dar, weil diese Freude nicht allein intellektuell-abstrakt vermittelt werden kann, sondern für das Publikum unmittelbar körperlich erfahrbar sein muß. An Ostern wird dieses Problem gelöst durch das rituelle Osterlachen. Aber selbst wenn dem Prediger in der Ostermesse nach dem *resurrexit* ein lautes Gelächter entgegenscholl, war dies vielleicht innerhalb der Liturgie ausreichend, aber nicht automatisch mit dem körperlichen Gefühl der Freude verbunden. Auch das Weihnachtsfest sollte im Vorgriff auf die Erlösung zumindest eine Ahnung der eschatologischen Freude vermitteln, aber dies konnte nur mit höchst weltlichen Mitteln geschehen. Das 'Hessische Weihnachtsspiel' versucht dies zum einen abstrakt mit den wiederholten Aufforderungen an die Gemeinde zur Weihnachtsfreude, zweitens mit jenem Tanz um die Wiege, bei dem zumindest die Darsteller, vielleicht auch das Publikum, tanzen, und schließlich mit den behandelten Szenen, in denen die Ambivalenz des Lachens, als Spott und Freude, genauso aufgenommen ist wie seine Vieldeutigkeit.[52] Wer schadenfroh über Josef lacht, lacht auch über den ersten Narren um Christi willen, wen der Ausbruch der „blinde[n] verstockte[n] Natur"[53] bei den Mägden erheitert, lacht auch über deren und seine eigene Weltverfallenheit, über das Unvermögen, in die auch vom Christentum geforderte Distanz zur Welt zu treten. In den Mägden, den Herbergswirten und in Josef kann der Glaubende sich über die eigene Lächerlichkeit lustig machen. Dies alles wird erreicht durch den Akt des Lachens, der nicht nur den Verstand, sondern auch den Körper mit einbezieht. Eine wesentliche Funktion der komischen Szenen in den geistlichen Spielen scheint mir denn auch in zwei Aspekten zu liegen: Die vertrauten „Denk- und Handlungsroutinen der Alltagswirklichkeit mit ihren kognitiven, affektiven, ästhetischen und moralischen Selbstverständlichkeiten"[54] werden vorübergehend aufgehoben und im Sinne eines *rite de passage* übergeleitet in körperliches Agieren. Insofern führt dann die geradezu fastnächtliche Schlußerklärung *mir woln gen zu dem guden bier* das Spiel in eine Festlichkeit weiter, in die dann auch das Publikum eingebunden ist:

>   Ioseph respondit:
> 855   *Nu woluff, es ist zith!*
>   *du sehest wol, das uns nymmant nicht brenget!*
>   *was woln wir dan hie gesesßen?*
>   *unßer ist leider vorgesßen!*
>   *sal ich nu in die stadt nach brode gen:*
> 860   *(das thut mynem krancken hertzen we!)*
>   *szo wirde ich wol geschlagen*

---

[52] Vgl. Stollmann (1997) 78f.
[53] Stollmann (1997) 79.
[54] Luthe (1992) 62.

> *mit eynnen schide uff mynen kragen*
> *irn von eynem allenn wibe!*
> *ich mochte vel luber daheym bliben!*
> 865 *darumb dincket mich wol guth:*
> *du host eyn schleier, ßo han ich eyn hute,*
> *dy wollen wir nach bier senden*
> *und wollen das beth losßen wendin!*
> *nu woluff unnd volge mir:*
> 870 *mir woln geen zu dem guden bier!*
> Explicit ludus de nativitate domini.

Das 'Hessische Weihnachtsspiel' reagiert mit dieser Konkretisierung der Festfreude auf eine Spannung, die dem Weihnachtsfest implizit ist. An diesem Fest ist nichts Komisches und deswegen versteht es sich nicht von selbst, ob es auch die verheißene Festfreude konkret auslösen kann. In bezeichnender Vermischung von Spott und Freude versucht der Autor, das Publikum emotional durch die grotesken Szenen zu erreichen. Diese resultieren aus keinem zufälligen Griff in die dramaturgische 'Klamottenkiste', sondern gewinnen ihren Gehalt aus der Vieldeutigkeit, die in jeder Religion enthalten ist. Die Integration des Zuschauers in die Weihnachtsliturgie und zugleich die Vermittlung gelöster Festfreude geschieht durch Gesang, Tanz und Lachen, im Spiel wird der Gegensatz von Alltagswelt und Transzendenz für kurze Zeit aufgehoben.[55] Auf diese Weise kann der Zuhörer vielleicht weniger intellektuell als unmittelbar körperlich fühlen, daß die christliche Verheißung durch die Existenz menschlicher Schwächen nicht außer Kraft gesetzt wird.

---

[55] Nach Thiede (1986) 79 handelt es sich auch beim Ostergelächter um ein „ritualisiertes Lachen in liturgischer Gestalt", bei dem der Gläubige weiß, daß die Unheilsmächte nicht dauerhaft besiegt sind.

Bibliographie

Quellen

Das hessische Weihnachtsspiel, hg. von Richard Froning. In: Deutsche National-Litteratur, Bd. 14, Das Drama des Mittelalters, Dritter Teil, Stuttgart 1891/92, repr. Darmstadt 1964, 902-939.

Zimmerische Chronik, hg. von Karl August Barack, 4 Bde., Freiburg/Tübingen 1881-1882.

Untersuchungen

Bachtin, Michail M.: Rabelais und seine Welt. Volkskultur als Gegenkultur. Frankfurt/M. 1987.

Berthold, L.: Die Kindelwiegenspiele. In: PBB 56 (1932) 208-224.

Brett-Evans, David: Von Hrotsvit bis Folz und Gengenbach. Eine Geschichte des mittelalterlichen deutschen Dramas. Bd. I: Von der liturgischen Feier zum volkssprachlichen Spiel. Bd. II: Religiöse und weltliche Spiele des Spätmittelalters. Berlin 1975 (Grundlagen der Germanistik 13 u. 18).

Coo, Josef de: Das Josefshosenmotiv im Weihnachtslied und in der bildenden Kunst. In: Jahrbuch für Volksliedforschung 11 (1966) 58-89.

Cox, Harvey: Das Fest der Narren. Das Gelächter ist der Hoffnung letzte Waffe. Stuttgart/Berlin 1970.

Eliade, Mircea: Das Heilige und das Profane. Vom Wesen des Religiösen. Frankfurt ^{2}1985.

Fietz, Lothar/ Joerg O. Fichte/ Hans-Werner Ludwig (Hgg.): Semiotik, Rhetorik und Soziologie des Lachens. Vergleichende Studien zum Funktionswandel des Lachens vom Mittelalter zur Gegenwart. Tübingen 1996.

Fuhrmann, Horst: Einladung ins Mittelalter. München 1987.

Haug, Walter: Schwarzes Lachen: Überlegungen zum Lachen an der Grenze zwischen dem Komischen und dem Makabren. In: Fietz/Fichte/Ludwig (1996) 49-64.

Haug, Walter: Das Komische und das Heilige. Zur Komik in der religiösen Literatur des Mittelalters. In: W.H.: Strukturen als Schlüssel zur Welt. Tübingen 1989, 257-274.

Heers, Jacques: Vom Mummenschanz zum Machttheater. Europäische Festkultur im Mittelalter. Frankfurt/M. 1986.

Jauß, Hans Robert: Zum Problem der Grenzziehung zwischen dem Lächerlichen und dem Komischen. In: Preisendanz/Warning (1976), 362-372.

Kretz, Louis: Witz, Humor und Ironie bei Jesus. Olten/Freiburg 1981.

Krieger, Dorette: Die mittelalterlichen deutschsprachigen Spiele und Spielszenen des Weihnachtsstoffkreises. Frankfurt/M. u.a. 1990 (Bochumer Schriften zur deutschen Literatur 15).

Luthe, Heinz Otto: Komik als Passage. München 1992.

Marquard, Odo: Exile der Heiterkeit. In: Preisendanz/Warning (1976), 133-151.

Ohly, Friedrich: Rezension zu Rainer Warning, Funktion und Struktur. In: Romanische Forschungen 91 (1979) 111-114.
Preisendanz, Wolfgang/Rainer Warning (Hgg.): Das Komische. München 1976 (Poetik und Hermeneutik VII).
Schindler, Norbert: Widerspenstige Leute. Studien zur Volkskultur der frühen Neuzeit. Frankfurt/M. 1992.
Stollmann, Rainer: Groteske Aufklärung. Studien zur Natur und Kultur des Lachens. Stuttgart/Weimar 1997.
Thiede, Werner: Das verheißene Lachen. Humor in theologischer Perspektive. Göttingen 1986.
Thielicke, Helmut: Das Lachen der Heiligen und der Narren. Freiburg 1974.
Warning, Rainer: Funktion und Struktur. Die Ambivalenzen des geistlichen Spiels. München 1974.
Warning, Rainer: Hermeneutische Fallen beim Umgang mit dem geistlichen Spiel. In: Mediävistische Komparatistik. Festschrift für Franz Josef Worstbrock, hg. von Wolfgang Harms/Jan-Dirk Müller. Stuttgart/Leipzig 1997, 29-40.
Wehrli, Max: Geschichte der deutschen Literatur vom frühen Mittelalter bis zum Ende des 16. Jahrhunderts. Stuttgart 1980 (Geschichte der dt. Literatur I).

Hans-Jürgen Diller

Lachen im geistlichen Schauspiel des englischen Mittelalters

Lachen und Weinen sind körperliche Anzeichen seelischer Zustände. Sie bilden ein 'Fenster', durch das wir in das Innere unserer Mitmenschen blicken können und ohne welches wir als soziale Wesen wohl nicht möglich wären. Wenn es uns gelänge, dieses Fenster auch in Richtung auf die Vergangenheit aufzustoßen, so würde uns dies in erheblichem Maße über unsere Vergesellschaftung über die Zeiten hinweg aufklären. Dies ist sicher der Grund dafür, daß das Lachen vergangener Epochen für Historiker ein so faszinierender Gegenstand ist.

Nun hat das Fenster aber eine doppelte Funktion: es macht nicht nur die Innenwelt für die Außenwelt sichtbar, sondern es ermöglicht auch der Außenwelt, auf die Innenwelt einzuwirken. Diese Einwirkung findet sowohl auf spontane wie auf gesellschaftlich institutionalisierte Weise statt. Spontan ist uns Menschen sicher das Bedürfnis gegeben, Emotionen zu zeigen, die nicht wir, sondern andere haben, in anderen Worten: zu schauspielern, andere nachzumachen. Die institutionalisierte Weise erleben wir in der Erziehung: wir werden angehalten, bestimmte Emotionen zu zeigen, andere dagegen nicht. Konkreter: Lachen ist bei bestimmten Gelegenheiten erlaubt, aber nicht bei allen. Wir können also nicht ohne weiteres sicher sein, ob die Innenwelt, die wir durch das Fenster des Lachens erblicken, eine bereits sozialisierte oder eine spontane, 'unverbildete' ist. Vom Lachen der Vergangenheit gilt dies erst recht. Es wäre gut, wenn die historische Erforschung des Lachens immer sauber unterscheiden könnte zwischen jenen Situationen, in denen jemand lachen mußte, und jenen, in denen man lachen sollte.[1] Die gängige Rede von der Lachkultur legt das letztere nahe, doch ist mir aus den einschlägigen Arbeiten zum mittelenglischen Drama kein Fall bekannt, wo die Unterscheidung konsistent vorgenommen oder auch nur problematisiert wird.[2]

Wer sich mit der Geschichte des geistlichen Spiels im englischen Mittelalter befaßt, wird eine Reihe von Belegen finden, daß jemand lachen mußte. Wir

---

[1] Auf diese Doppelnatur des Lachens macht Berger (1997) 14 aufmerksam: „The comic can also be deliberately constructed, as in the telling of a joke or the staging of a comedy, but very often it simply happens to or befalls the individual."

[2] In der Terminologie folge ich der angelsächsischen Tradition, die in Fragen der Gattungsdefinition weit unbefangener ist als die deutschsprachige. Ich verwende also den Ausdruck 'Drama' auch für das geistliche Spiel des Mittelalters, ohne ihm damit 'dramatische' Qualitäten etwa im Sinne Emil Staigers zuerkennen zu wollen.

müssen auch davon ausgehen, daß man bei vielen dramatischen Szenen lachen sollte. Aber es liegt in der Natur der Sache, daß es hierfür kaum zwingende Beweise gibt. Bei der Antwort auf die Frage, ob und worüber man lachen sollte, werden wir also sehr oft auf Vorwegannahmen über anthropologische Konstanten oder über die Mentalität der infragestehenden Zeit angewiesen sein.

Diese Frage ist beim Lachen vielleicht noch stärker virulent als bei anderen Phänomenen. Denn die meisten Menschen lachen zwar gern, aber - wie schon ausgeführt - unsere Akkulturation gewöhnt uns in vielen Situationen das Lachen auch ab. Lachen über Zoten oder über rassistische und sexistische Witze zum Beispiel wird in unserer Kultur mißbilligt. Auch das Lachen über fremdes Mißgeschick gilt uns als verwerflich. Wenn wir es - in Gegenwart der Betroffenen - gar nicht unterdrücken können, werden wir verlegen und entschuldigen uns.

Hier nun ist ein Punkt, an dem das Mittelalter es uns schwer macht. Gerade seine religiöse Literatur ist voll vom Mißgeschick der Verdammten, das in den Rezipienten offenbar keinerlei Mitgefühl auslösen sollte. Im Gegenteil: Schadenfreude, sogar höhnisches Verlachen scheint die intendierte Reaktion zu sein.[3] Der moderne Kritiker oder die moderne Kritikerin, die solche Texte genießen, haben ein schlechtes Gewissen. So kommt es immer wieder zu Versuchen, gerade den kanonisierten Texten eine alternative Interpretation abzugewinnen, die sie unserem Zeitgeschmack annähert.

In der Literatur zum mittelalterlichen Drama Englands hat diese Art der *interpretatio moderna* eine beachtliche Tradition. Seit den bahnbrechenden Arbeiten von E.K. Chambers war es üblich, gerade jene Stücke hochzuschätzen, die wegen ihrer komischen, von der biblischen Vorlage nicht gedeckten Szenen am stärksten 'verweltlicht' schienen. Besonders einflußreich wurden die Arbeiten von A.P. Rossiter und Robert Weimann, die beide ihren Schwerpunkt nicht im Mittelalter sondern in der Shakespeare-Zeit hatten.[4] Aus dieser Perspektive liegt es natürlich nahe, jene Züge hervorzuheben, die Shakespeare 'vorzubereiten' scheinen. Erst in den 50er und 60er Jahren unseres Jahrhunderts setzte sich der Grundsatz durch, die Stücke vor dem weltanschaulichen und gesellschaftlichen Hintergrund ihrer eigenen Zeit zu sehen und die evolutionistische Sicht als anachronistisch abzulehnen.[5] Wurde vor 30 bis 40 Jahren vor allem die

---

3 So lacht auch der Gott des Alten Testaments (Ps. 2,4; 59,9). Vgl. Berger (1997) 196.
4 Chambers (1903); Rossiter (1950); Weimann (1967).
5 Vgl. bes. Craig (1955) 6: „Critics of the medieval drama have treated excrescences and aberrations as if such things, thought of as looking forward to the dramatic masterpieces of the Renaissance, were the end and purpose of centuries of dramatic activity. They have been interested in devils, raging tyrants, and clowns [...] and have sometimes been indifferent to the fact that the medieval religious drama existed for itself and for the discharge of a religious purpose and not as an early stage of secular drama." Andere „revaluations" aus dieser Zeit sind Prosser (1961); Kolve (1966).

Alterität des Mittelalters betont, so ist in jüngster Zeit eine Tendenz zu verzeichnen, die das mittelalterliche Schauspiel mit Hilfe von Victor Turners „liminality" und Michail Bachtins „Lachkultur" in den heutigen Rezeptionshorizont einzufügen sucht. Die Kronzeugen, die für diese *interpretatio postmoderna* herangezogen werden, sind in hohem Maße identisch mit jenen Werken, die bereits in der ersten Jahrhunderthälfte als die Höhepunkte des mittelalterlichen Dramas galten. Es sind in erster Linie die Stücke des sog. 'Wakefield Master', der einst als der große Realist des mittelenglischen Dramas gefeiert wurde;[6] hinzugekommen ist allerdings die Moralität 'Mankind' aus dem späten 15. Jahrhundert, die noch um die Jahrhundertmitte als „vulgär" und „degenerate" galt.[7]

Zum Verständnis des Folgenden sei eine knappe Skizze des mittelalterlichen Dramas in England vorausgeschickt. Im europäischen Vergleich ist es am dürftigsten überliefert, dafür aber auch am gründlichsten erforscht. Uns sind vier Zyklen und einige Fragmente von Zyklen erhalten, die wie die kontinentalen Fronleichnamsspiele von der Schöpfung bis zum Jüngsten Gericht reichen und deshalb traditionell mit diesen gleichgesetzt werden. Doch die Verbindung mit dem Fronleichnamsfest ist nur bei einem Zyklus (York) und zwei Zyklus-Fragmenten sicher (Coventry, Newcastle).[8] Nur zwei der vier annähernd vollständig erhaltenen Zyklen sind unstreitig mit dem Namen und den theatralischen Aktivitäten einer Stadt verknüpft: York und Chester (wo die Spiele zu Pfingsten aufgeführt wurden). Der Chester-Zyklus ist in einer Reihe von Handschriften erhalten, die erst um die Wende vom 16. zum 17. Jahrhundert entstanden sind, also rund 30 Jahre nach dem Ende der Aufführungen. Die Handschrift eines dritten Zyklus, 'The Towneley Plays' (ca. 1500, mit Spuren einer nach-reformatorischen Zensur), weist Bezüge zu Wakefield im südlichen Yorkshire auf, deren genaue Natur in der Forschung allerdings umstritten ist.[9] Die 'Towneley Plays' enthalten Stücke und Stück-Teile, die aufgrund metrischer und stilistischer Kriterien dem bereits erwähnten Wakefield Master zugeschrieben werden, einem Dramatiker, der sich am stärksten aus der Masse der natürlich anonym überlieferten Stücke als unterscheidbare Individualität heraushebt und auf dessen Stücke all jene immer wieder zurückgreifen, die das komische Element des mit-

---

6 Vgl. Diller (1965/1972).
7 Vgl. Craig (1955) 350. Vgl. auch Adams (1924) 304.
8 Two Coventry Corpus Christi Plays ([2]1957) hg. v. Hardin Craig: 'Introduction'; Records of Early English Drama: Coventry (1981), hg. v. R.W. Ingram, passim; Noncycle Plays and Fragments (1970), hg. v. N. Davies, xliii; Records of Early English Drama: Newcastle-upon-Tyne (1982), hg. v. J.J. Anderson, xif.
9 Cawley/Forrester/Goodchild (1988); Palmer (1987/8); Palmer (1993). Die neueste Ausgabe vertritt die Verbindung zu Wakefield allerdings mit beachtlichen Argumenten: The Towneley Plays (1994), hg. von Martin Stevens und A.C. Cawley, xixff.

telenglischen Dramas betonen wollen. Der Towneley-Zyklus ist in mehrfacher Hinsicht atypisch: Er enthält kein Abendmahlsspiel, dafür aber zwei Hirtenspiele, von denen das bekanntere, die 'Secunda Pastorum', eine lange, farcenhafte Einlage enthält, die Ähnlichkeiten mit dem französischen 'Maître Pathelin' aufweist.[10] Die Überschriften der Einzel-Stücke enthalten unterschiedliche Gattungsbezeichnungen: *pagina, processus,* teilweise auch nur Inhaltsangaben wie 'Mactacio Abel' oder 'Magnus Herodes'. Es ist durchaus möglich, daß die 'Towneley Plays' erst im frühen 16. Jahrhundert zusammengestellt worden sind. Über die Umstände ihrer Aufführung und ihr Publikum wissen wir nichts Genaues.

Der vierte Zyklus wird durch einen aus dem 17. Jahrhundert stammenden Eintrag als 'Ludus Coventriae' bezeichnet und erscheint unter dieser Bezeichnung noch immer in Literaturgeschichten und Nachschlagewerken.[11] Er stammt aber sicher nicht aus Coventry (aus dem ein fragmentarischer Zyklus erhalten ist), sondern wird aus sprachlichen Gründen nach East Anglia verwiesen. Aus der in der vorangestellten *Proclamation* (V. 527) verwendeten Ortsnamensvariable *N.Town* kann geschlossen werden, daß er von einer wandernden Truppe an wechselnden Orten aufgeführt wurde; *N-Town* hat auch den Titel der jüngsten Ausgabe abgegeben.[12] Aus der Überlieferungslage der Zyklen ergibt sich also, daß wir nur in zwei von vier Fällen Aufschluß über die Aufführungsbedingungen aus lokalgeschichtlichen Forschungen erhoffen können.

Die Überlieferung der Mirakelspiele hat unter der Reformation noch stärker gelitten als diejenige der 'Fronleichnams'-Zyklen. Auf uns gekommen sind nur drei Stücke und ein Fragment. Zwei der Spiele enthalten längere komische Szenen, die einiges Licht werfen auf das Lachen im mittelalterlichen Drama Englands und vor allem auf die 'Mactacio Abel', die allgemein dem Wakefield Master zugeschrieben wird und auf die noch näher eingegangen werden soll. In der 'Mary Magdalen' der Digby-Handschrift 133 tritt ein heidnischer Priester auf, der durch sein unverständliches *gibberish* das Publikum offenbar von der Wertlosigkeit seiner Religion überzeugen soll;[13] im 'Croxton Play of the Sacra-

---

10 Ein Einfluß der französischen Farce auf das Towneley-Spiel wurde bislang aus chronologischen Gründen abgelehnt, da der Zyklus ins frühe 15. Jh. datiert wurde. Falls die neuere Datierung um 1500 zutrifft, ist auch diese Frage wieder offen. Vgl. v.a. Wann (1918).
11 Fabian (1991) I, 378; Diller (1991).
12 The N-Town Plays (1991), hg. v. S. Spector. Das Manuskript dieses Zyklus ist übrigens das einzige, das keine Spuren aus der Reformationszeit erkennen läßt.
13 'Mary Magdalen', VV. 1143-1248, in: The Late Medieval Religious Play of Bodleian Mss Digby 133 and e Museo 160 (1982) 62-66.

ment' erscheint ein Quacksalber, der mit seinen Heilkünsten prahlt.[14] Beide werden von einem *boy* begleitet, der die Worte seines Herrn hinter dessen Rükken parodiert und damit unglaubwürdig macht. In beiden Fällen ist Lachen ein Verlachen im Sinne der christlichen Lehre, die Parodierten dienen der wahren christlichen Lehre als Folie. In 'Mary Magdalen' wird das Heidentum mit dem bald darauf von Maria Magdalena eingeführten Christentum kontrastiert, im 'Play of the Sacrament' geht es um die Heilung eines Juden, der sich an der Hostie vergangen und dabei die Hand verloren hat. Mit dem Quacksalber kontrastiert der wahre Arzt Christus, der den Sünder heilt, nachdem dieser sich ihm anvertraut und seine Tat bereut hat. Im Gegensatz zur 'Mactacio Abel' sind diese Szenen, soweit ich sehe, nicht Gegenstand der jüngeren 'bachtinistischen' Kritik geworden.

Weit wichtiger ist die dritte Gattung des geistlichen Spiels, die Moralität. Auch hier ist nur wenig erhalten: vier vollständige Stücke, darunter der hier nicht einschlägige 'Everyman', und ein Fragment. Für unser Thema von Bedeutung ist das schon erwähnte 'Mankind', auf das wir später eingehen werden.

Da die Gefahr besteht, daß bei der oben erwähnten neuerlichen 'revaluation' Einsichten der 50er und 60er Jahre verloren gehen, sollen diese zunächst kurz referiert werden. V.A. Kolve versucht in seinem 1966 erschienenen Buch 'The Play Called Corpus Christi', den Erwartungshorizont des Publikums der englischen Fronleichnamsspiele zu rekonstruieren. In dem Kapitel 'Religious Laughter' zitiert er normative Texte, um so zu erschließen, unter welchen Umständen und in welchem Ausmaß Lachen als zulässig angesehen wurde.

Kolve unterscheidet zwei mittelalterliche Einstellungen zum Lachen, die wir als 'rigoristisch' bzw. 'realistisch' bezeichnen können. Die rigoristische Auffassung hält Lachen für gänzlich unerlaubt, da es den Menschen ablenke von der Gefahr ewiger Verdammnis, der er ständig ausgesetzt sei. Ein häufig wiederkehrender Topos dieser Lehre ist, daß Christus selbst nie gelacht habe:

> *þat thris he wep we find i-nogh,*
> *But we find neuer quar he logh.*

„Daß er dreimal weinte, finden wir [häufig] genug, aber wir finden niemals [eine Stelle], wo er lachte."
'Cursor Mundi', ll. 18855-56

Für England ist allerdings wichtig, daß die schärfste Kritik an den Mirakelspielen, und auch die schärfste Kritik an 'game and play', ausgerechnet in einem Traktat erscheint, der in einer Sammlung wycliffitischer Handschriften auf uns

---

14 'The Play of the Sacrament', VV. 525-649, in: Non-cycle Plays and Fragments (1970) 74-78.

gekommen ist und der auch deutlich wycliffesches Gedankengut enthält.[15] Die schärfsten Gegner der herrschenden Kirche waren also auch die härtesten Kritiker des Schauspiels.

Gegen diesen Rigorismus stellt Kolve Schriften, die zum einen eine höhere kirchliche Autorität für sich in Anspruch nehmen können als der 'Cursor Mundi' und die zum anderen auf die jahrhundertelange Erfahrung der kirchlichen Disziplin und Menschenführung zurückgreifen. Seine wichtigsten Texte sind die Benediktinerregel und die Schrift 'Reule of Crysten Religoun' des antilollardischen Bischofs Reginald Pecock (1443). Die Benediktinerregel hält, wie andere Erziehungswerke auch, zur Mäßigung des Lachens an. Pecock rechnet das Lachen zu unseren *outward wittis*, auf die wir nicht gänzlich verzichten können. Es kann nicht gut bestritten werden, daß diese Texte aus dem kirchlichen 'Establishment' den mittelalterlichen 'mainstream' weit getreuer wiedergeben als etwa der in einer einzigen Handschrift erhaltene wycliffitische Traktat. Kolves größtes Verdienst besteht aber darin, die Aufmerksamkeit auf einen Text gelenkt zu haben, der bis dahin kaum beachtet worden war. Dieser Text, der in 8 vollständigen und 4 fragmentarischen Handschriften überlieferte 'Dives et Pauper', ist mittlerweile in der Reihe der Early English Text Society ediert worden und ist damit allgemein zugänglich.[16] In Form eines Dialogs zwischen einem reichen Laien (*Dives*) und einem Bettelmönch (*Pauper*) erörtert er an praktischen Beispielen, wie der christliche Laie ein Gott wohlgefälliges Leben führen kann. Entsprechend den Zehn Geboten ist der Dialog in zehn *Precepts* aufgeteilt. Unter dem dritten *Precept* geht es natürlich um die Heiligung des Feiertags, und in diesem Zusammenhang auch um das Recht des Menschen auf Fröhlichkeit:

> *Miracles pleyes & daunces that ben done principaly for deuocion honestye and myrthe. to teche men to loue god the more. and for no ribaudrye / ne medlyd with rebawdrye ne lesynges. been leful / so that the people be nat lettyd therby from goddes seruyse / ne fro goddes worde hering and that ther be no erroure medled in suche miracles and pleyes ayenst the feith of holy churche. ne ayenst gode lyuynge. Alle othir ben forfendyd both haliday and Werkday.*

„[Es gibt] Mirakelspiele und Tänze, die vor allem um der Andacht und anständigen Fröhlichkeit willen veranstaltet werden - um die Menschen vermehrte Gottesliebe zu lehren - und nicht um der Zotenreißerei [oder: derber Späße] willen, und die auch nicht mit solchen Späßen und Täuschungen vermengt sind. [Diese] sind erlaubt [rechtens], sofern die Leute dadurch nicht vom Gottesdienst und vom Hören des Wortes Gottes abgehalten werden und sofern sich keine gegen den Glauben der heiligen

---

15 'A Tretise of Miraclis Pleyinge', hg. v. Clifford Davidson (1993).
16 'Dives and Pauper', Vol. 1, Parts 1/2, hg. v. Priscilla Heath Barnum (1976/1980). Zur Überlieferung s. Part 1, xi-xv.

Kirche oder gegen ein gottesfürchtiges Leben gerichtete falsche Lehre in solche Mirakelspiele einschleicht. Alle anderen [Spiele] sind sowohl an Fest- wie an Werktagen verboten."
Precept 3, ch. 17

Der Verhaltenskodex der mittelalterlichen Kirche unterschied also sehr genau zwischen maßvoller Fröhlichkeit, die zu vermehrter Gottesliebe führen sollte, und zügellosem Treiben, das weder an Feier- noch an Werktagen erlaubt war. Freilich ist auf eine Unterscheidung hinzuweisen, die Kolve vernachlässigt und die angesichts der Belege in den dramatischen Texten bedeutsam erscheint: 'Dives et Pauper' spricht an der zitierten Stelle nicht von Lachen, sondern nur von Fröhlichkeit. Auf diesen Unterschied wird später zurückzukommen sein.

Kolve berichtet allerdings auch eine Anekdote von St. Brice, dem Patenkind des heiligen Martin von Tours: Martin beobachtete, daß Brice während der Messe lachte. Als er ihn hinterher nach dem Grund fragte, sagte dieser, er habe den Teufel während der Messe beobachtet, wie er das Lachen der Frauen protokollierte. Dabei habe sich das Pergament, auf dem er notierte, als zu kurz erwiesen,

and he plucked harde to haue made it lengger with his tethe, and it scaped out of his mouthe, and hys hede had a gret stroke ayenst the wall, „& that made me to laugh." And whan seint Martin herde hym, he knewe that seint Brice was an holy man.

„und er zog heftig daran mit seinen Zähnen, um es zu verlängern, und es rutschte aus seinem Mund, so daß sein Kopf heftig gegen die Wand schlug 'und das brachte mich zum Lachen.' Und als St. Martin ihn hörte, wußte er, daß St. Brice ein heiliger Mann war."[17]

Lachen zu müssen über ein Mißgeschick des Teufels galt also als Ausweis von Heiligkeit. Wir haben aber auch Zeugnisse, die belegen, daß unerwünschtes Lachen oder unerwünschte Ausgelassenheit unterbunden wurden. So baten die Mauerleute (*cementarii*) in York 1431, von ihrem Stück freigestellt zu werden, weil es *magis risum & clamorem causabat quam deuocionem*.[18] Und im Jahre 1426 befand ein *sacre pagine professor verbi dei famosissimus predicator*, daß zum Fronleichnamsfest viele nicht nur das Spiel sähen, sondern auch an *comessacionibus ebrietatibus clamoribus cantilenis & alijs insolencijs* teilnähmen und

---

17 Kolve (1966) 140, nach 'The Book of the Knight of La Tour-Landry', hg. v. Thomas Wright, rev. 1906 (Early English Text Society 33), 42.
18 Records of Early English Drama: York (1979), hg. v. A.F. Johnston und M. Rogerson, 48. In dem (nicht erhaltenen) Stück berührt offenbar ein gewisser Fergus die Bahre der verstorbenen Jungfrau Maria, woraufhin ihm beide Arme ausgerissen werden und an der Bahre haften bleiben. Als er seinen Frevel bereut und sich zu Christus und der Jungfrauengeburt bekennt, wird er geheilt, vgl. Kolve (1966) 131. Es liegt hier also ein ähnliches Sakrileg vor wie in dem 'Croxton Play of the Sacrament', mit dem Unterschied, daß das Lachen hier das (später reuige) Opfer traf, nicht einen betrügerischen 'Arzt'.

so den ihnen für die Teilnahme an der Prozession verheißenen Ablaß gefährdeten. Darauf wurde beschlossen, Prozession und Spiel zu trennen.[19] Die mittelalterlichen Autoritäten waren also durchaus in der Lage, die massenpsychologischen Folgen theatralischer Aufführungen zu erkennen und entsprechende Maßnahmen zu ergreifen.

Da eine Quelle unerwünschten Lachens offenbar in den Spottritualen des von der Kirche bekämpften Volksbrauchs zu sehen ist, sei an dieser Stelle auch auf ein Stück aus dem York-Zyklus verwiesen, in dem die Verspottung Christi vor Herodes ausdrücklich mit solchem Volksbrauch in Verbindung gebracht wird. Das Spiel der *Shearmen* (Y 34: 'The Road to Calvary')[20] beginnt mit dem Auftritt eines *miles* (Folterknechts), der dem Publikum erläutert, daß die Kreuzigung noch am selbigen Tage abgeschlossen werden müsse, weil der morgige vorgesehen sei „für unseren lieben Sabbattag":

> *Because tomorne is prouyde*
> *For oure dere Sabbott day.*
> (VV. 22-23)

Im weiteren wird kurz die Dornenkrönung rekapituliert (die im vorigen Stück dargestellt wurde):

> *We haue bene besie all þis morne*
> *To clothe hym and to croune with thorne,*
> *As falles for a fole kyng.*
> (VV. 26-28)

> „Wir waren den ganzen Morgen beschäftigt,
> um ihn zu kleiden und mit Dornen zu krönen,
> wie es sich für einen Narrenkönig gebührt."

Jesus wird hier also als „Narrenkönig" bezeichnet, dem die Dornenkrönung „gebührt"; damit werden seine Passion und Kreuzigung in den Kontext eines Brauchtums gestellt, das die Kirche bekämpfte. Es scheint durchaus legitim, hierin eine pastorale Absicht zu sehen. Darauf deutet auch die Tatsache, daß der römische Soldat, der selbstverständlich auf das Geheiß des Pilatus gehandelt hatte, sich jetzt ausdrücklich mit dem *dere Sabbott day* identifiziert. Die Spottrituale der Dornenkrönung und der Geißelung, die durch die Vorgabe der Evangelien geboten waren, werden also dazu benutzt, volkstümliches Brauchtum als 'jüdisch' zu diskreditieren. Daß dies in der Absicht geschah, das religiöse Fremdgut zu entschärfen, wird man unterstellen dürfen.

Es wird nützlich sein, diese Entschärfungsmaßnahmen im Auge zu behalten; denn Ähnliches werden wir in jenen Stücken wiederfinden, die als Beispiele

---

[19] Records of Early English Drama: York (1979) 42f.
[20] The York Plays (1982) 306ff.

eines 'spirit of carnival' angeführt worden sind und über deren Aufführungskontexte wir weit weniger wissen als im Falle von York.

Das von Bachtin postulierte „laughter of the market place" ist sicher nicht identisch mit der frommen Schadenfreude eines St. Brice. Ein Teil der neueren angelsächsischen Forschung unterstellt aber fraglos jenes als Zuschauerreaktion zum mittelalterlichen Drama und zieht diese überhaupt nicht in Betracht. Sie übernimmt von Bachtin den Begriff des Karnevals, der die Grenzlinie zwischen Zuschauern und Akteuren aufhebt: „Carnival does not know footlights."[21] Wie die Hinweise auf „market place" und „folk laughter"[22] zeigen, gilt die 'Lachkultur' als eine laizistische und plebejische Gegenkultur. In Fortführung Bachtins bezeichnet Gash dieses Lachen als „nicht satirisch" und nicht „ausgrenzend".[23] Bachtin selbst nennt es „universal".[24] Dieser sozialen Verortung zum Trotz führt er allerdings auch „Comic verbal compositions [...] in Latin" als Manifestationen der volkstümlichen Lachkultur an.[25] Auch hierin folgt Gash Bachtin. Es versteht sich, daß die Deutung der Lachkultur als plebejische Gegenkultur keinerlei Verwendung hat für die autoritativen, normativen Texte, die Kolve herangezogen hat. Wer auf diese Belege verzichtet, begibt sich allerdings in erhebliche Beweisnot.

Das soll hier an zwei Beispielen gezeigt werden. Martin Stevens interpretiert den Herodes zweier Zyklen als „Karnevalskönig", während Gash über Aufführungspraxis und Rezeption spekuliert, angesichts der Unkalkulierbarkeit szenischer Effekte ein recht gewagtes Unterfangen.[26] Wie unsicher die Grundlagen sind, auf die die bachtinianische Kritik sich zu stützen gezwungen ist, mag der Aufsatz Gashs zeigen, der auch als Kritik an Kolve gemeint ist. Seine Ausführungen lassen sich in drei Punkten zusammenfassen:

1) Eine Aufführung kann Wirkungen haben, die der Spieltext nicht vorsieht: „[...] the relationship between written text and performance is a fluid one."[27]
2) Ein Schauspieler kann einen Text 'gegen den Strich' spielen und auf diese Weise eigene, dem Text widersprechende Effekte erzielen.
3) Ein „clerical script writer" mit unorthodoxen Ansichten konnte eine „ambiguity of tone within an unorthodox framework" kultivieren, indem er „controversial social comment" den komischen oder bösen („'evil'" [einfache Anführungszeichen bei Gash]) Charakteren in den Mund legte. Mit derartigen Kommentaren

---

[21] Bakhtin (1968) 7.
[22] Bakhtin (1968) 4.
[23] Gash (1986) 82: „does not anathematise its object in the manner of the Church or of modern satire; rather, it casts the isolated, sterile idea or individual into the fertile lower stratum which unites and renews."
[24] Bakhtin (1968) 11.
[25] Bakhtin (1968) 5.
[26] Stevens (1995); Gash (1986).
[27] Gash (1986) 74.

hätten die Darsteller um die Zustimmung des Publikums 'werben' können („woo the audience's approval for controversial social comments put into the mouths of comic or 'evil' characters"[28]).

Für das Vorkommen von 1) und 2) sprechen die genannten Maßnahmen, die zu ihrer Unterbindung vorgenommen wurden. Wir haben allerdings keinerlei Zeugnisse, die uns erlauben würden, ein erhaltenes Stück mit einem solchen Vorkommnis in Verbindung zu bringen. Sofern wir eine Stütze für das Vorliegen der von Gash vermuteten 'Ambiguitäten' (vgl. den Titel seines Aufsatzes) suchen, sind wir also auf die „internal evidence" der Stücke selbst angewiesen, d.h. wir müssen Belege für die Annahme 3) suchen. Diese ist nun freilich mit einer langen Reihe von Unter-Annahmen belastet. Sie postuliert einen Kleriker nicht nur als Autor, sondern auch als Regisseur der Stücke. Und dieser Kleriker hätte überdies „unorthodoxe" Ansichten, für die er beim Publikum Sympathien voraussetzen konnte und die anzudeuten er seinen Darstellern „erlauben" (wohl eher: anregen) würde. Gashs Annahme unterstellt also nicht weniger als eine ketzerisch-sozialkritische Laienspielschar, die partisanengleich hinter den Linien der kirchlich-gesellschaftlichen Orthodoxie operiert. Solche Strategien sind uns aus den Früh- und Spätphasen der Diktaturen des 20. Jahrhunderts geläufig.[29] Es ist aber unwahrscheinlich, daß man eine ähnliche Situation im vorreformatorischen England voraussetzen darf. Eine Gesinnungsgemeinschaft der angedeuteten Art wäre wohl unter den Lollarden anzutreffen, doch ausgerechnet diese waren die schärfsten Gegner der „miracle plays".[30] Dennoch: Gash hat einen Fingerzeig zur Überprüfung seiner Hypothese gegeben. Er vermutet die skizzierte Personalunion von Autor und Regisseur bei dem sogenannten 'Wakefield Master'. Dieser anonyme Dramatiker wird als Autor einer Reihe von Stücken und Stück-Teilen des Towneley-Zyklus postuliert, die sich durch zwei Merkmale vom übrigen Schauspiel der Zeit abheben: zum einen durch eine sonst nicht vorkommende, sehr kunstvolle Strophenform, zum anderen durch einen höchst lebendigen, bühnenwirksamen Dialog, der in dem ansonsten eher 'epischen' Theater des englischen Mittelalters ebenfalls selten ist. Ein Teilaspekt dieses Dialogs ist, daß er eine Reihe von Hinweisen zur Positionierung und Bewegung der Bühnenfiguren enthält.[31] Eine solche Dialogart macht Gashs Annahme von einem Autor-Regisseur natürlich durchaus plausibel. Hinzu kommt, daß die dem Wakefield Master zugeschriebenen Stücke das bei weitem am besten erforschte Teilkorpus des mittelenglischen Dramas darstellen. Ihr Autor muß ein

---

[28] Gash (1986) 76.
[29] Vgl. Hilský (1994) über Shakespeare-Aufführungen in der 'normalisierten' ČSSR. Vgl. auch die zahlreichen Anekdoten über Kabarettisten wie Werner Fink oder Karl Valentin im Dritten Reich.
[30] Vgl. 'A Tretise of Miraclis Pleyinge'.
[31] Diller (1965/1972).

Mann von ungewöhnlicher Bildung gewesen sein. Er kannte sich aus in Vergil und in musikalischer Terminologie, seine vermutliche Kenntnis der französischen Farce wurde bereits erwähnt, und sein Verfahren, Alltagsdinge zu theologischen Verweisen zu nutzen, ist mit demjenigen der niederländischen Malerei verglichen worden.[32] Er scheint auch ein Gegner der Lollarden gewesen zu sein.[33] Insgesamt ergibt sich das Bild eines Autors, der das Repertoire seiner dramatischen Wirkungsmittel souverän beherrschte. Wo, wie und selbst ob überhaupt seine Stücke aufgeführt wurden: darüber wissen wir heute weniger als wir noch vor zehn Jahren zu wissen glaubten - aus den oben genannten Gründen.

Unter dem Thema dieses Sammelbandes kommt uns ein weiterer Umstand zugute, den wir uns nicht entgehen lassen sollten: der Wakefield Master ist, soweit erkennbar, der einzige mittelenglische Dramatiker, der das Wort *laugh* mit einiger Häufigkeit verwendet. Ausweislich der zugänglichen Konkordanzen[34] begegnet es sechsmal in den einhellig ihm zugeschriebenen Stücken bzw. Stückteilen. Darüber hinaus kommt es noch einmal in einem Stück vor, für das seine Autorschaft gelegentlich angenommen wird, und schließlich ein einziges Mal in einem jener Towneley-Spiele, für die er als Autor noch nie in Betracht gezogen wurde. Und wiederum ein einziges Mal kommt das Wort im York-Zyklus vor.

Schauen wir uns die Belege im einzelnen an, so finden wir Lachen vor allem bei den bösen Charakteren. Das Wort *laugh* erscheint in den Selbstbeschreibungen der Teufel und Tyrannen und bezeichnet durchweg den Triumph und die falsche Sicherheit des Verblendeten, in denen sich bereits sein Fall ankündigt.[35] Eine vergleichsweise milde Form dieser Superbia zeigt der Vierfürst Herodes im Yorker Zyklus, der sich einiges zu lachen verspricht, wenn der ihm von Pilatus überstellte Jesus sich auf die (jüdischen) Gesetze berufen wird.[36] Weit schlimmer ist das Lachen Herodes des Großen in einem Stück, das dem Wakefield Master zugeschrieben wird: als ihm seine Schergen die Durchführung des bethlehemitischen Kindermords gemeldet haben, lacht er so, daß er keine Luft mehr

---

32 Ross (1972).
33 Der Teufel im 'Judgment Play' (T 30, 311) ist ein *master lollar*. Vgl. The Wakefield Pageants in the Towneley Cycle (1958), hg. v. A.C. Cawley, xxx, Anm. 8.
34 A Concordance to the Towneley Plays (1990); A Concordance to the York Plays (1986).
35 Berger (1997) 198 weist auf den Weheruf aus Jesu Predigt auf dem Felde hin, der gerade ein solches Lachen geißelt: „Wehe euch die ihr jetzt lacht! Denn ihr werdet weinen und klagen." (Luk. 6, 25)
36 York Plays 31 ('Christ before Herod') V. 167f.:
 I leve we schall laugh and haue likyng
 To se nowe þis lidderon [Spitzbube] *here he leggis oure lawis.*
Vgl. A Concordance to the York Plays (1986).

bekommt.[37] Lachen geht hier also - wohl bezeichnenderweise - mit einem Verlust der körperlichen Selbstkontrolle einher.[38] Die Torheit dieses Lachanfalls und der ihm folgenden Prahlereien muß dem Publikum übrigens höchst plastisch vor Augen gestanden haben; denn dem Herodes-Spiel vorausgegangen ist die Flucht nach Ägypten, und es folgt die Darstellung Jesu im Tempel.

Doch das Stück kennt nicht nur das Lachen des Herodes. Es wird auch ein Lachen angesprochen, das offenbar ausbleibt - und zwar an einer Stelle, die für die These von der Lachkultur von größter Bedeutung ist, obwohl Stevens sie in seinem Aufsatz nicht erwähnt. Zu Beginn des Stücks tritt ein *Nuncius* auf, der das Kommen des Herodes ankündigt und die Zuschauer auffordert, den erwarteten König *laghyng with lake* („lachend vor Freude") zu begrüßen (V. 97). Im Kontext klingt das wie ein letzter, verzweifelter Versuch: zuvor nämlich mußte der Bote einräumen, daß Herodes „seltsam besorgt" (*selcouthly sory*, V. 36) und in Furcht sei wegen eines in der Nähe geborenen Knaben. In keinem anderen englischen Herodes-Spiel wird diese Furcht v o r dem definitiven Ausbleiben der Rückkehr der Heiligen Drei Könige artikuliert. Die Furcht des Königs erscheint als Motiv seiner Grausamkeit: der Bote warnt das Publikum, von einem anderen König als Herodes zu reden.[39] Aber als Herodes erscheint, muß er gestehen, daß all seine Mühe umsonst war:

> *Hayll, luf lord! Lo,*
> *Thi letters haue I layde;*
> *I haue done I couthe do*
> *And peasse haue I prayd*
> *Mekyll more therto*
> *Opynly dysplayd.*
> *Bot romoure is rasyd so,*
> *That boldly thay brade*
> *Emangys thame:*
> *Thay carp of a kyng,*
> *Thay seasse not sich chateryng.*
> (VV. 105-15)[40]

---

37 Towneley Plays, 16 ('Magnus Herodes') V. 684: *I lagh that I whese!* (etwa: „...daß ich keuche").
38 Berger (1997) 47 sagt in der Terminologie Max Schelers, wer so lache „no longer h a s but i s his body." Da Körper-haben den Menschen vom Tier unterscheidet, das nur ein Körper i s t, bedeutet ein derartiger Lachanfall ein Absinken auf die Stufe des Tieres.
39 V. 49f.: *Carpys* [wörtlich: Schwatzt] *of no kyng / Bot Herod, that lordyng*.
40 Etwa: „Heil, lieber Herr! Siehe, / Deine Botschaften [Briefe] habe ich bekannt gemacht / Ich habe getan, was ich tun konnte / Und um Ruhe ['peace'] habe ich gebeten, / Noch viel mehr dazu habe ich öffentlich erklärt. / Aber das Gerücht ist so

Die Meldung löst bei Herodes einen Wutanfall aus: er droht, Hackfleisch aus denen zu machen (V. 143), die nicht aufhören wollen, von jenem anderen König zu reden. Wir dürfen annehmen, daß diese Drohung, die ja nicht wahrgemacht werden konnte, die Zuschauer amüsiert hat. Aber das Lachen an dieser Stelle kann kaum von der karnevalistischen Art gewesen sein. Es galt einem Ohnmächtigen, vor dem man sich in Sicherheit wußte. Es beruhte also gerade auf jener Trennung von Spiel- und Publikumssphäre, die Bachtin im Karneval aufgehoben sieht. Es fügt sich damit ein in ein sehr differenziertes Spiel, mit dem der Wakefield Master die Grenze zwischen inner- und außerdramatischer Welt des öfteren ausnutzt.[41] Auf ähnliche Weise wird das Publikum am Ende des Stücks erheitert. Die Nachricht von der Ausführung des Kindermords versetzt Herodes nicht nur in das schon geschilderte atemlose Lachen, sondern auch in so haltlose Prahlereien, daß er schließlich nichts mehr zu sagen weiß. Er verabschiedet sich mit den Worten:

> *Bot adew! - to the deuyll!*
> *I can no more Franch.*
> (VV. 739f.)

Zuvor hat er einige französische Brocken benutzt, ein Zeichen großer Prätentionen und geringer Kenntnisse.[42] Der Tyrann wird hier also zum Hanswurst, ein Sprachrohr von 'social comment' ist er nur gegen die eigene Absicht: er belohnt die Mörder mit Reichtümern. Seine Komik ist von der gleichen Art wie die des Teufels in der Vision von St. Brice: Er löst Schadenfreude aus, denn die Schlechtigkeit, derer er sich rühmt, kommt gegen Gottes Güte nicht auf. Wenn also bei den Zuschauern dieses Stücks die Erinnerung an den König Karneval überhaupt lebendig war, dann hat der Wakefield Master alles getan, um sie negativ zu besetzen und das Publikum gerade nicht die Untertanen dieses Königs 'spielen' zu lassen.

Ähnlich wie Herodes geht es einem Teufel im Towneley-Spiel vom Jüngsten Gericht, der ebenfalls in der Strophe des Wakefield-Meisters spricht: auch er lacht sich im Wortsinne 'schief' und gibt damit ein Zeichen ungerechtfertigter Zuversicht.[43] Lachen ist also bislang konsequent mit Bosheit, insbesondere mit der Ursünde der Superbia verbunden. Auch der einzige *laugh*-Beleg im Towneley-Zyklus, der nicht dem Wakefield Master zuzuschreiben ist, kann das Bild kaum günstiger färben: Im Spiel vom ungläubigen Thomas wertet der misogyne

---

mächtig, / Daß sie [es] dreist verbreiten / Unter sich: / Sie schwatzen von einem König, / Sie hören nicht auf mit solchem Tratsch."
41 Hierzu ausführlicher Diller (1992), bes. 138-40.
42 Vgl. Anm. zu V. 247, The Towneley Plays (1994), hg. v. A.C. Cawley und M. Stevens, II, 525.
43 Towneley Plays, 30 ('Iudicium') V. 223: *I laghe that I kynke!* Ähnlich ebda., V. 286.

Paulus das Lachen als Mittel weiblicher Verstellung. Deshalb sei den Frauen auch nicht zu trauen, wenn sie, wie Maria Magdalena, behaupten, dem Auferstandenen begegnet zu sein.[44] Die Wortbelege stützen also bislang die Vorbehalte gegen das Lachen, die Kolve in den normativen Texten findet. Und das Verhalten der Zuschauer, soweit wir es erschließen können, betont die Grenze zwischen Akteuren und Zuschauern eher als daß es sie aufhebt. Ihre Schadenfreude basiert auf dem Bewußtsein, daß der Bühnen-Herodes ihnen nichts anhaben kann. (Beim Bühnen-Teufel mag es etwas anders gewesen sein, denn das Jüngste Gericht stand für jeden einzelnen Zuschauer ja noch aus - mit ungewissem Ausgang.)

Eine vorbehaltlos positive Verwendung von *laugh* ist nur in einem einzigen Stück des Towneley-Zyklus festzustellen: in dem 'Second Shepherds Play', dem berühmtesten Werk des Wakefield Master, jubelt *Primus Pastor* beim Anblick des neugeborenen Jesuskindes:

> *Lo, he laghys, my swetyng!*
> (Towneley 13, V. 1033)

Und selbst hier ist Ambivalenz erkennbar. Denn der Krippenszene ist eine Anti-Szene vorausgegangen, die die Einzigartigkeit dieses Stücks ausmacht: die Hirten haben eines ihrer Schafe in der Hütte des Schafdiebs Mak aufgespürt, das dessen Frau in der Wiege versteckt hat und als ihr neugeborenes Kind ausgibt.[45] Um ihren Betrug zu verdecken, benutzt sie fast die gleichen Worte wie der Hirte 150 Verse später: Das Neugeborene sei so niedlich *To gar* [make] *a man laghe* (V. 880). Da beide Szenen bis in Einzelheiten aufeinander bezogen sind, ist die zweimalige Verwendung des Wortes kaum als Zufall abzutun, und man kann sogar ein Zeichen der natürlichen Klugheit der (selbstverständlich ungebildeten) Hirten darin sehen, daß sie sich von dem vorgespiegelten Lachen nicht täuschen lassen.

Das Verhältnis zwischen Herodes und seinem Boten erinnert von ferne an ein Figurenpaar, das nicht im geistlichen Spiel, sondern im *folk play* zu Hause ist und das wir bei der Behandlung des Mirakelspiels schon kurz kennengelernt haben: an den *braggart* und seinen *boy*. Der *boy* oder Diener tritt als erster auf und preist die Qualitäten seines Herrn an. Dies tut er jedoch auf närrische, wortverdrehende Weise, so daß das Publikum von vornherein weiß, was es von dem so großartig Angekündigten zu halten hat. Dieses Figurenpaar hat verschiedentlich Eingang in das geistliche Spiel gefunden, wie wir sahen. Die wichtigsten

---

44 Towneley Plays, 28 ('Thomas of India') VV. 32-34:
   For with thare quayntyse and thare gyle
   Can thay laghe and wepe somwhile,
   And yit nothing theym grefe.
45 Wann (1918), vgl. Anm. 10.

Beispiele sind das 'Croxton Play of the Sacrament' und das 'Digby Play of Mary Magdalen'. Deren Verdrehungen fehlen in der Rede des Nuncius, er wird daher wohl nicht als *impudent servant* wahrgenommen worden sein. Aber was er zum Ruhm seines Herrn sagt, ist ähnlich unglaubwürdig wie die Worte Colles im 'Croxton Play' oder des *boy* Hawkyn im Maria-Magdalena-Spiel.[46] Überdies erscheinen auch in der Rede des Nuncius lange alliterierende Kataloge von Ländernamen, die ein traditionelles Kennzeichen von Prahlerei und damit als Ironie-Signal zu werten sind.

Eine weit genauere Entsprechung zum *impudent servant* des *folk play* finden wir in einem anderen Stück, das gewöhnlich ebenfalls dem Wakefield Master zugeschrieben wird, obwohl es nicht seine charakteristische Strophenform zeigt: In der 'Mactacio Abel' nämlich verfügt Kain - gegen alle biblische Autorität - über einen Knecht mit dem sprechenden Namen *Pikeharnes*, was wohl als „Rüstungsdieb" zu deuten ist[47] und vielleicht an eine Herkunft aus der Tradition des *miles gloriosus* denken läßt. Pikeharnes kündigt seinen Herrn ähnlich an wie Nuncius den Herodes: man möge sich nur ja in acht vor ihm nehmen und ihn nicht reizen. Im weiteren entspricht er völlig der Rolle des frechen und aufsässigen Knechtes in den *mummers' plays*: er hintertreibt die Befehle seines Herrn und kokettiert hinter dessen Rücken mit dem Publikum. Hier liegt also wirklich eine Figur vor, die, in den Worten Bachtins, „does not know footlights".[48]

Der Anachronismus, der Kain mit einem Knecht ausstattet, ist natürlich nicht naiv, sondern höchst absichtsvoll. Der erste Mörder der Menschheitsgeschichte wird so in den Kontext der mittelalterlichen Gesellschaft eingebettet, seine Tat wird psychologisch und soziologisch motiviert. Kain ist ein reicher Bauer, er pflügt mit nicht weniger als vier Ochsen und vier Pferden; gegenüber Abel ist er übellaunig und jähzornig. Dessen freundlichen Gruß erwidert er mit *Com kis myn ars!* (V. 61) Die Aufforderung zu opfern, d.h. den Zehnten zu entrichten, betrachtet er als Zumutung: Gott gebe ihm *noght bot soro and wo* (V. 98), von Jahr zu Jahr gehe es ihm schlechter (V. 111). Als er sich schließlich doch zum Opfer bereitfindet, ist sein 'Gebet' voller Unwillen; beim Abzählen

---

46 Vgl. Anm. 13 und 14.
47 The Towneley Plays (1994) 442, zu V. 37. Middle English Dictionary, s.v. 'pike-harneis': „One who despoils those slain in battle of their armor; also a despoiler". In 'Piers Plowman' B 20.263 werden militärische Führer *pykeharneys* genannt, die die Zahl ihrer Untergebenen nicht gewissenhaft festhalten (wohl weil sie so die Habe der Gefallenen leicht an sich bringen können); vgl. William Langland, The vision of Piers Plowman (1978) 259.
48 Vgl. The Wakefield Pageants in the Towneley Cycle (1958) 91 (zu V. 37). Zum *impudent servant* im 'Mummers' play' vgl. R.J.E. Tiddy (1923), bes. das Spiel von Weston-sub-Edge (Glos.) 163ff., und ausführlich Weimann (1967), bes. 222, weitere Literatur 483 Anm. 58 u. 59.

der Garben verzählt er sich ständig zu seinen Gunsten und achtet vor allem darauf, daß Gott nur die schlechtesten erhält (VV. 184-292). Dies Verhalten entspricht mittelalterlicher Konvention: schon bei Beda wurde die Zurückweisung von Kains Opfer mit dessen Unehrlichkeit und Unwilligkeit erklärt.[49] Das Neue an dem Stück des Wakefield Master ist, daß er dieser Handlungsweise ein psychologisches Substrat verleiht: Kain ist nicht auf die eine Eigenschaft des Geizes reduziert, sondern zeigt sich von vornherein auch als jähzornig, mißgünstig und unflätig.

Aus diesem Substrat erwächst auch sein weiteres Handeln: als Gott selbst ihn schließlich ermahnt, beleidigt er auch diesen - *God is out of hys wit!* (V. 302) - und erschlägt kurz darauf seinen Bruder (VV. 325-29). Reuig, als Gott ihn zur Rede stellt, gewinnt Kain wieder Oberwasser, als er merkt, daß Gott ihn mit dem Leben davonkommen läßt. Er verkündigt zu seinen eigenen Gunsten einen königlichen Gnadenerlaß, der freilich von Pikeharnes stichomythisch persifliert wird.

Diese Blasphemien und Verspottungen von Rechtsformen sind verschiedentlich als „ketzerisch" gedeutet, Kain gar als eine „publikumsnahe" Figur bezeichnet worden, die durch ihren Betrug beim Zehnten auf die Sympathien der Zuschauer rechnen konnte.[50] Eine solche Deutung verkennt die Strategie der Sympathielenkung: Kain wird von vornherein als reich und geizig, als mürrisch und jähzornig geschildert. Sie überschätzt wohl auch das antiklerikale Potential gerade im Norden Englands.[51] Zudem spricht die Einbettung in die *folk-play*-Konvention gerade gegen eine solche These: der *impudent servant* und sein Herr sind niemals glaubwürdig.

Wenden wir uns nun der Moralität 'Mankind' zu, so müssen wir gestehen, daß unser Wissen über ihre Aufführungsbedingungen noch unsicherer ist als im Falle der 'Towneley Plays'. Das Stück ist verschiedentlich als „shrovetide play", also als Fastnachtspiel, bezeichnet worden. Es wäre dann das einzige seiner Art in England. Da die Handlung nicht als bekannt vorausgesetzt werden kann (und überdies recht verwickelt ist), sei sie hier zunächst kurz berichtet.

> 'Mankind' beginnt mit einem langen, predigthaften Monolog der allegorischen Gestalt Mercy. Nach herrschender Meinung ist Mercy ein Prediger aus dem Dominikanerorden, der zugleich als Beichtvater der Zentralfigur Mankind auftritt. Er warnt sein Beichtkind vor den bekannten drei Gefahren - der Welt, dem Fleisch und dem

---

49 Beda, 'Hexaemeron' Sp. 63. Vgl. Dürrschmidt (1919) 33-37. Vgl. auch das fragmentarisch erhaltene York 7, VV. 45-66 ('Sacrificium Cayme et Abell'), The York Plays (1982) 75; Chester II, VV. 531-52, The Chester Mystery Cycle (1974) 35.
50 Gash (1986) 76.
51 Zur Bereitschaft auch der ärmeren Bevölkerung, gerade den eigenen Sprengel materiell zu unterstützen, vgl. Harper-Bill ([2]1996).

Teufel. Die Welt wird von drei jungen Taugenichtsen repräsentiert, die die sprechenden Namen Newguise, Nowadays und Nought tragen und die zunächst Mercy mit frechen Reden provozieren. Der Teufel erscheint in der Gestalt des Tytivillus. Tytivillus (oder Tutivillus) ist herkömmlicherweise ein recht harmloser Unterteufel, der seine Existenz der Klerikerphantasie verdankt;[52] Mercy aber sagt von ihm: *He ys worst of þem all* (V. 304). Das Fleisch ist durch keine eigene Personifikation vertreten, es besteht in den körperlichen Bedürfnissen des Menschen, *þe vnclene concupissens of ȝour body* (V. 887), welcher der Mensch *lyke a man* widerstehen muß (V. 226). Kaum hat Mercy das Feld geräumt, machen sich die drei N an Mankind heran, der sich - ein echter Adam - anschickt, sein Stück Land umzugraben. Ihren ersten Angriff kann er noch mit seinem Spaten abwehren, woraufhin die drei sich, laut über ihre Blessuren jammernd, zu ihrem Anführer Myscheff zurückziehen. Dann aber tritt Tytivillus auf und übernimmt das Geschäft der Verführung. Während Mankind fortgegangen ist, um Saatgut zu holen, und die drei N zu anderen Untaten ausgeschwärmt sind, verbirgt Tytivillus ein Brett im Boden, um so das Graben für Mankind zu erschweren. Damit hat er Erfolg: als Mankind mit dem Saatgut zurückkehrt und sich wieder an die Arbeit machen will, wird er angesichts der unverhofften Schwierigkeit sehr bald mutlos und gibt auf (VV. 540-9). Er macht sich also der Todsünde der Trägheit schuldig. Das zeigt sich auch darin, daß er zum Beten nicht mehr in die Kirche geht und das freie Feld zu seinem Gotteshaus erklärt (VV. 550-54). Diese geistliche Trägheit wird natürlich von Tytivillus unterstützt, der ihm ins Ohr flüstert, sein Gebet dürfe ruhig kurz sein (V. 558). Mankind nimmt sich das in der Weise zu Herzen, daß er sogleich den Abtritt aufsucht und seine Gebete „Wem-auch-immer" überläßt (VV. 561-64). Als Mankind zurückgekehrt ist und sich schlafen gelegt hat, kommt Tytivillus mit neuen Einflüsterungen: Mercy habe ein Pferd gestohlen und hänge jetzt am Galgen (VV. 594ff.). Außerdem legt er Mankind nahe, die drei N um Verzeihung zu bitten wegen der Verletzungen, die er ihnen beigebracht hat. Mankind befolgt den Rat und sucht die drei dort auf, wo sie selbstverständlich zu finden sind: in einer *tavern*, also jenem Ort, der auch in den Interludien des 16. Jahrhunderts das Laster symbolisiert. Die drei N gewähren die erbetene Verzeihung, lassen Mankind aber Treue zu Myscheff schwören. Dieser Treueschwur wird zu einer etwa 50 Verse langen Zeremonie ausgestaltet, die nicht nur herkömmliche Rechtsformeln parodiert, sondern in der Bereitschaft zu töten und zu stehlen gipfelt (VV. 708f.). Die Einschwörung findet ein jähes Ende, als Myscheff die Rückkehr Mercys meldet. Bemerkenswerterweise reagiert Mankind auf diese neue Wendung der Dinge viel langsamer als die Laster, welche sofort fliehen. Mankind dagegen will mit Mercy erst *anoþer tyme* sprechen (V. 727) und ruft zunächst noch nach der Schankmaid. New Gyse verlangt in dem Durcheinander nach einem Fußball (V. 733) und gestaltet so den Abgang der Verführer ebenso tumultuarisch wie ihr gesamtes früheres Treiben.[53] Das Ende des Stücks wird von einer erneuten Bußpredigt Mercys und inständigen Reuebekundungen Mankinds gebildet.

---

52 „evidently in origin a creation of monastic wit" (*OED*, s.v. 'titivil'). Nach der Tradition notiert Titivillus die beim Psalmlesen verschluckten Silben, um sie den Delinquenten beim Jüngsten Gericht vorhalten zu können.
53 Zur Beliebtheit des Fußballspiels, der auch immer wiederholte Verbote nichts anhaben konnten, und zu seiner Verbindung mit Fastnacht vgl. Magoun (1929) bes. 41f.

Für eine Moralität von nicht einmal 1000 Versen Länge ist dies ein ungewöhnlich handlungsreiches Spiel. Mit Recht schreibt der Herausgeber der Standardausgabe: „'Mankind' has the most high-spirited fun of all the early moral plays."[54] Es ist deshalb nicht verwunderlich, daß 'Mankind' als Beleg einer mittelalterlichen Lachkultur herangezogen worden ist.[55] Und es gibt auch gewichtige Gründe für eine solche „karnevalistische" Sicht des Stücks.

Vor allem wird die Schranke zwischen Publikum und Schauspielern mehrfach aufgehoben. Die drei N fordern kurz nach ihrem Auftritt das Auditorium zu gemeinsamem Singen auf (VV. 333ff.). Damit sind sie offenbar erfolgreich; das gesungene Lied ist nicht nur von Herzen unanständig, es zeigt auch jenen ungenierten Triumph des Leibes über Geist und Seele, der das wichtigste Merkmal des Karnevals ist (und der in den Stücken des Wakefield Master so deutlich fehlte).[56] Im weiteren dienen die Zuschauer als Komplizen des Tytivillus: er fordert sie (wiederum erfolgreich) auf, Mankind ja nicht vor seinen Absichten zu warnen, indem er ihnen ein *praty game* verspricht (VV. 557, 589ff.).

Eine ganz andere Frage ist freilich, ob wir das Stück als volkstümlich einstufen dürfen. Bis vor kurzem galt 'Mankind' als „the culmination of the most popular elements in the late medieval English stage".[57] Begründet wurde diese Einordnung vor allem mit der Tatsache, daß die drei N eine Sammlung unter dem Publikum veranstalten, von der sie den Auftritt des Tytivillus abhängig machen. Dies wurde als Zeichen dafür gedeutet, daß das Stück von einer Wandertruppe von Berufsschauspielern aufgeführt wurde. In neuester Zeit sind an dieser Interpretation Zweifel aufgekommen. Tom Pettitt glaubt, daß eine Sammlung beim gesamten Publikum die Aufführung viel zu lange unterbrochen hätte und auch eine allzu unsichere Erwerbsgrundlage für echte Berufsschauspieler gewesen wäre.[58] Die *quête* erinnert in der Tat eher an einen 'Heischegang', wie er auch aus dem Volksbrauch der Weihnachts- und Fastnachtszeit bekannt ist.[59] Pettitt meint darüber hinaus:

> „The play's many references to local people and places, which would take considerable research and metrical ingenuity to replace for each new locality, suggest it would

---

54 The Macro Plays, hg. v. M. Eccles (1969) xliii.
55 Gash (1986).
56 Allerdings sollte vielleicht angemerkt werden, daß die Verse in deskriptiver Hinsicht zwar außerordentlich explizit, unter präskriptivem Aspekt aber untadelig sind: nicht zum Saufen und Huren wird hier aufgerufen, sondern zur Toilettenhygiene.
57 Bevington (1962) 17.
58 Pettitt (1996).
59 Vgl. die zahlreichen Hinweise bei Chambers (1903) I, 253-63. Auf die Verbindung solcher Heischegänge mit [Jung-]Männerbünden weist Höfler (1934) I, 120 Anm. 475, 476 hin.

be unsuitable for the repertoire of a travelling company, and this is also the implication of 'Mankind's extraordinarily specific seasonal affiliations.'"[60]

Pettitt rechnet deshalb eher mit einer einmaligen Aufführung von Amateuren in einem „noble [...] household" oder College als mit einer mehrfach wiederholten Wanderaufführung.

Gegen die Theorie vom 'folk laughter', das in 'Mankind' herrsche, spricht auch die Beobachtung Clifford Davidsons: „Mankind's tempters appear to be his social superiors."[61] Auch die Sprache läßt nicht an einen plebejischen Aufführungskontext denken. Sie zeigt einen großen Reichtum an Varietäten, die sämtlich den moralischen Zustand der Sprecher illustrieren. Der Prediger Mercy z.B. spricht ein stark latinisiertes Englisch, das stilgeschichtlich als *aureate diction* bekannt ist und das auch von den Chaucer-Nachfolgern der Zeit verwendet wurde. Wenn Mankind sich im Stand der Gnade befindet, benutzt er es ebenfalls. Die drei N freilich verhöhnen es als *Englysch Laten* (V. 124), und Myscheff parodiert es in einem makkaronischen Latein, das in den Anfangsklassen humanistischer Gymnasien noch heute gern als Schülerjux verwendet wird, das aber auch zum Vortäuschen einer nicht vorhandenen Bildung dienen kann.[62] Die Verse, die vom Publikum mitgesungen werden sollen, sind voll derbster Umgangssprache.[63]

Eine solche Vielfalt und eine so exakte Funktionalisierung sprachlicher Nuancen ist vielleicht einem „clergyman of modest training"[64] zuzutrauen, es zeugt aber von einem hochentwickelten Sprachgefühl, das eher eine beachtliche Belesenheit vermuten läßt. Aber was immer die Bildung des Autors gewesen sein mag, seine sprachlichen Differenzierungen können von einem plebejischen Publikum kaum gewürdigt werden. Sie lassen eher an ein Auditorium von Studenten und Studierten denken, das man gerade in der Umgebung von Cambridge ohne Schwierigkeiten annehmen kann. Für ein solches Publikum aber enthielte das Stück, bei allem 'horseplay', eine höchst ernste Lehre. Studenten lieben - oder liebten - es ja, den 'Philister' in seinem Tagewerk zu stören und ihn mit ihrer mehr oder weniger großen Bildung zu beeindrucken. In der ersten Hälfte des Stücks haben die drei N damit auch Erfolg. In der zweiten aber, als sie Mankind durch Lügen fast in den Selbstmord - und damit in die sichere Verdammnis - treiben, scheitern sie. Mercy mit seinem *Englysch Laten* kehrt zurück, und die drei *Vices* müssen die Flucht ergreifen. Das Stück enthielte dann

---

[60] Pettitt (1996) 191.
[61] Davidson (1997) 139 Anm. 30.
[62] Hierzu ausführlich Diller (1997/8).
[63] Bevington (1962) 16: „[...] one of the most remarkable passages of scatology ever printed."
[64] Bevington (1962) 18.

eine Moral nicht nur für den Bauern Mankind, sondern auch für seine pseudogelehrten Verführer. Es wäre nicht nur eine Moralität, sondern auch eine Satire auf sprachliche Halbbildung und moraltheologische Scheinargumente. Das Gelächter, das hier zu saisonaler Herrschaft gelangt, entstammte nicht dem Marktplatz sondern dem Studentenmilieu.

Angesichts der Bedeutung, die auch Bachtin dem lateinischen Sprachwitz einräumt, könnte es sich lohnen, die Beziehungen zwischen Volksbrauch und Studentenbrauch eingehender zu untersuchen. Die angelsächsische Forschung zum Lachen im mittelalterlichen Drama ist - unter Bachtins Einfluß - noch stark dem marxistischen Modell des Klassenkonflikts verhaftet.[65] Dabei wird vergessen, daß es neben dem Gegensatz zwischen Oben und Unten, Reich und Arm, auch andere, konfliktträchtige Gegensätze gibt. Der Paradigmawechsel zu den 'Gender Studies' scheint die Lachkulturforschung noch nicht erreicht zu haben. Nun spielt allerdings der Gegensatz zwischen Weib und Mann im mittelalterlichen Drama Englands keine allzu große Rolle. Außer rasch gelösten Konflikten zwischen Noah und seiner Frau, Maria und Joseph ist da nicht viel - das Wenige wird allerdings gern zu komischen Effekten genutzt. 'Mankind' deutet auf das Wirken eines anderen komikträchtigen Konflikts hin: zwischen Jung und Alt. Diesen in den Blick zu nehmen, würde allerdings einen sehr heiklen Paradigmawechsel erfordern: man müßte sich den Jungmännerbünden zuwenden, die der „bedenklich irrationalistische" Otto Höfler zu seinem Gegenstand gemacht hatte.[66] Aber das Thema ist zu wichtig, als daß man es den längst verstorbenen Völkischen überlassen dürfte.

---

[65] Dabei muß durchaus mit der Möglichkeit gerechnet werden, daß Bachtin dieses Modell hauptsächlich zu Tarnungszwecken benutzte. Das freilich hätte seine westlichen Schüler nicht gehindert, es für bare Münze zu nehmen.

[66] Zu Höfler vgl. Weimann (1967) 459 Anm. 15.

Bibliographie

Quellen

Sammlungen

The Chester Mystery Cycle, hg. v. R.M. Lumiansky/David Mills. London 1974 (Early English Text Society, Suppl. Series 3).

Two Coventry Corpus Christi Plays, hg. von Hardin Craig. London ²1957 (Early English Text Society, Extra Series 87).

Records of Early English Drama: Coventry, hg. von R.W. Ingram. Toronto 1981.

Records of Early English Drama: Newcastle-upon-Tyne, hg. von J.J. Anderson. Toronto 1982.

The N-Town Plays, hg. von Stephen Spector. London 1991 (Early English Text Society, Suppl. Series 11 u. 12).

The Towneley Plays, hg. von Martin Stevens/A.C. Cawley. Oxford 1994 (Early English Text Society, Suppl. Series 13 u. 14).

The Wakefield Pageants in the Towneley Cycle, hg. von A.C. Cawley. Manchester 1958.

A Concordance to the Towneley Plays, hg. von Gerald Byron Kinneavy. New York 1990.

The York Plays, hg. von Richard Beadle. London 1982.

Records of Early English Drama: York, hg. von Alexandra F. Johnston/Margaret Rogerson. Toronto 1979.

A Concordance to the York Plays, hg. von Gerald Byron Kinneavy. New York 1986.

Non-cycle Plays and Fragments, hg. von Norman Davis. London 1970 (Early English Text Society, Suppl. Series 1).

The Macro Plays, hg. von Mark Eccles. London 1969 (Early English Text Society 262).

Adams, Joseph Quincy: Chief Pre-Shakespearean Dramas. Boston 1924.

Einzelne Stücke

'Mankind'. In: The Macro Plays (1969).

'Mary Magdalen'. In: The Late Medieval Religious Play of Bodleiean Mss. 'Digby 133' and 'e museo 160', hg. v. Donald C. Baker/John L. Murphy/Louis B. Hall. London 1982 (Early English Text Society 283), 62-66.

'The Croxton Play of the Sacrament'. In: Non-cycle Plays and Fragments (1970) 74-78.

Weitere Texte

'A Tretise of Miraclis Pleyinge', hg. von Clifford Davidson. Kalamazoo 1993 (Early Drama, Art and Music, Monograph Series 19).

'Dives and Pauper', Bd. 1, Teile 1/2, hg. von Priscilla Heath Barnum. London 1976, 1980 (Early English Text Society 275, 280).

Beda Venerabilis: Hexaemeron. In: Patrologia cursus completus. Ser. Lat. XCI.

Langland, William: The Vision of Piers Plowman. A Complete Version of the B-Text, hg. von A.V.C. Schmidt. London 1978 (Everyman's Library 1571).

Untersuchungen

Bakhtin, Mikhail [Mikhailovitch]: Rabelais and His World, engl. Übers. von Helene Iswolsky. Cambridge/MA 1968.

Berger, Peter L.: Redeeming Laughter. The Comic Dimension of Human Experience. Berlin 1997.

Bevington, David M.: From 'Mankind' to Marlowe. Growth and Structure in the Popular Drama of Tudor England. Cambridge (MA) 1962.

Cawley, A.C./Jean Forrester/John Goodchild: References to the Corpus Christi Play in the Burgess Court Rolls: The Originals Rediscovered. In: Leeds Studies in English NF 19 (1988) 85-104.

Chambers, Edmund K.: The Mediaeval Stage. Oxford 1903.

Craig, Hardin: English Religious Drama of the Middle Ages. Oxford 1955.

Davidson, Clifford: Carnival, Lent, and Early English Drama. In: Research Opportunities in Renaissance Drama 36 (1997) 123-142.

Diller, Hans-Jürgen: The Craftsmanship of the Wakefield Master. In: Anglia 83 (1965) 271-288. Wieder in: Medieval English Drama. Essays Critical and Contextual, hg. Jerome Taylor/Alan H. Nelson. Chicago 1972, 245-259.

Diller, Hans-Jürgen: Art. „Ludus Coventriae". In: Lexikon des Mittelalters. Bd. 5, Zürich 1991, Sp. 2170.

Diller, Hans-Jürgen: The Middle English Mystery Play. A Study in Dramatic Speech and Form. Cambridge 1992.

Diller, Hans-Jürgen: Code-switching in medieval English drama. In: Comparative Drama 31 (Winter 1997/8) 506-537.

Dürrschmidt, Hans: Die Sage von Kain in der mittelalterlichen Literatur Englands. Bayreuth 1919 (zugleich Diss. München 1918).

Fabian, Bernhard (Hg.): Die englische Literatur. München 1991.

Gash, Anthony: Carnival against Lent: The Ambivalence of Medieval Drama. In: Medieval Literature. Criticism, Ideology and History, hg. von David Aers. Brighton (Sussex) 1986, 74-98.

Harper-Bill, Christopher: Pre-Reformation Church in England. London [2]1996 (Seminar Studies in History).

Hilský, Martin: Shakespeare in Czech: An Essay in Cultural Semantics. In: Shakespeare in the New Europe, hg. v. Michael Hattaway/Boika Sokolova/Derek Roper. Sheffield 1994, 150-158.

Höfler, Otto: Kultische Geheimbünde der Germanen. Frankfurt/M. 1934.

Kolve, V.A.: The Play Called Corpus Christi. Stanford 1966.
Magoun, F.P.: Football in Medieval England and in Middle English Literature. In: American Historical Review 35 (1929) 33-45.
Palmer, Barbara D.: 'Towneley Plays' or 'Wakefield Cycle' revisited. In: Comparative Drama 21 (1987/88) 318-348.
Palmer, Barbara D.: Corpus Christi 'Cycles' in Yorkshire: The Surviving Records. In: Comparative Drama 27 (1993) 218-231.
Pettitt, Tom: 'Mankind': An English 'Fastnachtspiel'? In: Festive Drama. Papers from the Sixth Triennial Colloquium of the International Society for the Study of Medieval Drama, Lancaster 13-19 July, 1989, hg. von Meg Twycross. Cambridge 1996, 190-202.
Prosser, Eleanor: Drama and Religion in the English Mystery Plays. A Re-evaluation. Stanford 1961.
Ross, Lawrence J.: Symbol and Structure in the 'Secunda Pastorum'. In: Medieval English Drama. Essays Critical and Contextual, hg. von Jerome Taylor/ Alan H. Nelson. Chicago 1972, 177-211.
Rossiter, A.P.: English Drama from Early Times to the Elizabethans. London 1950.
Stevens, Martin: Herod as Carnival King in the Medieval Biblical Drama. In: Medievalia 18 (1995) 43-66.
Tiddy, R.J.E.: The Mummers' Play. Oxford 1923.
Wann, Louis: The Influence of French Farce on the Towneley Cycle of Mystery Plays. In: Transactions of the Wisconsin Academy of Sciences, Arts, and Letters 19 (1918) 356-368.
Weimann, Robert: Shakespeare und die Tradition des Volkstheaters. Berlin 1967.

Knut Kiesant

Inszeniertes Lachen in der Barock-Komödie - Andreas Gryphius' 'Peter Squentz' und Christian Weises 'Der niederländische Bauer'

Nach der Konjunktur der Barock-Komödie in früheren Phasen der Barockforschung ist es in letzter Zeit ziemlich still geworden um diesen Gegenstand. Glaubte Willi Flemming in der Nachfolge der geistesgeschichtlichen Anverwandlung der Barockliteratur am Ende der zwanziger Jahre noch, die Spezifik der Komik in diesen Texten und der ihnen entsprechenden Theaterkultur „aus der eigentümlichen Struktur der barocken Seele"[1] erklären zu können, so suchte die Nachkriegsforschung in Deutschland ihr Heil entweder in einem über-angestrengten sozialen Determinismus[2] oder in den von der Rhetorikforschung abgesteckten und damit letztlich auch begrenzten Pfaden der Textanalyse.[3]

Die von der Diskursanalyse und Diskurskritik ausgehenden Impulse ab Mitte der siebziger Jahre haben in der Mediävistik weit tiefere Spuren hinterlassen als in der germanistischen Barockforschung.[4] So lesen sich Versuche von Überblicksdarstellungen in Literaturgeschichten und literarischen Lexika mitunter wie Offenbarungseide vor einem zu heterogenen und weitgehend unerforschten Gegenstand:

> „Theater im Deutschland des 17. Jh. bedeutet vielerlei: Laienspiel, professionelles Wandertheater, 'schlesisches Kunstdrama' sowie protestantisches Schultheater, kath. Ordensdrama, Festspiel, Hoftheater, Singspiel u. Oper. Verbindungen zwischen den verschiedenen Bereichen bestehen durchaus: Wandertruppen spielen unter dem Patronat von Fürsten, die Jesuitenbühnen in München oder Wien übernehmen die Funktion von Hoftheatern, für die Schulbühne geschriebene Stücke von Gryphius und Lohenstein werden an Höfen gespielt, aber auch für die Wanderbühne bearbeitet."[5]

Und der Rückbezug auf die zeitgenössischen Poetiken und Dramenvorreden hilft bekanntlich auch nicht viel weiter, bieten diese Textzeugnisse doch oft nicht viel mehr als das, was Willi Flemming schon als „biedere Handwerkslehre" bezeichnet hatte.[6] Der kritischen Bewertung des Forschungsstands von Robert J. Ale-

---

1 Flemming (1931) 7.
2 Boeckh (1962).
3 Vgl. z.B. Beetz (1980); Kramer (1976).
4 Vgl. z.B. die Forschungsberichte bei Wentzlaff-Eggebert (1983), Mannack (1986).
5 Meid (1992).
6 Flemming (1931) 21.

xander aus dem Jahr 1984 ist auch aus heutiger Sicht kaum etwas Relativierendes hinzuzufügen:

> „Eine gründliche Studie über die Komödientheorie im Barock, etwa wie Schings' Aufsatz über die Tragödienlehre, fehlt ganz."[7]

Die für die Poetik im 17. Jahrhundert generell zutreffende Orientierung an der Rhetorik prägte das Verständnis von Komik jedenfalls entscheidend. „Die Dreiheit von Entsprechung zwischen Gattung, Standesbereich und Stil gilt auch für das barocke Lustspiel."[8] Die am humanistisch-lateinischen Gattungskanon orientierte Argumentationsweise führt bei Martin Opitz zu einer Definition der Komödie, die der rhetorischen Orientierung auf den Zusammenhang von Gegenstand und Gegenstandsdarstellung (res/verba) entspricht:

> *Die Comedie bestehet in schlechtem wesen unnd personen: redet von hochzeiten / gastgeboten / spielen / betrug und schalckheit der knechte / ruhmraetigen Landtsknechten / buhlersachen / leichtfertigkeit der jugend / geitze des alters / kupplerey und solchen sachen / die taeglich unter gemeinen Leuten vorlauffen.*[9]

Diese traditionsorientierte Definition verbindet Opitz zugleich mit einer Verteidigung seiner Orientierung gegenüber aktuellen Literaturentwicklungen, wenn er feststellt, daß

> *[...] derowegen die / welche heutiges tages Comedien geschrieben / weit geirret / die Keyser und Potentaten eingefuehret; weil solches den regeln der Comedien schnurstracks zuewieder laufft.*[10]

Im Hinblick auf die angestrebte Wirkung kann man in der barocken Dramendiskussion kaum wesentliche Unterschiede zwischen Trauerspiel und Komödie feststellen, die Orientierung auf ein *cum delectatione docere* vereint beide Gattungen, das gilt auch für die sogenannten „Mischformen", die im wesentlichen in drei Formen auftreten: als „Mischung der Stände in einem Drama", als „Mischung von Tragik und Komik" und als „Verbindung von ernstem Stoff und hohen Personen".[11] In allen Varianten ist der „gute Ausgang" als „Hauptkriterium der Mischgattung anzusehen".[12]

Weil zwischen theoretischem Selbstverständnis und Theaterpraxis (nicht nur) in dieser Zeit ein spannungsvolles Verhältnis von Entsprechung und Nichtentsprechung bestand, reicht es nicht aus, die Funktionen des Komischen allein

---

7   Alexander (1984) 63, gemeint ist der Aufsatz von H.-J. Schings: Gryphius, Lohenstein und das Trauerspiel des 17. Jhs. In: W. Hinck, Handbuch des deutschen Dramas, Düsseldorf 1980.
8   Alexander (1984) 63.
9   Opitz (1970) 27.
10 Opitz (1970) 27-28.
11 Alexander (1984) 64.
12 Ebd.

unter dem Blickwinkel der theoretischen Vorgaben oder Reaktionen der zahlreichen Poetiken zu diskutieren. Das ist in der Barockforschung mindestens seit Willi Flemmings Feststellung, daß man die Barockkomödie „nicht durch Ableitung aus fremden Vorbildern, aus bloß literarischer Übernahme"[13] erklären könne, ebenso anerkannt wie der Umstand, daß das Theoriegebäude ebenso fragmentarischen wie pragmatischen Charakter hat. Im Zusammenhang mit Opitz stellt Flemming deshalb zurecht fest: „Opitz begnügt sich im fünften Buch seiner *Poeterey* mit einigen rasch aus Scaliger zusammengerafften Angaben."[14] Bernhard Asmuth bewertet das zeitgenössische Theorieverständnis als einen Zustand vollständiger „Verwirrung":

> „Angesichts der verschollenen Komödienpolitik (sic! - K.K. - gemeint ist wohl ...'poetik') des Aristoteles [...] rekrutierte sich die diesbezügliche Theorie in der Renaissance- und Barockzeit aus fragwürdigen Analogie- und Kontrastvorstellungen zur Tragödie. Als hauptsächlich durch Negation zu bestimmender 'Gegenpol' bot die Komödie reichlich Raum für Definitionen. Entsprechend zweitrangig war ihr Ansehen. So ist es kein Wunder, daß sich das Verhältnis vieler Barockdichter und -poetiker zu ihr als 'gestört' erweist."[15]

Weder für Gryphius, wie es auch Bernhard Asmuth feststellte,[16] noch für die 'Barock'-Komödie insgesamt sind in den letzten Jahren neue Forschungsergebnisse vorgelegt worden.

So haben etwa die in der Mediävistik intensiv geführten Debatten über Karneval und „Lachkultur" in der Nachfolge Bachtins oder auch die Anstöße der Diskurstheorie Michel Foucaults in der Barockforschung noch nicht zu paradigmatischen Neuorientierungen geführt. Das ist insofern problematisch, weil etwa die Berührungspunkte von Karneval und Komödie in mehrfacher Hinsicht für die dramatische Gattung als konstitutiv bezeichnet werden können.

Man denke nur an solch elementaren Zusammenhänge, daß z.B. die Aufführungszeiten von Schuldramen mit dem Karneval zusammenfielen. Christian Weises Stücke wurden bis 1685 zur Fastnachtszeit im Gymnasium aufgeführt. Sollte das, was man als „die besondere Gesetzlichkeit der karnevalistischen Lebensform" bezeichnet hat, nämlich „das gleichzeitige Erscheinen einander entgegengesetzter Bereiche",[17] ohne Folgen für die Texte und die Aufführungspraxis geblieben sein? Damit sind weiterreichende Fragestellungen verbunden, die über die Definition von Komik als Kontrast von Hohem und Niedrigem oder wie es Flemming formuliert hatte, als Konfrontation von „Großartigem" und

---

13 Flemming (1931) 6.
14 Flemming (1931) 21.
15 Asmuth (1993) 70.
16 Asmuth (1993) 71.
17 Lehmann (1977) 360.

„Nichtigem"[18] hinausgehen. Vielmehr soll es in den nachfolgenden Überlegungen um den Zusammenhang von „Entpragmatisierung" und „Ästhetisierung"[19] von Handlungswirklichkeit gehen, den Bachtin am Karneval beobachtet hatte:

> „Folglich spielt das Leben selbst im Karneval und das Spiel wird auf Zeit zum Leben. Darin besteht die spezifische Natur des Karnevals, die besondere Art seines Seins. Der Karneval ist das zweite Leben des Volkes, organisiert von dem Prinzip des Lachens."[20]

Ob und in welcher Weise dies auch auf die barocke Komödie zutrifft, ob also „inszeniertes Lachen" als eine „Erscheinungsform des Lebens als Spiel" begriffen werden kann, als ein Spiel, bei dem „alle Beteiligten [...] Zuschauer und Spieler zugleich sind",[21] soll an zwei Texten der Barockdramatik diskutiert werden. Die Frage nach dem wirkungsästhetischen und weltanschaulichen Aspekt dieser Fragestellung („zweites Leben des Volkes"), die Bachtin für den Karneval bekanntlich dahingehend beantwortet hatte, daß das Karnevals-Spiel „affektpsychologisch als Reinigung des einzelnen von Ängsten und emanzipatorisch als reale Utopie" verstanden werden könne, „welche den im Volk schlummernden Vorstellungen von einem Leben in Freiheit und Gleichheit für kurze Zeit einen Schein von Realität verleiht",[22] kann in diesem Zusammenhang nur gestreift werden.

Zur Erörterung dieser Fragestellungen werden das wohl bekannteste Lustspiel von Andreas Gryphius, 'Absurda Comica. Oder Herr Peter Squentz',[23] und Christian Weises Komödie 'Ein wunderliches Schauspiel vom Niederländischen Bauer welchem der berühmte Printz Philippus Bonus zu einem galanten Traume geholffen hat'[24] herangezogen. Zur Auswahl hat nicht zuletzt der Umstand beigetragen, daß beide Dramen, die in der Rezeptionsgeschichte des Barock zudem eine herausgehobene Position einnehmen, in zwei wesentlichen Punkten nicht mit der Komödiendefinition von Martin Opitz in Übereinstimmung zu bringen sind.

---

[18] Flemming (1931) 13.
[19] Lehmann (1977) 361.
[20] Michail Bachtin, Tvorcestvo Fransua Rable, zit. nach Lehmann (1977) 361.
[21] Lehmann (1977) 361.
[22] Lehmann (1977) 361.
[23] Andreas Gryphius: Absurda Comica. Oder Herr Peter Squentz. Schimpff-Spiel. In: Andreas Gryphius: Dramen, hg. von Eberhard Mannack (alle Textzitate erfolgen nach dieser Ausgabe).
[24] Christian Weise, Ein wunderliches Schauspiel vom Niederländischen Bauer welchem der berühmte Printz Philippus Bonus zu einem galanten Traume geholffen hat, hg. von Willi Flemming (1931), alle Textzitate nach dieser Ausgabe.

Erstens lassen Gryphius und Weise *Potentaten* in diesen Stücken auftreten, obwohl *solches den regeln der Comedien schnurstracks zuewieder laufft*, wie Opitz 1624 verfügt hatte.[25] Und zweitens kann die Handlung selbst kaum *solchen sachen* zugeordnet werden, *die täglich unter gemeinen Leuten vorlauffen*.[26] Im ersten Fall wird eine ehrgeizige Laienschauspielertruppe zur Vorstellung am Hof zugelassen, deren Bedingungen und Verlauf vom Autor sehr betont als nicht alltäglich gekennzeichnet werden. Auch die Handlung des Weise-Dramas, die von der auf einen Tag begrenzten Nobilitierung eines betrunkenen Bauern durch einen regierenden Herzog bestimmt wird, kann wohl kaum als Alltagsereignis bezeichnet werden. Die Handlung ist in beiden Dramen somit eher von einer Ausnahmesituation karnevalesker und spielerischer Art gekennzeichnet als von *solchen sachen* [...], *die täglich unter gemeinen Leuten vorlauffen*, wie es Opitz formuliert hatte.

So scheint die Nachfrage legitim, ob die Komödie und das barocke Theater ebenfalls als ein sozialer und kultureller Raum betrachtet werden können, in dem mittels Sprache und Spiel jene Elemente der „zweiten Welt" zur Wirkung gebracht werden können, die die Lachkultur des Karnevals bis hin zu ihrer subversiven Funktion kennzeichnen. Das schließt die Kategorien von „Exzentrizität", „Profanisierung", „Familiarität" und „Mesalliance" durchaus ein.

Es muß m.E. geprüft werden, wie und in welchem Maße in der Barockkomödie neben der ambivalenten Konfrontation sozialer Hierarchien und ethischer Werte deren Verbindung, Gleichzeitigkeit und Ko-Existenz Gestalt und Realität gewinnt. Mit anderen Worten: Trifft das, was Bachtin für den Karneval in der Verbindung von entgegengesetzten Bereichen diagnostiziert hatte, auf die Barockkomödie (und damit auf die gewählten Beispiele) zu?

Natürlich ist auch zu fragen, ob und wo bei allen möglichen 'Übereinstimmungen' die Unterschiede liegen zwischen einer von Bachtin vorrangig sozialpsychologisch begründeten Lachkultur und jenen Vorgängen auf der barocken Bühne (und in ihrem Zuschauerraum), die man davon partiell abgrenzend „inszeniertes Lachen" nennen könnte. Ob und in welchem Maße dann andererseits der Karneval selbst Elemente der Inszenierung enthält, in Szene gesetztes Lachen mit verteilten Rollen (auf Zeit) ist, wäre dann eine weitere Problemstellung, die hier aber erst einmal zurückgestellt werden soll.

Bemerkenswert ist aber, um auf die Beispiele zu kommen, daß beide Dramen den entscheidenden Anstoß für den Handlungsverlauf und die darin und dadurch realisierte Komik aus dem Vorgang des Inszenierens von Lachen gewinnen. Die Komödien machen sich somit selbst zum Gegenstand. Gryphius

---

[25] Opitz (1970) 28.
[26] Opitz (1970) 27.

beginnt sein Stück mit der Beratung von Handwerkern, die durch den Schreiber und Schulmeister zu Rumpels-Kirchen, Herrn Peter Squentz, dazu animiert werden, Ruhm und Belohnung am Hof des Königs durch die Aufführung des Pyramus und Thisbe-Dramas zu gewinnen. Der redegewandte und in gleichem Maße halb- wie eingebildete Prinzipal auf Zeit und Gelegenheitsautor erfreut sich dabei der nicht uneigennützigen Assistenz des Hofnarren Pickelhäring. So bereitet es ihm kaum Mühe, die Handwerksmeister zur (zeitweiligen) Aufgabe ihrer Alltagsbeschäftigung zu überreden.

Enthusiasmiert von der Aussicht auf *eine gute Verehrung* (I, S. 583) erklärt sich der Blasebalgmacher Bulla Butaein bereit, zu diesem Zweck notfalls sechs Wochen nicht zu arbeiten. Weder der Schmied Meister Krix, noch der Tischler Meister Klipperling, der Leineweber Meister Lollinger und der Spulenmacher Meister Klotz-George haben dagegen etwas einzuwenden. Wie lange der wirtschaftliche 'Ausnahmezustand' in Rumpelskirchen dann tatsächlich gedauert hat, wird im Stück nicht thematisiert. Squentz verspricht am Ende der ersten Beratung, die Komödie am nächsten Tag *fertig* zu machen, am Tag danach die abgeschriebenen Rollentexte zu verteilen, und dann beginnt die unbestimmte Zeit des Lernens und Probens. Jedenfalls sind zwischen der ersten und der zweiten Szene des Dramas mehrere Tage vergangen. Der Marschalck Eubulus meldet seinem König am Aufführungsabend, daß *sich verwichene Tage ein Seichtgelehrter Dorff-Schulmeister nebens etlichen seines gleichen* gemeldet hätten, weil sie vor *ihrer Majestaet eine kurtzweilige* Comoedi *zu* agiren (II, 591) begehrten. Die von Gryphius inszenierte Abrechnung mit den zu seiner Zeit noch sehr präsenten Relikten der Handwerkerdramatik des 16. Jahrhunderts scheint aber auf mehr zu zielen, als auf die Demonstration intellektueller und ästhetischer 'Überlegenheit' einer neuen gelehrten und gesellschaftlich aufgewerteten Theaterkultur.

Die *trefflichen Leute* aus dem Dorfe suchen ihr materielles Glück am Hof und zugleich Ehre und Ruhm. Ihre materielle Rechnung geht am Ende sogar auf. Der König honoriert bekanntlich großzügig die *Säue*, d.h. die durch ästhetische und habituelle Normverstöße produzierten Anlässe zu lachen. Das gehört m.E. ebenso zur Strategie des Handlungsentwurfs wie die extensiv vorgeführte intellektuelle, ästhetische und moralische Demontage der 'Schuster', die nicht bei ihrem Leisten geblieben sind. Die materiellen Folgen der tage- oder wochenlangen Pflichtvergessenheit - *Wir haben gesessen manche liebe Nacht / Eh' wir die froeliche Tragoedi zu wege bracht* (597), Squentz täuscht (?) hier allerdings nur Feierabendbemühungen vor - durch Vernachlässigen der Arbeit werden von Gryphius im Unterschied zur Meistersingerdichtung und dem Fastnachtspiel überhaupt nicht thematisiert.[27] Im Prinzip entschärft die honorige Geste des

---

[27] Vgl. z.B. Kiesant (1988).

Königs, die *Säue* zu bezahlen, die materiellen Folgen der Ausnahmesituation für die Betroffenen und ihre Familien.

Und in diesen Zusammenhang gehört die m.E. in der Forschung kaum berücksichtigte Tatsache, daß das 'inszenierte Lachen' ohne das Mit-Spielen des Hofes überhaupt nicht zustande gekommen wäre. Die Handlungsanalyse zeigt, daß die offenbar an Opitz' Komödiendefinition orientierte Klassifizierung der höfischen Figuren im Druck des Textes als *Zusehende Personen* eine Fehlorientierung darstellt. Wenn man die komplizierte Entstehungs- und Druckgeschichte des Werks berücksichtigt, kann man vermuten, daß diese nicht vom Autor selbst stammen muß.[28]

Anstoß für das Projekt der Rumpelskirchener Laienschauspieler ist das Theaterinteresse des Hofes. Squentz hat gehört, *daß Jhre Majest. unser Gestrenger Juncker Koenig ein grosser Liebhaber von allerley lustigen* Tragoedien *und prächtigen* Comoedien *sey*. Und des *Königes lustiger Rath* ist von Anfang an stimulierend beteiligt. Das Bewerbungsgespräch am Beginn des zweiten Aktes ist nur deshalb erfolgreich, weil Eubulus, *der Marschalck*, für *Vergnuegung* und *Kurtzweil* verantwortlich zeichnet und deshalb vorsorglich nach der Anfrage des *Seichtgelehrte*[n] *Dorff-Schulmeister*[s] *nebens etlichen seines gleichen* einen Probenbesuch unternommen hatte und erst nach Prüfung des *Versuch*[s] *die gantze Gesellschafft auff diesen Abend herbeschieden hat*. Der Plan der Laienschauspieler, am Hof aufzutreten, um *Ehre und Ruhm* sowie eine ansehnliche Belohnung zu erlangen, erweist sich in diesem Zusammenhang von Beginn an als vom Hof stimuliert (Pickelhäring) und kontrolliert (Marschalck). Und dieser Plan wird zudem von einem Plan des Hofes überformt. Denn der Charakter des Abends nach der Verabschiedung der *Abgesandten* wird vom Herrscher eindeutig definiert: [...] *mit was Kurtzweil Herr Marschalck passiren wir vorstehenden Abend?* (II, 591, Hervorhebung K.K.) Die Antwort des Eubulus beschreibt eindeutig den Inhalt der vorbereiteten *Kurtzweil*:

> Ich [...] zweiffele nicht / ihre Majestaet werden sich ob der guten Leute Einfalt und wunderlichen Erfindungen nicht wenig erlustigen. (ebd.)

Von Bedeutung für die Bewertung der Inszenierung ist auch der Tatbestand, daß der Autor die Ausnahme-Situation im Dorf von der an der wohl in engster Nachbarschaft befindlichen Residenz des Königs unter verschiedenen Aspekten unterscheidet. Das Theaterereignis folgt nämlich auf einen glücklich abgeschlossenen Reichstag. Dieses bedeutende gesellschaftliche Ereignis war durch nicht näher gekennzeichnete Vergnügungen mit *Abgesandten* anderer Höfe festlich beendet worden. Jetzt geht es um andersgeartete Vergnügungen, (nur?) noch um

---

[28] Die Debatten über die umstrittene Verfasserschaft des 'Peter Squentz'-Dramas und die komplizierte Druckgeschichte faßt Eberhard Mannack in seiner Ausgabe informativ zusammen: vgl. Mannack (1991) 1138-1144.

Kurtzweil für den zurückgebliebenen Hof und die königliche Familie am *vorstehenden Abend*.

Zwei Aspekte sind m.E. hervorhebenswert, e r s t e n s folgt die *Kurtzweil* auf erfüllte Pflichten (den durch Arbeit erfogreich gestalteten Reichstag) und z w e i - t e n s ist sie Bestandteil umfassender *Vergnuegungen*, jetzt allerdings im engeren Kreis (ohne die *Abgesandten*). Die 'Ausnahmesituation' erscheint somit nicht nur im Sinne des Arbeitsethos legitimiert, sondern in seiner andersartigen Qualität auch nach außen abgeschirmt.

So ist schon das Vorbereitungsgespräch, das Squentz am Hof mit dem Hofmarschall und der königlichen Familie führen darf, Teil der *Kurtzweil*, die von den Beteiligten auf der höfischen Seite sichtlich genossen und in der Vorfreude auf Steigerung abgeschlossen wird. Der Prinz Serenus lobt den Hofmarschall für seine Idee:

> *Bey Gott Herr Marschalck / ihr habet statliche Kurtzweil angerichtet / wo die Tragoedi so anmuttig / wie sich der Anfang anlaesset / wird unter den Zusehern niemand eines Schuptuches zu Abtrucknung der Thraenen beduerffen.*

Worauf die Königin ihrem Sohn erwidert:

> *Es waere denn daß sie im Lachen hervor dringen.* (II, 595)

Womit deutlich wird, daß die *zusehenden* Personen nicht nur entscheidend am Zustandekommen des außergewöhnlichen Theaterereignisses beteiligt sind und durch raffinierte Fragen die Dörfler in Verlegenheit bringen, sondern daß der höfische Dialog ebenfalls durch Witz und Komik geprägt ist. Durch das Zusammen-Spiel von Dorf und Hof entsteht die komische Wirkung dieses Dramas, wobei im zweiten Aufzug der dramatische Dialog durch die Fragen und Kommentare des königlichen Nachwuchses (Prinz und Prinzessin) entscheidend geprägt wird. Der Prinz bekommt die Gelegenheit, seinen Witz in einer Pseudo-'Verhandlung' zu demonstrieren, die Prinzessin ihrerseits ihre gediegene ästhetische Bildung. Die Inszenierung hat durchaus eine pädagogische Dimension.

Während der Aufführung steigern die *Zuschauer* dann durch Zwischenrufe, Fragen und Kommentare die Verwirrung der künstlerisch überforderten Dilettanten zu ihrem eigenen Vergnügen. So 'verteidigt' der König die Fehler der Verseschmiede, die von der Königin mit den Pritschmeistern verglichen werden: *Wenn sie besser waeren / wuerden wir so sehr nicht drueber lachen.* (III, 598) Gesteigertes L a c h e n ist also der Zweck der Inszenierung.

Selbst die Hofdiener versuchen, sich in diesem Sinne zu profilieren. Als Squentz, nachdem er den Prolog gesprochen hat, auf einem *Schemmel* mit Text und Brille seine Regie- und Souffleurposition einnehmen will, *stoesset ein Hofediener an den Schemmel / daß Peter Sq. ueber und ueber faellt*. Diese rabiate Inszenierung von Situationskomik kommentiert der Attackierte *als er aufgestanden* [...] *wider den Koenig: Herr Koenig / es giebet leider viel Narren auff eurem Hofe*. Aus der Verlegenheit, auf diese Narrenweisheit zu reagieren, rettet der Hofmarschall seinen Herrn mit dem handlungsorientierenden Zwischenruf: *Gott lob! da kommt die Wand* (III, 600).

Die Aktivitäten der höfischen *Zuschauer* werden vom Autor bis zu sexuell anzüglichen Zwischenrufen gesteigert. Insbesondere der Prinz tut sich auf diesem Felde hervor, während seine Schwester Violandra in Zwischenfragen wiederum ihre literarische Sachkompetenz an unpassender Stelle zum besten gibt. Selbst der König begibt sich mit einer Zwischenfrage auf die Ebene des Geschmacklosen, wenn nicht gar Sexuell-Obszönen, wenn er Squentz bedrängt: *Wir stunden in Meynung / der Loewe wuerde auff der Thisben Mantel junge Loewen gebaeren / wird dieses nicht auch zusehen seyn* (III, 611).

Der aktive Anteil des Hofes an der Inszenierung des Lachens ist in der Forschung bisher kaum berücksichtigt worden, auch nicht der Umstand, daß zum akzeptierten und honorierten Niveau der *Kurtzweil* eine antijüdische Episode gehört. Im Epilog rechtfertigt nämlich Squentz die Glaubhaftigkeit des Abgangs der Schauspieler, wobei ja eine gestorbene Figur die andere gestorbene von der Bühne tragen mußte (Piramus trägt Thisbe hinweg), mit der Legende von dem toten Juden, der den Christen, der ihn zu Grabe tragen wollte, durch sein Gewicht beim Trinken in einen Brunnen gezogen habe:

> *Aber der Jude / der lose Prasser /*
> *Vberwog und zog so fein /*
> *Den Christen mit inn Brunnen nein /*
> *So hat der todte Jude begraben /*
> *Den lebendigen Christen-Knaben /*
> *Drumb glaubt / daß man es wohl erlebt /*
> *Daß ein Todter den andern begraebt* [...]
> (III, 617)

Die *Kurtzweil* findet ihren Abschluß im Feilschen um das Honorar zwischen dem König und dem Schulmeister Squentz, der seine Unfähigkeit in der Beherrschung der Grundrechenarten offenbaren muß. Aber letztlich ist nicht eigentlich die Höhe des Honorars der Streitpunkt, sondern seine Begründung. Bezahlt werden die *Säue*, das heißt die Anlässe zum Lachen, die die Laienschauspieler freiwillig-unfreiwillig geliefert haben: *Doch ich hoere wol / wir bekommen nur Tranckgeld fuer die Saeu / und fuer die* Comoedie *nichts*, kommentiert zustimmend Squentz das Verhandlungsergebnis und verspricht *auff ein andermahl* [...] *derer mehr und noch größere*. Der Zweck des Abends wird im abschließenden Kommentar des Königs noch einmal ausdrücklich formuliert:

> *Kurtzweils gnug vor diesen Abend / wir sind mueder vom Lachen / als vom Zusehen.*
> *Daß man die Fackeln anzuende / und uns in das Zimmer begleite.* (III, 619)

Der Hof hat sich lachend seiner Überlegenheit versichert. Dazu gehört, daß der königliche Nachwuchs seine rhetorische und ästhetische Bildung und Befähigung demonstrieren konnte und die Hofgesellschaft den Auftritt der Handwerker jederzeit unter Kontrolle zu halten wußte. So kann der Herrscher großzügig die *Säue* honorieren, sie stellen den Kern der bestellten und kontrollierten Inszenierung dar, die Anstöße des Lachens. Daß es sich bei dieser Veranstaltung um sehr ernste Scherze handelt, hatte der Prinz schon am Beginn des dritten Aufzugs scharfsinnig formuliert: *Es ist kein Kinderwerck / wenn alte Leute zu Narren werden* (III, 596).

So wie in der 'Squentz'-Komödie von Gryphius die Inszenierung von Lachen als das handlungsstrukturierende Element bezeichnet werden kann, ist auch in Christian Weises 'Schauspiel vom Niederländischen Bauern' eine vergleichbare Intention erkennbar. Das wird schon in der Inhaltsangabe deutlich:

Philippus Bonus, Hertzog in Niederland / gehet seiner Gewohnheit nach / des Abends auff der Gasse / und trifft einen vollen Bauer schlaffend an: Diesen läßt er aufheben / zu Hofe in ein köstlich Bette legen / und den gantzen Tag hernach als einen Printzen tractiren. (S. 209)

Der vergnügungssüchtige Bauer Mierten, der das Wochenbett seiner Frau ausgenutzt hatte, um sich in der Stadt zu amüsieren, wird zum Objekt einer Inszenierung von 'Lust' durch den Herzog, die in drei Stufen geplant ist: a) das Verschleppen des Volltrunkenen an den Hof, b) das *Tractiren* des Bauern als Fürst und c) das Herstellen des Normalzustands.

Solt es nicht angehen / daß wir den vollen Kerlen nach Hofe brächten / liessen ihn wohl ausruhen und tractirten ihn den gantzen Tag auffs köstlichste / da wäre ihm leicht ein Rausch wieder zugebracht / und wenn er an diesen Ort geleget würde / so müßte er sich nothwendig einbilden / als wenn ihm von dergleichen Herrligkeit geträumet hätte. (I, 8; S. 221)

Diesen Inszenierungsentwurf des Herzogs kommentiert dessen Kammerherr: *Es solte eine Lust geben / die man nicht verbessern könte* (221). Aber es gibt Unterschiede zu Gryphius. Dieser hatte das Zusammenspiel von Handwerkern und Hofgesellschaft nicht problematisiert, weil die perfekte Inszenierung zu keiner Zeit aus dem Ruder zu laufen droht, sondern durch das souveräne Agieren der Hofgesellschaft kontrolliert und zum guten und geplanten Ende gesteuert wird.

Christian Weise dagegen läßt die Figuren den Plan, den Verlauf und das Ergebnis dieser inszenierten Lust in ihrem Für und Wider auf unterschiedlichsten Ebenen der Handlung diskutieren. So verbindet der Kammerherr seine Zustimmung zum *scharfsinnigen Vorschlag* seines Herzogs mit der bedenklichen Frage, welche Folgen die in Aussicht gestellte *Lust* für das Objekt des Lachens haben könnte: [...] *doch der gute Mann würde einen Tag aus dem Calender verlieren* (221). Diese Frage zielt auf das Maß und die Konsequenzen der absoluten Verfügung des Herrschers über die Lebenszeit eines seiner Untertanen, also auf die Nachwirkungen des inszenierten Lachens. An dieser Stelle wischt der Herzog selbstherrlich alle Bedenken mit der Bemerkung vom Tisch: *Vielleicht mag der arme Stümper in seiner Calender=Rechnung nicht Capitel=feste seyn* [...] (221). Seine nachfolgenden Befehle zielen auf die konsequente Absicherung des anvisierten Vergnügens.

Ein weiterer Unterschied zu Gryphius besteht darin, daß Weise zwei Handlungsstränge miteinander - wenn auch lose - verbindet. Parallel zur Hofhandlung verläuft die Suchaktion der Dorfbewohner nach dem verschwundenen Mierten in der Stadt. Dabei kommt es zwischen ihnen und den befragten Städtern ebenfalls immer wieder zu verwickelt-komischen Auseinandersetzungen und Mißverständnissen. In diesem Bereich bleibt die Handlung in dem von Opitz abgesteckten Feld der *gemeinen Leute*:

> Hugo, ein Bürger: "[...] *Wären die Bauern etwas bedachtsamer und spendierten das überlehe Geld nicht bald an nasse Waare / so kämen sie zu rechter Zeit heim / und machten ihren Weibern kein Hertzleyd."* (II, 18; 252)

Der Bauer Mierten wird - auch dies ein Gegensatz zu Gryphius - in weitaus stärkerem Maße als die geld- und ruhmbegierigen Handwerkerschauspieler zum Objekt des Verlachens gemacht, z.T. durch arglistige, bewußte Täuschung. So bedrängt Mierten den Kammerdiener Cornelius in der Ankleideszene: *Schwert doch auff eure arme Seele / daß ihr mich nicht zum Narren habt* (II, 2; 225). Und in II, 4 kommentiert er realistisch seine Lage: *Nun geh ich in fremden Hosen / und in frembden Strümpffen wie ein Narr* (II, 4; 228). Solche realitätsbezogene Selbsterkenntnis schreibt Gryphius dem Dorfschulmeister Squentz und den Handwerksmeistern auch nicht ansatzweise zu. Sie sind mehr Opfer einer Selbsttäuschung als mißbrauchte Objekte von Fremdbestimmung.

Darüber hinaus wird von Weise durch die Anlage der Handlung (ein ganzer Tag) und die zeitweilige spielerische Aufhebung der ständischen Ordnung durch den Herzog der gesamte Hofstaat in die Inszenierung einbezogen, so daß das Verhalten der Mitglieder der herzoglichen Familie und der Höflinge auf zwei Ebenen Komik produziert. Einerseits durch ihre Konfrontation mit dem Bauern und andererseits in ihrem Verhalten gegenüber dem Herzog, zumal nicht alle den 'Zweck' der Inszenierung durchschauen.

So wird der Hof in viel stärkerem Maß als bei Gryphius zum Gegenstand des Lachens und damit der Kritik. Normalität und Ausnahme liegen so dicht beieinander, daß für alle Beteiligten die Grenzen immer wieder in der Handlung neu bestimmt werden müssen. Das zeigt sich z.B. in der Feststellung des Kammerjunkers Heinrich: *Der Tag ist zu lustig vor die ernsthafften Discurse, wir wolten lieber sehn / daß wir gegen den frembden Fürsten mit unser Complimente bestehen.* (II, 5; 233) Der Hofstaat muß in dem vom Herzog inszenierten Spiel seine Rolle so spielen, daß die Inszenierung nicht scheitert. Dieses Mit-spielen ist durchaus von der Angst begleitet, durch allzugroße Nähe zu dem Bauern oder im Verkennen der Absichten des Fürsten Schaden zu nehmen. Diese Ängste werden vor allem von den niedrigeren Hofchargen geäußert, den Kammerfrauen und Hofdienern:

> Adelheid: „*Es heißt der Bauer soll vexiret werden / und wenn mans beym Lichten besiehet / so wird der Spott über uns hinaus lauffen.*"
> Erdmuth:*"Warum leben wir zu Hofe? Wenn der Fürste den Befehel giebet / so muß der Klügste ein Narr seyn."* (III, 2; 256)

Oder in der besorgten Bemerkung eines der Hofburschen bei der Vorbereitung des abschließenden Betrinkens:

> *Das haben wir davon / lustige Spectacul wollen alle haben / ob aber die Lust was einbringt / und ob der Spectacul=Macher seine Ergötzligkeit darvon krieget / da will Niemand darvon wissen.* (IV, 3; 278)

Und in Übereinstimmung mit Gryphius bekommt das Possenspiel bei Weise in II, 7 seine demonstrative Legitimation durch die vorausgesetzte Pflichterfüllung:

> Philippus:*"Wir haben die Morgen=Stunde mit unsern wichtigen Regierungs=Geschäfften zugebracht / der übrige Tag wird zu unser Vergnügung gewiedmet seyn."*
> (II, 7; 234)

Worauf der Hoff=Marschall bestätigend ergänzt:

> *Arbeit und Ergötzligkeit muß mit einander abwechseln / eins von beyden ruiniert den Menschen / wenn es Vor= und Nach=Mittage währet."* (ebd.)

Die Ausnahmesituation, die durch die befohlene Inszenierung von Ergötzlichkeit entstanden ist, wird von dem Dramatiker Weise sehr stark betont. Als der Stallmeister Wilhelm (III, 1) reisende Cavaliere in die Inszenierung dadurch einbeziehen will, daß er sie zu der bevorstehenden Aufführung eines Singspiels am Hofe einlädt, wird er vom Hofmarschall zurechtgewiesen:

> *Wenn eine öffentliche Lust wird angestellet werden / so will ich selbst Anstallt machen / daß alle rechtschaffene Leute sollen accommodiret werden. Aber ihre Durchl. wollen die Lust alleine haben / und der Possen mit dem Bauer soll nicht eben allen Leuten in Augenschein kommen / drum sey er doch so gut / und vermahne seine lieben Freunde zu einer kurtzen Gedult / in wenig Tagen soll was bessers erfolgen.*
> (III, 1; 255)

In der Schuldramatik Weises wird über die anthropologische Dimension hinaus das Lachen pädagogisch funktionalisiert. Der unerzogene wilde, vorrangig an militärischen Vergnügungen interessierte Prinz des Hauses bekommt durch seinen Vater an diesem *Feyertag* eine 'lustige' Demonstration von Prestigekonkurrenz. Sein Herr Vater beweist auf vergnügliche Weise, wer in diesem Lande *den Hut auff hat* (II, 9; 237), z.B. dadurch, daß er die Themen der Gespräche mit dem fremden *Fürsten* vorgibt: *Ey wir haben gnung vom Barte geredet / wir wollen lieber wissen / ob die ehrliche Frau sich erkühnen dürffte mit dem Herrn Fürsten zu reden* (II, 10; 240). Damit ist die bei Weise allerdings schuldramatisch zahme Ebene der Sexualität thematisiert (so auch in der *Werbe-Szene* Mierten/*Hoff=Jungfern*, II, 15; 245ff.). Daß zu diesem Zweck eine sehr literarisierte, spitzfindige Narrenfigur vom Autor modelliert wird, ist ebenfalls aus der literarisch-intellektuellen Zwecksetzung der Schuldramatik Weises erklärbar (z.B. Bart-Diskurs, II, 9; 237).

In diesen Zusammenhang gehört auch die Traum-Motivik, die etwa im Gespräch zwischen dem Stallmeister und dem Kammerjunker zum eklektizistischen Zusammenfügen von Hofkritik, Vanitasthematik und Wortwitz geführt wird. Die Frage, welche Absicht der Fürst mit diesem *listigen Stückgen* verfolge, ob dieser Bauer ein *Lehrmeister* für die Hofleute sein solle, wird vom Stallmeister Wilhelm mit der Feststellung beantwortet, das die *frölige Zeit* wie *Mühe und Sorge* ein *Schatten=bild* oder *Schatten=Werck* seien, von denen nur ein *Schatten=Bild* bleibe: *Indessen ist das Menschliche Leben nichts anders als ein Traum [...]* (II, 12; 242f.).

Es gehört wohl auch zu den Konsequenzen der Schuldramatik, daß Weise das in den höfischen Ausnahmezustand eingefügte panegyrische Singspiel ohne Zwischenfälle ablaufen läßt. Der Herzog vergewissert sich vor Beginn der Aufführung (III, 6; 259ff.) über die entsprechenden Vorsorgemaßnahmen.

> Egmund: *"Er hat sein Quartier bekommen / und verhoffentlich sind solche Personen bey ihm / daß wir uns keiner Unhöffligkeit in währenden Spiele besorgen dürffen."*
> Philippus: *"Es solte uns höchst unangenehm seyn / wenn die neue Invention etlicher massen solte geschimpffet werden."*
> Egmund: *"Ihre Hoch=Fürstl.Durchl. lassen dero Diener davor sorgen / es soll allerseits aller Confusion möglichst verbauet werden."* (III, 6; 260)

Der vierte Akt der Komödie hat nach dieser durch das Singspiel störungsfrei demonstrierten Bestätigung der von Gott *weißlich* den Menschen gegebenen Ordnung dann auch die Aufgabe, den Abbruch der inszenierten Ausnahmesituation vorzuführen.

> *Ja der letzte Actus im Possen=Spiele wird vor der Thüre seyn / die lustigen Hoff=Pursche haben Ordre / daß sie ihm einen stattlichen Rausch wieder bey bringen sollen / damit er in den alten Kleidern wiederum sein Lager auff der Gassen nehmen kann.* (IV, 1; 276)

Dazu dient dem Dramatiker in gesteigerter ästhetischer Distanz die Darstellung einer Sauforgie (IV, 5) bis hin zu dem versuchten tätlichen Angriff des betrunkenen Bauern auf den Fürsten. Da ist dem Herrscher das Lachen endgültig vergangen, denn das inszenierte Lachen droht sich in sein Gegenteil zu verkehren. Ein verprügelter Herzog hätte die Lacher kaum auf seiner Seite.

> Philippus: *„Der Kerle ist fertig / das Spiel ist aus / wo sind unsere Bediente die ihn fortschaffen?* (Sie kommen alle heraus / er will sich nicht geben / sie schleppen ihn fort.) *Nun mag er in seinen Bauer=Kleidern den Rausch an den vorigen Orte wieder ausschlaffen / doch das Exempel soll uns zu einer guten Nachricht dienen / daß wir ins künfftige keiner Bauer=Lust sonderlich verlangen werden."* (IV, 6; 283)

Doch diese Einsicht des Fürsten hält bekanntlich nicht lange vor. Denn im Anschluß entwirft der Herzog ein das bisherige Geschehen übergipfelndes 'lustiges Nachspiel': Mierten soll nach dem Erwachen aus dem Rausch des Mordes beschuldigt werden.

> Philippus: *„Man könte ihn auch beschuldigen / als hätte er denselben Tag einen Todschlag begangen da er doch geschlaffen hat."* (IV, 6; 284)

Dieses 'lustige Nachspiel' stellt den Inhalt des V. Akts der Komödie dar. Mierten wird verhaftet und am Hof als Mörder und *Bluthund* verhört und gefesselt an den Schandpfahl gestellt. Nachdem ihn die Bauern losgebunden haben, versucht er in Dialogen mit seinen Befreiern, den Hofdamen und dem Stallmeister Wilhelm vergeblich, seine Identität zu klären. Erst als der Fürst die Beschreibung der vergangenen Ereignisse als Miertens 'Traum' akzeptiert und ihm als *ein unschuldiger Pardon* gewährt, ist dieser bereit, zu gehen und damit das inszenierte Lachen endgültig zu beenden.

Doch das inszenierte Lachen hat unvorhergesehene Folgen: Der Bauer will sich seinen 'Traum' vom Fürst-Sein nicht nehmen lassen. Der Herzog, dem das Lachen nun doch endgültig vergangen ist, kommentiert die Folgen seiner Inszenierung:

> *Das war ein hartes Wort / ein Fürste muß dem Bauer gehorsam seyn / wenn er sich im Schlaffe will von ihm träumen lassen.* (V, 9; 296)

Wenn der Herzog sich damit tröstet, daß der Bauer nur deshalb vergnügt sei, weil er den Betrug an sich selbst nicht bemerkt habe (*Doch kann er sich vergnügen / als wenn er nicht betrogen wäre*), so kommentiert der Dichter mit dem letzten Vers des Textes aus dem Munde des Bauern die Selbsttäuschung des Fürsten, dessen Inszenierung die Relativität der höfischen Selbstdarstellung entlarvt hatte.

> Phil.: *Wir haben genung geschertzt / der Bauer taug uns nicht /*
> Egm.: *Weil seine Gegenwart nicht grosse Lust verspricht.*
> Rob.: *Der Fisch ist wohl versorgt / der in dem Wasser bleibt /*
> Wilh.: *Der Bauer wohnet recht / Wo er die Ochsen treibt.*
> Hein.: *Das unverschämte Schwein verflucht den Majoran /*
> Leo.: *Dem Bauer wird kein Dienst mit unsrer Pracht gethan /*
> Mier.: ***Ach kommt zu guter letzt / und seht Printz Mierten an.***
> (V, 9; 297, Hervorhebung K.K.)

Aus der selbstgewissen und selbstbestätigenden Inszenierung von Lachen auf Kosten einer sozial, intellektuell und ästhetisch abgewerteten und ständisch verorteten Handwerkergruppe bei Gryphius hat sich bei Weise eine sowohl in ästhetischer als auch in weltanschaulicher Hinsicht weitaus differenziertere Funktion des Lachens entwickelt, die auf ein souveräneres und dynamischeres Urteilsvermögen des Zuschauers setzt bzw. dieses mit Hilfe der Schuldramatik entwickeln will.

Bibliographie

Quellen

Gryphius, Andreas: Absurda Comica. Oder Herr Peter Squentz. Schimpff-Spiel. In: A.G.: Dramen, hg. von Eberhard Mannack. Frankfurt/M. 1991, 577-619 (Bibl. der Frühen Neuzeit, II: Literatur im Zeitalter des Barock 3).
Weise, Christian: Ein wunderliches Schauspiel vom Niederländischen Bauer welchem der berühmte Printz Philippus Bonus zu einem galanten Traume geholffen hat. In: Deutsche Literatur in Entwicklungsreihen. Reihe Barock, Barockdrama, Bd. 4: Willi Flemming: Die deutsche Barockkomödie, Leipzig 1931, 209-297.
Opitz, Martin: Buch von der Deutschen Poeterey (1624), hg. v. Cornelius Sommer. Stuttgart 1970.

Untersuchungen

Alexander, Robert J.: Das deutsche Barockdrama. Stuttgart 1984 (Sammlung Metzler 209).
Asmuth, Bernhard: Lust- und Trauerspiele. Ihre Unterschiede bei Gryphius. In: Andreas Gryphius. Weltgeschick und Lebenszeit, hg. von der Stiftung Gerhardt-Hauptmann-Haus. Düsseldorf 1993, 69-93.
Beetz, Manfred: Disputatorik und Argumentation in Andreas Gryphius' Trauerspiel 'Leo Armenius'. In: LiLi. Zs. für Literaturwissenschaft und Linguistik 38/39 (1980) 178-203.
Boeckh, Joachim G. u.a.: Geschichte der Deutschen Literatur. 1600-1700. Berlin 1962 (Klaus Gysi u.a.: Geschichte der Deutschen Literatur. Von den Anfängen bis zur Gegenwart, Bd. 5), 292-319.
Flemming, Willi: Einführung. In: Die deutsche Barockkomödie, hg. v. W.F. Leipzig 1931 (Deutsche Literatur in Entwicklungsreihen).

Kiesant, Knut: *Vater / Ich will sein kein bawrenknecht...* Zur Wertung der Arbeit in Hans Sachs' Comedia 'Der verlorn Sohn' (1536). In: Sammlung - Deutung - Wertung. Festschrift für Wolfgang Spiewok, hg. von Danielle Buschinger. Amiens 1988, 219-225.
Kramer, Manfred: Rhetorikunterricht und dramatische Struktur. In: Stadt - Schule - Universität - Buchwesen und die deutsche Literatur, hg. von Albrecht Schöne. München 1976, 261-274.
Lehmann, Jürgen: Ambivalenz und Dialogizität. Zur Theorie der Rede bei Michail Bachtin. In: Urszenen. Literaturwissenschaft als Diskursanalyse und Diskurskritik, hg. von Friedrich A. Kittler/Horst Turk. Frankfurt/M. 1977, 355-380.
Mannack, Eberhard: Andreas Gryphius. Stuttgart 1986 (Sammlung Metzler 76).
Mannack, Eberhard: Der Dramatiker Andreas Gryphius. In: Andreas Gryphius, Dramen, Frankfurt/M.1991, 853-1317.
Meid, Volker: Barock. In: Literatur Lexikon, hg. von Walther Killy. München 1992, Bd.13, 83-84.
Wentzlaff-Eggebert, Erika u. Friedrich-Wilhelm: Andreas Gryphius. 1616-1664. Darmstadt 1983.

Manfred Pfister

Inszenierungen des Lachens im Theater der Frühen und Späten Neuzeit

Paradigmawechsel: Von der Komik zum Lachen

Mit dem Lachen ist das so eine Sache: Wir alle tun es und wir begegnen ihm ständig in unserer Lebenswelt, im Theater und in Fiktionen, aber wir tun uns schwer, es zu beschreiben, und noch schwerer, es zu theoretisieren. So befand schon Caesar in Ciceros 'De oratore' (II, 216ff.), nach einer *ars* des *iocus* und der *facetiae* befragt, daß noch niemand dazu bisher eine Theorie vorgelegt habe, es sei denn eine so fade, daß man über ihre Abgeschmacktheit nur lachen könne (*nisi ipsa insulsitas rideatur*; II, 217). Und in der Tat, jeder konzeptualisierende Diskurs über das Lachen setzt sich der ständigen Gefahr unfreiwilliger Lächerlichkeit aus, versucht er doch vergeblich gerade das einzuholen, was sich ihm flugs entzieht, sich ihm renitent sperrt. So verwundert es auch nicht, daß es zwar stapelweise Bücher über das Komische und die Komödienform bei Shakespeare gibt, aber kein einziges über das Lachen im Theater Shakespeares.[1]

Auch die allgemeine Dramen- und Theatertheorie hat dazu bislang wenig zu sagen, obwohl doch das Theater immer wieder gerade auch eine Anstalt, eine Veranstaltung des Lachens war und ist. In meiner eigenen Einführung zur „Theorie und Analyse" des Dramas kommt es zu meinem Erstaunen bei der Wiederlektüre nach mehr als zwanzig Jahren überhaupt nicht vor bzw. bleibt es unter den paralinguistischen nicht-durativen Zeichen verborgen. Aber auch andere semiotisch orientierte Dramen- und Theatertheorien leisten hier kaum mehr, als unter Rückgriff auf die hier ebenfalls nicht sehr hilfreiche Linguistik eine Systemstelle für das Lachen im Repertoire der theatralischen Codes anzugeben: für Keir Elam ist es so, in Anschluß an den Linguisten George L. Trager, ein „vocal characterizer" und für Erika Fischer-Lichte eines der „streng transitorischen Zeichen".[2] Solche Ausdifferenzierungen der sprachlichen, paralinguistischen und non-verbalen Codes eröffnen zwar den Blick auf unterschiedliche Relationierungen von Sprechen und Lachen und ermöglichen es, zwischen einem wortbegleitenden Lachen, einem Lachen, das die Rede unterbricht, und einem Lachen gegen den

---

[1] Zu Beckett liegen zumindest zwei einschlägige kürzere Arbeiten vor: Iser (1979), Füger (1996). Die thematisch einschlägige Dissertation Tönnies' (1996) geht etwas zu schematisch vom Gegensatz zwischen einem Lachen der Distanz und einem der Identifikation aus. - Zu Shakespeare vgl. auch Pfister (1996), auf dem auch Teile des vorliegenden Vortrags beruhen.

[2] Pfister (1977) 27; Elam (1980) 79; Fischer-Lichte (1983) I, 38f.

Diskurs zu unterscheiden, tragen jedoch wenig dazu bei, das Lachen in seiner Körperlichkeit, seiner körpersprachlichen Symptomatik und seinem performativen Gestus konkreter zu bestimmen. Und gerade dieser zentrale Aspekt wird ja auch von den kursierenden Theorien zum Komischen und zur Komödie weitgehend ausgeblendet, indem sich diese mehr für die logische Struktur des komischen Stimulus und die psychologischen Mechanismen der Reaktion darauf interessieren als für das Lachen selbst und zudem Formen des Lachens, die nicht auf einen komischen Stimulus reagieren, ein verlegenes Lachen etwa, ein hysterisches Lachen oder ein Lachen der Erschöpfung oder der Verzweiflung, ganz ausklammern.

Was hier not tut, ist eine Wende von der herkömmlichen philosophischen Semantik des Komischen zu einer performativen Anthropologie des Lachens, die nach Lachanlässen und Funktionszusammenhängen des Lachens fragt, nach seiner körpersprachlichen Symptomatik und seinen Inszenierungsformen. Eine solche Wende ist freilich in den Kultur- und Geisteswissenschaften schon seit geraumer Zeit im Gang - spätestens seit Bachtins Arbeiten zur 'Lachkultur' und zum Karneval im Mittelalter und in der Frühen Neuzeit auch bei uns ihre Wirkungen zu zeitigen begonnen haben. Ich will freilich hier nicht - oder nicht nur - in seinen Bahnen wandeln, schon aus dem einfachen Grund, weil das Theater bei ihm weitgehend ausgespart bleibt, aber auch, weil sein Konzept des karnevalesken Lachens, einschneidend wie es ist, nur einen Ausschnitt aus einer großen Bandbreite des Gelächters im Theater darstellt, mit dem ich mich beschäftigen will. Mein historischer Ausgangspunkt ist freilich der Bachtins: die Frühe Neuzeit, von deren proto-anthropologischen Reflexionen über das Lachen die Späte Neuzeit mehr zu lernen hat als von den komiktheoretischen Entwürfen der Aufklärung, und in deren Lachpraktiken und -inszenierungen wir oft die unseren wiedererkennen.

Psychologie des Lachens

Die frühneuzeitliche Theorie des Lachens, zumindest in England, ist vor allem eine physiologische: Sie bindet das Lachen an den Körper, seine Physiologie, seine Symptomatik, sein Begehren. Lachen ist hier vor allem eine Körperbefindlichkeit, eine Körperfunktion, und als solche diskutiert es Thomas Hobbes in seinem 'Leviathan' (1651) in Zusammenhang mit den körpernahen *animal motions* des *appetite* und der *aversion*.[3] Für Robert Burton in seiner 'Anatomy of Melancholy' (1621) ist das Lachen ebenfalls eine *motion of the body* - eine jener Körpererregungen, die es mit materiellen oder immateriellen Ausscheidungen des Körpers zu tun haben:

---

3   Thomas Hobbes, Leviathan, 125 u. 118f.

> *Weeping, sighing, laughing, itching, trembling, sweating, blushing, hearing and seeing strange noises, visions, wind, crudity, are motions of the body.*[4]

Dieser kuriose, in sich aber durchaus stimmige Katalog gruppiert das Lachen mit seinem Gegenteil, dem Weinen und Seufzen, die ja auch auf Flüssigkeits- und Luftausstoß beruhen, und reicht hinab bis zur Flatulenz (*wind*) und zum Exkrementieren von Halbverdautem (*crudity*). Der - im Sinne Bachtins - 'groteske Leib' des großen Lachers Falstaff drängt sich hier auf, ein Leib, der vor allem durch seine Körperöffnungen bestimmt ist und dessen Lachen nicht im Kopf, sondern als *belly laugh* in den Niederungen des Körpers Ausgang nimmt. In seiner Beschreibung der Symptomatik des Melancholikers, zu der *intempestive laughing* ebenso gehört wie Schwindel und Schwitzen oder Weinen und Seufzen, verbindet Burton humoralpathologisch orthodox das Lachen mit dem *spleen*, der unter dem Zwerchfell, dem Organ des Lachens, liegenden Milz, deren Dysfunktion entweder Zorn oder Übellaunigkeit oder aber exzessive Lachlust hervorruft.[5] Auch Shakespeare wußte davon: *If you desire the spleen, and will laugh yourselves to stitches, follow me*, läßt er z.B. in 'Twelfth Night' (3.2.64f.) Maria ausrufen und verknüpft dabei metonymisch den Lachanfall mit dem auslösenden Körperorgan.

Lachen ist in dieser physiologischen Sicht sowohl Symptom der pathologischen Dysfunktion eines Körperorgans als auch das Gegenteil, deren Therapie. Lachen ist gesund - ist kathartisch oder, auf gut Elisabethanisch, eine *purge*. Lachen bringt dem Überdruck im strapazierten, überspannten Organ Erleichterung, ist - in einem Aristoteles entlehnten und oft zitierten Bild - wie Donner, in dem sich der Feuerstau der Gewitterwolke entlädt.[6] Auch der Dramatiker Ben Jonson betont in den Prologen und Rahmenszenen seiner Stücke immer wieder diese humoralpathologisch-therapeutische Funktion des Lachens und macht sie zur Grundlage seiner Apologie des Theaters - besonders prägnant in 'The Magnetic Lady' (1631), wenn er den Knaben der Schauspielertruppe einem voreingenommenen Kritiker versprechen läßt:

> *have patience but a pissing while: give our springs leave to open a little, by degrees; a source of ridiculous matter may break forth anon, that shall steep their temples, and bathe their brains in laughter, to the fomenting of stupidity itself, and the awakening of any velvet lethargy in the house.*[7]

The house, d.h. das Theater als Schauplatz von Lachinszenierungen, wird damit nicht zur moralischen Anstalt, sondern zur psychosomatisch-therapeutischen Institution erklärt, und in der Tat empfiehlt Burton den regelmäßigen Besuch von

---

4 Robert Burton, The Anatomy of Melancholy, I, 423.
5 The Anatomy of Melancholy, I, 384.
6 Vgl. Herrick (1950) 49f.
7 Ben Jonson's Plays, II, 519.

scenical shows, plays[8] als besonders probates *remedium melancholiae*. Zusammen mit anderen Formen geselliger und körperbetonter Ausgelassenheit wie *mirth, sport* and *games* könne es dem einzelnen dazu verhelfen, sich wieder ins Lot zu spielen und zu lachen und ihn als *homo ridens* zum *zoon politikon* zu befähigen.

Auch in Becketts Theater erscheint das Lachen eng an die Physiologie des Körpers gebunden. Beckett hat zwar, außerhalb seiner Stücke, keine Theorie des Lachens ausgearbeitet, doch können und müssen die Stücke selbst als eine solche gelesen bzw. gesehen und gehört werden. Die physiologische Orientierung dieser impliziten, performativ vermittelten Theorie des Lachens zeigt sich schon darin, daß sein Theater Lachtheater in dem Maße ist, in dem es Theater der Körper ist. Seine Figuren und sein Publikum zum Lachen zu bringen, bedarf es keiner elaborierten komödienhaften Verwicklungen oder komisch doppelbödiger Situationen: Das Ausspielen ihrer Körperlichkeit reicht. Auch hier ist das Lachen vor allem eine *motion of the body*, und als solche tritt es meist in Zusammenhang mit anderen Bewegungen des Körpers auf - dem Kampf des Körpers mit der Tücke von Objekten, der mangelnden Koordination zwischen den Bewegungen einzelner Körperteile, dem physiologischen Eigensinn des Körpers gegenüber dem bewußten Wollen.

Wie die Lachtheoretiker der Frühen Neuzeit verbinden auch Becketts Figuren das Lachen mit anderen physiologischen Vorgängen des Ausscheidens von Luft, Flüssigkeit und Festem. Pozzo in 'Waiting for Godot' sieht hier Mechanismen am Werk, die ganz unabhängig von menschlichem Bewußtsein oder emotionalen Befindlichkeiten sind:

> *The tears of the world are a constant quantity. For each one who begins to weep, somewhere else another stops. The same is true of the laugh.* (He laughs.)[9]

Die Menschheit erscheint hier als ein System von kommunizierenden Röhren, in denen das Lachen und das Weinen nie ausgehen und die immer den gleichen Stand bewahren. Pozzo quittiert seinen eigenen Aphorismus mit einem Lacher über diese Reduktion der ansonsten mit philosophischem Pathos diskutierten Problematik der Tragik und Komik menschlicher Existenz auf rein physische Mechanismen - ein Lacher, in den das Publikum wohl nur zögerlich einstimmen wird, wenn es ihm dabei das Lachen nicht gänzlich verschlägt.

Dieser psychosomatische Rhythmus von *pathos* und *bathos*, von intellektuellem Aufschwung oder Höhenflug und Absturz in die Niederungen des Physischen und Körperlichen ist grundlegend für das Lachen in Becketts Theater und wird immer wieder in geradezu modellhafter Deutlichkeit vorgeführt. So zum

---

[8] The Anatomy of Melancholy, II, 123.
[9] Samuel Beckett, Waiting for Godot, 33.

Beispiel in der folgenden Dialogpassage, in der sich Vladimir und Estragon über die Kreuzigung Christi und die beiden Schächer zu seiner Seite unterhalten:

Vladimir
[...] *One of the thieves was saved.* (Pause.) *It's a reasonable percentage.* (Pause.) *Gogo.*
Estragon
What?
Vladimir
Suppose we repented?
Estragon
Repented what?
Vladimir
Oh... (He reflects.) *We wouldn't have to go into the details.*
Estragon
Our being born? Vladimir breaks into a hearty laugh which he immediately stifles, his hand pressed to his pubis, his face contorted.
Vladimir
One daren't even laugh any more.
Estragon
Dreadful privation.
Vladimir
Merely smile. (He smiles suddenly from ear to ear, keeps smiling, ceases suddenly.) *It's not the same thing. Nothing to be done.*[10]

Vladimir, der Intellektuellere der beiden, will sich zum Höhenflug theologischer Spekulationen über die Heilstat Christi und die Erbsünde aufschwingen, wird aber schnell auf den Boden körperlicher Tatsachen zurückgeholt: Sein Lachen ob der Inkongruenz von theologischem Pathos mit den physischen Vorgängen des Geborenwerdens gefährdet die Kontrolle über ein anderes seiner Körperorgane, seine notorisch schwache Blase, und muß, um ein peinliches Sich-Bepinkeln zu verhindern, sofort wieder unterdrückt werden.[11] Was dieses Lachen erstickt, ist nicht das Bewußtsein seines blasphemischen Impetus', sondern - wie Becketts charakteristisch genaue Notation in den Regieanweisungen deutlich macht - die physiologische Nähe der Organe des Lachens und Mikturierens, des Zwerchfells und der Blase. Und selbst das Lächeln, zu dem Vladimir dann sein Lachen dämpft, ist weniger Ausdruck eines Gefühls als ein Mechanismus der Gesichtsmuskeln, der sich ebenso schnell ein- wie ausschalten läßt.

Daß Lachen gesund sei, Ausdruck eines harmonischen Equilibriums von Körper und Geist, oder Mittel, dieses zu erlangen und lachend sich und die Welt

---

[10] Waiting for Godot, 11.
[11] Auch später (35) wird ihn ein ansteckend lautes Lachen Estragons sofort auf die Toilette schicken; hier wird die Verbindung von Lachen und Mikturieren noch durch den Illusionsbruch des Aussteigens aus dem fiktionalen Raum in den realen Raum des Theaters besonders betont.

ins Lot zu rücken: davon wissen Becketts Figuren nichts und auch dem lachenden Zuschauer kann diese Erfahrung nicht mehr vermittelt werden. Der physiologische, der psychosomatische Effekt dieser Lachinszenierungen ist kein therapeutischer mehr, sondern bestenfalls ein tonischer: Wo Heilung und Heil undenkbar geworden sind, weil außer dem Körper und seiner Krankheits- und Todesanfälligkeit nichts mehr gilt, kann das Lachen immerhin noch unsere Abwehrmechanismen gegen die eitlen Tröstungen sinnversprechender Ideologien kräftigen.[12]

Vertextetes und inszeniertes Lachen

Die Rede über das Lachen und seine Inszenierung im Theater Becketts muß freilich von ganz anderen Voraussetzungen ausgehen und sieht sich ganz anderen methodischen Problemen gegenüber als die über das Lachen im Theater Shakespeares, im Theater der Frühen Neuzeit. Das eine ist uns noch unmittelbar gegenwärtig, das andere muß aus kargen Spuren im Text rekonstruiert werden. Becketts Texte transkribieren das Lachen der Figuren und enthalten, wie wir gesehen haben, recht konkrete und detaillierte Anweisungen zu seiner Inszenierung. Zudem sind die meisten der Aufführungen seiner Stücke, in denen Beckett selbst Regie geführt hat, in umfangreichen und minutiösen *production notebooks* oder Probenprotokollen dokumentiert, die gerade in Bezug auf die Inszenierung des Lachens oft äußerst aufschlußreich sind,[13] und schließlich ist eine ganze Reihe seiner Bühnenarbeiten in Video-Aufzeichnungen noch unmittelbar einsehbar.

Nichts davon steht uns für das Theater Shakespeares und seiner Zeitgenossen zur Verfügung! Der Medienwechsel von der Theateraufführung zum gedruckten Text bringt hier eine weitgehende Tilgung des Lachens mit sich. Regieanweisungen, die es verzeichnen könnten, waren im Drama der Frühen Neuzeit noch kaum entwickelt und erschöpften sich meist in knappen Hinweisen zu Auftritten oder Abgängen oder zum Einsatz bestimmter Requisiten oder Musikinstrumente. So findet sich im Nebentext aller zeitgenössischen Drucke aller Stücke Shakespeares keine einzige *stage direction*, die das Lachen einer Figur fordern oder vermerken würde.[14] Das Lachen könnte sich natürlich auch dem Haupttext der Figurenreden in Transkriptionen des paralinguistischen „ha, ha, ha" ein-

---

12 Zu den stoischen Implikationen einer solchen Theorie tonischen Lachens vgl. Kenner (1964).
13 Materialien zu Becketts 'Endspiel' (1968); Asmus (1975); Hübner (1976); 'Happy Days'. The Production Notebook (1985); The Theatrical Notebooks of Samuel Beckett: 'Waiting for Godot' (1993), 'Endgame' (1992), 'Krapp's Last Tape' (1992).
14 Die einzige mir geläufige Ausnahme findet sich in 'The Taming of a Shrew', dessen Zusammenhang mit Shakespeares 'The Taming of the Shrew' nicht ganz geklärt ist.

schreiben, doch auch solche Spuren des Lachens der Figuren sind in Shakespeares gedruckten Texten weitgehend getilgt. Wie Hamlets unberühmte letzte Worte, die nur in einer Fassung des 'Hamlet' überliefert sind - nicht *The rest is silence*, sondern *O, o, o, o* -, fällt es fast immer der literarischen Zensur des Druckers oder späterer Herausgeber zum Opfer, die solche körpersprachlichen Ejakulationen der Würde eines gedruckten Textes für unangemessen hielten.[15] Wo allein also das Lachen den Prozeß seiner Vertextung und Drucklegung überlebt, ist in 'Spiegelstellen', d.h. in Sprechpassagen, in denen einzelne Figuren ihr eigenes Lachen oder das Lachen von Bühnenpartnern vermerken und kommentieren und damit den Schauspielern indirekte Regieanweisungen geben,[16] oder in denen das Lachen im Gespräch der Figuren thematisiert und damit oft auch problematisiert wird. Das so vertextete Lachen in den Dramen Shakespeares ist damit immer auch ein weitgehend entkörperlichtes Lachen, Echo des Echos eher als es selbst.

Die Tilgung des Lachens aus den frühneuzeitlichen Dramentexten ist also nicht nur die notwendige Konsequenz des Medienwechsels von *stage* zu *page*, der als Vertextung immer auch eine Entkörperlichung des Lachens mit sich bringt. Sie ist auch eine bewußte Vertreibung des Lachens aus den Texten, in der sich der Widerstreit zweier das Theater autorisierender Instanzen greifen läßt: die textuelle Autorität des Dramatikers und des Druckers und die performative Autorität des Theaters, der Schauspieler.[17] Der Medienwechsel vom Theater zum Druck involvierte immer auch einen erhöhten Anspruch an Dignität, eine Säuberung von impertinent Heterogenem, eine Distanznahme zum Volkstümlichen, eine Tilgung oder zumindest doch Dämpfung des Körperlichen und damit auch der Gesten des Lachens und Lachenmachens. Daß, wie und warum das geschah, macht zum Beispiel der Vorspruch des Druckers „R.I." (Richard Jones) *To the Gentlemen Readers: and others that take pleasure in reading Histories* zu Christopher Marlowes heroischer Tragödie 'Tamburlaine' deutlich:

> *I have purposely omitted and left out some fond and frivolous gestures, digressing (and in my poor opinion) far unmeet for the matter, which I thought might seem more tedious to the wise than any way else to be regarded, though haply they have been of some vain conceited fondlings greatly gaped at, what times they were shewed upon the stage in their graced deformities.*[18]

Eine solche Kritik am Lachen im Theater, die zu dessen Exorzierung aus den gedruckten Texten führt, hat eine mehrfache Stoßrichtung: Sie distanziert sich

---

15 Vgl. zu solch systematischer Tilgung angeblicher „actor's interpolation" Hawkes (1986) 73-91.
16 Vgl. dazu die Arbeiten Rudolf Stamms und seiner Schüler, ausgehend von Stamm (1964).
17 Vgl. dazu Weimann (1994) und (1996).
18 Christopher Marlowe, The Complete Plays, 587.

im Sinn einer intellektuellen und gesellschaftlichen Elitenbildung vom Lachen des plebejischen Körpers, der bislang das Volkstheater beherrscht hat; sie will im Sinn neuer klassizistischer Normen der Gattungsreinheit das Lachen aus der Tragödie und den heroischen Repräsentationen der Geschichte austreiben; und sie will schließlich in der Durchsetzung literarischer Autorität den Schauspieler und sein Lachen an die Kandare nehmen und disziplinieren.

In dieser Kritik am vulgären und gattungsfremden Lachen und an einem Lachen, das nicht das der vom Autor geskripteten Figur, sondern das des Schauspielers ist, der sich damit mit dem Publikum gemein macht, kann sich der berühmteste der elisabethanischen Theaterkritiker mit Marlowes Drucker einig wissen: Hamlet, der theaterenthusiastische Held des gleichnamigen Stücks, hält wie jener viel vom *decorum* und wenig vom Körper, seinem exzessiven Einsatz und seinem Lachen im Theater. Besonders stören ihn die vom Schauspieler improvisierten Lachszenen, die den dramatischen Zusammenhang stören:

> *O, reform it altogether. And let those that play your clowns speak no more than is set down for them; for there be of them that will themselves laugh to set on some quantity of barren spectators to laugh too, though in the mean time some necessary question of the play be then to be considered.* (3.2.38-43)

Wohlgemerkt: Dies ist Hamlets Theaterkonzept, nicht das Shakespeares. Shakespeare selbst hat ja schließlich gerade auch im 'Hamlet' etwa den Totengräbern Freiräume karnevalesker Körperlichkeit und des Lachens offengehalten,[19] die für des Prinzen aristokratisch-klassizistischen Theatergeschmack zurückgenommener Körperlichkeit und vor-geschriebenen, wohldosierten Lachens eine einzige Provokation darstellen würden.

Ein besonderer Kritikpunkt Hamlets ist dabei ein Lachen auf der Bühne, bei dem nicht mehr die fiktionale Figur, sondern der Schauspieler selbst, überwältigt von seiner eigenen Lachlust, lacht und, sozusagen hinter dem Rücken des Stücks, mit dem von seiner Lachlust infizierten Publikum eine Lachgemeinschaft eingeht. Bei einem solchen im doppelten Wortsinn impertinenten - d.h. gleichzeitig unverschämten und nicht zur Sache gehörenden - Lachen treten *performance* und Mimesis, die theatralische Aufführung und die literarische Fiktion in besonders eklatanter Weise auseinander, und es wird daher von den Vertretern eines neuen text- und literaturorientierten Dramenkonzepts als besonders anstößig bekämpft. So zum Beispiel in der ersten Satire der 'Virgidemiarum' Joseph Halls, 1597, wenige Jahr vor dem 'Hamlet', geschrieben:

> *Now, lest such frightful shows of Fortune's fall,*
> *And bloody tyrant's rage, should chance appal*
> *The dead-struck audience, midst the silent rout*
> *Comes leaping in a self-misformed lout,*

---

19 Vgl. dazu Pfister (1987).

> *And laughs and grins, and frames his mimic face,*
> *And justles straight into the prince's place:*
> *Then doeth the theatre echo all aloud*
> *With gladsome noise of that applauding crowd.*
> *A goodly hotch-potch! when vile russetings*
> *Are matched with monarchs and with mighty kings,*
> *A goodly grace to sober Tragic Muse,*
> *When each base clown his clumsy fist doth bruise,*
> *And show his teeth in double rotten row,*
> *For laughter at his self-resembled show.*[20]

Aus den Dramentexten, die wir lesen, ist dieses Lachen der *self-resembled show* des Schauspielers, das Hall satirisch zur physisch abstoßenden Grimasse verzerrt, sorgfältig ausgefiltert - ebenso wie das Lachen der Zuschauer, das ebenso wesentlich zur Inszenierung gehört und ebensowenig vertextet wird.

So sehr sich die Druckfassungen der Dramen Shakespeares und seiner Zeitgenossen gegen eine Vertextung der Performanz des Lachens sperren, so genau verzeichnen Becketts Texte die Aus- und Aufführung des Lachens in ausführlichen und differenzierten Notationen. Hier eine kleine Blütenlese, die die Bandbreite des Lachens und des Gelächters illustrieren soll, die sich schon in den Bühnenanweisungen abzeichnet: Das Spektrum reicht vom *brief laugh* zum *prolonged*[21] oder *enormous laugh* oder zum Gelächter Estragons, *convulsed with merriment;*[22] es reicht vom einfachen *laugh* zu komplexeren und oft widersprüchlichen, in sich kippenden Lachinszenierungen wie dem bereits erwähnten herzhaften Lachen Vladimirs, *which he immediately stifles,*[23] dem *high forced laugh* Naggs, *cut short* und *launched again*[24] oder der Lachsequenz zwischen ihm und Nell: *They laugh heartily. - They laugh less heartily. - They laugh still less heartily;*[25] es reicht von Henrys scheiterndem Lachversuch in 'Embers', der dann in einem *long horrible laugh* endet,[26] bis zu Winnies Lächeln in 'Happy Days', das *appears, broadens and seems about to culminate in laugh when suddenly replaced by expression of anxiety,*[27] bis zum *faint wild laugh* und dem *wild low laughter* in 'Play'.[28] Wo diese Lachinszenierungen als Formen des abrupt abbrechenden, erstickten oder sich verschlagenden Lachens nicht schon in sich gebrochen sind, werden sie durch die Situation gebrochen: gerade wo das

---

[20] Joseph Hall, Virgidemiarum, I, 31-44; in: The Works, IX, 58.
[21] Krapp's Last Tape, 58.
[22] Waiting for Godot, 23 u. 35.
[23] Waiting for Godot, 11 u. 15.
[24] Endgame, 22.
[25] Endgame, 19.
[26] Embers, 98.
[27] Happy Days, 168.
[28] Play, 147 u. 157.

Lachen herzhaft und lauthals ist, spielt es den eklatanten Gegensatz zwischen dem vitalen Überschuß einer solch enthemmten *motion of the body* und dem lähmenden Befangensein in physiologisch determinierten Abläufen aus. Wenn Estragon, *convulsed with merriment*, sich vor Lachen krümmt, ist das eben auch eine schmerzhafte Konvulsion.

Beckett, der in den wenigen Kommentaren zu seinen Stücken immer wieder gerade das Moment des Lachens und des Lächerlichen hervorgehoben hat, hat als sein eigener Regisseur immer besonders sorgfältig an der Inszenierung des Lachens gearbeitet. Nehmen wir als Beispiel einen kurzen Abschnitt aus 'Happy Days'! Winnie entdeckt zu ihrem Erstaunen auf ihrem Sandhügel ein Lebenszeichen, *an emmet, a live emmet!*, „eine Emse, eine lebendige Emse!"[29] Sie untersucht die Ameise mit einer Lupe und wundert sich besonders über einen kleinen weißen Ball, den das Insekt vor sich herträgt. Hier meldet sich Willie, erstmals unaufgefordert, zu Wort:

Willie
Eggs.
Winnie
arresting gesture: *What?*
Pause
Willie
Eggs.
Pause. Gesture to lay down spectacles. *Formication.*
Winnie
arresting gesture: *What?*
Pause
Willie
Formication.
Pause. She lays down spectacles, gazes before her. Finally.
Winnie
murmur: *God.* Pause. Willie laughs quietly. After a moment she joins in. They laugh quietly together. Willie stops. She laughs on a moment alone. Willie joins in. They laugh together. She stops. Willie laughs on a moment alone. He stops. Pause.
Normal voice. *Ah well what a joy in any case to hear you laugh again, Willie, I was convinced I never would, you never would. Pause. I suppose some people think us a trifle irreverent, but I doubt it. Pause. How can one better magnify the Almighty than by sniggering with him at his little jokes, particularly the poorer ones? Pause. I think you would back me up there, Willie. Pause. Or were we perhaps diverted by two quite different things? Pause. Oh well, what does it matter, that is what I always say, so long as one ... you know... what is that wonderful line ...laughing wild ...something laughing wild amid severest woe.* Pause

---

[29] Happy Days, 180-182.

Bei den Proben zur Aufführung der 'Glücklichen Tage' am Berliner Schiller-Theater 1971 wollte die Schauspielerin Eva Katharina Schultz von Beckett wissen, warum die beiden nach der Feststellung, die Emse trüge Eier, lachen würden. „Ob es sich um ein Wortspiel handle? Nein, entgegnete Beckett, beide lachten wegen der 'Emse' selbst."[30] Das mag für die deutsche Fassung zutreffen, in der Willies Erklärung der Ameiseneier als Ergebnis einer *formication* getilgt ist. Im Original liegt ja in der Tat ein Wortspiel vor, das zwei Lexeme - *formica*, die Ameise, und *fornication*, Unzucht treiben - ineinander teleskopiert und damit in typisch Beckett'scher Manier Zeugungsvorgänge zum Witz erklärt. Im Original lachen die beiden also doch wohl eher aus unterschiedlichen Gründen: Willie vor allem über seinen eigenen *pun*, den Winnie offensichtlich nicht versteht, Winnie allein über die Emse selbst. Unabhängig davon fragt man sich aber, was an einer Emse so lachhaft ist? Becketts Erläuterung dazu: „Sie lachten über das Herumwimmeln um den Körper. Beckett: Ein grausames Bild. Das Lachen, fährt er fort, sei ohne Freude, ein 'gelbes Lachen' (un rire jaune), wie es im Französischen heiße."[31] Lachhaft ist damit hier, was körperlich unangenehm, gar bedrohlich berührt: „Eine Emse, das sei das Schlimmste, was Winnie sich vorstellen könne", erläutert Beckett später weiter und kontrastiert Winnies peinlich berührtes Lachen mit dem „sadistischen" Lachen Willies. Er „lache über den Gedanken, daß möglicherweise Millionen von Emsen um den Körper Winnies wimmeln könnten."[32] Diese besondere physisch-physiologische Qualität des Lachens und die „Koordination des Lachens" von Willie und Winnie zu inszenieren, bediente er sich in der Probenarbeit sogar einer graphischen Notation:[33]

> Nochmals betont er, wie wichtig es ihm sei, daß das Lachen von Winnie und Willie stilisiert klinge. Er demonstriert die einzelnen Intervalle des Lachens, das an ein rhythmisches Meckern erinnert, indem er gleichzeitig mit zwei Bleistiften auf ein Versatzstück klopft. In seinem Regiebuch [...] ist dieses Lachen folgendermaßen aufgezeichnet:
> Willie ------   ------
> Winnie   ---------

Die Inszenierung des Lachens strebt hier nach einer musikalischen oder choreographischen Stilisierung, die dessen stimmliche und mimisch-gestische Körperlichkeit hervorkehrt, während die 'Semantik' des Lachens, d.h. das, was an diesem Lachen bedeutsam ist, ganz implizit bleibt. Diese Bedeutungsebene wird jedoch von Winnie selbst unmittelbar angesprochen, wenn sie ihr eigenes Lachen und das Willies thematisiert und sich dabei, wie es so ihre etwas romantisch-

---

[30] Hübner (1976) 15.
[31] Dieses 'gelbe Lachen' thematisiert auch das Kapitel 'Yellow' in seinem frühen Roman von 1934, 'More Pricks than Kicks', 143-157.
[32] Hübner (1976) 18 u. 30.
[33] Hübner (1976) 33.

betuliche Art ist, ihrer „wundervollen Zeile" aus dem Schatz klassischer englischer Dichtung erinnert. *And moody Madness laughing wild / Amid severest woe*, hieß es in Thomas Grays Anthologie-Stück, der 'Ode on a Distant Prospect of Eton College' von 1742,[34] in der der große Melancholiker der Vorromantik auf das zukünftige Schicksal der Eton-Zöglinge blickt und dabei auch den eigenen Fall des Melancholikers antizipiert, in dessen *moody Madness* sich Lachen allein noch mit *severest woe* verbindet und zur wilden, heftigen Konvulsion wird. Und auch dies arbeitet Beckett sorgfältig in seiner Inszenierung heraus: „Ergänzend zu den Bewegungen, die Frau Schultz selbst gefunden hat, regt er an, Winnie solle sich nach dem Zitat 'wildes Lachen unter schwerstem Weh' langsam ihres Körpers bewußt werden."[35]

Die besondere Qualität dieses Lachens im Herzen der Dunkelheit hat Beckett von Nell im 'Endgame' auf den Begriff bringen lassen:

Nell
(without lowering her voice.) *Nothing is funnier than unhappiness, I grant you that. But...*
Nagg
(shocked.) *Oh!*
Nell
Yes, yes, it's the most comical thing in the world. And we laugh, we laugh, with a will, in the beginning. But it's always the same thing. Yes, it's like the funny story we have heard too often, we still find it funny, but we don't laugh any more.
(Pause)[36]

Das Lachen, das Nell hier beschreibt, ist eine hilflose physiologische Reizreaktion und als solche dem Verstummen und Weinen verwandt, in die es hin- und herkippt, wie ja auch Hamm im selben Stück bemerkt. *You weep, and weep, for nothing, so as not to laugh* [...].[37] Die alten Unterscheidungen zwischen dem Komischen und Tragischen greifen hier nicht mehr, denn der schlechte Witz, als der sich diesem Lachen die Befindlichkeit des Menschen und der Welt in ihrer Körperlichkeit und Undurchschaubarkeit darstellt, ist ebenso zum Weinen wie zum Verstummen.[38]

Da Zuschauer wie Schauspieler diese Befindlichkeit teilen, teilen sie auch dieses Lachen. George Tabori hat dies mitinszeniert, als er 1984 an den Münchener Kammerspielen mit Thomas Holtzmann und Peter Lühr 'Warten auf

---

[34] Thomas Gray, Poetry and Prose, 35-38, hier 38.
[35] Hübner (1976) 37.
[36] Endgame, 20.
[37] Endgame, 44. - Schon Belacqua in Becketts frühem Roman 'More Pricks than Kicks' fällt die Entscheidung zwischen Lachen und Weinen schwer: *Was it to be laughter or tears? It came to the same thing in the end, but which was it to be now?* (148)
[38] Vgl. zum Zusammenhang von Lachen und Weinen Plessner (1941/1970).

Godot' aufführte. Es trafen sich hier nicht Vladimir und Estragon bei der erwarteten Trauerweide an der Chaussee, sondern die Darsteller von Vladimir und Estragon am Tisch zur Leseprobe.[39] Was dieses metatheatralische Arrangement demonstriert, ist, daß das Lachen der Schauspieler - und implizit damit auch das Lachen der Zuschauer - hier mit dem Lachen der Figur zusammenfällt und wie dieses kippt.

Disziplinierungen des Lachens

Das Lachen, sowohl das lebensweltliche als auch das im Theater ausgestellte, hat immer schon nicht nur seine Mitlacher, sondern auch seine Kritiker gehabt. Sie haben es immer wieder als unmoralisch oder zumindest doch moralisch suspekt, als die guten Sitten gefährdend oder die gesellschaftliche und staatliche Ordnung untergrabend verketzert und daher versucht, die unbändige Körperlichkeit des Lachens und das anarchische Potential der *vis comica* zu bändigen, zu disziplinieren. Und 'natürlich' gingen diese Disziplinierungsversuche für das weibliche Lachen immer weiter als für das der Männer.

Zur Zeit Shakespeares wurden solche Versuche, das Lachen und seine Inszenierungen an den „Prozeß der Zivilisation" (Norbert Elias) zu binden, vor allem von Geistlichen und Theologen betrieben, von anglikanischen ebenso wie puritanischen, wenn auch mit größerer Vehemenz von letzteren. Ihnen erscheint das Lachen weniger als Gnadengeschenk Gottes an den Menschen denn als Folge und Fluch des Sündenfalls: *if Adam had never fallen, there should never have beene laughter* [...].[40] Und schließlich wußte man ja auch vom Heiligen Johannes Chrysostomus, daß Christus, das Vorbild jeder christlichen Lebensführung, zwar häufig geweint, nie aber gelächelt, geschweige denn gelacht habe.[41]

Wenn also überhaupt gelacht werden sollte oder mußte, dann waren für den Christen bestimmte Lach-Regeln zu beachten, die statthaftes Lachen moraltheologisch eingrenzten. Eines der zahlreichen Regelwerke dazu findet sich in William Perkins' 'Direction for the Government of the Tongue'. Ausgehend von einer in diesem Zusammenhang oft zitierten Bibelstelle (Eccl. 3,4) listet der Puritaner die Normen moralisch korrekten Lachens auf:

> *The Preacher Saith:* There is a time to laugh, and a time to weep. When the Lord brought again the captivity of Sion, we were like them that dream. Then was our mouth filled with laughter, and our tongue with joy. *Now this mirth must be joyned with the fear of God, otherwise Salomon saith well,* I have said to laughter, thou art

---

39 Vgl. dazu Pfister (1987a) 122f.
40 So in Thomas Grangers 'Familiar Exposition or Commentarie on Ecclesiastes' (1621); zitiert nach Anselment (1979) 13.
41 The Homilies of S. John Chrysostom on the Gospel of Matthew, 88.

mad: and of joy, what is it thou doest? [...]. *Secondly, with compassion and sorrow for God's people in affliction and misery* [...]. *Thirdly, it must be sparing and moderate.* [...] *Fourthly, it must be void of the practice of sin.*[42]

Vier Tendenzen der Regulierung und Moralisierung der Lachlust zeichnen sich hier ab: (1.) Für ein gottesfürchtiges Lachen ist alles Heilige tabu, will es nicht unter das Verdikt der Blasphemie fallen. (2.) Ein barmherziges Lachen klammert das Leid der Mitmenschen aus und respektiert das Verbot der Schadenfreude sowie der Aggression. (3.) Das Lachen muß maßvoll bleiben, und dieses Verbot des Exzesses impliziert eine verstärkte Körperkontrolle über das Lachen und somit seine weitgehende Entkörperlichung oder seine Dämpfung zum Lächeln. Und (4.) muß das Lachen unschuldig sein und alles Obszöne meiden.

Das Theater Shakespeares und seiner Zeitgenossen hat sich freilich an solche Lachvorschriften nicht gehalten und hat immer wieder im ausgestellten Lachen seiner Komödien, Historien und Tragödien wider solchen Stachel gelöckt oder, sollte ich sagen, gelacht. Ja, mehr noch, es hat den Normenbruch ausdrücklich thematisiert und damit die Transgression legitimiert. Hier kann ein Ulysses - in 'Troilus und Cressida' (1.3.) - gegen das Gelächter der griechischen Helden als eine Perversion und Profanisierung der geheiligten Hierachien des Kosmos und des Staates wettern - Patroclus' Parodie seiner Mitheroen, deren Eitelkeit er wie ein *strutting player* (Z. 152) *with ridiculous and awkward action* (Z. 148) seinem vor Lachen platzenden Freund Achilles vorführt, gibt doch das Modell dafür ab, was das Stück selbst ist: satirische Reduktion und Travestie, der nichts heilig ist und die sich nicht scheut, vorsätzlich den guten Ton, den guten Geschmack zu verletzen.

Der frühneuzeitliche Normenkatalog für ein moralisch korrektes Lachen ist auch uns Spätneuzeitlichen nicht unvertraut. Auch uns ist so mancher Lacher ein Skandal, und wenn auch die neuen Normen, die das Lachen disziplinieren und zivilisieren wollen, sich nicht mehr theologisch legitimieren, so werden auch sie doch mit heiligem Eifer verkündet und durchzusetzen versucht. Das politisch korrekte Lachen ist, ebenso wie es das theologisch-moralische war, ein von Normen umstelltes und gehemmtes Lachen: Das schmutzige, das obszöne Lachen muß es sich verkneifen, setzt es doch den Körper und vor allem die Frau und ihren Körper herab; das Heilige, und vor allem das der anderen, muß es tunlich respektieren und das aggressive und schadenfreudige Lachen über die Grenzen von *class, race, gender* und *age* hinweg, das Lachen über Arbeiter, Farbige, Schwule oder Alte verschlägt es ihm ganz. Es hat damit auch seine Schwierigkeiten mit dem rabelaisischen Gelächter, wie es uns aus den Texten der Frühen Neuzeit, oder dem anzüglichen Lachen, wie es uns aus den Farcen

---

[42] Zitiert nach Anselment (1979) 13.

des neunzehnten Jahrhunderts entgegenschallt. Es will uns einfach nicht mehr gelingen, über die Patienten von Irrenanstalten, über Juden und Neger oder über misogyne Anzüglichkeiten zu lachen. Der englische Dramatiker Trevor Griffiths hat dazu, noch ehe das Schlagwort von der *political correctness* in Konjunktur kam, ein politisch korrektes Lachlehrstück geschrieben, das genau diese Grenzen erlaubten Lachens vorführt und thematisiert: 'Comedians' (1975).[43] Hier werden in einer Schule für angehende *Music Hall*-Komiker in intensiv diskutierten Proben all die alten rassistischen, sexistischen und zotigen Lachnummern vorexerziert und verworfen, über die eine moderne, christlich-humanistische, psychoanalytisch und feministisch aufgeklärte oder politisch bewußte Sensibilität nicht mehr lachen kann und mag. Die Aporien, in die eine solche Disziplinierung der Lachlust und des Lachens freilich führt, demonstriert dann das Ende des Stückes: Die beiden Prüfungsauftritte, die allein die Zensur politischer Korrektheit bestehen, sind nicht mehr zum Lachen - der eine, weil er so harmlos ist, daß er, wenn überhaupt, nur noch zum milden Lächeln reizt; der andere, weil er das Lachen von vornherein nicht mehr intendiert, sondern in grimmigem Ernst ein Pogrom der Gewalt zur Schau stellt.

Das Lachen als Skandalon hat jedoch auch im modernen Theater solche Disziplinierungen überlebt - nicht als Rückfall in das reaktionäre Lachen des Einverständnisses über Minderwertiges, sondern als bewußte Provokation humanistisch-liberaler Hoffnungen auf die Verbesserbarkeit des Menschen. Becketts Bühnengelächter und seine Irritationen der Lachlust des Publikums gehören dazu ebenso wie das bei Heiner Müller ausgestellte Lachen, ein Lachen, das über Leichen geht. Im 'Scherzo'-Teil der 'Hamletmaschine' etwa bietet Ophelia, als Hure geschminkt, lachend Hamlet ihr Herz zum Essen an, und auf ihr Lachen und ihren Striptease-Tanz respondiert ein gespenstisches *Gelächter aus dem Sarg*.[44] Diese Verbindung des Bühnenlachens mit dem schockierend Grausamen und Gräßlichen ist zudem keineswegs eine Entwicklung seines Spätwerks: Schon in der 'Macbeth'-Bearbeitung von 1971 wird sie systematisch vorgeführt: Hier lacht der Titelheld über die Zimperlichkeit seiner Frau, wenn ein Bauer, der den Pachtzins nicht bezahlen kann, vor ihren Augen geschunden wird; es lachen Macduff und Lennox, während sie den Pförtner zu Tode quälen; es lachen die beiden gedungenen Mörder über den gelungenen Mord an ihrem Kumpel, den sie aus Habgier umgebracht haben; und es lacht schließlich Malcolm, der neue König von Schottland und bei Shakespeare eine Erlöserfigur, wenn er zur Sicherheit seinen treuesten Mitstreiter auch gleich mitmorden läßt. Alle diese Lacher sind Interpolationen Müllers in den Shakespeareschen Text; ihr Impetus ist allerdings schon im Original angelegt, nämlich im verstörenden Lachen der

---

43 Vgl. dazu Pfister (1982).
44 Die Hamletmaschine. Heiner Müllers Endspiel, 15.

Pförtner-Szene (2.3.), dessen Qualität und Funktion uns erst der Romantiker Thomas de Quincey in einem einschneidenden Essay - 'On the Knocking at the Gate in *Macbeth*' (1823) - verständlich gemacht hat.

Dieses Lachen ist kein befreiendes oder erlösendes Lachen mehr,[45] gewährt keinem Zuschauer mehr *comic relief*. Es schafft keine Lachgemeinschaft zwischen Bühne und Auditorium, sondern dividiert sie mit Vorsatz auseinander.

Lachen in extremis

Mir - und der Shakespeare-Konkordanz - sind nur etwa zwanzig Lacher im Gesamtwerk Shakespeares bewußt, die den entkörperlichenden Prozeß der Verschriftlichung und Drucklegung der lebendigen Stimmen des Theaters überlebt haben und zumindest im Echo phonetischer Transkription noch durch den Text hallen, den wir lesen.[46] Einer davon kommt ausgerechnet in einer Tragödie vor, der ersten Tragödie Shakespeares, 'Titus Andronicus'. Der Titelheld hat freilich im landläufigen Sinn nichts zu lachen: Nicht nur wurde ihm im zweiten Akt seine Frau geschändet und wurden ihr, Ovids Greuelgeschichten von Philomela und Prokne noch überbietend, die Zunge ausgerissen und die Hände abgeschlagen; nun, im dritten Akt, opfert er seine eigene Hand, um die Söhne zu retten - allerdings vergebens, denn alsbald werden ihm deren abgeschlagene Köpfe - zusammen mit der eigenen Hand - von seinen zynischen Gegenspielern zugeschickt. Im folgenden Dialog mit seinem Bruder Marcus (3.1.259ff.) kommt es zu besagtem Lacher:

> Marcus
> *Ah! Now no more will I control thy griefs:*
> *Rend off thy silver hair, thy other hand*
> *Gnawing with thy teeth, and be this dismal sight*
> *The closing up of our most wretched eyes:*
> *Now is a time to storm; why art thou still?*
> Titus
> *Ha, ha, ha!*

Was ist das für ein Lachen? In w e l c h e s Lachen ist die karge Transkription vom Schauspieler umzusetzen? Selbst für Marcus, der sich in der Situation befindet und den Bruder lachen hört und sieht, ist es ein Problem:

> *Why dost thou laugh? It fits not with this hour.*

---

[45] Zum erlösenden Lachen vgl. Berger (1997).
[46] Spevack (1973) 523.

Brian Cox's Titus in Deborah Warners Inszenierung von 1987 ließ hier zehn quälende Sekunden lang ein manisches Lachen gellen.[47] Wie auch immer aber dieses Lachen stimmlich-gestisch realisiert und inszeniert wird - gedehnt oder spasmodisch, lauthals oder gebrochen, hoch und dünn oder tief und hohl, mit großem Körperaufwand oder zurückgenommen: es sprengt in der Tat das *decorum* der tragischen Situation, und Titus' Antwort auf die Frage nach der Motivation seines Lachens kennzeichnet es als zutiefst verstört und verstörend:

Why, I have not another tear to shed.

Das ist weder ein Lachen, das sich einem komischen Lachstimulus verdankte, noch ein befreiendes Lachen, das die Welt in Distanz und ins Lot rückte; weder ein Lachen der Überlegenheit oder der Schadenfreude noch das Lachen eines vitalen Lebensüberschusses. Es ist ein Lachen jenseits der Tränen, ein pathologisches Lachen, das, wie das Schweigen, das es abbricht - *why art thou still?* -, die äußerste Hilflosigkeit und den radikalsten Protest gegenüber den Greueln der Existenz und der Unzulänglichkeit der Sprache, diese diskursiv auszudrücken, markiert.

Dieses Lachen hallt durch ein Stück, das nach Jahrhunderten der Verdrängung an die Ränder des Shakespeareschen Kanons, mit denen sich nur die Spezialisten und Philologen beschäftigen, in unserem Jahrhundert vom Theater wiederentdeckt wurde:[48] Das Theater der Grausamkeit hat in ihm einen Vorläufer erkannt, Friedrich Dürrenmatt und Heiner Müller haben mit ihm gearbeitet und eine Groteske daraus gemacht und prominente Regisseure wie Peter Brook (1955) oder Deborah Warner (1987) in ihm die Schrecken unseres Jahrhunderts gespiegelt. Das hat sicher auch mit dem Lachen in diesem Stück zu tun - ein Lachen, dem die frühneuzeitlichen Lachtheorien noch nicht, und die aufklärerischen Theorien des Lächerlichen nicht mehr beikommen. Eingeholt wurde es erst wieder im Horizont moderner Theorien und ästhetischer Praktiken, die das Lachen an das Grauen und das Gräßliche binden: Nietzsche wäre hier zu nennen, dessen dionysisches Gelächter beim unerschrockenen Blick in den entsetzlichen Abgrund, „die grauenhafte Wahrheit" des Seins aufbricht;[49] Fritz Mauthner, der das Lachen zusammen mit dem Schweigen als radikalste kritische Reaktionen auf die Unzulänglichkeit des Diskursiven gegenüber einer inkommensurablen Wirklichkeit deutet;[50] T. S. Eliot, der an einer anderen Tragödie der Frühen Neuzeit, Marlowes 'Jew of Malta', sein Konzept einer blutigen, einer

---

47 Vgl. dazu Bates Anmerkung in seiner Ausgabe des 'Titus Andronicus', 204; vgl. zu diesem 'Lacher' auch Bate, Introduction, 10f.
48 Vgl. Dessen (1979) and Bate, Introduction, 59-69.
49 Nietzsche verdeutlicht das an Hamlets Späßen; vgl. Die Geburt der Tragödie, 48.
50 Den Hinweis auf Fritz Mauthners 'Beiträge zu einer Kritik der Sprache' (1902) verdanke ich Füger (1996) 105f.

gräßlichen, einer tragischen Farce erläutert;[51] Antonin Artaud, der im schwarzen Humor seines Theaters der Grausamkeit das Potential „physischer Destruktion" und das „körperliche und anarchische Dissoziationsvermögen des Lachens" feiert.[52]

So unterschiedlich diese Annäherungen an das Lachen sind, so sind ihnen doch zwei Dinge gemeinsam, die ihnen Zugänge auch zum Lachen des Titus Andronicus und dem der Helden des modernen und postmodernen Dramas eröffnen: Sie lassen, erstens, die rationalistischen Theorien des Komischen, die dieses als Deviations- oder Diskrepanzphänomene transparent zu machen versuchten, hinter sich, entkoppeln das Lachen vom Komischen und binden es an den Schrecken - das Absurde, das Groteske, die blutige Farce. Sie umkreisen das, was Beckett in seinem Roman 'Watt' (1953) eine seiner Figuren als den *risus purus*, das reine Lachen, auf den Punkt bringen läßt:

> *Of all the laughs that strictly speaking are not laughs, but modes of ululation, only three I think need detain us. [...] The bitter, the hollow and - haw! haw! - the mirthless. The bitter laugh laughs at that which is not good, it is the ethical laugh. The hollow laugh laughs at that which is not true, it is the intellectual laugh. Not good! Not true! Well well. But the mirthless laugh is the dianoetic laugh, down the snout - haw! - so. It is the laugh of laughs, the r i s u s   p u r u s, the laugh laughing at the laugh, the beholding, the saluting of the highest joke, in a word the laugh that laughs - silence please - at that which is unhappy.*[53]

Und, zweitens, gilt ihr Augen- und Ohrenmerk der Körperlichkeit des Lachens, seiner gestischen Inszenierung und seiner stimmlichen Artikulation als dem Anderen der Sprache, das neben, gegen und jenseits des diskursiven Worts zur Sprache kommt und mit seinem „körperlichen und anarchischen Dissoziationsvermögen" (Antonin Artaud)[54] den Zusammenhang der theatralischen Codes, die Stimmigkeit der Figuren und die Schlüssigkeit des Plot aufsprengt.

---

51 T.S. Eliot, 'Christopher Marlowe' (1919) 123.
52 Zitiert nach Ludwig (1996) 364f.
53 Samuel Beckett, Watt, 46f.; vgl. dazu den sehr erhellenden Kommentar Füger (1996) 103.
54 Antonin Artaud, Das Theater und sein Double, 44f.

Bibliographie

Quellen

Artaud, Antonin: Das Theater und sein Double, übers. von G. Henniger. Frankfurt/M. 1979.
Beckett, Samuel: Endgame. London 1964.
Beckett, Samuel: Waiting for Godot. A Tragicomedy in Two Acts. London [2]1965.
Beckett, Samuel: Watt. London 1970.
Beckett, Samuel: More Pricks than Kicks. London 1974.
Beckett, Samuel: Happy Days. In: Samuel Beckett. Dramatische Dichtungen in drei Sprachen. Frankfurt/M. 1981.
Beckett, Samuel: Collected Shorter Plays. London 1984. Darin: Krapp's Last Tape. Embers. Play.
Beckett, Samuel: 'Happy Days'. The Production Notebook, hg. von James Knowlson. London 1985.
Beckett, Samuel: The Theatrical Notebooks of Samuel Beckett.
  I: 'Waiting for Godot', hg. von Dougald McMillan/ James Knowlson. London 1993.
  II: 'Endgame', hg. von S.E. Gontarski. London 1992.
  III: 'Krapp's Last Tape', hg. von James Knowlson. London 1992.
Burton, Robert: The Anatomy of Melancholy, hg. von Holbrook Jackson. 3 Bde. London 1932, repr. 1968.
Eliot, T.S.: Christopher Marlowe (1919). In: T.S.E.: Selected Essays. London [2]1934, 118-125.
Gray, Thomas: Poetry and Prose, hg. von J. Crofts. Oxford 1926.
Hall, Joseph: Virgidemiarum. In: The Works, hg. v. Philip Winter. Oxford 1863.
Hobbes, Thomas: Leviathan, hg. von C.B. Macpherson. Harmondsworth 1968.
Johannes Chrysostomus: The Homilies of John Chrysostom, übers. von John Prevost. Oxford 1943 (A Library of the Fathers XI).
Jonson, Ben: Plays, hg. von Felix E. Schelling. 2 Bde. London 1910.
Marlowe, Christopher: The Complete Plays, hg. von J.B. Steane. Harmondsworth 1969.
Müller, Heiner: Die Hamletmaschine. Heiner Müllers Endspiel, hg. von Theo Girshausen. Köln 1978.
Nietzsche, Friedrich: Die Geburt der Tragödie. In: F.N.: Werke, hg. von Karl Schlechta. München 1966, Bd. 1.
Shakespeare, William: Titus Andronicus, hg. von Jonathan Bate. London 1995 (The Arden Shakespeare, 3rd ser.).

Untersuchungen

Anselment, Raymond A.: *Twixt Jest and Earnest*: Marprelate, Milton, Marvell, Swift and the Decorum of Religious Ridicule. Toronto 1979.

Asmus, Walter D.: Im Theateralltag tut man sich schwer: Beckett inszeniert 'Warten auf Godot'. Aus dem Probentagebuch des Regieassistenten W.D.A. In: Theater heute 16/4 (1975) 20-23.

Berger, Peter L.: Redeeming Laughter. Berlin 1997.

Dessen, Alan C.: 'Titus Andronicus'. Manchester 1979 (Shakespeare in Performance).

Elam, Keir: Semiotics of Theatre and Drama. London 1980.

Fischer-Lichte, Erika: Semiotik des Theaters. Tübingen 1983.

Füger, Wilhelm: *Laughter is not quite the word*: Arten und Funktionen des Lachens in Becketts Frühwerk. In: Komik und Solipsismus im Werk Samuel Becketts, hg. v. Peter Brockmeier/Carola Veith. Stuttgart 1996, 89-108.

Hawkes, Terence: That Shakespearian Rag: Essays on a Critical Process. London 1986.

Herrick, Marvin T.: Comic Theory in the Sixteenth Century. Urbana/Ill. 1950.

Hübner, Alfred: Samuel Beckett inszeniert 'Glückliche Tage'. Probenprotokoll von A.H. Frankfurt/M. 1976.

Iser, Wolfgang: Die Artistik des Mißlingens. Ersticktes Lachen im Theater Becketts. Heidelberg 1979

Kenner, Hugh: The Stoic Comedians: Flaubert, Joyce, and Beckett. London 1964.

Ludwig, Hans-Werner: *This Terrible Deformity of Laughter*: Vom Theater der Grausamkeit (Artaud) zum Theater der Katastrophe (Barker). In: Semiotik, Rhetorik und Soziologie des Lachens, hg. von Lothar Fietz/Joerg O. Fichte/Hans-Werner Ludwig. Tübingen 1996, 341-374.

Materialien zu Becketts 'Endspiel'. Frankfurt/M. 1968.

Pfister, Manfred: Das Drama. Theorie und Analyse. München 1977.

Pfister, Manfred: Trevor Griffiths: 'Comedians'. Zur Thematisierung des Komischen und der Music Hall im modernen englischen Drama. In: Englisches Drama von Beckett bis Bond, hg. von Heinrich F. Plett. München 1982, 313-332.

Pfister, Manfred: Comic Subversion: A Bakhtinian View of the Comic in Shakespeare. In: Jb. der Dt. Shakespeare-Gesellschaft West (1987) 27-43.

Pfister, Manfred: Nachwort. In: Samuel Beckett, Waiting for Godot, hg. von M.P. Stuttgart 1987. (zitiert Pfister 1987a)

Pfister, Manfred: *An Argument of Laughter*: Lachkultur und Theater im England der Frühen Neuzeit. In: Semiotik, Rhetorik und Soziologie des Lachens, hg. von Lothar Fietz/ Joerg O. Fichte/ Hans-Werner Ludwig. Tübingen 1996, 203-227.

Plessner, Helmuth: Lachen und Weinen (1941). In: H.P.: Philosophische Anthropologie, hg. von G. Dux. Frankfurt/M. 1970.

Spevack, Marvin: The Harvard Concordance to Shakespeare. Hildesheim 1973.

Stamm, Rudolf: Die theatralische Physiognomie der Shakespearedramen. In: Maske und Kothurn 10 (1964) 263-274.

Tönnies, Merle: Beckett's dramatic strategy: Audience laughter and the postmodernist debate. Trier 1996.

Weimann, Robert: Textual Authority and Performative Agency: The Uses of Disguise in Shakespeare's Theatre. In: NLH 24 (1994) 789-808.

Weimann, Robert: Literature in the Theatre? Textual Authority and Performative Practice. In: Why Literature Matters. Theories and Functions of Literature, hg. von Rüdiger Ahrens/ Laurenz Volkmann. Heidelberg 1996, 345-366.

Bernhard Teuber

Vom mittelalterlichen zum frühneuzeitlichen Lachen? Das Fabliau des französischen Mittelalters und Rabelais' komischer Roman

... pour ce que rire est le propre de l'homme - „weil das Lachen dem Menschen eigentümlich ist", mit diesem Zehnsilber beschließt Rabelais das Geleitgedicht für die Leserschaft, das er 1534 dem 'Gargantua', dem ersten Band seiner komischen Roman-Pentalogie, vorausgeschickt hat. Die Kommentatoren haben es nicht versäumt, darauf hinzuweisen, daß die Einschätzung des Gelächters als *differentia specifica* des Menschen aus dem zoologischen Traktat 'De partibus animalium' des Aristoteles entlehnt sei. Mit dieser Quellenangabe ist theoretisch betrachtet auch schon ein Ort bezeichnet, an dem von Haus aus über menschliches Lachen und Gelächter zu handeln wäre - die Naturgeschichte oder in ihrer Folge jener Zweig der Philosophie, der sich auf naturgeschichtliche, biologische, verhaltenskundliche Fragen überhaupt einzulassen gedenkt.[1] Wir aber befinden uns hier gar nicht auf einem Kongreß von Naturgeschichtlern oder Biologen, sondern auf einer Tagung von Philologen, die ihre in Sprache kristallisierten Gegenstände per definitionem gerade nicht als einfach naturgegeben und genetisch vorprogrammiert, sondern als kulturell konstruiert und historisch veränderbar begreifen. Ist aber das Lachen - und erst recht das Lachen im Mittelalter - überhaupt ein kulturelles Produkt? Oder ist es nicht Ausdruck einer in ihrer Tiefe immer gleichen und immer konstanten *natura humana*?

Daß wir heute hier versammelt sind, zeigt natürlich, daß wir als Kulturwissenschaftler die soeben gestellte Frage verneinen müssen; daß wir überzeugt sind von der geschichtlichen Sättigung und Veränderbarkeit der Lachgebärden und Lachritualien, die sich im Laufe der Zeit je neu beobachten lassen - oder daß wir jedenfalls Nachrichten über das Lachen ferner Zeiten so lesen, als hätte es seine je eigene Geschichte: ...*habent sua fata cachinni* - „auch die Lachsalven haben ihr Geschick", so wäre das geflügelte Wort vom 'Schicksal der Bücher' wohl zu ergänzen und vielleicht unserem Treffen als Devise voranzustellen. Daß wir aber überhaupt einer Historisierung des Lachens das Wort reden können, ist das Verdienst jenes russischen Gelehrten, der (soweit ich richtig sehe) erstmals - in seinem Buch über Rabelais - der Literaturwissenschaft die programmatische Aufgabe gewiesen hat, eine „Geschichte des Lachens" zu schreiben und der hierbei selber mit gutem Beispiel vorangegangen ist. Ich spreche von Michail Bachtin.

---

1   Plessner (1941).

Über aller Kritik und allen Vorbehalten, die der eine oder die andere an Inhalten und Thesen seiner Theorie auch artikulieren mag, sollten wir dies Grundlegende nicht vergessen: Von Bachtin lernen heißt, Lachen nicht mehr als einfach geschichtslos, sondern gerade umgekehrt als geschichtsfähig zu begreifen, wie schwierig das dann in concreto auch sein mag.

Sie erwarten von mir - im Zusammenhang unseres Tagungsthemas - einige Ausführungen zu Rabelais, der nach Bachtin (aber wer wollte ihm hier widersprechen?) einen unbestreitbaren Platz in der Weltgeschichte des Lachens einnimmt. Was aber - so werden viele Fachleute fragen - hat Rabelais mit dem Lachen des Mittelalters zu tun? Ist Rabelais nicht eine der Leitfiguren der französischen Renaissance? Gehört er damit nicht eindeutig zur Neuzeit? Und wäre sein Beitrag zur Geschichte des Lachens damit nicht als Beitrag zur Geschichte des frühneuzeitlichen Lachens zu werten?

Der soeben skizzierte Einwand wird noch ein gutes Stück intrikater, wenn wir ermitteln wollen, wie Bachtin selbst Rabelais' historischen Ort in der Lachkultur zu beschreiben sucht. Einerseits ist Rabelais für Bachtin so etwas wie der Vollender einer ganz und gar traditionellen Lachkultur, deren mittelalterliche Grundlagen er nur beerbt. Andererseits aber reicht Rabelais dies mittelalterliche Erbe an die Renaissance weiter, wo es dann neue Wurzeln schlägt. Bachtins Denkform ist die folgende: Im Mittelalter gebe es zwar eine ausgeprägte Lachkultur, diese stehe aber dem Ernst der offiziellen Kultur gegenüber und bleibe darum auf die Karnevalsenklave bestimmter Feste beschränkt. In der Renaissance befreie sich das Lachen aus den Fesseln einer bestimmten kalendarischen Enklave und es werde von nun an ubiquitär. Es komme zu einer allübergreifenden Karnevalisierung der Kultur und der Literatur. Erst nach der Renaissance (Bachtin verwendet in Anlehnung an die französische Literaturgeschichtsschreibung für diese neue Periode den Begriff der Klassik), erst nach der Renaissance also, werde das Gelächter des Karnevals aus dem Bereich der Kultur und der Literatur zurückgedrängt und es verliere seinen angestammten Platz. In Weiterentwicklung von Formulierungen des Klagenfurter Romanisten Ulrich Schulz-Buschhaus[2] hätten wir es also in Bachtins Geschichtskonzept mit einer Art von Dreiphasenmodell zu tun: 1. Insularität der Lachkultur im Mittelalter, 2. Ubiquität der Lachkultur in Renaissance und Früher Neuzeit, 3. Marginalität der Lachkultur in der sich anbahnenden und wohl auch in der vollendeten Moderne.

Was die Geschichte des Lachens betrifft, so würden die allfälligen Veränderungen auf dem langen Weg vom Mittelalter zur Moderne in erster Linie das institutionelle Setting betreffen, das heißt: die wechselnden Lizenzen und Tabus der zu behandelnden Thematik (etwa von der antiklerikalen Satire des Spätmit-

---

[2] Schulz-Buschhaus (1984).

telalters und der Renaissance zur Pedantensatire im Zeitalter der Gegenreformation; vom Obszönen zum Skatologischen; von der vorrangig heterosexuellen zur latent oder manifest perversen Erotik); die kalendarische Zuordnung zu liturgisch bedeutsamen Festen wie beispielsweise St. Nikolaus, Unschuldige Kinder, Beschneidung Jesu, Dreikönig oder aber die kalendarisch flexible Bindung an die Erfordernisse städtisch-kommunaler, kirchlicher oder höfischer Selbstdarstellung im Barock; last but not least die mediale Einbindung - von der Mündlichkeit des Marktplatzes mit seinem Heer von Spaßmachern aller Art zur Niederlegung im Manuskript und insbesondere im gedruckten Buch, das erst in Gemeinschaft vorgelesen (und vermutlich auch vorgespielt), dann aber zunehmend individuell gelesen wird - und auch hier wiederum zunächst wohl mit lauter, dann erst mit leiser Stimme. Die Gestalt des karnevalesken Lachens selbst aber, so Bachtin, wäre weitgehend unverändert geblieben - trotz oder möglicherweise gerade wegen der schwerwiegenden Veränderungen, die sich sozusagen an seinen Rändern - an seiner historisch-situativen Einrahmung - beobachten lassen.

Ich möchte im Folgenden die These wagen, daß sich - über das Gesagte hinaus - auch an der Gestalt des Lachens selbst, an seiner internen Struktur, geschichtliche Veränderungen abzeichnen und vom Philologen ablesen lassen. Ich will dies im Hinblick auf den Typus des Gelächters näher erläutern, zu dem einerseits ein altfranzösisches Fabliau des Jean Bodel an der Wende vom 12. zum 13. Jahrhundert und andererseits Rabelais' komischer Roman einladen, der dieses mittelalterliche Fabliau indirekt zitiert. Nach Bachtin - und hierin wollen wir ihm unbesehen folgen - ist ein bevorzugter Anlaß des Karnevalslachens der groteske Körper. Der groteske Leib zeichnet sich bekanntlich aus durch seine Tiefe, durch seine Unabgeschlossenheit und durch den beständigen Stoffwechsel, in dem er mit seiner Umwelt und mit anderen Körpern steht. „Die wesentliche Rolle im grotesken Leib spielen deshalb jene Teile, jene Stellen, wo der Leib über sich hinauswächst, wo er seine Grenzen überschreitet, wo er einen neuen (zweiten) Leib zeugt: der Unterleib und der Phallus. [...] Von allen Zügen des menschlichen Gesichts sind für die groteske Gestalt des Leibes nur Mund und Nase wesentlich, wobei letztere überdies den Phallus vertritt."[3] Und Bachtin führt diesen Gedanken näherhin aus:

> „Die Nase vertritt nämlich stets den Phallus. Laurent Joubert, ein jüngerer Zeitgenosse von Rabelais, ein berühmter Arzt des sechzehnten Jahrhunderts, der eine Theorie des Lachens aufgestellt hat, schrieb ein Buch mit dem Titel 'Erreurs populaires et propos vulgaires touchant la médicine et le régime de santé' (Bordeaux 1579). Darin berichtet er (in Buch V, Kapitel IV) über das im Volk überaus verbreitete Vorurteil, man könne von den Formen und Ausmaßen der Nase auf die Größe und Leistungsfähigkeit des männlichen Geschlechtsorgans schließen. Den gleichen Gedanken äußert

---

3 Bachtin (1963/65) 16.

bei Rabelais Bruder Jean in seinem Mönchsjargon. Das ist die übliche Deutung der Nase in der mittelalterlichen und Renaissance-Literatur, die auf der volkstümlich-festtäglichen Gestaltenwelt basiert. Als ein bekannteres Beispiel nenne ich das Fastnachtsspiel 'Nasentanz' von Hans Sachs."[4]

In meinem Zusammenhang möchte ich zunächst einmal auf die Rabelais-Stelle selbst zurückkommen, die Bachtin hier im Auge hat. Sie findet sich im 40. Kapitel wiederum des 'Gargantua', wo die Protagonisten - darunter Pantagruels Großvater Grandgousier, sein Vater Gargantua, der humanistische Prinzenerzieher Ponocrate und der diesseitige Bettelmönch Frère Jean - bei einem fröhlichen Zechgelage über die Nasenform des Mönchleins diskutieren. Es heißt dort:

> *- Porquoy (dist Gargantua) est ce que Frere Jean a si beau nez?*
> *- Parce (respondit Grandgousier) que ainsi Dieu l'a voulu, lequel nous faict en telle forme et telle fin, selon son divin arbitre, que faict un potier ses vaisseaulx.*
> *- Parce (dist Ponocrates) qu'il feut des premiers à la foyre des nez. Il print des plus beaulx et plus grands.*
> *- Trut avant! (dist le moyne). Selon vraye philosophie monasticque, c'est parce que ma nourrice avoit les tetins moletz: en la laictant, mon nez y enfondroit comme en beurre, et là s'eslevoit et croissoit comme la paste dedans la met. Les durs tetins de nourrices font les enfans camuz. Mais, guay, guay! Ad formam nasi cognoscitur ad te levavi... Page, à la humerie! Item, rousties!*
>
> (Gargantua 40, ed. Jourda, I, 154.)

„Wie aber", sprach Gargantua, „kommt es doch, daß unser Bruder Jahn so ein schön Näslein hat?" - „Daher", antwortet Grandgoschier, „weil es Gott also wohl gefiel, der uns nach seinem ewigen Ratschluß in solcher Form und Weis erschafft, als wie ein Töpfer sein Geschirr." - „Daher", antwort Ponokrates, „weil er der erst auf dem Nasen-Markt war, da las er ihm die schönst und größt aus." - „Gebts weiter", sprach der Mönch: „nach echter Claustral-Philosophik ists daher kommen, daß meine Säugamm weiche Dütten hätt: wann sie mich säugt, da druckt' sich meine Nas ein, wie in Butter, und wuchs und lief drin auf, wie ein Teig in der Mulden. Die harten Dütten der Ammen machen den Kindern nur stumpfe Schafsnasen. Aber lustig, lustig! *Ad formam nasi cognoscitur ad te levavi.* Ich eß mein Lebtag kein Confekt. Zum Zapfen, Bub! *Item* Rostschnitten!"

(Gargantua 40, transl. Regis, I, 106.)

Für die lachhaft-groteske Form von Frère Jeans Nase werden unterschiedlichste Erklärungen bemüht. Die für uns zunächst einmal belangvollste Herleitung ist diejenige des Ponocrate, der von einer *Foire aux nés*, von einem Nasen-Jahrmarkt, wissen will, wohin Frère Jean rechtzeitig genug gekommen sei, um im noch reichhaltigen Angebot der Händler sein so herausragendes Organ zu erstehen. Nun ist mir eine *Foire aux nés* im eigentlichen Sinn aus dem französischen Mittelalter nicht bekannt, wohl aber ist in diesem Zusammenhang ein Jahrmarkt erwähnenswert, auf dem ganz andere Ware gehandelt wird und der Gegenstand

---

[4] Bachtin (1963/65) 15.

eines der bekanntesten französischen Fabliaux ist. Ich meine den sogenannten 'Sohait des vez' des Jongleurs Jean Bodel aus Arras in Nordfrankreich, neufranzösisch übersetzt als 'Le Songe des vits' - 'Der Traum von den Schwengeln' ließe sich vielleicht mit der gebührenden Zurückhaltung auf Deutsch formulieren, wenn wir uns einer paronomastischen Metapher bedienen und zugleich die Etymologie berücksichtigen, die aus lateinisch *vectis* für „Hebel", „Brechstange" altfranzösisch *le vet*, neufranzösisch *le vit* ergeben hat. Dem Text dieses Fabliau wollen wir uns nun näher zuwenden.

Die Geschichte spielt im gleichfalls nordfranzösischen Douai und hat ein braves Ehepaar zu Hauptpersonen. Der Mann ist offenbar Kaufmann und geht auf eine Geschäftsreise, die sich über drei Monate hinzieht. Als der Mann endlich wieder heimkehrt, ist seine Frau - dies hält der Jongleur für erwähnenswert - ob der glücklichen Rückkehr hoch erfreut und tischt ihm ein festliches Begrüßungsmahl auf, bei dem sie ihm auch kräftig Wein einschenkt - nicht ganz ohne Hintergedanken:

> *Mout ot la dame bon talant*
> *de lui faire auques de ses buens,*
> *car ele i ratandoit les suens*
> *et sa bienvenue a avoir.*
> (Le Sohait des vez, ed. Rossi, VV. 36-39)

> „Große Lust verspürt die Hausfrau,
> ihm etwas von ihren Schätzen zukommen zu lassen,
> denn sie erwartete die seinigen im Austausch zurück
> und hoffte auf ihr Willkommensgeschenk."

Als sich das Paar schließlich ins Bett zurückzieht, stellt sich heraus, daß der Wein nicht - wie beabsichtigt - als Aphrodisiacum, sondern lediglich als Sedativum gewirkt hat. Der Mann schläft sehr bald ein, ohne den geheimen Wünschen seiner Frau und seiner ehelichen Pflicht entsprochen zu haben. Unverrichteter Dinge und verärgert über die *vilainie* ihres Gatten gibt sich schließlich auch die Frau dem Schlaf hin, wo sie einen seltsamen Traum tut:

> *El dormir, vos di sanz mençonge*
> *que la dame sonja un songe,*
> *q'ele ert a un marchié annel.*
> *Ainz n'oïstes de tel!*
> *Ainz n'i ot estal ne bojon,*
> *ne n'i ot loge ne maison,*
> *changes, ne table, ne repair,*
> *o l'an vandist ne gris ne vair,*
> *toile de lin, ne draus de laine,*
> *ne alun, ne bresil, ne graine,*
> *ne autre avoir, ce li ert vis,*

> *fors solemant coilles et viz.*
> *Mais de cez i ot sanz raisons:*
> *plaines estoient les maisons*
> *et les chambres et li solier,*
> *et tot jorz venoient colier*
> *chargiez de viz de totes parz,*
> *et a charretes et a charz.*
>   (Le Sohait des vez, ed. Rossi, VV. 71-88)

> „Im Schlaf, so sage ich euch ungelogen,
> hatte die Dame einen Traum,
> daß sie auf einem Jahrmarkt sei.
> Nie zuvor habt ihr von so einem gehört:
> Weder gab es Auslagen noch Maßstäbe
> noch Buden noch Läden
> noch Geldwechsler noch Tische noch Stand,
> wo man graues oder meliertes Fell,
> Leinentuch oder Wollstoff,
> Alaun, Brasilholz oder Koschenillenrot
> noch sonst eine Ware verkauft hätte
> außer - so schien es ihr - Schwengel und Glocken.
> Voll davon waren die Häuser
> und die Gemächer und die Speicher,
> und jeden Tag kamen Lastträger,
> beladen mit Schwengeln von überallher,
> sogar mit Karren und Wägen kamen sie."

Der Wunsch, welcher der Dame beim Zubettgehen von ihrem erschlafften Mann versagt worden war, der verschafft sich nun - geradezu nach bester Freudscher Manier - reichlich Ausdruck in den Bildern des nächtlichen Traums: In der Folge werden die einzelnen Stücke nach Größe, Qualität und Preis beschrieben, und zuletzt entscheidet sich die Träumerin für ein besonderes Prachtexemplar, wird sich schnell mit dem Händler über den Preis von 50 Sous einig und will den Kauf per Handschlag besiegeln:

> *Et la dame hauce la paume,*
> *si l'a si duremant esmee.*
> *Qant cuide ferir la paumee,*
> *Son seignor fiert, mout bien l'asene*
> *de la paume delez la caine*
> *que li cinq doiz i sont escrit.*
>   (Le Sohait des vez, VV. 136-141)

> Und die Dame hebt ihre Hand,
> und holt mit aller Wucht aus:
> als sie glaubt den Handschlag zu tätigen,
> trifft sie ihren Gemahl; sehr kräftig schlägt sie ihn
> mit der Handfläche auf seine Backe,
> daß sich alle fünf Finger darauf abzeichnen.

Damit endet der Traum, und der versehentlich geohrfeigte Mann erwacht. Er nimmt die Angelegenheit offenbar nicht gar zu übel, möchte aber umgehend den Grund für die bezogene Maulschelle - und damit den Inhalt des Traums - von seiner Frau erfahren. Gar nicht so ungern berichtet ihm diese von all dem, was sie auf dem Markt zu sehen bekommen habe. Der Mann, inzwischen wieder leidlich zu Kräften gekommen, schließt Frieden mit der Gattin, wird sogar zärtlich, möchte aber unvorsichtigerweise noch einen Vergleich zwischen den ausgestellten Objekten auf dem Markt und den eigenen Körpermaßen hören:

> *Sire, se je voie demain,*
> *qui de teus en aüst plain cofre,*
> *n'i trovast qui i meïst ofre,*
> *ne qui donast gote d'argent:*
> *nes li vit a la povre gent*
> *estoient tel que uns toz seus*
> *en vaudroit largement ces deus:*
> *teus com il est, or eswardez*
> *que la ne fust ja regardez*
> *ne demande prés ne de loin.*
> (Le Sohait des vez, VV. 192-201)

> „Herr, sollte ich morgen einen sehen,
> der von Stücken Eurer Art einen Koffer voll hätte,
> dann würde der niemand finden, der dafür böte,
> der auch nur einen Heller dafür gäbe.
> Sogar die Schwengel der armen Leute
> waren so beschaffen, daß ein einziger von ihnen
> viel mehr wert war als zwei von Eurer Größe.
> So wie der Eure ist, bedenkt das wohl,
> hätte keiner von fern oder nah
> nach ihm geschaut oder gefragt."

Trotz dieser ernüchternden Auskunft läßt sich's der Mann nicht verdrießen, und er ermahnt sinngemäß seine Frau, sie solle sich fürs erste in die Verhältnisse schicken und solange mit dem Spatz in der Hand Vorlieb nehmen, bis sie irgendwann einmal eine Taube auf dem Dach zu fassen bekomme.

Der Jongleur glaubt zu wissen, daß die Frau der Aufforderung nachgekommen sei, hält aber am Ende den Ehemann deswegen für vermessen, weil er alles ausposaunt habe:

> *La nuit furent mout bien ensanble,*
> *mais de ce lo tieng a estot*
> *que l'andemain lo dist par tot,*
> *tant que lo sot Johanz Bodiaus,*
> *uns rimoieres de flabliaus,*

> *et por ce qu'il li sanbla boens,*
> *si l'asenbla avoc les suens.*
>   (Le Sohait des vez, VV. 205-211)

> „Die Nacht verbrachten sie sehr angenehm zusammen,
> aber ihn halte ich deshalb für übermütig,
> weil er es am nächsten Morgen überall herumerzählte,
> so daß es auch Jean Bodel erfuhr,
> ein Dichter von Schwankliedern,
> und weil ihm der Stoff gut erschien,
> fügte er ihn zu seinen Stücken hinzu."

Soweit der Inhalt dieses Fabliau, auf dessen Kernstück - den *Marché aux vits* - Rabelais' Text mit dem Hinweis auf die *Foire au nés,* bei der Frère Jean rechtzeitig seinen Kauf getätigt habe, offensichtlich anspielen will.

Wir setzen nun voraus, daß dieses Fabliau seine Hörergemeinde zum Lachen herausfordert. Worüber aber wird im Einzelnen gelacht? Beginnen wir am Schluß des Textes! Der Jongleur lacht den Ehemann wegen seiner *estoltie,* wegen seines „Übermuts" oder gar seiner „Torheit" aus. Er hat etwas erzählt, was er für sich hätte behalten sollen und was ihn nun lächerlich macht. Am Beginn der Handlung scheint ja die Frau mit ihren berechtigten Ansprüchen in der stärkeren Position und er ein echter Waschlappen zu sein, dem die Ohrfeige, die sie ihm verpaßt hat, gerade recht geschieht. Nichtsdestoweniger gelingt es dem Mann dank seiner Gutmütigkeit oder Indolenz, letztlich alle Anfechtungen durchzustehen. Die Zärtlichkeiten der Frau helfen seiner Schwachheit wieder auf, und er beendet die Nacht mit einem Liebesgenuß, von dem - soviel ist inzwischen klar geworden - die Frau viel weniger Genugtuung zu erwarten hat als er. Aber nachdem auf der Ebene der Geschichte alles noch einmal gut gegangen ist für den Ehemann, meint er am Morgen danach mit seinen nächtlichen Erlebnissen prahlen zu müssen und merkt nicht, daß er sich dabei selbst der Lächerlichkeit preisgibt. Der Ehemann wird nicht auf der Ebene der Geschichte bestraft, sondern auf der Ebene der Erzählsituation. Jean Bodel hat scharfe Ohren, hört von dem Vorkommnis in Douai und macht sogleich ein Fabliau daraus. Der Mann, der bei Tisch und im Bett halbwegs über die Runden gekommen war, wird nun vor seiner ganzen Umwelt zur Lachnummer.

Wir haben es mit einer besonders raffinierten Form inverser Situationskomik zu tun, wie sie laut Bergson für den Schwank konstitutiv sei. Während Bergson den Typus des *dupeur dupé,* des „betrogenen Betrügers" beschreibt,[5] geht es hier aber um etwas anderes: Der passive Protagonist, den das Leben in Gestalt der lüsternen Ehefrau für seine Lustlosigkeit nicht wirklich bestraft hat, der wird durch das Fabliau bloßgestellt und im Medium der Literatur bestraft - auf dem Marktplatz und wo überall sonst man von seinem Abenteuer hören wird.

---

5   Bergson (1900/1940) 72.

Das ist die eine Seite des Fabliau, die Typensatire, die an die Gebärden des Zeigens, Bloßstellens und Verspottens anknüpft. Die andere Seite betrifft den unerhörten Traum der Frau. Hier können wir nur bedingt mit Freud argumentieren, nämlich insofern, als es sich bei dem Marktbesuch um die Vorstufe einer geträumten Wunscherfüllung handelt, die auf die Frustration des Wacherlebnisses reagiert. Was aber im tiefsten auf dem Markt Anreiz zum Lachen gibt, erwächst gewiß nicht aus der von Freud beschriebenen Dynamik des Witzes, der sich am ersparten Verdrängungsaufwand entzündet. Auf diesem Markt wird ja nichts verdrängt, sondern es wird gerade umgekehrt all das ganz offen und direkt zur Schau gestellt, was in der alltäglichen Ordnung schamvoll verhüllt und was im Witz nur sehr verklausuliert vorgebracht würde.

Angesichts des *Marché aux vits* greift Bachtins Konzept von der zwieschlächtigen Gestalt des grotesken Leibes, der Tod und Leben, Hohes und Niedriges gleichermaßen in sich trägt, und gerade darum gibt der groteske Leib Anlaß zu jenem ambivalenten Lachen, in dem Lob und Preis, aber auch Hohn und Spott ungetrennt und unvermischt enthalten sind. Wenn wir hier auf Freud rekurrieren wollten, dann am ehesten auf seine kurze Abhandlung über den „Gegensinn der Urworte", wo er ausgehend von dem „fürs Ägyptische leicht zu führenden Nachweis kontradiktorischer Urbedeutungen"[6] entsprechende Widersprüchlichkeiten weniger in den modernen Sprachen als im „archaischen Charakter des Gedankenausdruckes im Traume" erblickt.[7]

Laut Bachtin wären nicht allein die Urworte oder die Gedankenausdrücke des Traums, sondern die Organe des grotesken Körpers jene Gegenstände, worauf die Menschen mit ambivalentem Lachen reagieren. Darum auch hat die Ecphrasis vom *Marché aux vits* keine echte Pointe, sondern sie delektiert sich an der Beschreibung der Objekte an sich, die für das mittelalterliche Publikum in höchstem Maße belachenswert gewesen sein müssen. Nicht von ungefähr ist das Motiv des *Marché aux vits* topisch. Es findet sich beispielsweise auch in der mittellateinischen Literatur, etwa in der elegischen Komödie 'Alda' des Guillaume de Blois, wo ein gewisser Pyrrhus, der sich als Mädchen ausgibt, sich der Titelheldin nähert, sie zu seiner Geliebten macht und über die Herkunft des Werkzeugs, das ihr so viel Vergnügen bereitet hat, folgende Auskunft erteilt:

Accipe, fida comes, quid cauda sit ista uel unde.
Quid sit et unde tumor inguinis iste mei.
Cum tales multas uenales exposuisset
Caudas nuper in hac institor urbe nouus,
In fora colligitur urbs tota, locumque puelle
Stipant, prima nove mercis amore trahor.
Impar erat precium pro ponderis imparitate,

---

6 Freud (1910) 232.
7 Vgl. Freud (1910) 234.

Magni magna, minor cauda minoris erat.
Est minor empta michi, quoniam minus eris habebam,
Sedula seruiciis institit illa tuis.
(Alda, VV. 489-497)

„Höre, getreue Gefährtin, was und woher dieser Schweif,
was und woher diese Schwellung an meinen Lenden.
Als viele solche Schweife ein neuer Krämer jüngst
in dieser Stadt zum Verkauf ausgestellt hatte,
sammelt sich auf dem Platz die ganze Stadt und umdrängen die Mädchen
den Stand; ich lasse mich als erste vom Verlangen nach der neuen
Ware hinreißen.
Ungleich war der Preis angesichts der Ungleichheit des Gewichts;
für teures Geld gab es einen großen, für billiges einen kleineren
Schweif.
Von mir wurde ein kleinerer erworben, weil ich weniger Bargeld hatte;
eifrig ist er zu deinen Diensten gestanden."

Im Gegensatz zur Ehefrau aus dem Fabliau, die sich bei der Auswahl höchste Qualität leisten kann, muß der Liebhaber der Alda, da er mit Glücksgütern weniger gesegnet ist (*quoniam minus eris habebam*), mit bescheidenerer Ware Vorlieb nehmen (*est minor empta michi*). Nichtsdestoweniger scheint mir auch bei Guillaume de Blois eine wesentliche Dimension des Gelächters, welches die Erzählung vom *Marché aux vits* hervorruft, dem grotesken Körper und seinem Geschlechtsorgan zu gelten, das im Text unmittelbar vergegenwärtigt wird.

Kehren wir nun zur vorhin erörterten Rabelais-Stelle zurück. Offensichtlich ist auch dort das angesprochene Publikum mit den mittelalterlichen Vorgaben vertraut und die Rede von der *Foire aux nés* verweist demnach auf den grotesken Phallus des Frère Jean. Eine entsprechende Zielrichtung zeigt sich weiterhin im traditionellen Verfahren der Parodia sacra, die den Anfangsvers *Ad te levavi* - „Zu Dir erhebe ich..." aus Psalm 121/122 obszön umdeutet, wobei natürlich nicht mehr *oculos meos* ergänzt werden kann. Immer wieder haben wir es also bei Rabelais mit Vergegenwärtigungen des grotesken Körpers zu tun, die zum ambivalenten Lachen herausfordern. Eine der berühmtesten Passagen ist gewiß die Ankunft des jungen Riesen Gargantua auf der Île-de-la-Cité, wo er die Türme der Kathedrale von Notre-Dame besteigt, seinen Harn abschlägt und die ganze Stadt in den Fluten seines Urins ertrinken läßt. All dies wird von der Bevölkerung *par ris*, „mit Gelächter", quittiert und gibt der Stadt schließlich sogar ihren Namen.

Ähnlich können wir uns den fiktiven Erzähler der Pentalogie insgesamt, den Maître Alcofribas Nasier, hinter dem sich ein Anagramm von François Rabelais verbirgt, als eine Art von Jongleur wie Jean Bodel vorstellen, der auf dem Marktplatz vor großem und heiter gestimmtem Publikum seine mündlichen Geschichten zum Besten gibt. Das heißt: Wir stoßen bei Rabelais immer wieder auf die Vergegenwärtigung grotesker Kreatürlichkeit und mittelalterlicher Oralität, die beide gleichermaßen im Dienst des Karnevalsgelächters stehen. Freilich ist dies nur die eine Seite der Medaille.

Ein andere Sicht ergibt sich, wenn wir auch nach den jeweiligen Formen der Inszenierung des grotesken Körpers fragen. Wir hatten im mittelalterlichen Fabliau die Zurschaustellung der unzähligen „Schwengel" (vits) konstatiert und wollen nunmehr komplementär die frühneuzeitliche Aufzählung der zugehörigen „Glocken" (couilles oder couillons) bei Rabelais betrachten. Im 26. Kapitel des Tiers Livre von 1546 findet sich einer der berühmtesten von Rabelais' Katalogen. Als Panurge bei Frère Jean bezüglich der Frage, ob er sich verheiraten solle, Rat einholen will, macht er sich diesen mit einer besonderen *captatio benevolentiae* gewogen. Er ruft ihn als *couillon* an und fügt alsdann unter ständiger Wiederholung des Basislexems, das den grotesken Körper symbolisiert, 169 verschiedene Prädikate hinzu, von denen immerhin 166 typographisch hervorgehoben sind. Die einzelnen Attribute sind nicht immer, aber häufig untereinander durch Paronomasie, Lautgleichheit der Endsilbe, Alliteration oder thematische Ähnlichkeit verbunden. Die Auflistung beginnt in preisendem Ton:

> *Escoute, couillon mignon.*
>   *Couillon moignon.*   *C. paté.*
>   *C. de renom.*   *C. naté.*
>   [...]
>   *C. de stuc.*   *C. vernissé.*
>   *C. de crotesque.*   *C. d'ébène.*
>   *C. Arabesque.*   *C. de bresil.*
>   *C. de bouys.*
> (Gargantua, Tiers Livre 26, ed. Jourda, I, 512f.)

Auf Grund von Klangähnlichkeit wird zuerst einmal an das Attribut *mignon* („niedlich") das Attribut *moignon* („mönchisch"), dann *de renom* („angesehen") gefügt. Es folgen Begriffe der Heraldik: *patté* („schaufelkreuzförmig") und *natté* („geflochten"), wobei sich eine außersprachliche Referenz in Bezug auf *couillon* nur schwer ausmachen läßt. Später erscheinen Epitheta aus dem Bereich der Architektur und der Dekorationskunst wie *de stuc, de crotesque, Arabesque*. Wiederum ein Stück weiter unten lautet ein Attribut *vernissé* („lackiert") und daran schießen sich metonymisch eine Reihe von Hölzern an, aus denen der *couillon* jeweils geschnitzt sei: *d'ébène, de brésil, de bouys*, so daß wir vom Schwarz des „Ebenholzes" über das Rot des „Brasilholzes" zum Gelb des einheimischen „Buchsbaums" gelangen. Auf dem *Marché aux vits*, hatte es weder „Alaun" noch „Brasilholz" noch „Koschenillenrot" gegeben, sondern nur die groteske Kreatürlichkeit der „Schwengel". In Rabelais' Katalog der *couillons* hingegen wird das groteske Organ aus der Sprache des Fluchens mit gänzlich

Disparatem kombiniert; Körperliches und Unkörperliches werden ineinander geschrieben; die Kreatürlichkeit wird somit vom Livresken überwuchert.

Es kommt bei Rabelais durchaus zu der von Bachtin beschriebenen Erniedrigung und gleichzeitigen Erhöhung der ernsten Kultur im Medium der Karnevalisierung; aber in umgekehrter Richtung wird auch die traditionelle Lachkultur mit etwas vollkommen Heterogenem konfrontiert. Ich möchte darum behaupten, daß in Rabelais' Romanverschriftung das ambivalente Lachen selbst nur stellenweise vergegenwärtigt, überwiegend aber zitiert und seinerseits komisch gebrochen wird. Darum etwa wurden, wie wir gesehen haben, die Hypothesen über die Form der Nase und ihre Bedeutungen innerhalb eines Dialogs formuliert; darum wird auf die Institution einer *Foire aux nés* lediglich angespielt, ohne daß sie szenisch in Erscheinung träte. Die Sprache der Lachkultur erscheint damit ihrerseits belachenswert.[8]

Auffällig ist in diesem wie in den anderen Katalogen das massive Vordringen der Fachsprachen - beispielsweise *grotesque* und *arabesque*. Fachsprachen sind eine typische Errungenschaft der Renaissance; von Haus aus gehören sie nicht zur Sprache der Lachkultur, wohl aber zu bestimmten Künsten, Handwerken oder überhaupt zur Schriftkultur. Nicht weniger wichtig ist die typographische Absetzung der Einzelsegmente, die nicht mehr auf die Sprache des Marktplatzes, sondern auf das Medium des Buchdrucks verweist, weil sie allein dort möglich und in solcher Häufung realisierbar ist. Wahrscheinlich manifestiert sich in der Disparatheit von Rabelais' nicht enden wollenden Katalogen der Gestus des 'Blödelns', den Werner Röcke im Blick auf andere frühneuzeitliche Texte beschrieben hat[9] und den wir uns nur als eine Form des durch die Schrift und in der Schrift gedämpften Karnevalsgelächters vorstellen könnten.

Die Brechung des mittelalterlichen Karnevalslachens im Medium des komischen Romans ist vermutlich das auffälligste Charakteristikum von Rabelais' Pentalogie. Die Geschichte des Lachens aber, so scheint es, wäre bei Rabelais über ihre genuin mittelalterliche Phase schon hinaus.

---

8 Teuber (1989) 163-171.
9 Röcke (1998).

Bibliographie

Quellen

Jean Bodel: Le Sohait des vez. In: Fabliaux érotiques. Textes de jongleurs des XIIe et XIIIe siècles, Edition critique, traduction, introduction et notes par Luciano Rossi avec la collaboration de Richard Straub, Postface de Howard Bloch. Paris 1992 (Lettres gothiques).

Jean Bodel: Le Sohait des vez. In: Fabliaux. Édition bilingue, Textes traduits et présentés par Rosanna Brusegan. Paris 1994 (Bibliothèque médiévale).

Guillaume de Blois: Alda, hg. von M. Wintzweiller. In: La 'Comédie' latine en France au XIIe siècle, hg. von G. Cohen, I, Paris 1931, 109-151.

Laurent Joubert: Erreurs populaires et propos vulgaires touchant la médecine et le régime de santé. Bordeaux 1579.

François Rabelais: Œuvres complètes, hg. von Pierre Jourda. 2 Bde, Paris 1962.

François Rabelais: Gargantua und Pantagruel, verdeutscht durch Gottlob Regis (Leipzig 1832/1839/1841), hg. von Ludwig Schrader. München 1964, 2 Bde., Frankfurt/M. 1995.

Untersuchungen

Bachtin, Michail: Literatur und Karneval. Zur Romantheorie und Lachkultur (russisch 1963/1965), übers. von A. Kaempfe (1969). Frankfurt/M. 1990.

Bachtin, Michail: Rabelais und seine Welt. Volkskultur als Gegenkultur (russisch 1965), übers. von Gabriele Leupold, hg. von Renate Lachmann. Frankfurt/M. 1987.

Bergson, Henri: Le Rire. Essai sur la signification du comique (1900). Paris 1940 (Bibliothèque de philosophie contemporaine).

Freud, Sigmund: Der Witz und seine Beziehung zum Unbewußten (1905). In: Studienausgabe, hg. v. Alexander Mitscherlich u.a., Bd. 4, Frankfurt/M. 1970.

Freud, Sigmund: Über den Gegensinn der Urworte (1910). In: Studienausgabe, hg. von Alexander Mitscherlich u.a., Band 4, Frankfurt/M. 1970, 227-234.

Plessner, Helmuth: Lachen und Weinen. Eine Untersuchung nach den Grenzen des menschlichen Verhaltens (1941). In: Gesammelte Schriften, Bd. 7, hg. von G. Dux u.a. Frankfurt/M. 1982, 201-389.

Röcke, Werner: Inszenierungen des Lachens in Literatur und Kultur des Mittelalters. In: Kulturen des Performativen, hg. von Erika Fischer-Lichte/Doris Kolesch = Paragrana 7 (1998) H. 1, 73-93.

Schulz-Buschhaus, Ulrich: Überlegungen zur literarhistorischen Epochenschwelle zwischen Mittelalter und Renaissance. In: Zs. für Romanische Philologie 100 (1984) 112-129.

Teuber, Bernhard: Sprache, Körper, Traum. Zur karnevalesken Tradition in der romanischen Literatur aus früher Neuzeit. Tübingen 1989.

Ursula Link-Heer

Physiologie und Affektenlehre des Lachens im Zeitalter Rabelais'. Der medico-philosophische 'Traité du Ris' (1579) von Laurent Joubert

les anciens n'y ont osé toucher
Laurent Joubert, 'Traité du Ris'

1. Ein zu entdeckender Theoretiker des Lachens

„Was das Lachen betrifft [*De risu*]", so heißt es im Zweiten Buch von Ciceros 'Über den Redner [De oratore]', „so gibt es fünf Fragen, die zu untersuchen sind: Einmal, was es ist; zum andern woher es kommt; drittens, ob der Redner den Wunsch haben soll, Heiterkeit zu erregen, viertens, wie weit er gehen soll; fünftens, welche Arten des Lächerlichen es gibt. Was dabei die erste Frage angeht, was das Lachen an und für sich ist, wie es erregt wird, wo es sitzt, wie es entsteht und so plötzlich hervorbricht, daß wir, auch wenn wir den Wunsch haben, nicht an uns halten können, und wie es zugleich den Körper, den Mund, die Augen, die Miene ergreift, so mag Demokrit sich darum kümmern. Denn diese Frage hat nichts mit unserem Gespräch zu tun, und wenn sie etwas mit ihm zu tun hätte, würde ich mich trotzdem nicht schämen, etwas nicht zu wissen, was nicht einmal die wissen, die es erwarten lassen [*qui pollicerentur*]".[1]

Was Cicero in dieser dem Julius Caesar in den Mund gelegten Rede über vernachlässigenswerte bzw. nicht wissenswerte Aspekte des Lachens aus dem seriösen rhetorischen Wissen ausgrenzt, um es Demokrit zu überlassen - dem sprichwörtlichen *philosophus ridens* - ist exakt das, was Laurent Joubert (1529-1582), der hohes Ansehen genießende *medicus*, Kanzler der (medizinisch führenden) Universität von Montpellier und Leibarzt des Königs von Navarre, des späteren Henri IV. de France, in seinem 'Traité du Ris' (1579) abhandelt. In diesem höchst bemerkenswerten, umfangreichen, ausschließlich dem Lachen bzw. dem Gelächter gewidmeten Traktat in französischer Volkssprache geht es um Ciceros (bzw. Caesars) erste und zweite Frage, was das Lachen ist (*quod sit*) und woher es kommt (*unde sit*), also um einen Problemkomplex, der sich auf die Ursachen der Erregung des Lachens, auf seinen Sitz, seine eruptive Bewegung und seine eigentümlichen körperlichen Manifestationsweisen bezieht, oder, wie im Titel des 'Traité du Ris' präzisiert wird, *son essence, ses cavses, et mervelheus effais*

---

1   Cicero, De oratore / Über den Redner (1976) II, 235, 358f.

(„sein Wesen, seine Ursachen und seine wunderbaren Wirkungen").[2] Joubert zitiert Cicero gleich eingangs im Prolog zum Ersten Buch seiner Abhandlung (Prologue, 11), wo er sich auch auf verschiedene weitere Autoritäten bezieht, wie auf Quintilian, der das Lachen als Mittel zum Vertreiben der Melancholie empfiehlt.[3] Doch das Problem, das Cicero als das Problem des Demokrit beiseite stellt, das „Wunder" und „Geheimnis" des Lachens, sei, so Joubert, von den Alten nicht gelehrt worden, die daran nicht zu rühren gewagt hätten: *les anciens n'y ont osé toucher* (Prologue, 13). Damit grenzt Joubert seinen Lachtraktat von all jenen Fragestellungen ab, für die die Antike normative Vorgaben geliefert hatte, das heißt sowohl den poetologischen Fragen (was ist das Komische und was sind die Formen und Genres des Komischen?), als auch dem rhetorischen Zugriff auf das Lachen (was ist das *aptum* bei der Erregung des Lachens in den verschiedenen Redegenres?). Nicht um solche präskriptiven Reglementierungen des Lachhaften und des Lächerlichen geht es Joubert, sondern um die von Poetik wie Rhetorik ausgeschalteten Fragen des Zusammenhangs von Körper und Zeichen, *soma* und *sema*. Das Lachen ist für den physicus-philosophus Joubert ein Vermögen der Seele, das sich als intrinsisches nach außen, auf der Oberfläche des Körpers manifestiert, und insofern prinzipiell lesbar und verstehbar ist, wie groß die Schwierigkeiten, zu einem solchen Verständnis zu gelangen, auch immer sein mögen: *Ainsi i'estime qu'on peut antandre la condicion, force, & affeccion du Ris, puisqu'il nous est intrinseque, se manifestant au dehors.* (Prologue, 13)

Mit dieser Fokussierung auf das Gelächter als ein rätselhaftes Affiziertsein des menschlichen Körpers durch ein *plaisir folatre*, eine ausgelassene oder tolle Lust, welches genauer zu erkunden den Philosophen *presque friuole* erschienen sei (Prologue, 10), tritt Joubert die Nachfolge des legendären Demokrit an. Und er tut dies um so bewußter, als er sich bereits im Prolog des Ersten Buches auf das Zeugnis des Hippokrates über die Weisheit Demokrits beruft, als das Volk der Abderiten den Arzt aus Kos um seine Heilkunst ersucht, weil es meint, Demokrit sei verrückt geworden. Hippokrates, dessen Name schon bei Platon erwähnt ist, wird in hellenistischer Zeit zu einem aus dem göttlichen Geschlecht des Asklepios, des Sohns von Apoll, stammenden Halbgott ausgestaltet. In dieser Zeit entsteht jener (pseudo-)hippokratische Briefroman, der die Begegnung des Arztes mit dem für *insanus* gehaltenen *philosophus ridens* schildert.[4] Sein Kernstück, der Brief von Hippokrates an Damagetus, ist Jouberts 'Traité du Ris' als

---

[2] Der vollständige Titel des 'Traité du Ris' einschließlich seiner Appendices ist dem Literaturverzeichnis zu entnehmen. Ich zitiere i.f. direkt im Text mit Buch-, Kapitel- und Seitenangabe nach dem Reprint des Drucks von 1579 (Genève 1973).
[3] Institutio oratoria VI, 3.
[4] Dazu Rütten (1992), der sich auf Jouberts Lachtraktat (bes. 174ff.) bezieht.

Appendix beigegeben. Joubert besiegelt mit dieser Referenz auf die antike Allianz des Arztes und des Philosophen seine *curiositas*, ein Phänomen verstehen zu wollen, das die Autorität des Cicero in den Bereich eines *nescire*, dessen man sich nicht zu schämen brauche, abgeschoben hatte. Wenn er sich wie alle Gelehrten seiner Epoche ganz selbstverständlich als ein Schuldner der Griechen und der Römer versteht, so empfindet er sein Unternehmen, von dem er sagt, er habe ihm mehr als zwei Jahrzehnte des Nachdenkens gewidmet, dennoch als fundamental neuartig. Anders als der hippokratische Briefroman aus hellenistischer Zeit beschränkt sich Joubert nicht auf lehrhafte und erbauliche Anekdoten über die Weisheit des Lachens. Seine viel weiter gehende, ganz und gar nicht mehr kompilatorisch zu begreifende und zu verwirklichende Absicht ist es, der *affeccion risoliere* als solcher habhaft zu werden, indem ihre verborgenen bewegenden Ursachen und ihre manifesten Wirkungen in ihrem Bezug aufeinander verstanden werden. Es handelt sich dabei nicht bloß um eine Physiologie, sondern auch um eine Affektenlehre des Lachens.

Unter Mobilisierung des avanciertesten Wissens seiner Zeit, wie des anatomischen Spezialwissens über die Funktionsweise des Zwerchfells (Diaphragma), des Herzbeutels (Pericardium), der Milz (Splen, engl. spleen, frz. rate) und anderer Organe mehr entwirft Laurent Joubert in einer Epoche, die den Blutkreislauf noch nicht kennt, jedoch eine hochkomplexe Vorstellung der *spiritus animalis*, der Lebensgeister, entwickelt hat,[5] eine theoretisch suffiziente Systematik des Lachmechanismus, die dessen Physiologie als eine dem kundigen Auge lesbare und damit transparente erklärt. Vieles an dieser systematischen Mechanik des körpersemiotisch lesbaren Lachphänomens läßt bereits an Descartes denken. Auf der anderen Seite hat Joubert das Denken und die Imagination jedoch noch nicht von der Körperlichkeit, der *res extensa*, getrennt. Das echte Lachen erscheint bei ihm - im Gegensatz zum durch Kitzeln hervorgerufenen Lachen - als ein Lachen *sans attouchement*, ohne körperliche Berührung, an dessen Bewegung des Herzens das Zwerchfell ebenso beteiligt ist wie die *cogitaciõ*, die Vorstellungskraft und die Aufmerksamkeit. Anders gesagt, steht Joubert noch ganz in der Episteme der Renaissance, die Michel Foucault höchst eindringlich als eine Episteme der Ähnlichkeiten und Signaturen von der klassischen Episteme abgegrenzt hat, die unter anderem durch Descartes' Substanzentrennung von Körper und Geist geprägt ist.[6]

---

[5] Vgl. dazu Putscher (1973), mit einem ausführlichen Quellenverzeichnis.
[6] Foucault (1971); vgl. dazu auch, mit einem Blick auf Paracelsus, Link-Heer (1995). Vgl. ferner für das Analogiedenken in der Medizin Fischer-Homberger (1997) bes. 142ff.

Eben das macht Jouberts 'Traité du Ris' für das 20. Jahrhundert, das durch sein Unbehagen im cartesianischen Substanzendualismus charakterisiert ist, so attraktiv: Joubert bietet nicht etwa bloß eine Kompilation aus der Überlieferung zum Lachen, noch eine einfache Typologie der Arten des Lachens, sondern eine systematische Theorie der Affiziertheit des Menschen durch das Lachen, die das tradierte Wissen der Autoritäten mit dem zeitgenössischen wissenschaftlichen oder wenn man so will: proto-wissenschaftlichen Wissen unter spezifischen Fragestellungen rekombiniert (wobei Aristoteles oder Cicero auch widersprochen wird). Eine so entwickelte Physiologie und Affektenlehre jenseits des Substanzendualismus aber scheint nachgerade das Ideal theoretischer Reflexionen des Lachens im 20. Jahrhundert darzustellen, wovon ein Blick in die philosophische Anthropologie Helmut Plessners zum Lachen und Weinen rasch überzeugen kann.

Doch weder Plessner noch Bergson, weder Baudelaire noch Bataille und andere berühmte Männer mehr, die im 19. und 20. Jahrhundert über das Lachen geschrieben haben, haben Jouberts 'Traité du Ris' gekannt, der aus noch ungeklärten Gründen in Vergessenheit geriet. Das entscheidende Datum und die Voraussetzung für seine Wiederentdeckung ist der internationale Erfolg von Michail Bachtins 'Rabelais'-Buch. Bachtin selbst erwähnt dort den „berühmte[n] Arzt Laurent Joubert" als Verfasser von zwei Traktaten über das Lachen, wobei er den Appendix zu Demokrit irrtümlicherweise für einen gesonderten Traktat hält. Diesen Angaben ist zu entnehmen, daß die Abhandlung Bachtin ganz offensichtlich nicht zugänglich war, daß er aber bei seinen Recherchen auf sie aufmerksam wurde und eine vorläufige Einschätzung zu geben versuchte.[7] Dabei geht der russische Entdecker der „Lachkultur" des Mittelalters und der Renaissance von einer grundsätzlichen Überlegenheit der „Praxis des literarischen Schaffens" gegenüber der Theorie aus: „Die theoretischen Äußerungen, die das Lachen als universale philosophische Ausdrucksform rechtfertigen, basieren fast ausschließlich auf antiken Quellen." Auch den hippokratischen Briefroman, auf den sich schon Rabelais und dann Joubert beziehen, sieht Bachtin vornehmlich unter dem Aspekt einer Lachphilosophie. Offenbar ist er der Meinung, daß Joubert als Mitglied der medizinischen Fakultät von Montpellier vor allem über die Heilkraft des Lachens schreibt, wenn er sich über Jouberts Traktat(e) resümierend wie folgt ausläßt: „Diese Arbeiten zur Philosophie des Lachens wurden erst nach Rabelais' Tod publiziert, doch sind sie ein später Nachklang der Überlegungen und Dispute, die während seiner [d.h. Rabelais'] Zeit in Montpellier

---

[7] Zur problematischen und verwirrenden bibliographischen Erfassung der Schriften Jouberts vgl. Amoreux (1814); Dulieu (1969), De Rocher (1979), Alberti (1993).

vorherrschten und die auch seine Lehre von der Heilkraft des Lachens und vom 'heiteren Arzt' prägten."[8]

Schade, daß Bachtin Jouberts Traktat nicht lesen konnte! Was hätte er wohl dazu gesagt, daß er bei Joubert alle seine grotesken Deformationen und Difformitäten des Lachkörpers erklärt finden würde, nicht bloß das Erröten, den offenen Mund, das Hervortreten der Adern, das Beben des Körpers, die abgehackte Stimme, sondern auch die Frage, warum man vor Lachen „pißt, scheißt und schwitzt" - und das alles in einer Abhandlung, die einer hochstehenden Frau, Marguerite de Valois, der reine de Navarre, gewidmet ist!

Damit ist die Frage aufgeworfen, wie sich Jouberts Traktat zu Bachtins zentraler These der volks- und gegenkulturellen Grundierung des Lachens in der Renaissance und zu seinem zentralen Modell des Karnevals verhält. Für eine produktive Diskussion dieser Frage aber sind die Voraussetzungen erst noch zu schaffen. Immerhin ist der so lange Zeit verschüttete und vergessene 'Traité du Ris' uns heute bequem zugänglich. Seit 1973 verfügen wir über eine schöne Reprint-Ausgabe des Drucks von 1579.[9] Man sieht am Zeitpunkt der Veranstaltung dieses Nachdrucks deutlich, daß er den Stimuli zu verdanken ist, die von Bachtins Ideen über den „grotesken Realismus" des „materiell-leiblichen Lebensprinzips" bei Rabelais ausgingen. Der Reprint-Ausgabe von 1973 folgte im Jahr 1980 eine Übersetzung ins Englische ('Treatise on Laughter') durch Gregory David de Rocher,[10] allerdings ohne die Appendices, zu denen die wichtige (pseudo-)hippokratische Rehabilitierung des Gelächters von Demokrit als eines weisen und nicht verrückten Lachens zählt, wie auch ein Dialog über die *Cacographie Fransaise*, dem Jouberts orthographische Reformvorstellungen zu entnehmen sind, auf denen auch die ungewöhnliche Schreibung des 'Traité du Ris' beruht: Joubert wollte das Französische gerne so geschrieben sehen, wie man es spricht. Dieser reformerische Impetus muß nicht bloß deshalb erwähnt werden, weil die Kenntnis von Jouberts Faustregel die Lektüre des 'Traité' erleichtert (so wird beispielsweise die Hilfsverbform *est* [ist] bei Joubert *et* geschrieben; für die im Französischen normalerweise so geschriebene Kopula „und" steht bei Joubert das Zeichen &).[11] Man könnte diesen reformerischen Elan als ein Kuriosum oder als eine Angelegenheit für Linguisten beiseite lassen, rührte er nicht unmittelbar an eins der größten Rätsel, die der 'Traité du Ris' uns aufgibt. Gemeint

---

8 Bachtin (1987) 118-121.
9 Vgl. Anm. 2.
10 Nach den Angaben de Rochers handelt es sich dabei um die erste Übersetzung, die jemals von Jouberts Lachtraktat gemacht wurde (Preface, XIII).
11 Die gleichwohl immer noch recht labile Schreibung (zum Beispiel *esprits*, *espris* oder auch *espritz* für „Lebensgeister") habe ich i.f. nicht zu vereinheitlichen gesucht.

ist die Privilegierung der Volkssprache, die damals noch Vulgärsprache hieß. Joubert muß eine ganz und gar außergewöhnliche Leidenschaft für die Volkssprache besessen haben, hat er doch nicht bloß den 'Traité du Ris', sondern auch den Großteil seines umfangreichen medizinischen Œuvres auf französisch verfaßt, darunter eine - ebenfalls Marguerite de Valois gewidmete - medizinische Aufklärungsschrift über verbreitete Irrtümer ('Erreurs populaires'), die von der Zeugungs- und Empfängnisfähigkeit handelt, der Schwangerschaft, vom Stillen und weiteren Fragen der Lebensführung und der Medizin. Wenn es noch ein Tabubruch war, daß Descartes seinen 'Discours de la méthode' auf französisch verfaßte, so gilt das Gebot der Gelehrtensprache des Lateinischen für das medizinische Schrifttum noch sehr viel strikter, das als ein zunftmäßig zu hütendes Spezialwissen galt, zu dem Unbefugte keinen Zugang haben durften. Der große Ausnahmefall des Paracelsus (1493-1541), der ein mit lateinischen Einsprengseln gespicktes Frühneuhochdeutsch schreibt, würde eine interessante Vergleichsfolie für den Transfer des medizinischen Wissens aus der Gelehrtensprache in die Volkssprache bieten. Doch war Paracelsus ein praktizierender Wanderarzt und Rebell, der gegen die *auctoritates*, die humanistische Bildung und die hohe Medizinische Fakultät von Montpellier zu Felde zog, während Joubert als in den *auctoritates* versierter Kanzler eben dieser berühmten medizinischen Universität ein Amts- und Würdenträger ersten Ranges ist. Jouberts Interesse an der gesprochenen Sprache, das sich im 'Traité du Ris' auch darin bekundet, daß er zahlreichen volkstümlichen Redewendungen seine Aufmerksamkeit widmet, bleibt rätselhaft, solange nicht bloß der 'Traité', sondern auch sein Gesamtœuvre noch für weitgehend unentdeckt gelten müssen. Während Rabelais, eine Generation älter als Joubert, sein ebenfalls in Montpellier erworbenes medizinisches Wissen über die Leiblichkeit in ein komisches Genre transformierte, für das die Vulgärsprache zuständig war, ist der Traktat über das Lachen als medico-philosophische Abhandlung dem ernsten Schrifttum zuzurechnen. Nach den bibliographischen Informationen, die über Joubert bislang, allerdings nicht widerspruchsfrei, zusammengetragen worden sind, waren die 'Erreurs populaires' (1570), zu deren Lesern Montaigne zählte, der wahrscheinlich auch den 'Traité du Ris' gekannt hat,[12] ein beträchtlicher Erfolg, der Joubert jedoch zugleich Animositäten und Feindschaften seitens seiner Mediziner-Kollegen eingebracht haben soll, die das Faktum einer Publikation auf französisch mißbilligten.[13] Der 'Traité du Ris' ist so gesehen eine Wiederholungstat, die Joubert möglicherweise dazu veranlaßt haben könnte, zwischen dem eigentlich erforderlichen Latein und

---

12 Vgl. Cottrell (1982).
13 Darauf wird in der in Anm. 7 zitierten Literatur näher eingegangen.

der von den Konventionen für insuffizient erachteten Volkssprache einen Übersetzer eingeschaltet zu haben. In dem Widmungsbrief an Marguerite de Valois, der ein enkomiastisches Kunstwerk ersten Ranges ist, das eine eigene Untersuchung verdiente, bittet Joubert, die Grobheit der Sprache (*la rudesse du langage*) und den ungebührlichen Stil zu entschuldigen. Das erste Buch seiner auf lateinisch verfaßten Abhandlung sei schon vor mehr als zwanzig Jahren von Louis Papon übersetzt und insgeheim veröffentlicht worden; die beiden anderen Bücher habe ihm ein junger Deutscher, *M. Ian Paul Zangmaistre (jeune Allemand, de noble maison d'Ausbourg, mon familier disciple)*, zum Zweck von Übersetzungsübungen entwendet. Nachdem er selbst die Version für getreu und seinen Absichten entsprechend gefunden habe, habe er seinen Schüler nicht durch Änderungen entmutigen wollen, auch wenn sie sprachlich etwas heikel, schlüpfrig und grob sei (*vn peu scabreuse & rude, quant au langage*).

Man hat diese Angaben in der bisherigen Forschungsliteratur, so weit ich sehe, für bare Münze gehalten. Bedenkt man jedoch, daß Joubert den Lachtraktat für sein reifes Alterswerk hält wie zugleich als das erste Buch ausgibt, an dem er vor mehr als zwanzig Jahren zu schreiben begonnen habe - womit er schreibend Zarathustra imitiert habe, der lachend auf die Welt gekommen sei -, so erscheint es wenig wahrscheinlich, daß ein so selbstbewußter Autor den „skabrösen und rüden Stil" seines Schülers nicht korrigiert hätte, wenn es daran etwas zu korrigieren gegeben hätte. Das Stilargument bezieht sich ja sensu strictiori auf die Vorwürfe, denen sich Joubert ausgesetzt hatte, Vorgänge der Körperlichkeit bei ihren volkssprachlichen Namen zu nennen, die in der ernsten Gelehrtenliteratur keinen Ort hatten. Joubert muß am Lachen so viel gelegen haben wie an der Volkssprache. Seinem erstgeborenen Sohn gab er den Namen Isaac, d.h. der Lachende. Sollte dann nicht auch der sprechende Name des jungen Augsburgers, Ian Paul Zangmaistre, ihm den ingeniösen Einfall nahegelegt haben, diesen deutschen Sangmeister für den prekären Transfer aus der Dezenz des Lateins in die Indezenz und Grobheit des Französischen einzusetzen?[14]

---

14 Zangmaistre ist zwar in den Immatrikulationsregistern der Universität von Montpellier verzeichnet, doch taucht sein Name als Autor und Übersetzer außer im Zusammenhang mit Joubert nirgends auf. Die Bibliographie von Cioranesco (1959) gibt ihn als Übersetzer von Jouberts 'Traite du Ris' an. Für eine Mystifikation spricht auch eine Anmerkung bei Amoreux (1814) 117 Anm. 16: „Lacroix du Maine, en sa bibliothèque française, à l'article de Jean-Paul Zangmaistre, assure que ledit Jean-Paul Zangmaistre n'a point traduit du latin en français le second et le troisième livre du traité du ris, sur le texte de Laurent Joubert, puisque cet ouvrage n'a été écrit qu'en langue vulgaire. Pour éclaircir le fait, le bibliographe allègue les lettres de Joubert écrites en 1581 et 1582, à un de ses parens, Jean Marquis, de Condrieux, au diocèse de Valence, médecin à Paris, dans lesquelles il déclare que le titre de *traduit du latin*

Wenn sich diese Hypothese bestätigen läßt, stünde Joubert den Verfahren der komischen Genres, wie sie Bachtin beschrieben hat, bei allem Ernst seines Unternehmens gar nicht so sehr fern.

Mit der Reprint-Ausgabe des 'Traité du Ris', der zuvor nur gelegentlich im Zusammenhang von Rabelais-Studien (wie dann auch bei Bachtin) erwähnt worden war, fand die literaturwissenschaftliche Joubert-Forschung ihren Start. Sie blieb zunächst weitgehend auf die Frage nach dem Verhältnis von Theorie und Praxis des Lachens in der Renaissance fokussiert. Bachtins Frage nach der „Geschichtlichkeit des Lachens" - „Lachen wir heute so, wie Rabelais und seine Zeitgenossen gelacht haben?" - ließ sich dank des 'Traité du Ris' genauer explorieren. Es ist vor allem Gregory de Rocher, dem auch die Übersetzung des Lachtraktats ins Englische zu verdanken ist, der Joubert für ein solches historistisches Verstehen der Lacher und des Gelächters bei Rabelais genutzt hat.[15] Die Unzulänglichkeit der Wahrnehmung des Rabelais'schen Lachens durch den Filter der prominentesten modernen Lachtheorie, d.h. derjenigen Bergsons, die vornehmlich an Molière orientiert ist, konnte so überwunden werden.

Mit dem Bekanntwerden des 'Traité du Ris' wuchs zugleich das Interesse an den Lachtheorien der Renaissance überhaupt. Wie die Rabelais-Herausgeber M.A. Screech und Ruth Calder in einem Übersichtsartikel verdeutlichen,[16] war eine große Vielzahl humanistischer Gelehrter und vor allem medizinischer Autoren, freilich in unterschiedlichem Grade, an dem Verstehen des Lachens als einem Privileg des Menschen, seinem *proprium*, wie der Gemeinplatz seit Aristoteles ('De partibus animalium' X, 9) lautet, interessiert. Doch geht aus den Daten und der Blickfelderweiterung, die die Autoren geben, die Singularität des 'Traité du Ris' mit seinem Umfang von 352 Seiten in Oktav (ohne die Anhänge und den nicht-paginierten Teil des Widmungsbriefs, diverse Preisgedichte, das Inhaltsverzeichnis und die Liste der zitierten Autoren) deutlich hervor. Denn nur Joubert scheint einen ganzen Traktat ausschließlich dem Lachen gewidmet zu haben, während alle anderen Autoren des 16. Jahrhunderts, deren Thesen Joubert disputiert, das Lachen im Rahmen übergreifender Sujets untersuchen, so Gabriel de Tarrega im Rahmen seiner 'Theoricam & prathicam medicinalis scientie pro majori parte complexantia' (Bordeaux 1520), Girolamo Fracastoro in 'De sympathia et antipathia rerum' (Venedig 1546), und Valeriola, der bei Joubert als Valere le grand angeführt ist, in seinen 'Enarrationes medicinales'

---

en français par un allemand, est une fiction, etc." Amoreux selbst zeigt sich davon allerdings nicht überzeugt: „On ne sait à quoi tient cette finesse d'auteur." Für die Mitarbeit bei diesen Recherchen danke ich Eva Erdmann.

[15] De Rocher (1979).
[16] Screech/Calder (1970).

(Lyons 1554), um nur einige Beispiele zu nennen. Erst nach der Publikation des 'Traité du Ris' von 1579 setzt eine Lachtraktatliteratur ein, die das Lachen, häufig zusammen mit dem Weinen, im Titel führt. Nicholas Jossius' 'De risu et fletu' erscheint im Rahmen eines Bandes 'De voluptate' (Rom 1580). Weitere Lachtraktate stammen von Nancel, 'De risu libellus' (Paris 1587), Celsus Mancinius, 'De risu ac ridiculis' (Ferrara 1591), Rudolph Gocklenius dem Älteren, 'Physiologia de risu et lacrymis' (1597), Rudolph Gocklenius dem Jüngeren, 'Physiologia crepitus ventri, item Risus et Ridiculi' (1607). Es sieht fast so aus, als habe Joubert Schule gemacht, doch das ist noch ein kaum erforschter Kontinent. Was sich auf Anhieb erkennen läßt, ist, daß Joubert zumindest in einem wichtigen Punkt keine Nachfolger gefunden hat: die Lachtheorien und -physiologien nach Joubert scheinen alle wieder auf lateinisch verfaßt zu sein.

Die Forschungsliteratur über Joubert ist bislang, wie diese Hinweise zeigen, nahezu ausschließlich an der Geschichtlichkeit der Haltungen gegenüber dem Lachen in der Renaissance interessiert und meistens auf die überragende Gestalt des komischen Romanautors Rabelais bezogen. Die einzige Untersuchung, die nicht aus der Spezialistenperspektive der Renaissance-Forschung auf Joubert stieß, sondern aus dem Interesse an der longue durée der Reflexionen über das Lachen, ist eine Siegener Dissertation von Verena Alberti. Der brasilianischen Verfasserin geht es darum, an ausgewählten Stationen und Texten von der Antike bis zur Gegenwart erste grundlegende Elemente einer Theorie- und Kulturgeschichte des Lachens zu erörtern mit dem Ziel, die Reichweite des Denkens über das Lachen und seine Heteronomien und Diskontinuitäten auszuloten. In ihrem langen Kapitel über den 'Traité du Ris' zeigt sich Alberti zunehmend fasziniert von Jouberts „Eloge du rire" und seinem 'vollen' Zugriff des Denkens auf das Lachen. Sie sieht in dem Traktat das nicht mehr überbietbare und auch von späteren Theorien nicht mehr überbotene „exemple très singulier du plein exercice de l'acte de penser le rire". Nur bei Joubert finde man das Lachen in seiner Fülle und Integralität erfaßt.[17]

Der Überblick über Grundlinien des bisherigen Forschungsinteresses an Jouberts Lachtraktat kann hier abgeschlossen werden. Die Joubert-Forschung ist jung. Sollte sich herausstellen, daß Laurent Joubert in nicht viel geringerem Maße als Rabelais oder Montaigne ein Autor ist, der uns herausfordert, unsere Vorstellungen über die bewegte Epoche des Reformationszeitalters neu zu bedenken, in dem die Kirche(n) und die Tradition neben der Empirie und dem,

---

17 Alberti (1993). Das Kapitel zu Joubert: 163-245 (Zitat: 178) informiert über die Daten- und Forschungslage und gibt ein ausführliches Referat der drei Bücher des Traktats, wobei Filiationen und Quellen umfänglicher berücksichtigt werden, als ich es hier tun kann.

was man heute als Originalität bezeichnen würde, auf so ganz rätselhafte Weise gegen-, neben-, und miteinander bestehen, so wird sein hermeneutisch voraussetzungsreicher Lachtraktat dabei zweifellos eine Schlüsselrolle spielen.

2. Strata der Gelehrsamkeit und Aufbau des 'Traité du Ris'

Der 'Traité du Ris' besteht aus drei Büchern mit jeweils einem Prolog und insgesamt fünfzig Kapiteln. Sein Aufbau ist ein systematischer. Das erste Buch handelt von den Ursachen des Lachens und allen seinen Erscheinungen (*ses causes, & de tous ses accidans*). Im Prolog dieses ersten Buches entwickelt Joubert, wie schon erwähnt, den Gedanken, daß die Alten das Lachen als Affekt und eine wundersame Bewegung des Körpers und der Seele nicht zu erklären vermocht haben. Was die Zeitgenossen angeht (*ceus de nottre aage*, 13), so erwähnt Joubert an dieser Stelle namentlich Julius Caesar Scaliger, der gegen *les subtilités de Hierome Cardan* geschrieben habe (gemeint ist Cardanos Opus 'De subtilitate'), ferner *Fracastorio au liure de l'accord & desaccord naturel* ('De sympathia et antipathia rerum'), Francesco Valeriola, der mit höchstem Lob bedacht wird (*tres docte, elegāt & humain personnage, qui ha bie merité de nostre medecine*), der davon in der einen seiner *Enarratiōs* ('Enarrationes medicinales') ausführlicher handle, aber noch nicht weit genug in die Materie eingedrungen sei, um alle die Wirkungen und plötzlichen Konvulsionen detailliert und genau erklären zu können. Und nun folgt ein erstaunlicher vorcartesianischer 'Discours de la methode', den ich in extenso und mit Beifügung der englischen Übersetzung von 1980 zitieren möchte:

Mais ancore n'anfonce-il [Frāsois Valeriole] pas assés la matiere, pour satisfaire de raison à tous les effets, & aus soudains mouuemās, qui de grand ebahissemant ont fait dés long-tams naitre an moy ce desir, de chercher tout par le menu, & passer plus outre que n'ont les sunōmes. Ie m'etois proposé cet oeuure, auant que voir leurs ecris: & depuis y mettant la main, ie n'ay rien amprunté du leur, ne methode, ne inuanciō, pour y auenir (si ie peus) de moy-mesme, an essayant de faire mieus. Ie ne me vanteray d'autre chose, que detenir an cete queste, vn chemin tant droit, tant seur, & tant facile, que ie ne m'y perdray point, Dieu aidant, m'asseurant de rancōtrer tout ce que ie demande. Car d'antree ie m'anquerray de la matiere, ou dequoy no rions: puis de cet obiet ie cognoitray, qu'elles parties sont premieres à receuoir son effet. Sachant où donnet les ridicules, & où sied l'affeccion, cause interne de tous ses accidans, ie pourray aysemant discourir, par les mutations particulieres qui se montret exterieuremant, pour an sauoir l'occasion. Et lors ie me verray à-bout de mon antreprise, obtenir la fin pretanduë, qu'on se propose à tout cōmancemant.
(Prologue, I, 14f.)

„But again, he [Valeriola] does not advance far enough into the matter, satisfactorily explaining all the effects and the sudden convulsions which, with no small wonder, brought about in me long ago the desire to search out in every detail and to go further than have those named above. I had planned to do this work before having seen their writings, and in putting my hand to it since that time, I have borrowed nothing from them, neither method nor argument, in order to arrive at it by myself (if I am able), all the while trying to do better. I shall not boast of anything other than keeping in this quest to a path so straight, so sure, and so simple, that I shall not be lost, with God's help, certain to find all that I ask. For from the start I shall inquire into the subject matter: At what do we laugh? Then from this I shall know which parts of the body are first to receive its effect. Knowing then where laughable matter abuts, and where the emotion lies (the internal cause of all its accidents), I shall easily be able to enlarge, through the particular changes which are manifested outwardly, in order to know the occasion of it. And then I shall be at the end of my undertaking, obtaining the sought end that one contemplates at every beginning." (S. 18f.)

Hier ist die Systematik vorentworfen, zu der Joubert kraft eigenen Denkens (*de moi-mesme* und *Dieu aidant*) gelangen zu können sich sicher ist. Doch ist dieses Selbstvertrauen zur Erkenntnisfähigkeit (*methode* und *inuanciõ*) nicht an die Voraussetzung der Abtrennung der res extensa vom denkenden Bewußtsein gebunden. Der Mensch ist bei Joubert noch nicht als empirisch-transzendentales Doppelwesen gedacht, in dem man erkennt, was alle Erkenntnis erst ermöglicht. Das Lachen erscheint vielmehr, wie der Prolog des weiteren ausführt, als eins der „verborgenen Geheimnisse der Natur", das über seine „wunderbaren Wirkungen" dem Menschen zum Erkennen aufgegeben wird, wodurch sich Gott in seiner Größe offenbart. Denn die Natur hat etwas verbergen wollen, um desto mehr geschätzt zu werden. Und unter ihren Wundern ist das Lachen eines, das die höchste Bewunderung und Neugierde verdient, weil der Körper so plötzlich seine Gestalt verändert, um die Seele zu ergötzen.

> *Et qui ne s'etonneroit, an voyãt tout le cors à vn instãt se mouuoir, & ebranler d'vne indicible contenance, pour le plaisir de l'ame (cõme il est vray-samblable) s'il ne nous etoit deja tant coutumier, qu'à peine on s'an auise?* (Prologue, I, 6f.)
>
> „Indeed, who would not be amazed upon seeing in an instant the entire body thrown into motion and shaking with an indescribable stir for the pleasure of the soul (so it would appear), where we not already so used to it - so much so that one scarcely takes notice?" (16)

Es geziemt sich deshalb wohl, daß man allen Spuren der Erklärung dieses Phänomens nachgeht und das, was die Alten dazu gesagt haben, mit dem verknüpft, was die neueren Autoren hinzugefügt haben, um sie zu überbieten.

Von diesem Ansatz aus, der die Lesbarkeit der Welt durchaus im Modus der Lesbarkeit des Buches versteht - die äußeren Zeichen verweisen auf einen inneren Sinn, den Sitz und das Wesen der Lachleidenschaft -, aber nicht mehr ausschließlich auf die Bücher stützt - man kann auch Beobachtungen machen, die nicht im Aristoteles stehen und weiter gehen, als alle bisherigen Autoren gegangen sind - ist Jouberts Lachtraktat als ein so gelehrtes wie zugleich empirisches Buch zu begreifen. Betrachtet man die Liste der *AVTEVRS HEBRIEVS, ARAbes., Grecs, latins, & vulgaires, allegués an ce traité du Ris*, die sich im Anschluß an das Inhaltsverzeichnis findet,[18] so wird deutlich, wie viel eher statt einer Systematik eine Kompilation zu erwarten gewesen wäre. Die Liste der zitierten Autoren folgt einer Gliederung nach dem Prinzip der Sprache. Es werden zwei hebräische Autoren angeführt (David und Moses), fünf arabische (Avicenna, Avenzoar, Isaac, Moses medicus und Rhasis). Unter den fünfundzwanzig griechischen Autoren sind die bekannten Philosophen erwähnt, die Geschichtsschreiber, denen Joubert einen Großteil des anekdotischen Materials verdankt, wie beispielsweise über Männer, die nie gelacht haben oder vor Lachen gestorben sind, welches er im Dritten Buch als *problemes* einem Examen unterzieht, und die Ärzte wie Hippokrates, Galen und Alexander Aphrodisiacus. Die Gruppe der lateinischen Autoren ist die umfangreichste, da unter den achtunddreißig Namen nicht nur die klassischen Autoren wie Lukrez, Plinius oder Quintilian figurieren, sondern auch die modernen wie Erasmus, Valeriola, Rondelet (Jouberts Lehrer und Vorgänger als Kanzler, der „Rondibilis" von Rabelais), Scaliger und so fort. Die Gruppe der *avtevrs vvlgaires* umfaßt nur drei Namen: Hieronymus Garimberti, Boccaccio und Jean Papon, den mit Joubert befreundeten Jurisconsultus, dessen Sohn Louis Papon als Übersetzer des Ersten Buches des 'Traité' gilt. Warum Rabelais, den Joubert zweifellos gekannt haben dürfte und von dem er inspiriert erscheint, an dieser Stelle wie auch im gesamten 'Traité' nicht namentlich erwähnt wird, ist ein noch nicht geklärtes Problem. Vermutlich war es für den Protestanten Joubert, der seinen 'Traité' sechs Jahre nach den Hugenotten-Verfolgungen der Bartholomäusnacht publiziert, zu prekär, den in eine religiös zweideutige und suspekte Lage geratenen Franziskaner-Mönch, der auch Calvins Mißbilligung gefunden hatte, beim Namen zu nennen.[19]

Nachdem wir nun etwas genauere Vorstellungen von den Strata der Gelehrsamkeit gewonnen haben, die in Jouberts Lachtraktat verarbeitet und in den einheitlichen Sprachfluß des Französischen transferiert sind (werden doch alle Zitate, welcher sprachlichen Herkunft auch immer, auf französisch dargeboten), versteht es sich nach dem bisher Gesagten, daß ich mich im folgenden nicht auf filiatorische Nachweise und Details kaprizieren werde, sondern die systematischen Grundlinien der joubertschen Physiologie und Affektenlehre des Lachens herauszuarbeiten versuche. Alle drei Bücher des 'Traité' kreisen, wenn auch von unterschiedlichen Ausgangspunkten aus, um die Beziehungen zwischen den Seelenvermögen, den in Bewegung gesetzten Affekten (ein in seinem Bedeutungsradius noch näher zu klärender Begriff) und den mit Plötzlichkeit ein-

---

[18] In der Übersetzung ins Englische nicht vorhanden.
[19] Lucien Febvres berühmtes Buch über Rabelais und das Religionsproblem (1942) bliebe für Joubert noch zu schreiben. Es ist auffällig, daß Joubert auch jedwede Referenz auf die Bibel meidet.

setzenden körperlichen Transformationen. Während das Erste Buch die Grundlegung der Physiologie und Affektivität des Lachens bietet, verdichtet das Zweite Buch das Gesagte zu einer konzisen Definition, um sodann die „Arten" (*especes*) und „Epitheta" (*epithetes*) des Gelächters zu diskutieren, wozu unter anderem das durch Kitzeln provozierte Lachen gehört, sowie gewisse mythologisch und literarisch überlieferte und zu Topoi gewordene Lachformen wie das sardonische Lachen, der *ris canin* oder das Hunde-Lachen, das Lachen des Ajax, ferner toxisch oder aufgrund einer Verletzung des Zwerchfells induzierte Formen des Lachens, die als ein *ris mal-sain, et batard*, ein ungesundes und unechtes Lachen, das gegebenenfalls zum Tod führen kann, vom echten oder wahren Lachen zu unterscheiden sind. Das Dritte Buch schließlich examiniert verschiedene fundamentale Fragen, die man an das Lachen gestellt hat. Es verbindet ein nochmaliges Examen des aristotelischen Lehrsatzes, daß nur der Mensch zum Lachen fähig sei, mit anatomischen Überlegungen und der komplementären Frage nach dem Weinen. Die ungleiche Verteilung des Lachens unter den Menschen wird im Zusammenhang der unterschiedlichen aus der Säftelehre abgeleiteten Temperamente und Komplexionen diskutiert und führt schließlich zu einer Integration der Leibsymptome des Lachens in das Melancholie-Konzept und an den Beginn der Typogenese von Demokrit als einem Melancholiker, die Thomas Rütten in seiner eingehenden Untersuchung der Voraussetzungen und der Interpretationsgeschichte der pseudohippokratischen Demokrit-Geschichte nachgewiesen hat, deren Hauptstück im Annex des 'Traité du Ris' übersetzt ist.[20]

Da jedes der fünfzig Kapitel des 'Traité du Ris' samt seinen Prologen, Anhängen, dem Widmungsbrief und den inserierten Preisgedichten eine außerordentlich große Vielzahl interessanter Aspekte bietet, erscheint ein adäquates Referat des Traktats auf knappem Raum ganz unerreichbar. Ich kann mich nur auf wenige Aspekte beschränken, verbunden mit dem steten Bedauern, dafür andere opfern zu müssen, was für die physiologische Argumentation ebenso gilt wie auch für alle anderen aufgeworfenen Problemata, durch die sich Joubert als eine Schlüsselfigur anbietet, mit deren Hilfe eine integrative (künftige) Medizin-, Literatur- und Kulturgeschichte des Lachens konzipierbar erscheint.

3. Physiologische Grundlegung des Lachens als einer Mischaffektion

Was erregt das Lachen? Alles, was zum Gegenstand des Lachens werden kann, sprich: das Lachhafte, findet sich entweder in Form von Handlungen oder von Worten (*an fait, ou en dit*) und richtet sich damit an zwei Sinnesorgane, Gesicht

---

20 Vgl. Rütten (1992).

und Gehör. Bei dieser *matiere du Ris* handelt es sich stets um *quelque chose laide, ou messeäte, indigne toutefois de pitié & compassion* (I,i,16), etwas Häßliches oder Ungebührliches, das jedoch kein Mitleid verdient. Als Exempel dient ein Aufdecken der Schamteile *(parties hôteuses)* des Körpers, die die gesellschaftliche Konvention zu verhüllen vorschreibt. Da es also unehrsam ist, den Hintern zu zeigen, so müssen wir über diese Difformität und Unangemessenheit unweigerlich lachen, es sei denn, es entstünde ein Schaden, der uns zum Mitleid bewegt. So lacht man nicht, wenn einem Manne gegen seinen Willen oder zur Vermeidung eines noch größeren Übels das *membre viril* entfernt wird. Denn sobald wir von Mitleid ergriffen werden oder uns ein Schaden bewußt wird, hört das Lachen unweigerlich auf. *Laideur*, das Häßliche, und ein Mangel an Mitleid sind beim Lachen stets verknüpft. Aus diesem Grund lachen wir auch, wenn jemand in den Schmutz fällt, und zwar um so mehr, je indezenter, d.h. ungewöhnlicher, der Sturz erscheint. Denn bei Kindern und Betrunkenen, die häufig stürzen, lachen wir weniger, als bei einem gravitätisch daherschreitenden Würdenträger, der plötzlich in den Schlamm fällt, und noch mehr lachen wir über ihn, wenn er seines Amtes nicht würdig ist und verhaßt und durch sein sich aufplusterndes Auftreten einem in Scharlach gekleideten Affen gleicht, wie das Sprichwort sagt. Wer einen solchen Mann so dumm stolpern und stürzen sieht, kann sich des Lachens nicht enthalten. Ferner lacht man, wenn die Sinne getäuscht werden, wenn jemand Scheiße für Honig hält oder man uns eine schöne Frau verspricht und eine Alte präsentiert. Was für die difformen Akte gilt, ist gleichermaßen auf das gesprochene und erzählte Wort zu übertragen. Joubert bezieht sich hierbei (chap. iii. *Des propos ridicules*) auf eine Vielzahl komischer Redegenres von den Schwanknovellen über die Fazetien bis hin zum *mot piquans*, um dann (chap. iv) einige Bemerkungen zum Einsatz der komischen Redegenres zwecks Entfaltung ihrer maximalen Lachwirkung zu machen. So müssen die Witzworte zur richtigen Gelegenheit eingesetzt werden, es muß ihnen etwas Improvisatorisches und Neues eignen, und eine Grundbedingung ihres Erfolgs ist die Schnelligkeit und Plötzlichkeit, die wie die Soße ist, welche Appetit zu lachen macht.

Nach drei Kapiteln, in denen Joubert derart die gesprochenen oder zur Schau gestellten Bedingungen der Erregung des Lachens abgehandelt hat und den Gegenstand des Lachens als eine des Mitleids unwürdige Sache von einer gewissen Häßlichkeit, Dekonvenienz oder Unförmigkeit definiert hat, wobei auch das kollektive Lachen und das Lachen über sich selbst Erwähnung finden, kommt er auch schon in medias res.

Wie entsteht das Lachen, welcher Teil der Seele ist davon zuerst bewegt, um seinerseits die Bewegungen des Körpers in Gang zu setzen, die sämtlich von der Seele regiert werden? Die Hauptfrage, die sich nun stellt und die unter den Gelehrten höchst umstritten ist, liegt in der Schwierigkeit und dem Zweifel, ob das

Lachen zuerst als sein Hegemonikon das Gehirn berührt und ihm angehört, oder aber das Herz (chap. v). Das Gehirn als derjenige Teil, der all das empfängt, was einen aufmerksamen Geist erfordert, reklamiert das Lachen für sich, wogegen das Herz als der Sitz der Leidenschaften (*etāt siege des passions*, 41) Einspruch anmeldet, um das Entstehen des Lachens auf eine *affeccion* zurückzuführen.

An dieser Stelle ist es erforderlich, eine Anmerkung zu Jouberts zentralem Terminus der *affeccion* zu machen. Gregory de Rocher hat den Begriff an dieser Stelle (28), wie meistens, durch das englische *emotion* wiedergegeben. Diese Übersetzung ist nicht falsch, doch verstellt sie den Blick dafür, daß es sich bei Jouberts Lachtheorie nicht bloß um eine Physiologie, sondern auch um eine mit dieser untrennbar verbundenen Lehre von den Leidenschaften der Seele, d.h. eine Affektenlehre handelt. In der Einleitung zu seiner Übersetzung bezeichnet de Rocher Jouberts Vokabular als „a curious mixture of the scientific, philosophical, colloquial, and obscene". Joubert unterscheide nicht zulänglich zwischen Säften (*humeurs*) und den Geistern (*esprits*), noch zwischen *emocions*, *passions* und *affeccions* (xiii). Diese Einschätzung übersieht nicht nur gänzlich die vulgärsprachliche Orientierung Jouberts, die zugleich eine Orientierung am gesprochenen Wort ist und an einem 'dem Volk aufs Maul schauen', welches sich in den häufigen Bezugnahmen Jouberts auf Sprichwörter bekundet. Sie trägt auch nicht dem hochkomplexen Palimpsest einer Vielzahl alter und neuer Sprachen Rechnung, auf dem der Traktat basiert, indem er dies alles ins Französische transferiert hat. Quintilian, auf dessen dem Lachen gewidmetes drittes Kapitel im sechsten Buch der 'Institutio oratoria' Joubert sich ausführlich bezieht, erläutert wenig zuvor (VI, 2, 20), daß das, was die Griechen als *pathos* bezeichnen, bei den Lateinern *adfectus* heißt. Und Spinoza (1632-1677) wird in seiner Ethik, die bekanntlich eine Affektenlehre ist, definieren, daß die Affekte *corporis affectiones* sind, wie zugleich die Ideen dieser Affektionen. Aber während Spinoza das Lachen ebenso wie den Scherz ganz und gar dem Affekt der reinen Freude und Lust unterstellt (*risus, ut & jocus mera est Laetitia*) und damit strikt vom Spott (*Irrisio*) unterscheidet, den er mit weiteren Affekten wie der Mißgunst, der Verachtung, dem Zorn und der Rachsucht dem Haß (*Odium*) unterstellt,[21] geht es Joubert darum, das Lachen als einen gemischten Affekt zu begreifen, der schon deshalb keine reine Freude sein kann, weil dem Objekt des Lachens, wie wir gesehen haben, etwas Häßliches eignet, was eigentlich das Mitleid erregen würde, wenn es dessen würdig wäre. Indem mithin das Lachen für Joubert nicht kongruent ist mit den Affekten, in deren Nachbarschaft es steht, sondern zwischen *Joye* und *Tristesse* steht, wird es als ein ganz eigen-

---

[21] Vgl. das Scholium zum 45. Lehrsatz des Vierten Buches der Ethik.

ständiger Affekt gesehen, weshalb konsequenterweise von der *passion risoliere* oder - synonym, aber vielleicht mit stärkerer Konnotation der Affiziertheit des Körpers - von der *affeccion risoliere* die Rede ist.

Wir sind hiermit dem Gang der Argumentation vorausgeeilt, doch läßt erst das physiologische Verständnis der Affektionen bzw. Affekte die Logik der Argumentation deutlich werden. Nicht nur ist es für die Ambivalenz des Lachens von größter Wichtigkeit, daß es sich dabei um eine zwiespältige Mischaffektion handelt (nur auf dieser Grundlage können Lach- und Melancholie-Konzept verknüpft werden). Wir können aus diesem Verständnis des Lachens als eines hochkomplexen, weil zusammengesetzten Affekts auch verstehen, wieso die Streitfrage seines Sitzes im Gehirn oder im Herzen für Joubert ein so großes Gewicht hat. Da das Herz der Sitz der Leidenschaften ist, muß die Affiziertheit des Körpers von hier ihren Ausgang nehmen. Auf der anderen Seite muß aber auch die Beteiligung von Imagination und Denken gerade aufgrund der Komplexität dieser aus konträren Erregungen zusammengesetzten Affektion erklärt werden.

Um den Zweifel, ob der Sitz des Lachens im Gehirn oder im Herzen anzusiedeln ist, methodisch auszuräumen, schlägt Joubert ein Vorgehen vor, wonach davon auszugehen ist, was jedermann sieht:

> *Chacun void bien, que pour le Ris, soudain le visage et emu, la bouche s'elargit, les yeus etincellet & pleuret, les ioües rougisset, la poitrine et secousse, la vois antrerompuë: & quãd il se deborde continué long-tams, les reines du cou s'anflet, les bras trãblet, & les iambes trepignet, le vãtre se retire & sant grand douleur: on toussit, on suë, on pisse, on fiante à force de rire, & quelquefois on en euanouït.*
> (I, v, 42).

„Everybody sees clearly that in laughter the face is moving, the mouth widens, the eyes sparkle and tear, the cheaks redden, the breast heaves, the voice becomes interrupted; and when it goes on for a long time the veins in the throat become enlarged, the arms shake, and the legs dance about, the belly pulls in and feels considerable pain; we cough, perspire, piss, and besmirch ourselves by dint of laughing, and sometimes we even faint of it." (28)

Ich habe diese Aufzählung der somatischen Lachsymptome hier nicht zuletzt deshalb zitiert, weil alle diese Symptome im Verlauf des ersten Buches physiologisch systematisch erklärt werden, ohne daß ich diese Demonstrationen hier im einzelnen nachvollziehe, wofür viel Platz zu beanspruchen wäre, weshalb ich nur exemplarisch vorgehen kann. Aus der zitierten Lachsymptomatik folgert Joubert zunächst, daß nur ein edles Organ über die Macht verfügen kann, eine solche Bewegung des Körpers zu erzwingen. Geht man von den wichtigsten Körperteilen, Gehirn, Herz und Leber aus, so ergibt sich folgendes Bild: Dem Gehirn gehorchen die Nerven und Muskeln, d.h. alle Bewegungen, die vom Willen beeinflußt werden können, auch wenn sie nicht suspendierbar sind, wie Joubert an späterer Stelle präzisiert. Die kontinuierliche Bewegung des Herzens mit seinen Arterien ist allein der Natur (*Nature*) geschuldet. Damit ist gemeint, daß diese Bewegung nicht dem Einfluß des Willens unterliegt. Die Leber schließlich bewegt sich nicht selbst, doch hat sie die Macht, durch Anziehung, Ausstoßung und Verteilung der Säfte eine Bewegung in Gang zu setzen. Joubert geht davon aus, daß nur ein selbst bewegter Körperteil die Mutationen des Lachkörpers erstinstanzlich erregen kann, das heißt: die Streitfrage Herz oder Hirn muß nicht erweitert werden. Da die Verbreiterung der Lippen oder die Schüttelbewegung von Armen und Brust muskuläre Phänomene sind, möchte man zugunsten des Gehirns plädieren, da nur dieses vermittels der Nerven solche Bewegungen auslösen kann. Dagegen spricht jedoch, daß die Muskel- und Nerventätigkeit willentlich gesteuert werden kann, während die Lachsymptomatik uns *malgré nous* überkommt. Es empfiehlt sich deshalb, zunächst die Art des Affekts zu erkunden, dem das Lachen zugehört.

Das sechste Kapitel diskutiert dann verschiedene Einteilungen der Seelenvermögen in ihrer Zuordnung auf Gehirn, Herz und Leber, in deren Ergebnis das Herz als das vitale Seelenvermögen mit den sensitiven Kräften, dem Begehren und den Wünschen verbunden ist. Von diesen Seelenvermögen grundlegenden Typs werden die *affeccions* im engeren Sinne wie Freude, Traurigkeit, Hoffnung, Furcht, Freundschaft, Haß, Zorn, Mitleid, Scham, Unverschämtheit, Gier, Neid oder Bosheit unterschieden. Diese *affeccions*, die man auch als *passions, troubles, ou perturbacions de l'ame* bezeichne, müßten von einem *appetit* (Trieb) stammen, der nicht von der *raison* herrühre, über deren Sitz sich die auctoritates jedoch häufig uneins seien. Denn Platon irrt sich, so Joubert, wenn er die Freundschaft mit der Leber in Beziehung bringe. Auch müssen die Affektionen relativ weit vom Gehirn entfernt sein, da das *jugement* sie häufig mißbilligt. Joubert beschließt den Disput um die Affekte damit, daß sie sämtlich vom sensitiven Begehren (*pouvoir sansitif desireus*) herrühren und auch das Lachen im sensuellen Trieb (*appetit sansuel*) seine Quelle hat (I, vi, 55).

Es sieht also für den modernen Leser ganz danach aus, als habe Joubert gleichsam mit einem Trick über den Umweg der Affekte ein physiologisches Argument erbracht, das sich rein körpermedizinisch nicht erweisen ließ. Doch eben diese Auffassung zeigt nur, wie schwer wir uns damit tun, eine Semiotik zu verstehen, die nicht mehr die unsere ist. Die Beweisführung, daß das Herz der Sitz der Affekte, also das zuerst betroffene Organ oder das Hegemonikon ist, stützt Joubert zusätzlich hier und in der Folge auf das *commun parler*, das alle diese Perturbationen im Herzen lokalisiert, wenn es beispielsweise heißt, daß dieses sich aus Freude weitet, vor Liebe erzittert, oder daß man von Herzen (und nicht von Gehirn) lacht. Daß bei allen diesen *troubles* die Fibern des Herzens und seiner Arterien bewegt sind (die nicht mit den Fibern der Muskeln zu verwechseln sind), sieht man auch äußerlich an der Bewegung des Blutes, die uns das Herz als Sitz der Leidenschaften deutlich denotiert.

Ich muß den Gang der Argumentation Jouberts nun noch stärker konzentrieren und komme auf den Charakter des Lachens als einer Mischaffektion (*melange & cõfusion*, I, x, 74) zwischen *joye* und *tristesse* zurück. Mit dieser Bestimmung als Mischaffektion wird ein enges Netz von Korrespondenzen zwischen äußeren Leibeszeichen, inneren Vorgängen und seelischen Wirk- und Heilkräften geknüpft. Das Lachen kann nicht identisch mit der Freude sein, da es nicht wie diese, die zudem nicht vom Lachen begleitet sein muß, auf eine heitere oder ernste Ursache zurückzuführen ist, sondern auf eine *follatrerie* (73), eine quasi närrische Ausgelassenheit, die etwas Aufgelöstes, Laszives und Wollüstiges hat. Da das Lachen von etwas Häßlichem herrührt und folglich etwas von der Traurigkeit hat, mit der es jedoch ebenfalls nicht identisch ist, korrespondiert das Lachen physiologisch zwei konträren Leibesempfindungen und -bewegungen, die sich wechselseitig daran hindern, exzessiv zu werden, woraus die wohltuende Wirkung des Lachens resultiert - im Vergleich zu den unter Umständen tödlichen Wirkungen eines Übermaßes an Freude wie auch eines Übermaßes an Traurigkeit. Damit ist das Ergebnis von Jouberts Examen, ob man vor Lachen sterben kann, antizipiert, das den 'Traité' resümierend beschließt: Nein, man stirbt nicht am Lachen. In den Exempeln, die solche Fälle schildern, lag kein wahres und echtes Lachen vor, sondern ein falsches und ungesundes Lachen oder sonst eine mortale Krankheitsursache.

Physiologisch geht es im Falle der Freude um den folgenden Vorgang (chap. XI): das Herz wird von etwas Angenehmem berührt und erweitert sich, wie wenn es das angenehme Objekt aufnehmen möchte. Bei dieser Ausdehnung verausgabt es unweigerlich viel Blut und noch mehr Lebensgeister (*esprits*). Dadurch zeigen sich auf dem Gesicht die offenkundigen Zeichen der Freude (*les signes evidans de la rejouissance*), denn das bewegte Herz pflegt auf das Gesicht ein Zeichen (*quelque marque*) seiner Affektion zu setzen, und das Gesicht ist wie ein Zeiger oder Zifferblatt, die die innere Bewegung der Räder anzeigen. Mit dieser auf den Mechanismus des Uhrwerks rekurrierenden Signaturenlehre werden nun alle Züge des frohen Gesichts auf das Emporsteigen der sanguinischen Säfte zurückgeführt, wie die sich rötenden Wangen, oder auf die Massierung der vom Herzen ausgesandten *esprits*, die für die funkelnden Augen verantwortlich sind. Im Falle der Traurigkeit gilt der umgekehrte Mechanismus (chap. XII). Das Herz zieht sich zusammen, wie wenn es den traurigen Gegenstand abweisen möchte. Die *esprits* werden statt nach außen nach innen getrieben und massieren sich am Herzen selbst, um es zu stärken und zu trösten und vor dem Kaltwerden zu schützen. Das Gesicht zieht sich zusammen und zurück, der Mund verengt sich, die Haut wird blaß, die Augen sind verschattet.

Beim Lachen sind die Veränderungen des Gesichts wie des gesamten Körpers stärker als im Fall der Freude. Denn die *esprits* und sanguinischen *vapeurs* expandieren mit größerer Schnelligkeit und Heftigkeit. Das Lachen, bei dem sehr viel Lebensgeister verausgabt werden, müßte also schädlich oder gar tödlich wirken, wenn nicht eine entgegengesetzte Bewegung, die der Konträr-Affektion entstammt, den Ausgleich schüfe. Von den Extremen der äußersten Freude wie der äußersten Traurigkeit gleichermaßen entfernt, kommt dem Lachen die Rekreation des Menschen zu.

Das fünfzehnte Kapitel über die Bewegung des Herzens beim Lachen setzt mit dem Sprichwort ein, die Nuß sei nun aufgeknackt. Weil das Herz zwei konträre Bewegungen machen will, bewegt es sich sehr schnell und ungleich. Dadurch wird auch das Pericardium, das wie ein Etui bzw. ein Beutel des Herzens ist, gegen seine Gewohnheit bewegt. Das Auge kann den Herzbeutel nicht sehen, sofern es sich nicht Beweise mittels der Sektion eines Tieres verschafft. Doch wir verstehen mittels *raison & discours*, daß das Herz sich frei in seinem weiten Herzbeutel bewegt, der jedoch durch die ungleiche Bewegung heftig geschüttelt wird:

> *Voila d'où commance tout le trouble qu'õ voit an la risee: c'et, du coeur debauché & sautelant, qui comme chef fait santir aus autres parties sa follatre passion.*
> (I, xv, 93)
>
> „This is where all the stirring begins that is seen in laughter. It is from the reveling and fluttering heart which, like a mainspring, transfers to the other parts its frolicsome passion." (46)

Der vom Herzen geschüttelte Herzbeutel zieht und zerrt das Zwerchfell (chap. XVIff.), denn dieses ist anders als bei den Tieren am Herzbeutel befestigt, wie die Anatomie zeigt. Dies ist auch der Grund - *à mon avis*, wie Joubert sagt - warum unter den Lebewesen allein der Mensch lachvermögend ist. Das Diaphragma als Instrument der freien Atmung ist ein Helfer des Herzens. Einem Blasebalg vergleichbar ruht es sich bei der Ausatmung aus und ist den Bewegungen des Herzens ohne Resistenz hingegeben. Das Herz selbst gerät durch seine konträre Bewegtheit nicht unter Zwang, weil es die Bewegung an die anderen Teile weitergibt, was die Natur weise eingerichtet hat. Nun wird das Lachen immer bei der Ausatmung gebildet. Die Schwingungen des Diaphragmas schütteln die Brust, die Lunge wird gepreßt, wodurch das Phänomen der unterbrochenen und abgehackten Stimme entsteht. Die Öffnung des Mundes, die dem Gähnen gleicht, die Erweiterung des Kinns, das Hervortreten der Adern, das konvulsivische Zittern folgen alle einer bestimmten analogischen Logik der Fortsetzung des Spasmas, welches das Diaphragma über die zuständigen Nervenstränge, die die Muskeln bewegen, weitergibt, in Verbindung mit dem Fluß der Säfte und den Konzentrationen und Verausgabungen der Lebensgeister. Die Augen vergießen, weil sie voller *vapeurs* und die Poren weit geöffnet sind, Tränen, die bei heftigem Fluß von den Tränen durch Weinen kaum zu unterscheiden sind, woraus sich ein weiteres Mal auf die Mischaffektion schließen läßt und darauf *que la risee participe d'annuy* (I, xix, 111).

Da hier weder im Hinblick auf die Lachsymptomatik der Leibesoberfläche noch auf den Funktionsmechanismus des Uhrwerks im Leibesinnern Vollständigkeit angestrebt werden kann, sei die Darstellung wichtiger Grundzüge von Physiologie und Affektenlehre des Ersten Buches an dieser Stelle abgebrochen. Auch wenn Joubert punktuell auf Descartes vorauszuverweisen scheint, sofern nicht vielmehr Descartes ihm vorausgegangenen Anschauungsformen punktuell verpflichtet bleibt, läßt sich resümierend konstatieren, daß die Ordnung des Denkens, in der Joubert steht, in adäquater Weise nur vor dem Hintergrund der Similaritätsbeziehungen und Signaturen der Renaissance verstanden werden kann, wie sie Foucault zwar nicht als einziger oder erster, aber vielleicht mit einer zuvor nicht erreichten Prägnanz beschrieben hat. Symptome oder Zeichen verweisen auf die verborgene Geordnetheit der Welt. Deshalb kann von ihnen auf das Wesen der Affektionen und die Beteiligung der Körperteile beim Zustandekommen des Affekts geschlossen werden. Ist der 'Sitz' des Affekts gesichert, so kann der Anteil aller Körperteile wie Perlen in einer Kette aneinandergereiht werden. Das heißt, daß auch der Anteil des Intellekts und der Einbildungskraft, deren 'Sitz' das Gehirn ist, angereiht werden kann, ohne daß dies einen Riß im Denken oder eine Inkonsequenz darstellt. *Or le Ris et effait d'vne passion qu'il denote* (II, i, 167), heißt es im Zweiten Buch in resümierender Absicht des Ersten. „Now laughter is the effect of a passion which it denotes". (73) Diese Erklärung mutet verwirrend an, wenn man - aus heutiger Sicht - davon ausgeht, daß man e n t w e d e r eine Physiologie, o d e r aber eine Affektenlehre bzw. Ethik entwickeln kann. Die Physiologie Jouberts hingegen i s t die Ethik, die dem Menschen als einem *animal risible, raisonnable et mortel* (Prologue, 7), - in dieser hierarchischen Folge scheint nur Joubert zu formulieren gewagt haben -, das Lachen als sein ureigenstes, den Körper konvulsivisch erschütterndes und die Seele ergötzendes Vermögen empfiehlt. „Es gibt keine Ähnlichkeit ohne Signatur. Die Welt des Ähnlichen kann nur eine bezeichnete sein", schreibt Foucault, der auf die Kreisschlüssigkeit und das eigentümliche System der Verdopplungen in diesem Kreis verweist: „Die Ähnlichkeiten erfordern eine Signatur, denn keine unter ihnen könnte bemerkt werden, wenn sie nicht sichtbar bezeichnet wäre. Was sind aber diese Zeichen, woran erkennt man unter allen Aspekten der Welt und so vielen Gestalten, die sich überkreuzen, daß es hier ein Merkmal gibt, bei dem man verharren muß, weil es eine geheimnisvolle und wesentliche Ähnlichkeit anzeigt? Welche Form bildet das Zeichen in seinem eigenartigen Zeichenwert? - Es ist die Ähnlichkeit. Es bedeutet, insoweit es Ähnlichkeit mit dem von ihm Angezeigten hat (das heißt mit einer Ähnlichkeit)."[22]

Ist dieses System der Similaritätsbeziehungen vorausgesetzt, so kann man in einem zweiten Schritt deutlicher sehen, inwiefern und weshalb Jouberts Denken sich nicht in seiner Signaturenlehre und den Similaritätsbeziehungen erschöpft, sondern dem Rationalismus der Folge-Episteme angenähert erscheint. Das magisch-metaphorische Ähnlichkeitsdenken wird von Joubert in höchst virtuoser Weise in dem Widmungsschreiben an Marguerite de Valois eingesetzt. Joubert feiert hier das Gesicht als Spiegel der Seele. Da das Lachen ein Effekt der menschlichsten Leidenschaft ist, die es gibt, ist das anmutigste Gesicht das lachende Gesicht. Und da das Gesicht der Frau und der Adressatin schöner ist als das des Mannes, ist das Lachen ihr gemäßer, die als Königin überdies das Gesicht der französischen Nation verkörpert. Von solchen metaphorisch-analogischen Auslegungen des Spruches *on lit l'homme au visage* (unpaginiertes Widmungsschreiben) unterscheidet sich jedoch die Lektüre des lachenden Körpers als Spiegel, Zifferblatt oder Zeiger eines physiologischen Mechanismus, dessen Bewegungen wie das Räderwerk der Uhr ineinandergreifen. Das Bild des Uhrwerks ebenso wie der Blasebalgvergleich zur Erläuterung der Funktionsweise des Diaphragmas sind funktional-operative ('cartesianische') Modelle, die den Affekt des Lachens und das Zusammenspiel der Organe als eine Bewegungsmechanik begreifbar zu machen suchen. Die Emergenz dieses funktional-operativen Denkens, das sich auch die Ergebnisse der empirischen Wissenschaften wie der Anatomie nutzbar macht, erscheint hier jedoch noch nicht an die Voraussetzung der Abtrennung des *cogito* vom Körperlichen gebunden.

4. Definition des Lachens. Gesundes und ungesundes Lachen

Im Zweiten und Dritten Buch des 'Traité du Ris' wird die Physiologie und Affektenlehre des Lachens stets erneut wieder aufgenommen, weiter vertieft und um zusätzliche Facetten komplettiert. Einerseits wird dabei das von Foucault beschriebene System der Verdopplungen gesteigert, was jedes Referat der Ähnlichkeiten mit den Ähnlichkeiten wie eine unendliche Aufgabe erscheinen läßt, die das Ende nicht findet, indem sie sich im Kreis bewegt. Andererseits aber bietet eine jede Verdopplung in diesem Kreis je neue Erkenntnisse, da mythisch-magische Überlieferungen mit dem physiologischen Funktionsverstehen rekombiniert sind. Wir werden mit einer Vielzahl von Exempla konfrontiert und lernen all jene mythologischen und literarischen Gestalten kennen, die nie oder aber gleich als Neugeborene gelacht haben, und all jene, die in ein unechtes Ge-

---

[22] Foucault (1971) 59.

lächter gefallen sind, und woher die Namen stammen, die diesen verschiedenen Sorten des Gelächters gegeben worden sind. Auch erfahren wir, wie die verschiedenen Kommentatoren und Autoren aus antiker und moderner Zeit diese Fälle beurteilt haben, und was die Meinung Jouberts ist, der die Nuß geknackt hat, indem er das Lachen als eine Mischaffektion aus seiner Einzigartigkeit der (denotierten) Manifestationsformen zu verstehen lernte - dank der Überlieferung der *discours*, der Empirie, der Anatomie und der Aufmerksamkeit für das gemeine Sprechen über diese Phänomene.

Vielleicht hat niemand vor oder nach Joubert mit so großer Sicherheit und Überzeugungskraft das echte oder wahre Lachen vom falschen oder unwahren unterscheiden können. Dazu möchten wir wenigstens noch einige Beispiele anführen, zumal sie in medias res der Literatur- und Kulturgeschichte führen.

Zuvor empfiehlt es sich jedoch, die konzise (wahre) Definition des Lachens zu zitieren, die Joubert im ersten Kapitel des Zweiten Buches gibt, und die sein Titelversprechen einlöst, daß der Lachtraktat das Wesen des Lachens erfassen wird. Denn die *vraye difinicion du Ris* (II, i, 163) ist zugleich die Definition des wahren Lachens. Ich überspringe dabei - wie schon im vorausgegangenen Abschnitt - Jouberts kritisches Examen all derjenigen Autoren, die sich bislang zu den aufgeworfenen Fragen, hier also der Definition des Lachens, geäußert haben und beschränke mich auf Jouberts eigenen Definitionsvorschlag:

> *Le Ris et vn mouvement, fait de l'esprit epandu, & inegale agitacion du coeur, qui epanit la bouche ou les laivres, secoüant le diaphragme & les parties pectorales, avec impetuosité & son antrerompu: par lequel et exprimée vne affeccion de chose laide, indigne de pitié.* (II, i, 167)

> „Laughter is a movement caused by the jubilant mind [Übersetzungskorrektur: den freigesetzten Lebensgeist] and the unequal agitation of the heart, which draws back the mouth and the lips, and shakes the diaphragm and the pectoral parts with impetuosity and broken sound, through all of which is expressed a feeling [alternative Übersetzung: eine Affektion] over an ugly thing unworthy of pity." (73)

Diese Definition ist suffizient und umfaßt die vom Wesen des Lachens untrennbaren Erscheinungsformen wie die Ursachen. Die materielle Ursache ist die des Mitleids unwürdige häßliche Sache; die effiziente Ursache die Effusion der Lebensgeister; die instrumentelle Ursache die ungleiche Herzbewegung, die das Zwerchfell erschüttert; die formale Ursache die Ausdehnung von Mund und Lippen, begleitet vom abgehackten, wie stolpernd wirkenden Ton; die finale Ursache die Kundgabe der angenehmen Affektion durch eine eher vergnügliche als traurige Sache.

Das natürliche Lachen ist gesund, von dem jedoch der *ris contre nature* unterschieden werden muß, der ungesund ist. Dieses Lachen bezeichnet Joubert auch als ein *ris batard ou non legitime*. Es weist den äußerlichen Habitus der Lacher auf, jedoch ohne die Handlungen des *coeur agité*. Dieses Lachen, das sich in Grimassen bekundet und im Rictus, kann viele Ursachen haben und ist oft ein Zeichen schwerer Krankheiten. Von einer solchen schweren Krankheit war Cleomenes, der Sohn des Anaxandrides befallen, der wahnsinnig wurde, sich Selbstverletzungen zufügte und dabei lachend starb, mit kontrahiertem Mund.

Die Arten des Lachens und seine Bezeichnungen, die Joubert im Zweiten Buch ätiologisch wie zugleich etymologisch erläutert, führen in die Mythologie und Literaturgeschichte, wie zugleich in die Geschichte des Wahnsinns.[23] Das krankhafte und das irre Lachen kann von Fiebern herrühren, Phrenesien, Kopfwunden, Marasmus, von toxischen Stichen und Bissen - wie dem Spinnenbiß der Tarantula -, oder von toxischen Pflanzen wie der Sardonia, so genannt, weil dieses Kraut, eine Ranunkelart, üppig in Sardinien wächst. Sein Genuß kontrahiert die Lippen und zieht sie zurück. Von daher stammt die Redensweise des sardonischen Lachens, die vielfältig belegt ist. Odysseus lacht so bei seiner incognito-Rückkehr als Bettler unter den Freiern Penelopes, von Zorn und Traurigkeit überwältigt (Odyssee 20, 229-203):

> *Il se sou-rit d'vn Sardonien Ris,*
> *Ayant troublés grandement ses espris.*
> (II, vii, 216)

> „He smiled to himself in a sardonic laugh,
> For his spirits were greatly upset." (89)

Im Falle des zynischen Lachens oder Hunde-Lachens, das Joubert ebenfalls eingehend erläutert, dient die *morgue* und das Aussehen des wütenden Hundes als metaphorische Brücke.

Ein besonderes Faszinosum, dem man nur in einem eigenen Kapitel gerecht werden könnte, bietet das seit Aristoteles von den Autoren kommentierte Phänomen des Kitzelns (Problema 35), das unter dem Aspekt der schwierigen Frage diskutiert wird, ob das dadurch ausgelöste Lachen ein echtes Lachen ist (II, v, vi, u.ö.). Das Kitzellachen gehört nach Auffassung Jouberts mehr dem Zwerchfell an als dem Herzen und ist ein großes Übel, wenn man es lange ertragen muß. Bei den problemata des Kitzelns erscheint Aristoteles' Auffassung nirgends einleuchtend.

---

[23] Parallel zu Jouberts Arten und Epitheta des Lachens mit zum Teil den gleichen Beispielen wäre bei einer eingehenderen Analyse Arnould (1990) zu konsultieren.

5. Problemata. Lachen und Melancholie

Das Dritte Buch des 'Traité du Ris' nimmt zahlreiche Fragestellungen der vorausgegangenen Bücher nochmals auf, um sie nunmehr in der Art der 'Problemata' des Aristoteles zu erörtern. Dabei geht es um die Fragen, ob und warum nur der Mensch lachen kann, und ob das Gleiche für das Weinen gilt; woher es kommt, daß einige niemals oder nur selten gelacht haben, und andere häufig und plötzlich; warum einige vom Weingenuß lachen und andere weinen; warum unter den Melancholikern einige lachen und andere weinen; ob man aus Schmerz lachen kann; warum man sagt, daß die Milz das Lachen hervorruft; ob der Säugling vor dem vierzigsten Tag seiner Geburt lachen kann; ob es möglich ist, im Schlaf zu lachen; warum das Lachen plötzlich ausbricht und man es nicht zurückhalten kann; ob die Bewegung der Arterien durch das Lachen verändert werden kann; warum die großen Lacher leicht wohlbeleibt werden; welche Wohltaten das Lachen mit sich bringt und ob ein Kranker durch Lachen genesen kann; welche Übel das exzessive und zu langanhaltende Lachen verursachen kann; und ob man am Lachen sterben kann.

Die Erörterung all dieser Fragen basiert auf der Verknüpfung der humoralpathologischen Auffassung und der *spiritus*-Vorstellungen mit der Temperamenten- und Komplexionslehre, wie sie im Verlauf von zwei Jahrtausenden herausgebildet worden war, um unter Einbezug der Elemente und der Planeten jene hochkomplexen mikro-, makrokosmischen Korrespondenzmodelle zu erzeugen, die für das Denken der Renaissance so charakteristisch sind. In unserem Zusammenhang soll hier, um zum Abschluß zu kommen, nur die Frage interessieren, warum einige Melancholiker lachen, und andere weinen.

Die unübersehbare Vielfalt der melancholischen Krankheitserscheinungen hatte immer wieder zu neuen Ordnungsversuchen und Einteilungsprinzipien geführt, seitdem das Aristoteles zugeschriebene berühmte 'Problem XXX,1', auf dem auch Joubert basiert, die Frage gestellt hatte, warum alle Männer von überragender Bedeutung Melancholiker gewesen seien.[24] Aristoteles kennt bereits eine schwarzgallige Mischung, die Heiterkeit hervorruft. Solche verschiedenen Anlagen und Mischungen sind auch dafür verantwortlich, daß einige auf Weingenuß mit Verdüsterung reagieren, andere mit Übermut. Der lachende Melancholiker als Typus wurde dann von Avicenna (gest. 1037) wohlbegründet:

> „Und wir sagen, daß die die Melancholie bewirkende schwarze Galle, wenn sie mit dem Blut gemischt ist, mit Freude und Lachen verbunden auftritt und nicht von heftiger Traurigkeit begleitet wird; ist sie aber mit dem Phlegma gemischt, so ist sie mit

---

[24] Zur philosophie- und medizinhistorischen Situierung des 'Problema XXX,1' vgl. Klibansky/Panofsky/Saxl (1992), die auch eine zweisprachige Edition bieten (55-92).

Trägheit, geringer Bewegung und Ruhe verknüpft; ist sie mit der gelben Galle gemischt, so sind ihre Symptome Unruhe, Gewalttätigkeit, Besessenheit, und sie ist ähnlich der Mania. Und wenn sie reine schwarze Galle ist, dann ist die Nachdenklichkeit sehr groß, Unruhe und Besessenheit geringer, außer wenn der Kranke erregt und zum Streit gereizt wird und einen Haß nährt, den er nicht vergessen kann."[25]

Das sind die Grundlagen für Jouberts Untersuchung des Problems des lachenden oder weinenden Melancholikers, die zugleich die Typogenese von Demokrit als dem lachenden (sanguinischen) Melancholiker betreffen, die Thomas Rütten im Zusammenhang der Interpretationsgeschichte des hippokratischen Briefromans rekonstruiert hat.[26] Nicht bloß im Kapitel VI, wo das *Problème* explizit unter einleitendem Rekurs auf das Doppelpaar des lachenden Demokrit und des weinenden Heraklit gestellt wird, sondern im Verlauf des gesamten 'Traité' wird die Melancholie des öfteren angesprochen. Wenn nur der Mensch lacht, so vor allem (neben den anatomischen Gründen), weil er zur Reflexion und Kontemplation befähigt ist und einer Vielzahl von ernsten Beschäftigungen nachzugehen hat, die ihn mit Sorgen erfüllen. Das Lachen hat Gott ihm deshalb wie den Wein zur Rekreation gegeben, damit die extreme Erschöpfung des sich bei Traurigkeit verengenden Herzens auf angenehme Weise wieder ausgeglichen werden kann (III, i). Mit Blick auf Bachtins Modell des Karnevalslachens stellt sich damit die Frage, ob Jouberts Orientierung an der Volkskultur, die sich in der Volkssprachlichkeit des 'Traité' bekundet, aus dem Fundamentalproblem der als zu einseitig und bedrückend empfundenen Gelehrtenkultur resultiert, das im Melancholiekonzept ausgetragen wird.

Zu dem Melancholiekonzept als solchem leistet Joubert keinen eigentlich neuen Beitrag. Er reproduziert nur die hinlänglich bekannte Ätiologie ihrer manischen und ihrer schwermütigen Form. Es hätte für Joubert naheliegen können, so möchte man vermuten wollen, den 'manisch-depressiven' Typus, wie ich mir zu Abkürzungszwecken einmal zu formulieren gestatte, als den idealen Lacher zu modellieren. Denn dieser Schritt hätte sich den form-, organ- und morphoanalogen Bestimmungen des Lachens als einer Mischaffektion gut eingefügt. Die Erwartbarkeit eines solchen Schritts artikuliert auch Rütten, der sich fragt, warum Demokrit nicht zur idealen Personifikation des Joubertschen Lachens ausgestaltet wird, das heißt zu einem Lachen, das „theoretisch fundiert als Ausdruck der Melancholie zu verstehen"[27] ist.

Diesen letzten Schritt hatte Joubert aber nach meiner Auffassung gar nicht im Auge, weil sein Lachen am volkstümlichen Typus des wohlbeleibten und

---

[25] Zit. nach Klibansky/Panofsky/Saxl (1992) 154.
[26] Rütten (1992) - zu Jouberts 'Traité du Ris' bes. 174-176.
[27] Rütten (1992) 176.

warmen Sanguinikers als des idealen Lachers orientiert ist. Der Philosophentypus des sanguinischen Melancholikers und damit Demokrit ist von diesem Ideal abgeleitet und ist deshalb weise, weil er das Heilmittel gegen die Austrocknung und Erkaltung gefunden hat, welches zu vermeiden hilft, daß aus der natürlichen Melancholie auf der Basis von Temperament und Komplexion die krankhafte wird.

Die eigentliche originäre Leistung Jouberts beruht darauf, daß er die Leibsymptomatik des Lachens einem Konzept von Gesundheit und Krankheit zugeordnet hat. All die Formen des irren, des zynischen, des sardonischen Lachens, die für Joubert kein wahres Lachen darstellen, führen ihn zu der Schlußfolgerung, daß das Lachen der krankhaften Melancholie kein echtes Lachen ist, sondern zum ungesunden Lachen gehören muß (III,vi,276).

6. Schlußbemerkungen

In einer Antwort auf die Redaktion von 'Novyi Mir' hat Michail Bachtin von den großen Werken gesprochen, die „in der großen Zeit leben", das heißt, mit ihren „Wurzeln in eine weit entfernte Vergangenheit zurück[gehen]" und ihre Zeitgenossenschaft in die Zukunft hinein verlängern: „Die Werke zertrümmern die Grenzen ihrer Zeit, sie leben in den Jahrhunderten, das heißt in der großen Zeit, wobei sie dort öfters (und die großen Werke - immer) ein viel intensiveres und reicheres Leben führen als in ihrer eigenen Gegenwart."[28]

Jouberts 'Traité du Ris' war statt des Weiterlebens das Schicksal beschieden, in Vergessenheit zu geraten. Auch hat Bachtin, als er sein Statement machte, nicht an theoretische Texte gedacht, sondern an die Literatur. Und die „großen Werke" sind für ihn, wie man weiß, Rabelais' komisches Romanwerk und das Dostoevskijs, vermittels derer Bachtin die volkstümliche Lachkultur des Mittelalters und die menippeische Satire entdeckte. Dennoch kann man sich die Frage stellen, ob nicht auch Jouberts 'Traité du Ris' „in der großen Zeit" lebt, wären wir nur erst in der Lage, ihn so zu verstehen und lesen zu können, wie wir Rabelais' 'Gargantua' lesen oder Montaignes 'Essais', deren erste beiden Bücher 1580, ein Jahr nach der Publikation des 'Traité du Ris' erschienen, ebenfalls von Gelehrsamkeit gespickt, ebenfalls in der Volkssprache. Daß all diese Texte sich 'wechselseitig erhellen', ist zum Teil erwiesen worden, zum Teil darf man es vermuten. Das zentrale Problem des Verhältnisses von Volkskultur und Gelehrtenkultur in der Renaissance und im Reformationszeitalter, in dessen Zentrum seit Bachtin der Lachaspekt gerückt ist, ist immer noch ein offenes, das mit der Erforschung der Positionen Jouberts auf eine breitere Basis gestellt werden kann.

---

[28] Bachtin (1995) 17.

Doch nicht nur das Verhältnis von Lachpraxis und Lachtheorie, das durch Bachtins Thesen als näher zu klärendes aufgeworfen wird, sondern auch die Geschichte des Melanchiekonzepts kann von Jouberts 'Traité du Ris' profitieren, der Robert Burtons unter dem Namen Democritus junior publiziertem Bestseller 'The Anatomy of Melancholy' um ein halbes Jahrhundert vorausgeht. Die physiologische Lachsymptomatik Jouberts dürfte für die Geschichte und Lesbarkeit des Wahnsinns vor dessen Psychiatrisierung viele Hinweise enthalten.

Schließlich macht 'die große Zeit', in der Joubert steht, auch vor unserem Zeitalter nicht halt. Die Umbrüche, die das naturwissenschaftliche Denken den naturphilosophischen Bildern vom Menschen zugefügt hat, haben es nicht vermeidbar gemacht, vielmehr eher hervorgerufen, daß Psychologie und anthropologische Philosophie des 20. Jahrhunderts im Lachen und Weinen „die Unergründlichkeit im Verhältnis des Menschen zu seinem Körper"[29] zu erkunden suchen. Zwar kann nun nicht mehr die Rede von Animalgeistern und Säften sein, doch immer noch sucht man im körperlichen Lachvorgang von „Erröten, Erbleichen, Schweißsekretion, Erbrechen, Husten, Niesen",[30] wie vierhundert Jahre zuvor Joubert, das *proprium* des Menschen.

---

[29] Plessner (1970) 40. Ich beziehe mich hier stellvertretend auf Plessner, wo das Spektrum der sonstigen Ansätze kritisch referiert ist.
[30] Plessner (1970) ebd.

Βίβλος Ιϰβέρτϰ φύσεως ἀπεμάξατο πάσης
Εἰκόν᾽. Ιϰβέρτϰ δ᾽ εἰκόνα πᾶσα φύσις.
Ιωσήπϰ Σϰαλαρϰ̃.
C'et à dire, de mot à mot.

Ce livre de Ioubert,	Et toutte la Nature,
Ha exprimé l'image	Ha exprimé l'image
De toutte la Nature:	De ce mæme Ioubert.

Abb. 1: Portrait Laurent Jouberts aus dem 'Traité du ris', Paris 1579

TRAITE' DV RIS,
CONTENANT SON
ESSANCE, SES CAVSES, ET
mervelheus effais, curieusemant recerchés, raison-
nés & obfervés,

Par M. LAVR. IOVBERT, Confelier & Medecin ordinaire du Roy, & du Roy de Nauarre,
premier Docteur regeant, Chancelier & Iuge
de l'vniverfité an Medecine de Mompelier.

ITEM,
La caufe morale du Ris de Democrite, expliquee
& temognee par Hippocras.

PLVS,
Vn Dialogue fur la Cacographie Franfaife, avec
des Annotacions fur l'orthographie
de M. IOVBERT.

A PARIS,

Chez Nicolas CHESNEAV, ruë S.
Iaques, au Chefne verd.

M. D. LXXIX.

AVEC PRIVILEGE DV ROY

Abb. 2: Titelseite
Laurent Joubert, 'Traité du ris', Paris 1579

A TRES-AVGVSTE, TRÆ-EXCELLANTE ET vertueuſe Princeſſe, Margarite de France, Royne de Nauarre, filhe, ſœur vnique, & fame de Roy, Laur. IOVBERT ſon tres-humble & træ-affeccionné ſeruiteur, ſanté & toute proſperité.

MADAME, i'ay quelque fois diſcouru ſur la dignité des partis du cors humain, le plus parfait de tous: et laiſſant à-part le cœur (eſtimé cõmunemant le Prince de noʒ mambres) ie mettois an conteſtacion le cerveau et la main. Ie diſois pour le cerveau, qu'il meritoit le premier lieu, cõm'il et au plus haut: et ancor plus, de ce qu'il dõne au reſte du cors mouvemant et ſantimant: dequoy nous differons des plantes. et puis, vn ſantimant

Qui eſt plus dine, le cerveau, ou la main. Raiſõs pour le cerveau.

ã ij

Abb. 3: Beginn der Widmung an Marguerite de Valois (vgl. oben S. 257)
Laurent Joubert: 'Traité du ris', Paris 1579

Bibliographie

Quellen

Cicero: De oratore. Über den Redner. Übers. und hg. von Harald Merklin, Stuttgart 1976.

Joubert, Laurent: Traité du Ris. Genève 1973 (Slatkine Reprints). = Réimpression de l'édition de Paris, 1579, mit vollständigem Titel:
TRAITÉ DV RIS, CONTENANT SON ESSANCE, SES CAVSES, ET mervelheus effais, curieusemant recerchés, raisonnés & observés,
Par M. LAVR. IOVBERT, Conselier & Medecin ordinaire du Roy, & du Roy de Nauarre, premier Docteur regeant, Chancelier & Iuge de l'vniversité an Medecine de Mompelier.
ITEM, *Le cause morale du Ris de Democrite, expliquee & temognee par Hippocras.*
PLVS, Vn Dialogue sur la Cacographie Fransaise, avec des Annotacions sur l'orthographie de M. Iovbert.
A Paris, Chez Nicolas CHESNEAV, ruë S. Iaques, au Chesne verd. M. D. LXXIX. AVEC PRIVILEGE DY ROY

Joubert, Laurent: Treatise on Laughter. Translated and Annotated by Gregory David de Rocher. Alabama 1980.

Untersuchungen

Alberti, Verena: La pensée et le rire. Etude des théories du rire et du risible. Phil. Dissertation Siegen 1993. Microfiche.

Amoreux, Pierre-Joseph: Notice historique et bibliographique sur la vie et les ouvrages de Laurent Joubert. Réimpression de l'édition de Montpellier, 1814. Genève 1971 (Slatkine Reprints).

Arnould, Dominique: Le rire et les larmes dans la littérature grecque d'Homère à Platon. Paris 1990 (Collection d'études anciennes 119).

Bachtin, Michail: Rabelais und seine Welt. Volkskultur und Gegenkultur. Dt. von R. Lachmann. Frankfurt/M. 1987.

Bachtin, Michail: Antwort auf die Frage der Redaktion von 'Novyi Mir' (1970). In: Mitteilungen der Deutschen Gesellschaft für Allgemeine und Vergleichende Literaturwissenschaft, hg. von Maria Moog-Grünewald u.a. Tübingen 1995 (mimeo), 7-18.

Cioranescu, Alexandre: Bibliographie de la littérature française du seizième siècle. Paris 1959.

Cottrell, Robert: Une source possible de Montaigne: Le 'Traité du Ris' de Laurent Joubert. In: Bulletin de la Société des amis de Montaigne 9-10 (1982) 73-79.

De Rocher, Gregory: Rabelais's Laughers and Joubert's 'Traité du Ris'. Alabama 1979.

Dulieu, Louis: Laurent Joubert, chancellier de Montpellier. In: Bibliothèque d'Humanisme et Renaissance 31 (1969) 139-167.

Febvre, Lucien: Le problème de l'incroyance au XVIe siècle. La religion de Rabelais. Paris 1942 (L'Evolution de l'humanité).

Fischer-Homberger, Esther: Hunger - Herz - Schmerz - Geschlecht. Brüche und Figuren im Bild von Leib und Seele. Bern 1997.

Foucault, Michel: Die Ordnung der Dinge. Frankfurt/M. 1971.

Klibansky, Raymond/Erwin Panofsky/Fritz Saxl: Saturn und Melancholie. Studien zur Geschichte der Naturphilosophie und Medizin, der Religion und der Kunst. Frankfurt/M. 1992.

Link-Heer, Ursula: Weltbilder, Epistemai, Epochenschwellen. Mediävistische Überlegungen im Anschluß an Foucault. In: Weltbildwandel. Selbstdeutung und Fremderfahrung im Epochenübergang vom Spätmittelalter zur Frühen Neuzeit, hg. v. Hans-Jürgen Bachorski/Werner Röcke. Trier 1995, 19-56.

Plessner, Helmuth: Philosophische Anthropologie. Lachen und Weinen. Das Lächeln. Anthropologie der Sinne. Frankfurt/M. 1970 (Conditio humana).

Putscher, Marielene: Pneuma, Spiritus, Geist. Vorstellungen vom Lebensantrieb in ihren geschichtlichen Wandlungen. Wiesbaden 1973.

Rütten, Thomas: Demokrit - Lachender Philosoph und sanguinischer Melancholiker. Eine pseudohippokratische Geschichte. Leiden/New York/Kopenhagen/Köln 1992 (Mnemosyne. Bibliotheca Classica Batava).

Screech, M.A./ Calder, Ruth: Some Renaissance Attitudes to Laughter. In: Humanism in France at the End of the Middle Ages and in the Early Renaissance, hg. von A.H.T. Levi. Manchester/New York 1970, 216-228.

Thomas Cramer

Von einem, der auszog, die Welt kaputtzulachen: der 'Finckenritter'

Bald so begegnet mir einer / der truog Saegesen feyl / Jch sagt zuo jhm / Landtsman / wie gibstu mir die Saegesen? Er sagt / Jch gib dir eine vmb ein juheyaho / mit lautter stimm. Jch schrey den naechsten ju ju heyjaho / so laut als ich erschreyen mocht / das Berg vnnd thal daruon erschall. Ein Esel gieng ongeferd hinder einer hecken zuo weyden / den hatte ich nicht gesehen / der sprange embor / vber denselben graben / vnnd lief daruon / schrey als j.a.j.a. vor schrecken / Jch entsetzt mich auch ab jhm / vnd vermeint nicht anders / dann das es aller Hasen Muoter wer / ich nam von dem die Saegesen / zohe auff den Rhein / vnnd maeyhet herumb / da schluog ich die maeyhen an ein Maulwerffen hauffen / vnnd in demselbigen streich / da maeyhet ich mir selbs den kopff ab / der kopff lieff den Rhein hinab / als gült es jhm ein guot gloch oder mahl / flucks lieff ich jhm nach / stieß mich aber in solcher eyl an einen ast / das mir die stirnen bluotet. (138)[1]

„[Der Mann, dem ein Auge und ein Bein fehlt]: Wie auf einen Wink des Satans / zerbrachen die Schaufenster der Weinhändler / und die Splitter erfüllten die Flaschen. / Im Schneiderladen / stiegen die Hosen von den Bügeln / und gingen spazieren / - ganz allein! ohne menschliches Gebein... Ich eilte fort, wie von einem Fluch gejagt. / Mein anderes Bein / läuft noch in der Nebengasse."[2]

Das ist, die Sprache verrät es, eine Zitatcollage aus dem Finckenritter-Druck von 1560 und einer Passage aus Wladimir Majakowskis 'Tragödie in zwei Akten von Majakowski' von 1913, die der Autor als Beispiel für „literarischen Kubofuturismus" verstanden wissen will.

Die Zusammenstellung illustriert und begründet, warum der 'Finckenritter' erst gegen Ende des 20. Jahrhunderts literarisch wirklich ernstgenommen und ediert wurde, nachdem wir gelernt haben, Kunst nicht nur als sinnvermittelnd, sondern auch als sinnverändernd oder als Werkzeug zur Zerstörung scheinbar unveräußerlichen Sinns zu schätzen, in der Hoffnung, die Zertrümmerung gewohnter Sinnzusammenhänge könne einen neuen Blick auf die Welt ermöglichen. In der zweiten Hälfte des 16. Jahrhunderts entstehen offenbar Formen der Komik, die in dieser Hoffnung der sinnzerstörenden Komik des 20. Jahrhunderts näherstehen als den Spielarten harmonisierender oder integrativer Komik des Mittelalters, auf die sie genetisch zurückgehen. Das Konstatieren struktureller Ähnlichkeiten des 'Finckenritter' mit Majakowski behauptet zugleich, daß weder der Verweis auf gängige Schreibmuster des 16. Jahrhunderts noch das

---

1 Der 'Finckenritter' wird mit Seitenzahl im Text zitiert nach Knape (1991).
2 Wladimir Majakowski, Tragödie in zwei Akten von Majakowski, 35.

Herbeizitieren volkstümlich-karnevalesker Strukturen, von denen zumindest Majakowski weitgehend unberührt sein dürfte, allein ausreichen, um den 'Finckenritter' in seiner Eigenart zu erklären.

Es verwundert nicht, daß unter der Vorherrschaft eines klassizistischen Literaturbegriffs der 'Finckenritter' allenfalls als Kuriosität angesehen werden konnte, dem man sich, wenn überhaupt, nur in der Attitude nähern kann, die Goethe gegenüber dem Palast des Prinzen Pallagonia bei Palermo einnahm:

> *Heute den ganzen Tag beschäftigte uns der Unsinn des Prinzen Pallagonia [...] Bei der größten Wahrheitsliebe kommt derjenige, der vom Absurden Rechenschaft geben soll, immer ins Gedränge: er will einen Begriff davon überliefern, und so macht er es schon zu etwas, da es eigentlich ein Nichts ist, welches für etwas gehalten sein will.*[3]

Die ausführlichste Würdigung des Werks im 19. Jahrhundert stammt von seinem ersten Herausgeber, Joseph Görres,[4] der es in den 'Teutschen Volksbüchern' (1807) als eine Art literarischen Niesens mit kathartischer Wirkung für den Autor ansah; es sei „ohne Zweifel die Geburt weniger Augenblicke eines Geistes, der in dieser Sternschnuppe sich reinigte."[5] Die weiteren Äußerungen der Literaturwissenschaft beschränken sich auf kurze Bemerkungen, aus denen immerhin hervorgeht, daß die Beurteiler den Text ungeachtet seiner Gattungszuweisung 'Volksbuch' als ausgesprochenes Literatenwerk in der Tradition manieristischer und antiklassizistischer Dichtung erkannten.

In wie starkem Maße der 'Finckenritter' als gelehrte Literatenarbeit anzusehen ist, hat Knape in seiner editionsbegleitenden Studie gezeigt und gleichzeitig (unabsichtlich) demonstriert, daß die Erzählung sich nicht auflöst in ihrer Rückführung auf tradierte Schreib- und Gattungsmuster.

Der *mundus inversus*, die verkehrte Welt, unterstellt immer, - der Terminus sagt es -, die Wiederumkehrbarkeit. Mit andern Worten: die 'verkehrte' Welt setzt die Existenz einer 'richtigen' Welt voraus und verweist gerade in ihrer Verkehrtheit auf sie. Richtige und verkehrte Welt stehen zueinander im Verhältnis einer „Logik der Umkehrung",[6] einer „Logik der ständigen Vertauschung von Oben und Unten, von Gesicht und Hintern."[7]

Daher konstituiert sich die verkehrte Welt aus einem charakteristischen Arsenal von Umkehrungsmustern. Hierarchien und Körper werden auf den Kopf gestellt: Menschen bewegen sich kopfüber, Kinder erziehen ihre Eltern, Diener

---

[3] Johann Wolfgang von Goethe, Italienische Reise, 242. Eine neutrale Würdigung und Neubewertung des manieristischen Barock dieses Palastes fand ebenfalls erst im 20. Jahrhundert statt: Lohmeyer (1941/43).
[4] Vgl. Knape (1991) 98.
[5] Görres (1807) 182.
[6] Bachtin (1987) 59; vgl. weiter Brinker-von der Heyde (1990).
[7] Bachtin (1987) 59f.

schikanieren ihre Herren, Bettler sitzen auf dem Thron und Könige flehen um Almosen. Zugehörige Umgebungen werden vertauscht: Fische schwimmen in der Luft, Vögel fliegen im Wasser, Gebäude stehen auf Wolken und der Mond siedelt auf der Erde.[8] Alle diese Elemente der verkehrten Welt werden durch einfache Umkehrung gewonnen und bestätigen in ihrer Verkehrtheit die Stabilität, Gültigkeit und Normalität des Ausgangsmusters, das nicht zerstört, sondern zeitweilig spielerisch außer Kraft gesetzt wird.

Dem Gesetz der einfachen Umkehrung gehorchen nur wenige Motive im 'Finckenritter'. Der Held kommt an

ein grossen mechtigen / erschroeckenlichen / tieffen / vnnd schiffreichen bach / da was kein wasser / darinn giengen drey geladener Schiff / das ein hat kein boden / das ander hat keine Wend / das dritte was nicht da. (137)

Soweit sind die Elemente noch umkehrbar, wenngleich beim dritten Schiff die Verkehrung von Etwas in Nichts und umgekehrt einen metaphysischen Sprung bedeutet, der die Grenzen der verkehrten Welt zu transgredieren droht. Wenn sich aber der Finckenritter in das Schiff setzt, *das nicht da was* (137), so ist diese Handlung kaum noch ohne Sinnlücke umkehrbar, denn die Aussage: ich setzte mich in ein Schiff, das es gab, wäre in ihrer tautologischen Selbstverständlichkeit kaum sinnvoller als das Gegenteil, weil sie zwangsläufig die Möglichkeit einräumt, man könne sich in ein Schiff setzen, das es nicht gibt, d.h. die Umkehrung der Aussage höbe sich selbst auf.

Das trifft vollends zu für Aussagen und Begriffe, die sich der „Logik der Umkehrung" gänzlich entziehen wie das *schweinen Kalb* oder der *beltzinen schmaltz tigel* (136), der so wenig durch Umkehrung in Normalität auflösbar ist wie Meret Oppenheims berühmte Pelztasse von 1936, die er vorwegnimmt. Ein

huebscher / schwacher feiner / grauwer / junger / bloeder alter schoener / hurtiger Mann / [...] *der hat ein Baertlin mit schindlen gedeckt / ein Badstueblin auff der Nasen /* [...] *hincket an einem ohr / vnnd stamlet an einem ellenbogen* (136)

entzieht sich jeglicher Logik, auch der der Umkehrung.

Die Lügenreise, eine weitere Gattung, in deren Tradition der 'Finckenritter' steht, führt wohl in phantastische oder exotische Gegenden, aber immer liegen sie in der gesetzmäßigen Topographie eines Kosmos, an dessen Ordnung sich die Lügenhaftigkeit des Berichtes gerade entlarvt. Lukians 'Wahre Geschichte', die Mutter aller Lügenreisen, auf die als Modell für den 'Finckenritter' Knape zu Recht verweist,[9] siedelt das Schlaraffenland auf einer der Inseln der Seligen an, wo sich die Reisenden mit einer ordentlichen Sondergenehmigung des Rha-

---

[8] Vgl. dazu Burke (1981) 202f.
[9] Knape (1991) 124ff.

damanthus für begrenzte Zeit aufhalten. Die wunderbare Hervorbringung fertiger Nahrungsmittel durch die Natur ist eine folgerichtige Konsequenz der außergewöhnlichen Fruchtbarkeit des Landes:

> „Das Land ist daher immer grün, und mit allen Arten von Blumen sowohl, als von zahmen und schattichten Bäumen besetzt. Ihre Weinreben tragen zwölfmal des Jahres; ja die Pfersich- und Äpfelbäume und alle Obstbäume überhaupt sollen sogar dreyzehn mal, nehmlich in dem Monat, den sie nach dem *Minos* benennen, zweymal, Früchte bringen. Anstatt des Weizens treiben ihre Ähren kleine Brödtchen, wie Schwämme, aus ihren Spitzen hervor. Rings um die Stadt sind dreyhundert und fünf und sechzig Quellen mit Wasser, eben so viele mit Honig, funfzig etwas kleinere mit wohlriechenden Essenzen und Öhlen; und überdieß sieben Flüsse mit Milch und achte mit Wein."[10]

Aus des Finckenritters Schlaraffenland ist die Natur konsequent ausgetrieben und ersetzt durch offenbare und unverhüllte Fiktionalität. Es versucht gar nicht mehr den Eindruck zu erwecken, als sei seine Beschaffenheit ein paradiesischer Idealfall der vorfindlichen Natur und so vom glücklichen Entdeckungsreisenden auffindbar. Es besteht nicht nur aus verarbeiteten Produkten, die überdies ihrer Bestimmung als Nahrungsmittel entfremdet und als Baumaterialien verwendet sind, es liegt auch in einem irrealen Raum und in einer irrealen Zeit:

> *So kommen ich inn ein Dorff / da waren die heuser mit kottfleisch gemacht / [...] die stuben mit den schweinen bachen getaeffelt / [...] Auch alle Zeun vmb das Dorff / mit lauter Brat vnnd Laeberwuersten geflochten / Die Leuth die sprungen hinder dem Offen / vnd auff den baencken dann es was vmb Pfingsten / so des Heyligen Zwoelff Botten Sanct Thomas tag im jar ist / Eben zuo der selbigen zeit / als man gern vnder der nasen schwitzen thuot [...] Die Burger in demselben dorff hatten ein gemeynen lautenschlager / der schluog alle Sonntag / neun Doerffern eins mals zuo dantz / vnnd heissen die selben Doerffer / Roßburg / Schaaffweiler / Geißbrunnen / Rindsheym [...]* (138f.)

Auch wenn Lukians Reisender die Erde verläßt, bewegt er sich doch immer noch in einem nach aristotelischem Weltbild wohlgeordneten Kosmos, während im 'Finckenritter', noch bevor die Reise einsetzt, die Geographie derartig durcheinandergeraten ist, daß eine sinnvolle Orientierung schlechterdings unmöglich wird und sich die Frage nach der Wahrheit als dem Hintergrund der lügenhaften Schilderung gar nicht mehr stellt.

> *Eben zuo denselben zeiten / als der groß Chan vonn Cathay / zuo Straßburg inn der Ruoprechts Auwe regiert / vnnd Herr Johann von Monteuilla / Ritter auß Engelland / die gantze Welt / so weit der Hymmel blaw / vmbzogen ist. Da Priester Johann von Jndia / auff der Haller Wisen zuo Nuerenberg / bey den Kemmetfegern / neben dem Kettenbrunnen zuo Heidelberg / gegen des Babylonischen seyffenwebers hauß vber / ein Probst des Paradeyses war.* (135)

---

10 Lukian von Samosata, Lügengeschichten und Dialoge, 129.

Werner Röcke hat die Andersartigkeit des 'Finckenritter' gegenüber traditioneller Reiseliteratur, und sei sie noch so phantastisch, präzise analysiert:

> „Möglich wird diese Vereinigung der Gegensätze von Fremdem und Eigenem durch eine literarische Phantasie, welche die Topoi der Reiseliteratur zwar noch zitiert, zugleich aber ihrem gewohnten Denkzusammenhang entzieht [...] Zwar bedient sie sich noch einzelner Elemente mittelalterlicher Reiseliteratur. Die Logik aber, nach der diese Elemente nun zu einer neuen ästhetischen Collage komponiert werden, ist eine gänzlich andere geworden: Die Verkehrung vertrauter Maßstäbe des Denkens und Sprechens ist nun nicht mehr in die Exotik der Fremde [...] verlagert, sondern Teil der vertrauten Welt selbst."[11]

Und eben deshalb, so könnte man hinzufügen, wird die scheinbar vertraute Welt unversehens erschreckend unvertraut.

Im Gegensatz zum 'Finckenritter' zeichnet eine inhärente Logik auch die Textmuster des 16. Jahrhunderts aus, die man in Ermangelung eines besseren Terminus unter 'Unsinnspoesie' oder 'Nonsens-Rede' zu subsumieren pflegt. Zu Gargantuas Experimenten mit Arschwischen, *comment Grandgousier cogneut l'esperit merveilleux de Gargantua à l'invention d'un torchecul*[12] bemerkt Bachtin, „daß die Wahl der Gegenstände nicht völlig zufällig ist, sondern daß sie eine eigene, wenn auch ungewöhnliche Logik hat."[13]

Daß der Autor des 'Finckenritter' Rabelais' Werk gekannt hat, scheint mir aus mehreren Motivähnlichkeiten und Anspielungen hervorzugehen. Wie Gargantuas Geburt durch den übermäßigen Genuß von Kutteln eingeleitet wird, so die des Finckenritters durch den unmäßigen Verzehr von Speckkuchen. Der Richter im 39. Kapitel des dritten Buchs heißt *Bridoye*, Gänseritter, als welcher der Finckenritter auf dem Titelholzschnitt präsentiert wird.

Die Textsorte der 'Nemo'-Parodien, Collagen aus (Vulgata-)Zitaten, in denen das Wort *nemo* vorkommt und als Eigenname mißverstanden wird. (*Fuit magnus in musica, in Apokalipsi: Nemo poterat discere canticum*, Apok. 14,3)[14] bezeichnet Bachtin als „formalanarchisch":

> „Das in Nemo personifizierte Spiel mit der Negation hat ein gewisses utopisches Moment, wenn auch von eher formalanarchischem Charakter. Bei allen Unterschieden zwischen diesem Spiel mit der Verneinung und den oben analysierten chronotopischen Formen (verkehrte Welt) bestehen zwischen beiden wesentliche funktionale Gemeinsamkeiten."[15]

---

11 Röcke (1997) 365f.
12 Rabelais, Œuvres complètes, I, 54.
13 Bachtin (1987) 448.
14 Nemo (Kurzfassung), in: Bayless (1996) 293.
15 Bachtin (1987) 460.

Im Unterschied dazu könnte man den 'Finckenritter' mit der Analogiebildung 'substanzanarchisch' charakterisieren.

Am nähesten scheint in der Schreibart dem 'Finckenritter' noch Rabelais' coq-à-l'âne-Rede im Prozeß Baisecul gegen Humevesne vor Pantagruel zu stehen, der in der Tat jede inhärente Logik abhandengekommen ist:

> *Grand mercy, Monsieur, dist le seigneur de Baisecul. Mais, à propos, passoit entre les deux tropiques, six blancs vers le zenith et maille par autant que les mons Rhiphées avoyent eu celle année grande sterelité de happelourdes, moyennant une sedition de Ballivernes meue entre les Barragouyns et les Accoursiers pour la rebellion des Souyces, qui s'estoyent assemblez jusques au nombre de bon bies pour aller à l'aguillanneuf le premier trou de l'an que l'on livre la soupe aux boeufz et la clef du charbon aux filles pour donner l'avoine aux chiens.*[16]

Die Sinnlosigkeit dieser Rede läßt sich in der Übersetzung nur unvollkommen wiedergeben, die sich viel zu sehr um logische Verknüpfungen bemüht:

> „'Sehr verbunden', sagte Herr von Leckart. 'Bei dieser Gelegenheit kam sie, gegen den Zenith hin, zwischen die beiden Sechsheller- und Zweigroschen-Tropen; denn in den Rhipäischen Gebirgen war in diesem Jahr gerade das Narrenfutter sehr schlecht gerathen, weil die Narrenspossen unter den Rothwelschen und Akkursirern aufständisch geworden waren, was wieder in den Unruhen der Schweizer seinen Grund hatte, die sich haufenweise zusammenscharten, um nach Schnabelwetz, dem ersten Jahresloch, zu ziehen, wo den Mädchen Rindersuppe und Kohlenschlüssel ausgetheilt wurden, damit sie die Hunde mit Hafermus füttern könnten.'"[17]

Die Aussagen dieses Textes bilden keinen Sinnzusammenhang mehr und werden durch keine innere Logik zusammengehalten, so daß der Rabelais-Herausgeber Jourda seinen Kommentar auf den Stoßseufzer beschränkt: „Il est inutile de les expliquer".[18] Und doch ist die Rede keine beliebige Anhäufung sinnlosen Gestammels. Hat sie auch keine inhärente logische Organisation, so hat sie doch eine Logik des Kontexts: coq-à-l'âne-Reden sind stets, wie auch hier, eingebettet in einen akademischen oder forensischen Zusammenhang, in dem man eine besonders stringente und folgerichtige Argumentationsführung erwartet. Indem sie diese Erwartung komisch täuschen, verweisen sie zugleich auf diesen Zusammenhang und seine Normalität. Sie sind gleichsam die verkehrte Welt der Rhetorik, die eine „Logik der Umkehrung" aus dem Zusammenhang bezieht, in dem

---

16 Rabelais, Œuvres complètes, I, 276.
17 Rabelais' Gargantua und Pantagruel I, 223.
18 Rabelais, Œuvres complètes, I, 276, Anm. 1.

sie steht. Sie gewinnt ihren Unsinn durch den Rekurs auf einen Sinn, der im geordneten Kontext angesiedelt ist,[19] und eben dieser Kontext fehlt dem 'Finckenritter'.

Die von Knape ausführlich analysierten Schreibmuster, denen die Erzählung grundsätzlich verpflichtet ist, wurden kurz gemustert, um zu zeigen, daß aus ihnen die Eigenart des 'Finckenritters' nicht erklärt werden kann.

Die poetische Struktur des Werks leitet sich bei aller Verwandtschaft nicht ab aus Mustern komischen, satirischen oder grotesken Schreibens im 16. Jahrhundert. Es macht seine beunruhigende Besonderheit aus, daß er seine innere Logik und damit seine Einheit aus Momenten bezieht, die mit unernster Schreibart zunächst wenig zu tun zu haben scheinen: der leitmotivischen Verwendung religiös-biblisch konnotierter Bilder und Aussagen und der konsequent durchgehaltenen Ich-Perspektive.

Eine leitmotivische Klammer ist das Motiv der Wiedergeburt. Schon der Titel des Werks verweist in seiner doppelten und variierten Formulierung darauf, daß es sich bei der Geburt des Finckenritters erst gegen Ende der Erzählung nicht einfach um eine groteske Umkehr der Zeitabläufe handelt. Das Buch handelt von einem Ritter, *der drithalb hundert Jar / ehe er geboren ward / viel land durchwandert / [...] vnd erst von newem geboren worden* (134, Hervorhebung von mir). Das Ziel seiner Abenteuerfahrt ist die Wiedergeburt als Menschwerdung, *der Ritterschafft nach zutrachten / [...] so lang / biß ich auch ein mal auff erdtrich keme / wie andere menschen.* (135f.) Die Geburt des Finckenritters am Ende der Erzählung ist tatsächlich eine Wiedergeburt, und die Überschrift zur Schlußepisode sagt es eindeutig: *Vonn der geburt des Edlen Ritters Policarpi / genandt Fincken Ritter / wie er von newem geboren / vnd auff erden kommen.* (140)

Die Vorstellung von der Wiedergeburt ist bekanntlich ein zentraler Bestandteil christlicher Glaubens- und Sakramentallehre. Sie geht auf die Jesusworte in der Nicodemuserzählung des Johannesevangeliums zurück:

---

[19] Ich begründe damit den 'Sinn' der coq-à-l'âne-Rede etwas anders als Bachtin (1987) der, das liegt in der Konsequenz seiner Argumentation, in ihr eine „Karnevalisierung der Rede" (472) sieht. „Zwischen den Motiven dieses Fragments gibt es, wie wir sehen, keinerlei Sinnzusammenhang [...] Doch selbst die disparatesten Motive bewahren den Geist des Rabelaisschen Motivsystems – auch sie repräsentieren die groteske Welt, in der der gebärende, verschlingende und ausscheidende Körper mit den Naturerscheinungen und selbst mit dem Kosmischen verschmilzt [...] Verschiedene Haus- und Küchenutensilien erfahren eine karnevaleske Verwendung, die ihrem eigentlichen Zweck genau entgegengesetzt ist: Suppenverteilung an die Ochsen, Hundefütterung mit Hafer [...] Schließlich sind all diese grotesk-leiblichen, kosmischen und karnevalesken Motive von politischen und historischen Ereignissen durchsetzt." (471)

> „Jhesus antwortet/ vnd sprach zu jm/ Warlich/ warlich/ Jch sage dir/ Es sey denn/ das jemand von newem geborn werde/ kan er das reich Gottes nicht sehen. Nicodemus spricht zu jm/ Wie kan ein Mensch geboren werden/ wenn er alt ist? Kan er auch widerumb in seiner Mutterleib gehen/ vnd geborn werden? Jhesus antwortet/ warlich/ warlich/ Jch sage dir/ Es sey denn/ Das jemand geboren werde/ aus dem Wasser vnd Geist/ so kann er nicht in das Reich Gottes komen."[20]

Zwei Vorstellungen von Wiedergeburt stehen im Evangelientext gegeneinander, die geistlich belanglose und von Natur unmögliche leibliche Wiedergeburt eines Erwachsenen und die heilbringende geistliche Wiedergeburt aus Wasser und Geist, die das Jesuswort zur Einsetzung des Taufsakraments und zur Vorausdeutung auf das Pfingstwunder macht.

Es ist evident, daß der Lebenslauf des Finckenritters ausschließlich nach der geistlich verkehrten Vorstellung der leiblichen Wiedergeburt des Erwachsenen verläuft. Nach präziser Angabe des Textes ist er 250 Jahre alt, als er *widerumb* in seiner Mutter Leib geht. Seine acht Tagreisen führen zu einem verkehrten Ziel. Die Acht ist die Zahl des neuen Lebens, der Wiedergeburt und der Auferstehung. Acht Menschen werden in Noahs Arche gerettet; nach acht Tagen erscheint der Auferstandene dem ungläubigen Thomas; der 3/8 Chorschluß der gotischen Kirchen wird mit den Symbolbedeutungen der Dreifaltigkeit und der Auferstehung in Zusammenhang gebracht. Die Zahl Acht wird so zum Symbol des neuen, ewigen Lebens, zu dem die Taufe hinführt, die darum auch *sacramentum octavi* heißt. Der Finckenritter hingegen wird nicht als neuer Mensch wiedergeboren, sondern als der, der er vorher schon war. Sein Achttageweg führt ihn nicht zu neuem Leben, sondern zum alten.

Unter dieser Perspektive fällt die ausgeprägte Wasserscheu des Finckenritters auf und bekommt ihre Signifikanz als Verweigerung des Wiedergeborenwerdens aus dem Wasser der Taufe. Tatsächlich scheut vor und nach seiner Wiedergeburt der Held das Naßwerden wie der Teufel das Weihwasser.

> *SObaldt ich aber auff Erdtrich kame / vnd geboren warde /* [...] *wolt mich die Hebam gleich baden / das wolt ich nicht leiden (dann ich hette sein nicht gewonet) sunder ich sprang von stund an auß dem Bade / vnd verkroch mich in ein winckel.* (140)

Mit der Verweigerung des Bads der Wiedergeburt setzt er nur fort, was auch in seinem ersten Leben sein Bestreben war: jede Berührung mit dem Wasser zu vermeiden. Das Verkehrte-Welt-Motiv des Schiffens auf *truckenem Land* (135), mit dem er seine Reise beginnt, bekommt im Kontext der Motive, die auf eine Verweigerung der Wiedergeburt aus dem Wasser (der Taufe) verweisen, und im Zusammenhang mit der christlichen Schiffsallegorie seine besondere Bedeutung.

---

[20] Joh. 3, 3-5, Lutherbibel von 1544.

Das einzige Mal in der Erzählung, wo er sich notwendigerweise waschen muß, tut er das an einem *drucknen bach*:

> *da flohe ich vor schrecken zuo der thueren hinauß / vnnd sprang so schnell / das ich weydwund ward / vnnd mir das kroeß herauß lampt. Jch lieff eylends vber ein drucknen bach / wuosche das kroeß sauber / thet es widerumm hinein.* (137)

Auch im nächsten Bach, an den er in der vierten Tagreise gelangt, *was kein wasser* (137), so daß er ihn gefahrlos in dem *schiff das nicht da was* überqueren kann. Nur einmal kommt der Held intensiver mit Wasser in Berührung: als er sich *neun elen warm wasser* kauft, *darauß wolte ich ein winter rock machen* (137f.). Es liegt nicht fern, diese Aussage auf eine Schwangerschaft zu deuten, durch die er *auch ein mal auff erdtrich keme/ wie andere menschen* (136), aber der Versuch schlägt fehl: das Tuch bleibt unverarbeitet[21] und gerät über der grauenhaften Episode vom abgesichelten Kopf in Vergessenheit.

Ich verweise nur am Rande darauf, daß die leitmotivische Wiedergeburtsthematik garniert ist mit einer Fülle christlich-biblischer Anspielungen, die ins Lächerliche oder Parodistische verkehrt werden.

Die christliche Schiffsallegorie steht deutlich im Hintergrund der drei Schiffe, von denen zwei unvollständig und eins überhaupt nicht vorhanden sind. Auferstehungsmotive kann man wiederfinden in den Episoden von der Laute und dem hohlen Eichbaum. Der Baum gilt wegen der Aussage Hiob 14,7ff. als Auferstehungssymbol: „Ejn Bawm hat hoffnung/ wenn er schon abgehawen ist/ das er sich wider verendere." Diese Aussage ist weiter beziehbar auf die gleich nach der Episode vom hohlen Eichbaum erzählte Geschichte vom abgehauenen und verkehrt wieder aufgesetzten Kopf. Die Formulierung *ich war zornig / lieff bald heym / vnd holt ein axt / vnd hüwe den Baum ab / vnnd schloff also durch die Wurtzel herauß.* [...] *ich warde noch zorniger /* [...] *vnd holte ein feür* [...] *vnnd zuendt die doerner an* (137) assoziiert überdies die Taufpredigt (!) Johannes des Täufers: „Es ist schon die Axt den Bewmen an die wurtzel gelegt/ Darumb welcher Bawm nicht gute Frucht bringet/ wird abgehawen vnd ins fewr geworffen." (Matth. 3, 10)

Die *drey gesellen / der ein was nackend / der ander blind / der dritt gieng auff einer Steltzen / Der Blind der sahe ein Hasen / der auff der steltzen erlieff jhn / vnnd der nacket schobe jhn inn buosen* (136) verdanken ihre scheinbar paradoxe Existenz unmittelbar der Antwort Jesu auf die Anfrage des Täufers: „Die Blinden sehen/ vnd die Lamen gehen [...] Vnd den Armen wird das Euangelium geprediget." (Matth. 11,5). Verkündet das Evangelium die verkehrte Welt? Stellt sich umgekehrt die verkehrte Welt durch die Aussage des Evangeli-

---

21 *WIE ich mit meinem Thuoch zuo eim Winterrock / also fuert zeuch* (138).

ums als die normale heraus? Wird die Evangelienaussage durch ihre Beziehung auf das Verkehrte-Welt-Muster persifliert?

Die Abenteuer des Finckenritters lassen sich also auch als Travestie und Persiflage der christlichen Lehre von der Wiedergeburt aus Wasser und Geist lesen, in deren Verlauf der Held immer wieder mit deutlichen Teufels-, Dämonen- und Hexerkonnotationen versehen wird. Am Anfang der Reisen des Finckenritters steht der Versuch, mit Wasser und Geist nach der Formulierung des Johannesevangeliums umzugehen. Er *Kaufft etlich hundert last gedistilliert vernunfft Wasser/ wolt daran gewinnen* (135). Aber er setzt Wasser und Geist nicht ein zu seinem Heil, sondern betrachtet sie als käufliche Ware, durch die Reichtümer zu erlangen sind nicht anders als der Zauberer Simon. „Da aber Simon sahe/ das der heilige Geist gegeben ward/ wenn die Apostel die Hende aufflegten/ Bot er jnen Gelt an/ vnd sprach/ Gebt mir auch die macht/ das/ so ich jemand die hende aufflege/ derselbige den heiligen Geist empfahe." (Apg. 8,18f.)

Die Worte der christlichen Botschaft, verkündet in *einer zwilchenen Kirchen* von einem *haeberinen Caplan* (137) bedeuten für den Finckenritter Angst und Schrecken und treiben ihn aus, wie sie den Teufel vertreiben. Der *Caplan sang Amen / Jch gedacht / er saget / fahen mir den / da flohe ich vor schrecken zuo der thueren hinauß* (137). Die Verwundung, die er sich bei der Flucht zuzieht, heilt er mit einem Elixier, das des Hexenzaubers verdächtig erscheint:[22] *vnnd schutte etliche klaffter Meerkatzen bluot darzuo / das thet ich darumb / das ich widerumb leichtsinnig vnnd froelich wurd* (137). Den Weg in den Leib seiner Mutter findet er in Persiflage der Verkündigungsszene und zugleich des Luzifersturzes mit dem *windtschiff* durch die Luft und wie der Teufel durch den Kamin fahrend:[23]

> *da saß ich in ein Windschiff / vnnd segelt vber stoeck vnnd vber stauden [...] so lang / biß ich zuo letst heym kam / da fuor ich fast hoch vber dem hauß oben zuom kemmet ein. Von stund an schutt mich das windtschiff aaß / vnd fiel ich von oben an / durch*

---

[22] Einen unmittelbaren Beleg für Meerkatzenblut als teuflisches Heil- und Zaubermittel habe ich trotz der freundlichen Hilfe von Gerhild Williams nicht gefunden. Die Teufelskonnotation der Meerkatzen ist jedoch geläufig.

[23] Bekanntlich hat Heinrich Wittenwiler rund 150 Jahre zuvor im 'Ring' schon das gleiche Motiv verwendet:
> *Bertschi wolt des zuo luogen*
> *Und stiess daz haubet durch ein loch:*
> *Do was er swärer dann ein bloch;*
> *Dar umb so muost er vallen*
> *Vor den chindern allen*
> *Und dem vatter in daz feur*
> *Sam der tiefel ungeheur.* (VV. 1490-1496)

alle bünen / kasten / boeden / stegen / vnd gemach / biß inn den hauß ehren ein / zuo aller vnderst fuer die Stubenthuer. (140)

Auf dem durch ein Bild in Jörg Wickrams 'Losbuch' angeregten Titelholzschnitt[24] haben die Füße des Finckenritters deutlich bocks- oder pferdefüßige Gestalt angenommen; den Schwanz hat der Reiter schon bei Wickram.

Geschichten aus der in der zweiten Hälfte des 16. Jahrhunderts inflationären Teufelsliteratur finden sich in abgewandelter Form im 'Finckenritter' wieder. Die Episode vom Lautenton, der sich verselbständigt und einen ganzen Tag bis zum Abend in neun Dörfern umherzieht,[25] dürfte ihren Ursprung in der verbreiteten Geschichte von der Bologneser Lautenschlägerin haben, die durch Einwirkung des Teufels noch zwei Jahre nach ihrem Tode herumwandert und zum Tanz spielt.[26] Motive geliefert haben dürfte auch die von Wolfgang Bütner in der 'Epitome historiarum' erzählte Geschichte vom Zauberer Hans Michel, der sich seinen Verfolgern durch ständige Verwandlung zu entziehen weiß: in einen Dornbusch, in einen Hasen, in Glut unter der Pfanne, und der schließlich, als er geköpft wird, den Richtplatz verzaubert.[27]

Bei allen Anspielungen und Konnotationen: der 'Finckenritter' ist sowenig eine konsequente Teufelserzählung wie er eine konsequente Nachahmung anderer Textmuster ist, und vor allem gewinnt er aus ihnen nicht seine Komik als konsequente Parodie. Gewiß scheint es deutlich, daß das Werk auch zu sehen ist im Kontext der Verteufelung des Komischen, die sich als eine Konsequenz der von Peter Burke beschriebenen, konfessionell nicht begrenzten Trennung von Heiligem und Profanem im 16. Jahrhundert darstellt.[28]

Sie ist zwar im 16. Jahrhundert nicht ganz so neu wie Burke meint - schon Dante wettert im 29. Gesang des Paradiso gegen die Kanzelkomik: *Ora si va con motti e con iscede / a predicare, e pur che ben si rida, / gonfia il cappuccio, e più no si richiede*[29] - aber es ist kein Zweifel, daß sie im 16. Jahrhundert an Intensität und Schärfe zunimmt.

---

[24] Vgl. Knape (1991) 111f.
[25] *so strauch ich / vnnd fiel durch den Lauten sternen / wol ein gantz viertel stund in die Lauten / ehe ich auff den boden kam [...] der thon aber inn der Lauten lieff nicht dester weniger in aller stercke / den selben abendt / die nacht vnnd morgen vber alles feld zuo den neün Doerffern / biß mittag / am Sonntag / so klang es dann inn jedem Dorff besunder / das es ein freude zuohoeren was.* (139)
[26] Die Geschichte ist überliefert im 'Theatrum diabolorum', Frankfurt 1575, fol. 69^v und in 6 weiteren Quellen. Vgl. Alsheimer (1974) 474.
[27] Wolfgang Bütner, Epitome Historiarum, 1576, fol 61^v. Vgl. Alsheimer (1974) 489.
[28] Burke (1981), bes. 225ff.
[29] Par. 29, 115-117: „Jetzt geht man mit Späßen und Witzen ans Predigen, und wenn nur ordentlich gelacht wird, bläht sich der Klingelbeutel, und mehr will man nicht."

1541 wird in England gegen die karnevaleske Wahl von Narrenäbten und Kinderbischöfen polemisiert, denn sie gereiche „eher zur Verspottung denn zur wahren Ehre Gottes und der Heiligen".[30] In den Charivaris sah man plötzlich eine Verhöhnung des Sakraments der Ehe. Die allenthalben üblichen komischen Gesellentaufen wurden 1655 von einem Pariser Theologengremium als Verspottung und Profanierung der Taufe verurteilt. „Die Theologen konnten den Unterschied zwischen einer Parodie des Taufzeremoniells und der Verspottung der Taufe nicht [mehr] wahrnehmen".[31] Gian Matteo Giberti, der Bischof von Verona, verurteilt Prediger, die „lächerliche Geschichten erzählen und Ammenmärchen in der Art der Narren (*more scurrarum*) und damit erreichen, daß sich die Gemeinde vor Lachen biegt."[32]

Die wirklich drastischen Formen religiöser Parodie wie die 'Lectio Danielis prophetae'[33] entstehen erst dann, wenn die „familiäre Nähe"[34] zum Sakralen in der Distanzlosigkeit der Komik als ehrfurchtslos oder gar blasphemisch denunziert wird, während die Komik im religiösen Zusammenhang im Mittelalter unter anderem durch die Anbindung an den didaktischen Zweck domestiziert wird.[35] Insofern ist die Tauf- und Wiedergeburtspersiflage im 'Finckenritter' ganz sicher im Kontext der zeitgenössischen religiös-geistlichen Persiflagen zu sehen, aber ein in profane Handlung verkleidetes Seitenstück der geistlichen Parodie ist sie nicht.

Die inhärente Logik der Geschichte bestimmt sich aus einem bisher unbeachtet gebliebenen Phänomen: der 'Finckenritter' ist eine der ersten längeren fiktionalen Erzählungen in deutscher Sprache, die konsequent aus der Ich-Perspektive geschrieben ist. Nach dem Ende der spätantiken Erzählliteratur ist in Europa mehr als tausend Jahre lang keine fiktionale Ich-Erzählung mehr entstanden. Nur die Bindung an die Allegorie oder die Vision wie im 'Rosenroman', in der 'Göttlichen Komödie' oder in Hans Sachs' 'Lobspruch von Nürnberg' erlaubte das Erzählen in der Ich-Form. In allen diesen Fällen ist das Ich aber nur Medium der Weitergabe als objektiv behaupteter Tatbestände. Erst in der zweiten Hälfte des 16. Jahrhunderts entdecken in Europa die Autoren das erzählende Subjekt als Medium einer fiktionalen Welterfahrung wieder. Das erste Wort des 'Finckenritter' ist *Ich*:

> ICH HERr Policarpus / vonn Kyrrlarissa / genant der Fincken Ritter / Landtpfleger / des Großmechtigen Fuersten / Morotathorum. (135)

---

[30] Für dieses und die folgenden Beispiele vgl. Burke (1981) 224ff.
[31] Burke (1981) 224.
[32] Zit. nach Burke (1981) 225.
[33] In: Bayless (1996) 387-393.
[34] Burke (1981) 225.
[35] Vgl. v.a. Horowitz/Menache (1994), sowie Schuldes (1974).

Den Ich-Anfang hat der 'Finckenritter' gemein mit seinem großen, etwa gleichzeitig entstehenden weltliterarischen Bruder, dem spanischen 'Lazarillo de Tormes'.³⁶ Auch er beginnt mit dem Wort „Ich":

> Yo por bien tengo que cosas tan señaladas, y por ventura nunca oídas ni vistas, vengan a noticia de muchos y no se entierren en la sepultura del olvido, pues podría ser que alguno que las lea halle algo que le agrade, y a los que no ahondaren tanto los deleite.³⁷

Mit dem Ich-Anfang eröffnet der 'Lazarillo' die verbindliche Tradition der Ich-Perspektive für den europäischen Schelmenroman. Sie ist im Zusammenhang dieser Gattung eine Perspektive von unten, die es ermöglicht, die Dinge dieser Welt neu zu sehen, neue Zusammenhänge herzustellen und neu zu bewerten. In dieser Hinsicht haben die ersten vier Wörter des 'Lazarillo' eine beziehungsreiche Mehrdeutigkeit, die durch die Übersetzung verdeckt wird. *Yo por bien tengo*, i c h halte für gut, das heißt auch: das Ich des Bettlerjungen wird zur entscheidenden Instanz der Einschätzung von Welt.

Hier offenbaren bei aller Ähnlichkeit die beiden Erzähleingänge entscheidende Unterschiede. Um die Welt kritisch einschätzen zu können mit dem möglichen Ziel ihrer Veränderung, braucht das Ich einen Standpunkt. Ihn bekommt bei aller Labilität seiner Lebensschicksale mit dem Einsetzen der Erzählung Lazarillo durch eine präzise Bestimmung seiner Herkunft.

> „Also, zuerst müssen Euer Gnaden einmal wissen, daß ich Lazarus vom Tormes heiße, Sohn des Thomas Gonzalez und der Antonia Perez, die beide aus Tejares stammen, einem Dorf bei Salamanca. Meine Geburt vollzog sich auf dem Tormes-Fluß, weswegen man mir auch diesen Beinamen gab."³⁸

Im Gegensatz zum 'Lazarillo' hat das Ich des Finckenritter weder eine genealogische noch eine geographische Herkunft. Das Subjekt ist einfach da, es ist absolut und beziehungslos und gerade deshalb hat es keine Möglichkeit, eine Beziehung zur Welt herzustellen. Die zitierten Fälle gestörter Kommunikation sind nur ein Symptom dafür.

Gemeinsam ist beiden Erzählungen: Das erzählende Subjekt ist gleichzeitig erlebendes Subjekt. Dadurch ist es nicht nur Medium des Entwurfs von Fiktionalität, es ist gleichzeitig Mittel der Erfahrung der Fiktionalität von Welt. Aus

---

36 Vgl. Jauß (1957).
37 La vida de Lazarillo de Tormes, 7; „Ich halte dafür, daß so besondere und vielleicht noch nie gehörte und gesehene Dinge vielen zu Ohren kommen und nicht im Grab des Vergessens beerdigt werden; denn es könnte ja sein, jemand, der sie liest, findet darin etwas, das ihm gefällt, und erfreut dadurch diejenigen, die sich nicht weiter damit befassen." Lazarillo de Tormes, hg. von F. R. Fries, 7.
38 Lazarillo, hg. von F.R. Fries, 9.

dieser Doppelorientierung resultiert eine beängstigende Unsicherheit der Subjektrolle, die sich auf den Teilhaber an dieser Erfahrung, den Leser überträgt.

Hierin offenbaren sich wiederum charakteristische Unterschiede zum 'Lazarillo'. Auch dessen anonymer Autor verarbeitet eine Menge literarischen Traditionsgutes: die Briefe, die sich zur fiktiven Autobiographie zuammensetzen, Schwankmotive, invertierte oder parodierte Elemente aus Heiligenviten oder Ritterromanen. Diese Entlehnungen sind so konsequent durch die Subjektperspektive des Lazarillo zusammengehalten, daß sie auf literarischer Ebene als seine eigenen Erlebnisse akzeptiert werden. Mit dem Verlagern der Erzählperspektive in den Helden verwischt der Autor die Grenze zwischen Wahrheit und Fiktion, gesteht aber eben damit zu - und hier liegt der Unterschied zum 'Finckenritter' -, daß es eine Wahrheit gibt, sei sie gesellschaftlich, moralisch oder religiös definiert. „Die Erkenntnis dieses Wechselspiels wird dabei den Lesern überlassen, sodaß sie während des Lesens den fast unmerklichen Übergang [...] von Wahrheit zu Lüge (und umgekehrt) nachvollziehen können. Sie können den Bruch mitverfolgen, der die [scheinbar] authentische Lebensgeschichte des Lazarillo zum Kunstprodukt werden läßt, das eine fiktionale Kopie der Realität ist."[39] Aus dieser überlegenen Position kann der Leser die Geschichte mit Lachen begleiten.

Nur 50 Jahre später wird sich das Subjektbewußtsein soweit stabilisiert haben, daß dem die Fiktion entwerfenden Subjekt ein die Fiktion erlebendes Kontrasubjekt gegenübergestellt werden kann; das Widerspiel zwischen Fiktion und Realität und seine Erkenntnis nicht mehr aus dem Text heraus auf den Leser verlagert wird, vielmehr zum Thema der Erzählung selbst werden kann: Don Quichote wird von Sancho Pansa begleitet, der aus einer anderen Perspektive die fiktionalen Weltentwürfe seines Herrn kommentieren und korrigieren, Riesen als Windmühlen und feindliche Heere als Schafherden entlarven kann, und das unter der Oberaufsicht eines Lesers, der aus der Distanz das Spiel mit Fiktionalität und Realität überschauen und im Überschauen der Perspektiven ein Bewußtsein und eine Beurteilung der Wahrheit entwickeln kann.

Der Finckenritter hat keinen solchen Begleiter. Die Figuren, die er um Orientierung bittet, können ihm keine objektive Auskunft geben; sie demonstrieren nichts weiter als die Unmöglichkeit der Kommunikation des erzählenden Subjekts mit sich selbst.

> [...] vnnd kam in einen grossen vngeheuren dicken Wald / da was kein Baum / da fand ich einen schoenen schneeweissen Koler / der brandt Thanzapffen / darauß wurden Leberwuerst / die wolt er auff den sauren Kaesmarckt gen Weyhenachten fueren. Jch fraget den Koler auch / ob ich recht dahin / vnnd herwider gieng. Darauff sagt er /

---

[39] Meinke (1997) 43f.

Nicht vil lieber Freund / ich stümmel da Weiden. Jch fragt weiter / ob das die rechte straaß were / die mich also her vnd hin truege. Er antwortet / die rothen sind warlich die besten. (136f.)

Da der Finckenritter kein Kontrasubjekt als Korrektiv hat, das ihm den rechten Weg weist, rückt der Leser in diese Rolle ein. Er wird zu des Ritters Sancho Pansa, der weiß, was 'richtig' ist, und er teilt Sanchos Hilflosigkeit, weil er keinen korrigierenden Zugang zur Subjektperspektive des Helden findet. Aus dieser Hilflosigkeit kann er sich nur retten, indem er über die Zerfallenheit einer Welt lacht, die ebensowohl als bedrohlich und grauenhaft empfunden werden könnte wie die Bilder eines Hieronymus Bosch. Es gibt weder innerhalb noch außerhalb des Textes eine Instanz, welche die disparaten Partikel zusammenhielte. Ebenso wie die Welt ist auch das erzählende Subjekt selbst ein loses Konglomerat von Bestandteilen, die sich ablösen können, verselbständigen, verdinglichen.

Die Teile der Welt sind nur insofern kohärent, als ein Subjekt sie erzählt. Oder genauer: indem ein Subjekt die Welt erzählt, stellt es die Behauptung von deren Kohärenz auf. Diese Behauptung aber ist nur im Lachen akzeptabel.

Die Ich-Instanz des Erzählers ist mit absoluter Macht ausgestattet und gleichzeitig mit dieser Macht vollkommen allein gelassen. Der 'Finckenritter' als eine der ersten deutschen Ich-Erzählungen spiegelt die Faszination von der Macht des Subjekts und gleichzeitig die daraus resultierende Beängstigung. Die Macht des Subjekts, im Erzählen die Welt zu zerbrechen, wird als Chance begriffen, die Welt ganz neu zu sehen. Das ist das Neuartige am 'Finckenritter' und darin berührt sich das Werk mit Vorstellungen der Moderne: „Doch neu kann heute nicht irgendein beliebiges, in unserer grauen Welt noch niemandem bekanntes Ding sein, sondern nur die **gewandelte Sicht auf die Wechselbeziehungen zwischen all den Dingen** [...]."[40]

Aber, und das kennzeichnet die Erzählung dann doch wieder als Werk des 16. Jahrhunderts, die Kraft des Subjekts reicht nicht aus, um aus den partialisierten Bestandteilen eine neue Welt zusammenzusetzen oder wenigstens -zusehen. Übrig bleibt ein Trümmerfeld, das die „gewandelte Sicht auf die Wechselbeziehungen zwischen all den Dingen", die Wiedergeburt, die Renaissance als Werk des Teufels entlarvt, der sich des Subjekts als seines Instruments bedient. Im unabgeklärten Verhältnis von Machtgefühlen und Beängstigung, Göttlichkeit und Teuflischkeit spiegeln sich in der Erzählung die Schwierigkeiten der Subjektkonstitution und des Subjektbewußtseins in der zweiten Hälfte des 16. Jahrhunderts. Insofern ist der 'Finckenritter' eine komische Variante des Faustus. Da

---

[40] Wladimir Majakowski, Das Verhältnis des heutigen Theaters und der Kinematographie zur bildenden Kunst (1913); zit. nach Ingold (1984) 277 [Hervorhebung von mir].

sein Subjektanspruch sich an der zerbrechenden Welt komisch bricht, steht am Ende nicht die Höllenfahrt, sondern die Sehnsucht des alleingelassenen Subjekts nach Geborgenheit:

> *aber ich sprang stracks zuo meiner muoter in vmbhang vnnd verbarg mich / fieng an zuo saugen / da dorfften sie mich nicht von dannen nemmen / ich wolte sonst vnbillichen geschrawen vnd geweynet haben / damit kam ich von den Weibern zuofriden / vnnd gieng jederman heym.* (140)

Bibliographie

Quellen

Der Finckenritter. In: Knape (1991), 134-143.
Bütner, Wolfgang: Epitome Historiarum. o.O. 1576.
Goethe, Johann Wolfgang von: Italienische Reise. In: Werke, hg. von Erich Trunz, Bd. 11. Hamburg ^{5}1961.
La vida de Lazarillo de Tormes, y de sus fortunas y adversidades. Edición de Francisco Rico. Barcelona 1990.
Lazarillo de Tormes, neu durchgesehen und kommentiert von Fritz Rudolf Fries. Berlin 1985.
Lukian von Samosata: Lügengeschichten und Dialoge. Aus dem Griechischen übersetzt und mit Anmerkungen und Erläuterungen versehen von Christoph Martin Wieland. Nördlingen 1985.
Majakowski, Wladimir: Tragödie in zwei Akten von Majakowski. In: W.M.: Vers und Hammer. Schriften und Gedichte. Frankfurt 1989.
Nemo (Kurzfassung). In: Bayless (1996), 293.
Rabelais, François: Œuvres complètes. Introduction, notes, bibliographie et relevé de variantes par Pierre Jourda, 2 Bde. Paris 1962.
Rabelais' Gargantua und Pantagruel, übersetzt von F. A. Gelbcke. Leipzig o.J.
Theatrum diabolorum. Frankfurt 1575.

Untersuchungen

Alsheimer, Rainer: Katalog protestantischer Teufelserzählungen des 16. Jahrhunderts. In: Volkserzählung und Reformation, hg. v. Wolfgang Brückner. Berlin 1974, 417-519.

Bachtin, Michail M.: Rabelais und seine Welt. Frankfurt/M. 1987.

Bayless, Martha: Parody in the Middle Ages. Ann Arbor 1996.

Brinker-von der Heyde, Claudia: Verkehrte Welten. Grimmelshausens Schimpf und Ernst mit einem alten Topos. In: WW 40 (1990) 178-191.

Burke, Peter: Helden, Schurken und Narren. Europäische Volkskultur in der Frühen Neuzeit. Stuttgart 1981.

Görres, Joseph: Die teutschen Volksbücher. Heidelberg 1807.

Horowitz, Jeannine/ Sophia Menache: L'humour en chaire. Le rire dans l'église médiévale. Genf 1994.

Ingold, Felix Philipp: Stückwerk und Zeilen. Zu Vladimir Majakovskijs Tragödie 'Vladimir Majakovskij. In: Fragment und Totalität, hg. von Lucien Dällenbach/Christiaan L. Hart Nibbrig. Frankfurt/M. 1984, 275-293.

Knape, Joachim: Der Finckenritter. Text und Untersuchung. In Philobiblon 35 (1991) 97-148.

Jauß, Hans Robert: Ursprung und Bedeutung der Ich-Form im 'Lazarillo de Tormes'. In: Roman. Jb. 8 (1957) 290-311.

Lohmeyer, Karl: Palagonisches Barock. Frankfurt/M. 1941/43.

Meinke, Katrin: Der 'Lazarillo de Tormes' und seine frühen deutschsprachigen Bearbeitungen. Ein Vergleich. Magisterarbeit TU Berlin, 1997.

Röcke, Werner: Die narrative Aneignung des Fremden. Zur Literarisierung exotischer Welten im Roman des späten Mittelalters. In: Furcht und Faszination. Facetten der Fremdheit, hg. von Herfried Münkler unter Mitarbeit von Bernd Ladwig. Berlin 1997, 347-378.

Schuldes, Luis: Die Teufelsszenen im deutschen geistlichen Drama des Mittelalters. Göppingen 1974.

Register

1. Autoren und Werke

'Acta sanctorum' 146
Alcuin von York 139
Aldhelm von Malmesbury, 'De virginitate' 146
Alighieri, Dante 161
   'Divina Commedia' 293f.
Amalar von Metz 139
Aretino, Pietro, 'Ragionamenti' 148
Aristoteles 136
Artaud, Antonin 232
'Asinarius' 147
Augustinus, Aurelius 143A
Bandello, Matteo 113A
Basilius d. Gr. 136
Bebel, Heinrich 82f., 85A, 86f., 96-98, 108, 119
   'Facetiae' / 'Opuscula nova et adolescentiae labores' 84A
Beckett, Samuel 215A, 218
   'Embers' 223
   'Endgame' 223, 226
   'Happy Days' 223-225
   'Krapp's Last Tape' 223
   'More Pricks than Kicks' 225f.
   'Play' 223
   'Waiting for Godot' 218-220, 223, 226f.
   'Watt' 232
Beda Venerabilis, 'Hexaemeron' 190
Boccaccio, Giovanni, 'Filostrato' 130
Bodel, Jean 239, 246
   'Sohait des vez' 241-244
Boethius, Anicius Manlius Severinus, 'De consolatione philosophiae' 130
Bosch, Hieronymus 297
Hermann Bote, 'Eulenspiegel' 156A
Bracciolini, Gian Francesco, gen. 'Poggio' 82f., 85A, 86, 97f.
   'Liber facetiarum' 83A, 87, 92-96
Brant, Sebastian 108A
Bütner, Wolfgang, 'Epitome Historiarum' 293

Burton, Robert, 'Anatomy of Melancholy' 74, 104, 277
Caesarius von Heisterbach 139
'Carmina Burana' 162
Castiglione, Baldassare 93, 113A
   'Libro del cortegiano' 86, 88-92
'Carmina Ratisponensia' 135
Cervantes, Miguel de, 'Don Quichote' 51, 296f.
Chaucer, Geoffrey 123-131
   'Canterbury Tales' 125-129, 131
   'Troilus and Criseyde' 130-131
'The Chester Cycle' 177, 190A
Cicero 119A
Coccinius, siehe: Köchlin
'The Croxton Play of the Sacrament' 178f., 181, 189
'Cursor Mundi' 179f.
Dante siehe: Alighieri, Dante
Descartes, René 253, 256, 270
Diderot, Denis 142
'Dives et pauper' 180f.
Dornavius, Caspar, 'Amphitheatrum Sapientiae Socraticae Joco-Seriae' 86A
Dostoevskij, Fjodor 276
Dürrenmatt, Friedrich 231
Egbert von Lüttich 139
Eilhart von Oberge 39A
Eliot, T.S., 'Christopher Marlowe' 231f.
'Everyman' 179
'Der Finckenritter' 283-299
Fischart, Johann 141A, 145A
Frankfurter, Philipp, 'Pfarrer vom Kalenberg' 63-78
Frischlin, Nikodemus 108, 119
   'Facetiae selectiores libri tres' 85A
Gallus, Jodokus 108
Gast, Johann 87
   'Convivium sermonum liber' 85A
Geistl. Spiel (England) 175-197; siehe auch: Weihnachtsspiele

Goethe, Johann Wolfgang von 284
Görres, Joseph, 'Teutsche
　Volksbücher' 284
Gottfried von Straßburg, 31
　'Tristan' 17, 39-43, 54f.
Granger, Thomas, 'Familiar Exposition
　or Commentarie on Ecclesiastes'
　227
Gray, Thomas, 'Ode on an Distant
　Prospect on Eton College' 226
Griffiths, Trevor, 'Comedians' 229
Gryphius, Andreas, 199, 201, 213
　'Peter Squentz' 199, 202-209
Guillaume de Blois, 'Alda' 245f.
Guillaume de Lorris, 'Rosenroman'
　294
Hall, Joseph, 'Virgidemiarum' 222f.
Hartmann von Aue 31
　'Erec' 56A
　'Iwein' 39, 58
Heinrich von Morungen 14-18, 21
Heinrich von Rugge 17, 21, 25
Heinrich von Veldeke 25f.
'Hessisches Weihnachtsspiel' 155-173
Hildegard von Bingen 106A
Homer, 'Odyssee' 273
Hrotsvit von Gandersheim 133-154
　'Dulcitius' 134, 145-149
　'Gongolf' 134, 140-145
　'Pelagius' 134, 137-140, 145
Innozenz III, 'Über das Elend
　menschlichen Daseins' 159A
Isidor von Sevilla 139A
Jean Paul 138A
Johannes Chrysostomus 136, 160
Jones, Richard 221
Jonson, Ben, 'The Magnetic Lady'
　120A, 217
Joubert, Laurent 239,
　'Erreurs populaires' 256
　'Traité du Ris' 251-282
Kirchhoff, Hans-Wilhelm 113A
Köchlin, Michael 97
Kürenberger 17f., 21, 25
Langland, William, 'Piers Plowman'
　189A
de La Tour-Landry, Geoffroy, 'The
　Book of the Knight of...' 181

'Lazarillo de Tormes' 295f.
'Lectio Danielis prophetae' 294
Lohenstein, Daniel Casper von 199
'Ludus Coventriae' siehe: 'N-Town
　Plays'
Lukian von Samosata, 'Wahre
　Geschichte' 285f.
Luscinius, Othmar, 82, 107A, 108,
　113A
　'Joci ac sales mire festivi' 85A
Luther, Martin 108, 117
Macrobius 108A
'Maître Pathelin' 178
Majakowski, Wladimir, 297
　'Tragödie in zwei Akten von
　Majakowski' 283
'Mankind' 177, 179, 190-194
Marlowe, Christopher
　'The Jew of Malta' 231
　'Tamburlaine' 221f.
Martianus Capella 144
'Mary Magdalen' 178f., 189
Melander, Otho, 'Jocoseria. Das ist
　Schimpff und Ernst' 85A
Molière 258
Montaigne, Michel 256, 259
　'Essais' 276
Morus, Thomas 111
Müller, Heiner, 231
　'Hamletmaschine' 229
　'Macbeth' 229
Muling, Johann Adelphus 82, 87
　'Margarita Facetiarum' 85A,
'N-Town Plays' 178
Neidhart 22-24
'Nemo'-Parodien 287
'Nibelungenlied' 37f., 44A
Opitz, Martin, 'Buch von der deutschen
　Poeterey' 200-203, 205
Oppenheim, Meret 285
Papon, Louis 257, 262
Paracelsus, d.i. Theophrastus
　Bombastus von Hohenheim 253A,
　256
Pauli, Johannes 107A, 108A
Pecock, Reginald, 'Reule of Crysten
　Religoun' 180

Perkins, William, 'Direction for the Government of the Tongue' 227
Petronius Arbiter 141
Petrus Cantor 159f.
Pfaffe Lamprecht, 'Alexander' 51-53
Plautus 144A
Plinius d.Ä. 141
Poggio siehe: Bracciolini, Gian Francesco
Poliziano, Angelo (eig. A. Ambrogini) 82f, 85A, 118A
    'Detti piacevoli' 83A, 86, 92, 96
Porphyrius 136
de Quincey, Thomas, 'On the Knocking at the Gate in *Macbeth*' 230
Quintilian 136
Rabelais, François 139, 251, 254, 256, 258f., 262
    'Gargantua' 237-249, 276, 287-289
Reinmar 17, 21-23, 25
'Ruodlieb' 147
Sachs, Hans 107A, 240
    'Lobspruch von Nürnberg' 294
Sartre, Jean-Paul 148A
Scaliger, Julius Caesar 201
Servius, Maurus Honoratus 144
Shakespeare, William 215, 220f, 223, 227-230
    'Hamlet' 221f.
    'Titus Andronicus' 230f.
    'Troilus and Cressida' 228
    'Twelfth Night' 131, 217
Sommer, Johann, 'Emplastrum Cornelianum' 103-122
Steinmar 23
Stricker
    'Daniel von dem blühenden Tal' 47-62
    'Pfaffe Amis' 49A
Tannhäuser 22
Terenz 134f.
'Theatrum Diabolorum' 293A
Thomas von Aquin 136
Thomas von Bretagne 39A
'The Towneley Plays' 177f. 184f.; siehe auch: Wakefield Master
    'Iudidium' 187
    'Judgment Play' 185

'Mactacio Abel' 178f., 189f.
'Magnus Herodes' 178, 186
'Secunda Pastorum' 178, 188
'Thomas of India' 188A
'A Tretise of Miraclis Pleyinge' 180A, 184A
Tünger, Augustin 82, 87, 96f., 108A, 119,
Ulrich von Liechtenstein, 'Frauendienst' 30f.
Ulrich von Zatzikhoven, 'Lanzelet' 36-39, 44A, 49A
Venantius Fortunatus 148A
Wakefield Master 177f., 184f.. 187f., 190
Walther von der Vogelweide 14A, 17-21, 23, 25
Weihnachtsspiele: Schwäbisches, St. Gallener, Bozener, Erlauer 161A
Weise, Christian 201
    'Der niederländische Bauer' 199, 202, 208-213
Wichgrevius, Albert 106A
Wickram, Jörg, 'Losbuch' 293
Wittenwiler, Heinrich, 'Der Ring' 292
Wolfram von Eschenbach 31
    'Parzival' 32-35, 44f., 54f., 58f.
    'Willehalm' 42f.
'The York Plays' 177, 185
    'Christ before Herod' 185A
    'Sacrificium Cayme et Abell' 190A
    'The Road to Calvary' 182
'Zimmerische Chronik' 156A, 165
Zincgref, Julius Wilhelm, 'Facetiae Pennalium, Das ist: Allerley lustige Schulbossen' 86A

2. Autoren und Anonyma zur Lach- und Komiktheorie

Alberti, Verena 259
Alexander Aphrodisiacus 262
Aristoteles 87f., 136, 201, 216f., 237, 254, 258, 261, 263, 273f.
Arnould, Dominique 273
Artaud, Antonin 232
Avenzoar (Ibn Zuhr) 262
Avicenna (Abu Ali al-Husain ibn Abdallah Ibn Sina) 262, 274
Bachtin, Michail M. 80, 116A, 117A, 119, 140, 157A, 158f., 177, 183, 189, 194, 201-203, 216f., 237-240, 245, 248, 254f., 258, 275-277, 284, 287, 289A
Baconsky, Teodor 136A
Basilius d. Gr. 136
Bataille, Georges 254
Baudelaire, Charles 84A, 254
Bayless, Martha 136A
Beckett, Samuel 225f., 232
Berger, Peter L. 136, 138A, 175A, 176A, 185A, 186A, 230A
Bergson, Henri 16, 123, 166A, 244, 254, 258
Bertau, Karl 139
Blumenberg, Hans 124
Boccaccio, Giovanni 262
Boethius, Anicius Manlius Severinus 136
Brinker-von der Heyde, Claudia 284
Brook, Peter 231
Burke, Peter 294A
Burton, Robert 216-218, 277
Cardano, Girolamo 260
Castiglione, Baldassare 88f., 92
Cicero 19f., 24, 87f., 92, 215, 251-254
Cox, Harvey 156A, 158A, 160A, 166A
'Cursor Mundi' 179f.
Curtius, Ernst Robert 19A
Dante Alighieri 293
David 262
'Dives et pauper' 180f.
Dupréel, Eugène 24A

Elam, Keir 215
Elias, Norbert 227
Eliot, T.S. 231
Erasmus von Rotterdam 262
Fischer-Lichte, Erika 215
Fracastoro, Girolamo 258, 260
Freud, Sigmund 16, 80A, 81, 82A, 84f., 88A, 118A, 142, 245
Freund, Winfried 47A
Fromm, Hans 48A
Fuhrmann, Horst 158-160, 169
Galen 262
Garimberti, Hieronymus 262
Gash, Anthony 183f., 190A, 192A
Gocklenius, Rudolph d.Ä. 259
Gocklenius, Rudolph d.J. 259
Granger, Thomas 227A
Hall, Joseph 222f.
Haug, Walter 50, 59A, 158, 165
Heers, Jacques 157A, 158A
Henkel, Nikolaus 47A
Herrick, Marvin T. 217
(Pseudo-)Hippokrates 252, 262
Hobbes, Thomas 216
Horowitz, Jeannine 294A
Hüttinger, Stefanie 138
Isaac 262
Iser, Wolfgang 123f.
Jauß, Hans Robert 79A, 81A, 82A, 118A, 157A
Jean Paul 138A
Johannes Chrysostomus 136, 160, 227
Jolles, André 80
Jones, Richard 221f.
Jonson, Ben 217
Jossius, Nicholas 259
Joubert, Laurent 239, 251-282
Jünger, Friedrich Georg 128A
Kant, Immanuel 79, 86A
Koestler, Arthur 123
Kolve, V.A. 179, 181, 183
Kretz, Louis 156A
Le Goff, Jacques 136A

Lehmann, Paul 47A, 80A
Luck, Georg 136A
Lukrez 262
Luthe, Heinz Otto 170
Mancinius, Celsus 259
Marquard, Odo 79, 93, 149, 157
Mauthner, Fritz 231
Menache, Sophia 294
Meyer, Matthias 48, 59A
Moses 262
Moses medicus 262
Nancel 259
Nietzsche, Friedrich 231
Ohly, Friedrich 156
Opitz, Martin 200-203, 205
Papon, Jean 262
Pecock, Reginald 180
Perkins, William 227
Petrus Cantor 159A, 160
Petzold, Leander 13A
Platon 252, 267
Plessner, Helmuth 15f., 123, 226A, 237A. 254, 277A
Plinius 262
Porphyrius 136
de Quincey, Thomas 230
Quintilian 24, 87, 136, 252, 262, 265
Rabelais, François 237
Rädle, Fidel 47A, 50f., 53
Rhasis (Muhammed ibn Zakariya ar-Razi) 262
Ritter, Joachim 71A, 79
de Rocher, Gregory 258

Röhrich, Lutz 80A, 82A
Röcke, Werner 65, 71A, 72A, 248
Rondelet 262
Scaliger, Julius Caesar 201, 260, 262
Scheler, Max 186A
Schmidt, Siegfried J. 13A
Schmitz, Heinz-Günther 104A
Schweikle, Günter 24f.
Schulz-Buschhaus, Ulrich 238
Shakespeare, William 217, 222
Souriau, E. 157A
Spinoza, Baruch de 265
Stempel, Wolf-Dieter 109A
Stevens, Martin 183, 186
Stollmann, Rainer 170A
Suchomski, Joachim 136A
Sulzer, Johann Georg 87A
de Tarrega, Gabriel 258
Thiede, Werner 156A, 160f., 171A
Thielicke, Helmut 156A, 160A
Thomas von Aquin 136
Trager, George K. 215
'A Tretise of Miraclis Pleyinge' 180A
Turner, Victor 177
Ueding, Gert 87A
Valeriola, Francesco 258, 260, 262
Vischer, Friedrich Theodor 79
Warburg, Aby 94
Warner, Deborah 231
Warning, Rainer 16, 156f., 169
Wehrli, Max 47A